新媒體技術

洪杰文、歸偉夏 編著

崧燁文化

新媒體技術
目錄

目錄

內容簡介

第一章 新媒體技術引論

 第一節 技術與媒體ㆍㆍㆍㆍㆍㆍㆍㆍㆍㆍㆍㆍㆍㆍㆍㆍㆍㆍㆍㆍㆍㆍㆍㆍㆍㆍㆍㆍㆍㆍㆍㆍ 15
  一、傳播媒介技術的發展進程ㆍㆍㆍㆍㆍㆍㆍㆍㆍㆍㆍㆍㆍㆍㆍㆍㆍㆍㆍㆍㆍ 15
  二、技術與新媒體技術ㆍㆍㆍㆍㆍㆍㆍㆍㆍㆍㆍㆍㆍㆍㆍㆍㆍㆍㆍㆍㆍㆍㆍㆍㆍㆍ 19
  三、新媒體技術特點ㆍㆍㆍㆍㆍㆍㆍㆍㆍㆍㆍㆍㆍㆍㆍㆍㆍㆍㆍㆍㆍㆍㆍㆍㆍㆍㆍㆍ 20
 第二節 新媒體技術對傳媒業的變革ㆍㆍㆍㆍㆍㆍㆍㆍㆍㆍㆍㆍㆍㆍㆍㆍㆍㆍㆍ 23
  一、新媒體技術對傳統媒體的衝擊ㆍㆍㆍㆍㆍㆍㆍㆍㆍㆍㆍㆍㆍㆍㆍㆍㆍ 23
  二、新媒體的興起ㆍㆍㆍㆍㆍㆍㆍㆍㆍㆍㆍㆍㆍㆍㆍㆍㆍㆍㆍㆍㆍㆍㆍㆍㆍㆍㆍㆍㆍ 25
  三、新舊媒體的融合ㆍㆍㆍㆍㆍㆍㆍㆍㆍㆍㆍㆍㆍㆍㆍㆍㆍㆍㆍㆍㆍㆍㆍㆍㆍㆍㆍ 26
 第三節 與新媒體有關的關鍵技術ㆍㆍㆍㆍㆍㆍㆍㆍㆍㆍㆍㆍㆍㆍㆍㆍㆍㆍㆍㆍ 28
  一、新媒體的技術基礎ㆍㆍㆍㆍㆍㆍㆍㆍㆍㆍㆍㆍㆍㆍㆍㆍㆍㆍㆍㆍㆍㆍㆍㆍㆍ 29
  二、新媒體傳播技術ㆍㆍㆍㆍㆍㆍㆍㆍㆍㆍㆍㆍㆍㆍㆍㆍㆍㆍㆍㆍㆍㆍㆍㆍㆍㆍㆍ 32
  三、新媒體資訊儲存、發布與檢索技術ㆍㆍㆍㆍㆍㆍㆍㆍㆍㆍㆍㆍㆍ 32
  四、新媒體傳播新技術ㆍㆍㆍㆍㆍㆍㆍㆍㆍㆍㆍㆍㆍㆍㆍㆍㆍㆍㆍㆍㆍㆍㆍㆍㆍ 33

第二章 新媒體資訊處理及編輯技術

 第一節 新媒體資訊的種類和特點ㆍㆍㆍㆍㆍㆍㆍㆍㆍㆍㆍㆍㆍㆍㆍㆍㆍㆍㆍㆍㆍ 43
  一、新媒體資訊的種類ㆍㆍㆍㆍㆍㆍㆍㆍㆍㆍㆍㆍㆍㆍㆍㆍㆍㆍㆍㆍㆍㆍㆍㆍㆍ 43
  二、新媒體資訊的性質和特點ㆍㆍㆍㆍㆍㆍㆍㆍㆍㆍㆍㆍㆍㆍㆍㆍㆍㆍㆍㆍ 44
 第二節 新媒體文字資訊的處理與編輯ㆍㆍㆍㆍㆍㆍㆍㆍㆍㆍㆍㆍㆍㆍㆍㆍㆍ 48
  一、字符資訊的編碼與字庫ㆍㆍㆍㆍㆍㆍㆍㆍㆍㆍㆍㆍㆍㆍㆍㆍㆍㆍㆍㆍㆍㆍ 49
  二、文字的屬性與特點ㆍㆍㆍㆍㆍㆍㆍㆍㆍㆍㆍㆍㆍㆍㆍㆍㆍㆍㆍㆍㆍㆍㆍㆍㆍ 54
  三、文字資訊的編輯ㆍㆍㆍㆍㆍㆍㆍㆍㆍㆍㆍㆍㆍㆍㆍㆍㆍㆍㆍㆍㆍㆍㆍㆍㆍㆍㆍ 56
 第三節 新媒體圖片的處理與編輯ㆍㆍㆍㆍㆍㆍㆍㆍㆍㆍㆍㆍㆍㆍㆍㆍㆍㆍㆍㆍ 62
  一、數點陣圖片基礎ㆍㆍㆍㆍㆍㆍㆍㆍㆍㆍㆍㆍㆍㆍㆍㆍㆍㆍㆍㆍㆍㆍㆍㆍㆍㆍㆍ 62

二、色度學基礎 ... 69
　　三、數點陣圖片編碼技術及壓縮標準 ... 73
　　四、數點陣圖片的獲取 ... 74
　　五、圖片編輯與處理軟體 ... 77
　第四節　電腦圖形與動畫技術 ... 79
　　一、電腦圖學原理 ... 80
　　二、動畫技術基礎 ... 82
　　三、圖形與動畫製作軟體 ... 85
　第五節　數位音頻處理與編輯技術 ... 87
　　一、數位化聲音概述 ... 87
　　二、音頻文件的格式 ... 92
　　三、音頻的壓縮標準 ... 97
　　四、數位音頻的採集 ... 98
　　五、數位音頻編輯與處理軟體 ... 99
　第六節　數位影片處理與編輯技術 ... 104
　　一、數位影片基礎 ... 104
　　二、影片編碼與壓縮標準 ... 110
　　三、影片的獲取 ... 112
　　四、常用影片文件的格式 ... 113
　　五、數位影片編輯與處理軟體 ... 119
　第七節　新媒體資訊的組織 ... 122
　　一、超文字和超媒體的概念 ... 122
　　二、超文字和超媒體系統的結構 ... 124
　　三、超文字和超媒體的組成 ... 125
　　四、超文字和超媒體的應用 ... 128

第三章　新媒體資訊傳輸技術——電腦網路技術
　第一節　資料通訊技術基礎 ... 141

一、資料通訊系統的組成 141
　　二、資料通訊系統主要技術指標 142
　　三、資料傳輸模式 145
　　四、多路複用技術 150
　　五、資料轉換技術 153
　　六、錯誤檢測與糾正技術 156
　第二節　電腦網路概述 157
　　一、電腦網路的發展歷程 157
　　二、電腦網路的類型 160
　　三、電腦網路系統的組成 162
　　四、電腦網路體系結構與協定 169
　　五、電腦網路拓撲結構 171
　第三節　Internet 技術基礎 180
　　一、Internet 概述 181
　　二、IP 位址和域名 186
　　三、下一代 Internet（IPv6） 193
　　四、Internet 接入方式 196
　第四節　網路安全技術 208
　　一、網路安全概述 209
　　二、電腦病毒及防治 211
　　三、網路攻擊 218
　　四、防火牆 223

第四章　行動新媒體技術基礎——行動網路

　第一節　行動新媒體技術概述 230
　　一、行動網路的概念 231
　　二、行動網路的特徵 232
　第二節　無線行動通訊技術 237

5

一、中短距離無線通訊技術 238
　　二、第一代行動通訊技術 244
　　三、第二代行動通訊技術 245
　　四、第三代行動通訊技術 250
　　五、第四代行動通訊技術 253
　第三節　行動新媒體終端設備及系統平台 255
　　一、行動新媒體終端設備 256
　　二、行動作業系統 259
　第四節　行動新媒體技術應用 261
　　一、傳播媒體：資訊的生產和傳播更加豐富多樣 262
　　二、社交溝通：行動社交的多維度發展 263
　　三、電子商務：強勢崛起的不斷「顛覆者」 264
　　四、生活服務：「互聯網＋」對人們生活的重構 265

第五章　新媒體資訊顯示、發布與搜尋技術

　第一節　新媒體資訊顯示技術 270
　　一、常見的顯示技術 271
　　二、立體顯示技術 276
　　三、OLED顯示技術 283
　　四、觸控螢幕技術 286
　　五、捲軸顯示器技術 288
　第二節　新媒體資訊顯示技術的發展——電子紙 290
　　一、電子紙概述 290
　　二、電子紙的基本原理 296
　　三、電子紙的應用 301
　第三節　新媒體資訊發布技術 305
　　一、資訊發布技術的發展概況 305
　　二、內容傳遞網路技術 310

三、對等網路 P2P 技術 ... 319
　第四節　新媒體資訊搜尋技術 ... 329
　　　一、新媒體資訊搜尋概述 ... 330
　　　二、搜尋引擎基本工作原理 ... 335
　　　三、未來搜尋引擎發展趨勢 ... 335
　　　四、典型應用：百度搜尋 ... 338

第六章 新媒體數位版權管理技術

　第一節　新媒體數位版權管理概述 ... 343
　　　一、數位版權管理的基本概念 ... 344
　　　二、數位版權管理的技術發展狀況 ... 345
　　　三、新媒體數位版權保護的內容 ... 347
　　　四、數位版權管理的技術框架 ... 351
　第二節　詮釋資料與數位物件識別碼 ... 353
　　　一、詮釋資料 ... 353
　　　二、數位物件識別碼 ... 354
　第三節　資料加密技術 ... 355
　　　一、資料加密技術概述 ... 356
　　　二、資料加密技術的分類 ... 356
　　　三、資料加密技術在通訊中的三個層次 ... 358
　第四節　公鑰基礎設施（PKI）安全技術 ... 360
　　　一、PKI 的基本概念 ... 360
　　　二、PKI 的組成 ... 361
　　　三、PKI 的核心——數位憑證認證機構 ... 362
　　　四、PKI 的應用 ... 365
　第五節　數位簽章技術 ... 368
　　　一、數位簽章概述 ... 368
　　　二、數位簽章的實現方式 ... 370

第六節　數位浮水印技術..372
　　　　一、數位浮水印技術的基本概念..372
　　　　二、數位浮水印技術的基本特點..373
　　　　三、數位浮水印的類型..373
　　　　四、典型數位浮水印演算法..375
　　　　五、數位浮水印的應用..377
　　第七節　身分認證技術..378
　　　　一、身分認證技術概述..378
　　　　二、基於使用者名／口令的認證技術..378
　　　　三、基於 IC 卡的認證技術...379
　　　　四、基於 U-Key 的認證技術...380
　　　　五、基於生物特徵識別的認證技術...380

第七章　應用中的新媒體傳播新技術

　　第一節　雲端運算...385
　　　　一、雲端運算概述...386
　　　　二、雲端運算的分類..390
　　　　三、雲端運算相關技術和原理..393
　　　　四、代表性雲端運算平台..396
　　　　五、雲端運算發展中的誤區與問題..405
　　　　六、雲端運算與新聞傳播行業..409
　　第二節　IoT...414
　　　　一、IoT 的產生與起源...415
　　　　二、IoT 的概念與特徵...416
　　　　三、IoT 的技術架構..418
　　　　四、IoT 的應用...425
　　　　五、IoT 與傳媒...428
　　第三節　LBS..437

一、LBS 概述 437
　　二、LBS 的應用模式 442
　　三、LBS 發展中的問題 446
　　四、LBS 在新聞傳播中的應用 448
　　五、LBS 的應用對新聞傳播帶來的影響 450
　第四節　虛擬實境技術 453
　　一、虛擬實境技術概述 453
　　二、虛擬實境技術基礎及硬體設備 461
　　三、虛擬實境技術的應用 467
　　四、當前虛擬實境技術的不足及發展趨勢 479
　第五節　大數據 480
　　一、大數據的概念與特點 481
　　二、大數據關鍵技術 484
　　三、大數據在新聞傳播中的主要應用方向 489

後記

新媒體技術
內容簡介

內容簡介

　　本書結合最新的技術發展以及技術在媒介中的應用，圍繞新媒體技術的基本原理及應用進行展開。主要內容包括：數位技術、通訊技術、多媒體技術等技術基礎；串流媒體技術、網頁設計與製作等技術應用；影片技術、網路技術以及終端技術的新媒體架構；P2P 技術、IoT、LBS、擴展（虛擬）實境技術、資料探勘技術等新技術。本書可為新媒體技術愛好者提供參考。

第一章 新媒體技術引論

【知識目標】

☆傳播媒介技術的發展進程以及技術與媒介的關係。

☆與新媒體有關的關鍵技術。

【能力目標】

1. 瞭解新媒體技術對於傳媒業的變革與影響。

2. 熟悉新媒體的技術圖譜。

【案例導入】

新媒體技術：當代社會的新「座架」

人類赤裸裸來到這個世界，靠什麼生存，靠什麼與萬物比肩？靠技術，靠人類發展起來並且不斷發展的技術。從某種意義上說，技術體現人的本質，就是人的存在方式。反過來說，人把技術發展成什麼，人就是什麼。無論在哪個時代，技術都是那個時代人的本質體現。德國哲學家海德格爾認為，現代人都生活在技術的「座架」上。如今，人類發展到了行動網路時代，發展到了使用新媒體技術的時代，新媒體技術及其應用帶給人們什麼樣的技術「座架」呢？這需要在哲學層面進行思考。

更為突出的自主性或自組織性。如同其他技術一樣，新媒體技術也有自主性，或稱為技術的自組織演化特性。所謂技術的自主性，是指在實踐中人為地控制技術演化是不可能的。任何技術一旦產生，就會帶著它一產生就被設定的內在本性，和自主發展演變的能力。新媒體技術也不例外。不過，新媒體技術的自主性因為它的高技術含量而變得更為突出。技術的發展需要並且創造著一種與自己相融合的環境，在技術演變過程中，技術把科學演變為科技性科學，也同時把社會演變為科技性社會。當前，新媒體技術在演變過程中正在改變著當代社會的結構，成為當代社會的新「座架」。

高度與網路關聯的共在性。新媒體技術總是與網路緊密相關，而網路具有多連通性、非中心性、泛在性等特點。在高度連通的網路裡，新媒體技術創造了許多人類新的交往方式、生活方式。人是一切社會關係的總和，而網際網路時代的社會關係經常建立在透過新媒體技術連接的網路中，這也使整個社會呈現高度與網路關聯的共在性。未來，以大數據、雲端運算和行動網路的深度耦合為基礎，行動網路將無處不在，這種共在性將更為明顯。

深度嵌入性或涉身性。新媒體技術與文化跨層交融，使得「技術層」與「文化層」相互混合，產生新的電子文化，導致人機交互介面、資料庫敘事和互動敘事等嶄新觀念和操作的產生。與之相伴隨的是使用新媒體技術進行活動的人，在行為方式、交往方式和生活方式等方面也會發生改變。當前，智慧可穿戴技術已經可以應用，即將問世的可嵌入技術正在向我們走來，未來新媒體技術將深度嵌入人們的生活包括我們的身體中。

創造新的民主參與性。新媒體技術基於網際網路而發展，而網際網路是一種有利於平等和民主的技術手段，如非中心控制等，這使得網友可以平等共享資訊。就像當年愛因斯坦指出無線電具有天生的民主性一樣，新媒體技術同樣使資訊更加向社會下層開放，公眾瞭解和參與公共事務的管道也變得更為暢通。新媒體技術透過網際網路正在創造一種新的公共話語領域。

從以上這些特性可以看出，新媒體技術事實上並不僅僅是一種新的傳播手段，它在某種意義上也是當代人類新的生存生活方式，人類正在新媒體技術這一新的「座架」上生活，人類新的激情、多重創造力正透過新媒體技術、網路釋放出來。當然我們也要認識到，新媒體技術在給我們帶來各種奇蹟的同時，也會帶來各種問題，包括網路中的隱私和安全問題、各種不同價值觀的衝突問題等，對此我們應有充分估計。這些問題依靠新媒體技術本身是難以解決的，需要我們以合理合法和富有人文關懷的原則與理念去規制新媒體技術的發展。

第一節　技術與媒體

　　隨著科學技術的迅猛發展，人類社會已經進入一個全新的新媒體時代，各種各樣的新媒體層出不窮，新媒體隨著生活科技以及人們對於資訊的需求，瞬息萬變以不同的形式出現在人們的視野中。從虛擬實境到全球資訊網，從 IoT 到大數據，快速變化的新媒體景觀也逐漸表現為多種多樣。新媒體技術不僅從根本上改變了我們的交流方式和交流對象的方方面面，也改變了我們的生活的所有其他方面，包括從約會、賺錢到健康護理。技術日新月異，並正在加速發展，新媒體技術的潮流將不可阻擋。

　　「在當今世界上，一切能做到的，終將做成。技術的力量不可阻擋，無論人們在它的前進道路上設置何種障礙，它仍然會繼續發展。一切資訊均能以數位形式傳遞；一切資訊均能以數位形式儲存。我們現在正朝著正確的方向前進。數位化資訊必將永存！」

——Intel 前總裁葛魯夫

一、傳播媒介技術的發展進程

　　從 1450 年古騰堡鉛字印刷技術的發明到 1639 年印刷媒體在美洲的出現，兩者相距了將近兩百年。但在過去僅僅一個世紀的時間裡，人類卻見證了電話、廣播、電視、衛星通訊、電腦、網際網路、行動網路以及其他數不清的傳播媒介技術的發明——對人類傳播而言，每種技術都具備革命性的意義。

1. 口語傳播時代

　　口語傳播時代起源於語言的產生。在這一時期，人們使用以口語為主，以標誌、聲光、圖示等為輔的原始、簡單的手段來傳播音訊（message）。

　　關於語言產生的原理眾說紛紜：「汪汪」派認為，語言是透過模仿狗叫等自然的聲音形成的；「哼喲」派認為語言是在從事某項群體的重體力勞動時為協調動作發出的聲音形成的；「感嘆」派認為，語言是由偶然地表現感情（疼痛、高興、恐懼、悲哀）所產生的；「唱歌」派認為，語言是從傳播

感情和歡樂事件的歌聲中演變而來的；而恩格斯則提出「語言起源於共同勞動」的假說。

口語傳播是人類歷史上最為悠久，並且貫穿始終的傳播方式，幾乎所有的媒介都以語言為基礎。《傳播革命》一書的作者弗裡德里克〇威廉斯繪製了一個傳播史表盤，十分清楚地說明了這一點。如果用二十四小時代表從西方晚期智人克羅馬儂人到現在的三百六十個世紀即三萬六千年，那麼在這一天中，從零點到晚上八點都屬於口頭傳播階段，占六分之五；餘下的四小時有兩個半小時多，即從八點到十點三十八分又算手寫傳播階段；印刷傳播階段不足一個半小時；而電子傳播階段僅占少得可憐的三分鐘。口頭傳播階段的時間優勢在這個表盤上一目瞭然地顯示出來。

語言的產生在人類的進化與發展史上具有劃時代的意義，它使人類最終與動物劃清了界限，是人類的標徵。語言雖然不是媒介技術，但對人類傳播活動和媒介技術的產生與發展以至整個人類的進步具有根本的意義，它根本改變了人類在資訊傳播上的動物性特徵，並成為以後文字等傳播科技創造的基本條件。語言傳播大大促進了人類的進步與發展。但是作為一種通訊密碼，語音具有內在的弱點，語音訊號失真度大且難以長期保存。

2. 文字傳播時代

文字的發明標誌著人類進入了文字傳播時代。文字的產生源於圖畫，在公元前三四千年，中國、埃及、印度和兩河流域就最先出現了「圖畫文字」和「象形文字」。而書寫媒介則經歷了從沉重的石頭、泥土逐步向較輕的龜甲、獸骨、木板、竹簡和軟綿、便攜的羊皮、絹帛、紙張的轉變。

相比於口語傳播時代，文字突破了口語傳播的自然屏障，使消息、思想、政策法令等資訊可以在不同方言的同一語言地區內普及開來。人類可以藉助各種介質進行文字的跨時空傳播，書面資訊的交換解放了傳播者受到的時間和空間的侷限。人類可以掌握祖先的記憶，可以瞭解其他人的思想和生活方式，由此豐富自己的知識和經驗。正是在歷代知識不斷豐富和積累的過程中，人類才逐漸創造出燦爛的文明。

3. 印刷傳播時代

　　印刷術起源於公元 200 年的中國拓印術。公元六七世紀隋唐年間，中國人發明了雕版印刷術。北宋慶曆年間（1041-1048），畢昇發明了活字印刷術。中世紀後期，中國的印刷技術漸漸傳到中亞和歐洲。德國鐵匠古騰堡在此基礎上經過 20 多年的摸索和鑽研，發明了鉛活字和手壓印製設備，於 1456 年首次印成 42 行本的《聖經》。

　　印刷術的發明使人類社會發生了翻天覆地的巨大變化，並引導人類傳播真正步入了一個嶄新的大眾傳播時代。印刷可以大量而迅速地複製資訊，以便向廣大公眾傳播，不光提高了資訊傳播的效率，還打破了少數人對知識的壟斷和在傳播上的特權，衝破了黑暗的中世紀宗教牢籠，新的資訊、新的思想隨著印刷傳播時代的到來變成了統治者無法遏制的潮流。

　　另外，印刷術還促使了近代報紙的產生。1830 年代產生的大眾化報紙，開闢了人類傳播史上的一個新時代——大眾傳播時代。

4. 電子傳播時代

　　電子傳播，包括一切用電磁波或電子技術來進行傳播的方式。它與電子媒介的發展過程緊密相關。19 世紀後半葉，由於電的發現和無線電技術的發展，一大批電子媒介開始誕生。1844 年，美國人莫爾斯發明了電報，貝爾於 1876 年發明了電話，愛迪生於 1877 年發明了留聲機，法國人馬瑞 1882 年發明了攝影機。在眾多的電子媒介中，廣播與電視是電子傳播時代最重要的兩種大眾傳播媒介。

　　電子媒介透過電波形式傳遞資訊，大幅度地提高了傳播速度。電子媒體意味著時間和空間在新的媒介形式下得以重構。在電子世界裡，傳統的空間和時間觀被完全廢除。電子媒介使得使用者不再與既定的社會身分和地位相關聯，進一步瓦解了印刷媒體還未完全解構的那種等級制。資訊的無時無處不在、無遠弗屆的特點進一步打破了知識精英對印刷資訊的壟斷。麥克盧漢認為電子傳播時代的人類即將進入「地球村」。「由於電力使地球縮小，我們這個地球只不過是一個小小的村落。」在麥克盧漢看來，「地球村」的主

要含義不是指發達的傳媒使地球變小了，而是指人們的交往方式以及人的社會和文化形態的重大變化。

5. 數位新媒介傳播時代

　　電子電腦和網際網路的誕生和發展開闢了傳播媒介的新紀元，大大提高了處理和交流資訊的能力，人類進入了資訊社會。數位傳播以電腦為主體、以多媒體為輔助，能提供多種網路傳播方式來處理包括捕捉、操作、編輯、儲存、交換、播放、影印等多種功能的資訊傳播活動。它能夠使用「0」和「1」組成的二進位編碼技術，實現對一切聲音、文字、圖片和影片數據的編碼解碼，它把各種數據、文字、圖示、動畫、音樂、語言、圖片、電影和影片資訊組合在電腦上，並以此形成互動，集合了語言、文字、聲像等媒介的傳播特點。

　　世界上第一台電子電腦 ENIAC 誕生於 1946 年，它的出現標誌著人類開始邁入數位時代。隨後數位技術從電腦系統擴展至其他領域，1980 年代，多媒體技術興起。網際網路產生於 1969 年，是由美國國防高等研究計劃署（ARPA）建立的阿帕網（APRANET）。1989 年，歐洲核物理實驗室 CERN 的工程師提姆○ 柏內茲 - 李（Tim Berners-Lee）研究開發了全球資訊網，即 World Wide Web（WWW），隨後網路逐步實現商業化，開始了狂飆突進的發展，各種新媒介層出不窮。

　　網路的出現，極大地改變了資訊傳播的方式，影響著人類知識的獲取、組織和傳遞，對傳統傳播系統帶來深刻的影響。網際網路的首要特點在於它傳播的是在時間和幅度上離散的數位訊號。在數位媒介中，電腦資訊處理技術的計量單位──bit，是資訊世界的基本單元。數位時代的媒介特徵是大量儲存、形態融合、人機交互、及時更新。資訊傳播呈現跨時空、跨媒體流動和人性化、個性化趨向。在數位媒介時代，閱聽人在傳播過程中的主動性、選擇性和交互性進一步增強，同時，大眾傳播中人際傳播的因素日益增加。網際網路傳播的革命意義，並不僅僅在於它創造了幾乎「全能」的自身，還在於它正在推動傳統大眾傳播的轉型。

縱觀人類歷史中媒介形態的演進過程，不難發現傳播媒介技術的發展不僅導致了人類社會資訊活動的變化，而且潛移默化地影響著人類自身的思維方式和生活方式。媒介技術和傳播活動的發展是互相依賴、相互促進的關係。一方面，資訊傳播的需要推動了媒介技術的發展；另一方面，媒介技術的進步促成了資訊傳播和社會交往的新模式。媒介技術變革在社會發展的過程中扮演著十分關鍵的角色，如今，傳播技術的革命已經將我們帶到了一個資訊高度發達的新媒體時代，傳播媒介正處在有史以來最為激烈的變革之中，媒介形態的演進還將繼續深刻地影響著人類社會。

二、技術與新媒體技術

　　（Technology）在英文中源於拉丁文「texere」，意思是編織或建造。我們通常對技術的理解是工具或機器，這是不全面的。美國著名傳播學者羅杰斯對技術作了這樣的定義：技術是人們為了實現某種目的，而對手段和途徑進行的某種設計，以減少因果關係中的不確定性。他認為技術至少包括兩個層面：硬體方面（物質或物理實體）和軟體方面（硬體運行的資訊基礎）。例如，我們可以將電腦技術分成硬體和軟體兩個方面，硬體包括各種元件、主機板和匯流排等，軟體則包括幫助我們使用這些工具的各種程式和指令。由於人們通常看到的只是電腦的硬體部分，因而往往將電腦技術視為那些看得見，摸得著的硬體設備。事實上，不論是硬體還是軟體，都是電腦技術不可缺少的。另外，作為人類生產和活動的手段和方式，技術具有明確的目標導向，人們使用技術總是為瞭解決某一問題或實現某種意圖。因此，韋路在《傳播技術研究與傳播理論的範式轉移》一書中將技術定義為：人們在某一特定領域為了實現某種意圖而對知識的實際運用。

　　技術的目的在於幫助人們更好地進行資訊傳播活動。自古以來，人類對於資訊交流和情感溝通的需要就一直存在，各種傳播技術就是人類為了滿足這些日益增長的傳播需要而創造出來的。因此沒有任何一門社會科學像新聞傳播學那樣與技術有著如此緊密的聯繫。人類藉以進行溝通的傳播技術由來已久，其歷史與人類的發展史同步。從語言到文字，從手抄到印刷，從電子

到網路，媒介技術不僅與人類社會的發展息息相關，而且成為區分人類社會不同歷史階段的鮮明標誌。

麥克盧漢在《理解媒介：人的延伸》中提出「媒介即人的延伸」概念，認為媒介是人的感覺能力的延伸或擴展。為了更加有效，更加人性化地傳播資訊，人們藉助各種現代新技術的更新發展，從傳統媒體的基礎上延伸和創造出新的媒體技術和媒體形式，例如數位電視、數位動畫、電子書、網路媒體（交互式媒體）、觸控螢幕媒體（iPad 等行動媒體）、社交媒體（微博、SNS、IM 等）、手機媒體等新型媒體，而這些新媒體形式都是建立在技術革新的基石之上的。

當前對於「新媒體」的定義還有更多的解釋與演繹。雖然不同的專家從不同的角度給出不同的解釋，但他們對「新媒體」內涵的理解在本質上是一致的：新媒體是建立在數位技術和網路技術基礎上的各種媒體形式，是能對大眾同時提供個性化內容的媒體，是傳播者和接受者融會成對等的交流者，無數的交流者之間又可以同時進行個性化交流的媒體。「新」最根本體現在技術上，同時也體現在形式上，有些新媒體是嶄新的，而有些是在舊媒體的基礎上引進新技術後，新舊結合的媒體形式。

新媒體的技術邊界處於一個不斷變化的流動狀態，幾乎不受約束。傳播技術無論從形式上還是功能上都在快速地發展，一些有著幾十年歷史的技術最近也在經歷著顯著的變化。創造新技術，利用新技術，是人類社會進步的必然。作為一種新興技術、一種新興產業，新媒體技術正越來越受到各方重視，甚至被譽為經濟發展的新引擎。新媒體技術為新媒體內容產業發展提供了堅實的技術支持，而新媒體內容產業迅猛發展又進一步促進了數位新媒體技術的應用、提高與創新。

三、新媒體技術特點

新媒體技術的內涵和特點是與新媒體的概念一樣動態發展的。對於「新媒體」概念至少可以追溯到 1950 年代。1959 年 3 月 3 日，馬素○麥克盧漢應邀赴芝加哥，參加全美高等教育學會舉辦的會議。麥克盧漢講演的題目是

「電子革命：新媒體的革命影響」。在這次逾千人的大會上，麥克盧漢宣稱：從長遠的觀點來看問題，媒介即資訊。所以社會靠集體行動開發出一種新媒介（如印刷術、電報、照片和廣播）時，它就贏得了表達新資訊的權利。麥克盧漢當時的「新媒體」與我們今天所說的「新媒體」已經存在著巨大的差別，今天的新媒體已經是一個技術性概念，它是指依託於電腦技術、網際網路技術、行動通訊技術等新興科技而產生的向使用者提供資訊服務的一系列新的工具或手段。這種以電腦技術、網際網路技術、行動通訊技術為基礎的新媒體技術大大地突破了傳統的資訊傳播技術的種種障礙，克服了傳統資訊傳播技術的一些弱點，其特點主要表現在以下幾個方面：

1. 新媒體技術的更新疊代非常迅速

Intel（Intel）創始人之一高登〇摩爾（Gordon Moore）提出的著名摩爾定律指出：當價格不變時，積體電路上可容納的電晶體數目，約每隔 18 個月便會增加一倍，性能也將提升一倍。換言之，每一美元所能買到的電腦性能，將每隔 18 個月翻兩倍以上。「摩爾定律」歸納了資訊科技進步的速度。在摩爾定律應用的 50 多年裡，電腦從神祕不可近的龐然大物變成多數人都不可或缺的工具，資訊科技由實驗室進入無數個普通家庭，網際網路將全世界聯繫起來，多媒體視聽設備豐富著每個人的生活。以資訊科技為重要基礎的新媒體技術也同樣遵循著摩爾定律的更新疊代速度，而且新媒體技術疊代的速度太快，快過於技術普及和傳播。新媒體技術產品的疊代速度快得驚人，如：網易新聞使用者端上線的 3 年半時間內疊代了 56 個版本，平均每 22 天更新一次。

2. 新媒體技術導致代溝，也可以抹平代溝

當 1980 後開始習慣使用滑鼠，透過個人電腦連接網際網路，用上了五筆或者拼音輸入法進行 QQ 聊天的時候，部分 1970 後或者 1960、1950 後群體，由於無法或者很難跨越打字的鴻溝，更無法便捷使用滑鼠而造成了這個群體被 PC 網際網路所淡忘或者說「拋棄」。後來，蘋果公司生產的 iPhone、iPad，淡化了「滑鼠」作為部分群體接入網際網路的入門門檻限制，把這一群體直接從 PC 網際網路時代帶入了行動網路時代。於是更多的

1970、1960、1950 後被喚醒，直接用手指「指揮」平板電腦和智慧型手機，暢快地看影片、聊 LINE、用通訊軟體語音聊天等，新媒體技術的發展也可以抹平由於技術使用導致的代溝。

3. 新媒體技術使用門檻越來越低

技術在不斷滿足人們的需求，技術的快速發展使得電腦、數位照相機和智慧型手機等相關設備已經成為大眾化的普及型產品，原來屬於專業人員使用的這些設備已經作為必備家電進入每一個人的生活。同時，新媒體技術在操作、使用方面也越來越簡單，過去只有專業人員才能掌握的資訊獲取和發布技術現在已經越來越平民化。新媒體技術的使用門檻越來越低，新媒體產品的使用已經普及到學齡前兒童以及相當多的低學歷人群。

4. 新媒體技術極大地降低了資訊製作的成本

數位技術的快速革新與發展也使得新媒體設備及資訊採集、加工、傳輸等環節的成本不斷降低，而效率則大大提高。這既使新媒體傳播在時效性方面優於傳統媒體，也使得新媒體傳播的平民化程度進一步提高。正是由於這種低成本的資訊製作，促生了一大批來自個人的新媒體產品。新媒體技術低門檻和低成本使我們進入了一個全民記者時代。

5. 新媒體技術加快了資訊複製和分享的速度

隨著數位新媒體技術的迅速發展，媒體內容的複製、分享也變得極為容易。資訊傳播的數位化和網路的開放性以及便捷性，使得資訊的複製和再傳播變得易如反掌。這一方面有助於拓展資訊傳播的廣度，另一方面又使得版權的保護變得困難。

6. 新媒體技術加快了媒體的交叉和融合

要實現媒體融合轉型，新媒體技術始終都是非常關鍵的一環。新媒體技術作為媒介融合的催化劑，造成了加速媒體交叉和融合的作用。

第二節　新媒體技術對傳媒業的變革

　　新媒體是相對於報刊、廣播、電視等傳統媒體而言的新興媒體，以電子和網路傳播為主要傳播方式。新媒體技術是指依託數位技術、網路技術、行動通訊技術等形成的新的傳媒技術。傳播技術每一次進步都會帶來媒介革命，新媒體技術更是深刻影響了傳媒行業，來勢兇猛的新媒體不僅對傳統媒體造成了巨大衝擊，還促成了媒介融合的趨勢。

一、新媒體技術對傳統媒體的衝擊

　　新媒體技術對傳統媒體帶來了巨大衝擊，對傳統媒體的傳播力、盈利模式、內容生產與傳播等帶來了深刻的影響。

1. 對傳統媒體傳播力帶來的影響

　　傳播力是指「傳播載體的數量，傳播機構的數目，從業人員的數量，傳輸技術、傳播速度等，這些硬體構成傳播力的基礎」。在新媒體時代，傳統媒體的傳播力面臨著來自新媒體的挑戰，以及自身發展弊端的顯露：首先是閱聽人的傳播管道選擇日益多元化，對於原有媒介的依賴降低了，媒介依賴的降低進而影響到媒介傳播力。正如「斯塔爾報告」事件中所呈現的那樣，人們不必等到電視或報紙發布柯林頓和陸文斯基的緋聞，便可以從網路中獲取最新消息，而傳統媒體的遮掩反而導致了自身可信度的下降。其次是新媒體技術使得每一個普通人都擁有了面向大眾傳播資訊的能力，新媒體技術弱化了傳統媒體的資訊壟斷的地位，一定程度上影響了公眾對傳統新聞媒介內容的需求。歸功於社交網路，發布新聞不再是記者獨有的能力，雙向的、去中心化的交流方式使得人人可以參與傳播內容的創造。另外，網路中持續不斷的資訊流對傳統媒體形成了監督作用，新媒體中的資訊傳播具有的草根性、互動性、去中心化等特徵使得傳統媒體的新聞資訊不再是單向傳播，在公眾對於新聞內容反覆驗證和討論的過程中，傳統媒體的話語權減弱。

2. 給傳統媒體盈利模式帶來廣泛衝擊

長期以來，傳統媒體的盈利模式較為單一，主要是依靠廣告收入，即遵循「二次售賣」模式，將閱聽人的注意力賣給廣告商，透過收取廣告費來獲得市場利潤。這種營利方式要求媒體擁有較高的市場佔有率，否則難以吸引廣告商。

新媒體時代，媒體之間競爭更加激烈，進一步擠壓了傳統媒體佔有的廣告市場空間。一是閱聽人市場的變化，新媒體的興起打破了傳統媒體在資訊傳播中的壟斷地位，給閱聽人市場帶來了巨大的衝擊，從數量及形式上改變了原有的閱聽人市場分布，網際網路已經發展成為網友獲取新聞資訊的主要媒介之一；二是數位化新媒介的發展使得廣告主選擇對象極其豐富，減少了對傳統媒體廣告投放的依賴程度。網路媒體在廣告市場上已經獲得大眾的認可，形成了對報紙、電視等傳統媒體的挑戰。目前，傳統媒體僅僅靠「賣廣告」營利的模式面臨很大的困難。

3. 傳統媒體的內容生產與傳播的變化

在新媒體技術環境下，傳統媒體的內容生產和傳播面臨很多困境。如傳統媒體喪失了時效性優勢、職業記者對新聞資源的佔有優勢不再、基於網際網路的「民間輿論場」與主流媒體輿論場相對峙等。在嚴峻的形勢下，傳統媒體必需求新求變，以積極的姿態推進新聞內容生產和傳播的創新。無論是在資訊生產還是資訊傳播環節，都需要適應新的媒介環境。首先是新聞傳播的數位化轉型，隨著傳播技術的突飛猛進，雲端運算、大數據、LBS 服務等新媒體技術迅速發展，如何使這些先進的技術應用到新聞生產模式中，提高內容品質和生產效率，符合新型新聞供求的標準，是當下傳媒從業者需要考慮的問題。其次是實施「全媒體策略」，推進內容生產專業化與開放性相結合。將公眾參與納入專業化的內容生產中，形成專業新聞報導與公民新聞活動的融合機制與互補效應，提高新聞傳播的品質。

二、新媒體的興起

隨著技術的發展，新媒體的快速興起已成為公認的事實。新媒體顛覆了舊有格局，改變了傳受關係。智慧終端成為資訊入口，行動化傳播成為趨勢。

1. 網際網路成為新興產業，顛覆了舊有格局

網際網路技術起源於軍事、教育和科學研究的需要，隨著技術的持續更新迅速滲透到社會各個領域。從網際網路產生到現在不過短短幾十年，給人類的生活帶來的變化卻是翻天覆地的，其網路規模和全球使用者數量也在不斷增加。網際網路改變了人們的生活方式和生活狀態，也推動了網際網路經濟的持續快速增長。

網際網路在發展初期是一個相對獨立於其他行業的領域，但現在，它對社會各行各業都已經產生了影響。

2.Web2.0改變了傳受關係，衝擊了傳統媒體的資訊控制

目前Web2.0相關的主要技術有：部落格（Blog）、RSS、百科全書（Wiki）、社交網路（SNS）、P2P、微博等。Web2.0與Web1.0的主要區別在於它具有與普通網友的互動性的特徵。Web2.0提倡的是個性化，Web2.0時代的每個資訊消費者同時也是資訊生產者，社交網路的興起進一步加速了網路使用者的連接，並且從資訊接收者變成了主動的資訊生產者，第二代網際網路由原來自上而下的體系變為自下而上的由廣大網友集體智慧和力量主導的體系。

在以往的媒體環境下，閱聽人通常處於被動的資訊接收者地位，新聞媒體控制了資訊的來源和資訊的傳播管道，新聞資訊的傳播過程主要體現為單向流動。隨著Web2.0的發展，「閱聽人」不再是居於被動地位的接收者，在部落格、微博、微信或FB等新媒體中，「閱聽人」也可以成為新聞資訊的收集者、編輯者和發布者，變成社交網路中的一個個「去中心化」的傳播節點。在這種情況下，「閱聽人」一詞顯得不合時宜，「網友」或「網路使用者」能更加準確地反映出這種變化。除了透過社交網路發表自己對公共事

件的意見和看法，有的網友還運用「人肉搜索」等方式搜尋相關資訊，甚至組織線下活動，最終對事件的發展產生影響。

3. 智慧終端成為資訊入口，行動化傳播成為趨勢

以手機等智慧終端為代表的行動媒體爆炸性增長，標誌著行動傳播時代的降臨。隨著智慧型手機等行動裝置的快速普及，行動設備成為人們隨時隨地進行資訊交流的平台。整個社會資訊接觸、消費行為、社會活動更多地呈現行動化趨勢。行動媒體作為新媒體家族的重要成員，早已成為人們日常生活基本配置的一部分。

隨著各種行動裝置和行動網路的普及，原有的網際網路生態正在被改變，我們正在經歷由「PC+網際網路」到「行動裝置+行動網路」的轉型，這一轉型將給網際網路及其相關行業帶來革新，尤其在行動網路領域，將發生極具變革性的發展。

三、新舊媒體的融合

媒介融合是新媒體技術下傳媒產業發展的長遠趨勢和必然要求，對於媒介融合這一概念，目前並不存在完全統一的認識，不同研究背景的學者對媒介融合有著不同方面的理解和不同視角的解讀。有學者總結了媒介融合的核心內容，是指「在以數位技術、網路技術和電子通訊技術為核心的科學技術的推動下，組成大媒體業的各產業組織在經濟利益和社會需求的驅動下透過合作、併購和整合等手段，實現不同媒介形態的內容融合、傳播管道融合和媒介終端融合的過程」。具體來說，媒介融合的環節主要包括內容融合、傳播管道融合、終端融合、組織人事融合、所有權融合等方面。

1. 內容融合

伴隨著新媒體的崛起以及新舊媒體之間不斷互通共融，傳統媒體按照傳統生產模式製作的資訊產品已經不能滿足多種媒介平台使用者的需求。新媒體時代的媒體的資訊內容應該具有多媒體性和互動性，適應跨媒介傳播的要求。對於資訊生產機構來說，如何實現「內容為王」，如何更有效地滿足廣大消費者對於資訊的個性化需求，如何使媒體機構在日益激烈的競爭環境中

脫穎而出，使媒介內容能更有效地服務目標閱聽人，達成資訊內容層面的媒體融合，是一個值得深思的問題。

資訊內容的融合主要是指對資訊內容資源的數位化處理，也就是內容產品的多媒體形態處理，也就意味著同一內容的多產品開發。內容融合指的是以內容生產為導向，內容融合實現的關鍵是資訊內容的融合性生產。新媒體環境下，先進的數位技術為多種媒體的內容融合提供了條件，各個媒體可以依託網際網路平台，實現資訊內容生產資源的共享、優化內容生產的機制，將原本分屬於各自領域內的內容形態進行融合，形成多類型、多角度、多層次的資訊產品。

2. 傳播管道融合

媒介管道的含義有三個方面：傳媒產品傳輸的介質和載體；傳媒產品從媒介組織到閱聽人之間連接的通道和環節；傳媒產品達成銷售的關鍵環節。傳播管道的融合主要包括「三網合一」等方面，目的在於提高資訊的傳達率，以多種平台媒介的資訊推送方式吸引閱聽人注意力。「三網合一」，即原先獨立設計運營的傳統電信網、電腦網際網路和有線電視網趨於相互滲透和相互融合。數位技術的發展使電信網、電腦網際網路和有線電視網傳輸、交換和分配的資訊能夠轉化為相同形式的符號，實現傳播內容的統一。「三網合一」的實現有利於實現網路資源的共享，避免重複建設，形成費用低廉、便於維護的多媒體基礎平台。

3. 終端融合

媒體將資訊產品呈現給使用者，以及使用者接收資訊都要依靠媒體終端。傳統媒體的終端形式包括報紙、電視和廣播等。新媒體技術支持下的終端則更加多樣化，如電腦、手機、平板電腦等設備，而在網際網路中的各種應用也層出不窮，人們可以選擇使用多種終端形式進行資訊交流。終端融合，即「3C融合」，就是通訊、電腦和電子產品的融合，包括兩方面的含義：一是終端設備融合，二是指終端設備融合所帶來的資訊平台和服務內容的融合。透過對資訊終端進行融合，使得各種媒介終端能夠接收不同形態的媒介內容，

整合終端設備、服務內容和資訊管道,可以實現資訊資源的共享和互聯互通,閱聽人可以脫離單一介質,使用任意資訊終端,即時獲取內容與服務。

4. 組織人事融合

媒介融合要求媒介組織內部也要根據資訊生產和傳播的需求進行重組,媒體人力資源的分配要以生產效率和溝通效果等因素進行優化設計。媒介組織結構性融合後,舊的組織結構在一定程度上勢必會被打破,各個部門會加強合作,各種類型媒體的新聞從業人員需要互相配合,協調分工,同時每名從業人員都需要具備跨媒體寫作和採訪的技能,能夠勝任多種形式的工作。不管是傳統媒體抑或是新媒體的從業人員都應該具備多種技能,能夠勝任文字、聲音、圖片、影片等多種資訊呈現方式的報導。

5. 所有權融合

從經濟層面來說,媒介產權是主導媒介融合的關鍵問題。 在媒介融合時代,傳媒產業所有權融合就是「傳媒企業沿著其產品和服務的生產經營鏈的縱向、橫向或斜向併購其他企業,擴大經營範圍,透過企業交易內部化,降低交易成本,使自身生產、技術、資金等迅速擴大,發揮規模經濟、範圍經濟效應,從而增強企業的競爭優勢」。

媒介所有權的融合包括透過併購、收購等方式對市場上的媒體資源進行重新組合。併購重組集團化和跨媒體經營是傳媒產業發展到一定階段以後的必然趨勢。市場經濟下的媒體企業作為一種市場主體,必然面對著風險與機遇,透過兼併、聯合等多種手段,有實力的媒體機構可以實現經營領域的擴張,吸收其他媒體具有的優勢,拓寬市場份額,甚至發展成為巨型傳媒集團。

第三節　與新媒體有關的關鍵技術

新媒體技術是透過現代電腦和通訊手段,將抽象的資訊變成可感知、可管理和交互的技術,是一種新興和綜合的技術,涉及和綜合了許多學科和研究領域的理論、知識、技術與成果,廣泛應用於資訊傳播、影視創作、遊戲娛樂、廣告出版、教育、醫療和展示等各個領域。

第三節　與新媒體有關的關鍵技術

　　新媒體技術主要研究與媒體資訊相關的獲取、處理、傳播、管理、安全、輸出等相關理論、方法、技術與系統。因此，新媒體技術所涉及的關鍵技術主要包括新媒體資訊獲取與輸出技術，新媒體資訊處理與生成技術（電腦圖片、圖形和動畫技術），串流媒體技術，新媒體傳播技術（電腦網路技術、行動通訊技術），新媒體資訊儲存、發布與檢索技術，虛擬實境技術，雲端運算與大數據技術以及新媒體資訊管理與安全技術等，這些技術構成了新媒體複雜的技術體系。

一、新媒體的技術基礎

　　當下的新媒體無不以「數位」的方式呈現，依託於數位技術的新媒體資訊獲取、處理、生成與輸出技術以及串流媒體技術構成了新媒體技術的基礎。

1. 數位技術

　　數位技術是資訊社會的基礎，也是新媒體的根本技術，當下的新媒體無不以「數位」的方式呈現，因此也有人稱新媒體為數位媒體。

　　數位技術是將各類資訊數位化的技術，是一種與電腦相生相伴的資訊編碼技術，它以數位「0」或「1」作為資訊儲存的最小單位——bit。文字、圖形、圖片、聲音、影片等任何資訊都可以透過數位技術轉換成為一系列「0」或「1」的組合排列，供電腦識別，並在數位編碼的基礎上，透過電腦、光纖等進行儲存、處理和傳輸。尼葛洛龐帝在其1996年出版的《數位化生存》（Being Digital）一書中指出：人類生存於一個虛擬的、數位化的生存活動空間，在這個空間裡人們應用數位技術從事資訊傳播、交流、學習、工作等活動，bit作為「資訊時代的DNA」正在迅速取代原子而成為人類生活中的基本交換物。

　　數位技術使多種媒體的融合成為可能。統一的數位編碼技術使數字、文字、圖形、圖片、聲音以及客觀世界存在的任何資訊都可以透過數位「0」或「1」來表達，各種資訊可以融合為一體，透過數位設備加工和傳播。其次，數位技術使資訊的交互成為可能。由於各類資訊都已統一為數位格式，資訊的採集、傳輸與接收系統實現了與技術上的統一，任何相互連接的資訊終端

新媒體技術
第一章 新媒體技術引論

之間都可以進行數位資訊的交互傳播。這使人與機器、機器與機器、人與人之間的資訊交互方便可行。

2. 新媒體資訊獲取與輸出技術

數位資訊的獲取是數位資訊處理的基礎，其關鍵技術主要包括圖片、聲音和影片等資訊的獲取技術和人機交互技術等，其技術基礎是現代傳感技術。數位資訊的輸入與獲取的設備主要包括鍵盤、滑鼠、光筆、無線軌跡球、觸控螢幕、語音輸入和手寫輸入等輸入與交換設備，以及適用於數位媒體不同內容與應用的其他輸入和獲取設備，如適用於圖形繪製與輸入的數位化儀，用於圖片資訊獲取的數位相機、掃描儀和數位攝影機等，用於語音和音頻輸入與合成的聲音系統，以及用於運動數據採集與交互的有線手套、數據衣等。

新媒體資訊的輸出技術是將媒體的數位資訊轉化為人類可感知的資訊，其主要目的是為媒體內容提供更豐富、人性化和交互的介面。新媒體資訊輸出技術主要包括顯示技術、硬複製技術、聲音系統以及 3D 顯示技術等。隨著技術的不斷改進和豐富，上述數位資訊獲取與顯示設備也在進行著不斷的融合和升級，最典型的就是 Google 公司於 2012 年 4 月推出的一款擴增實境型穿戴式智慧眼鏡，這款眼鏡集智慧型手機、GPS、相機於一身，在使用者眼前展現即時資訊，只要眨眨眼就能完成拍照上傳、收發簡訊、查詢天氣路況等操作。使用者無須動手便可上網查詢或者處理文字資訊和電子郵件，同時，戴上這款「拓展現實」眼鏡，使用者可以用自己的聲音控制拍照、影片通話和辨明方向。

3. 新媒體資訊處理與生成技術

新媒體資訊處理與生成技術以驚人的速度，全面滲透到了媒體領域，給傳媒行業帶來了巨大的變革。新媒體資訊處理與生成技術主要包括數點陣圖片和數位音頻的加工處理以及電腦圖形與動畫技術。

數點陣圖片處理技術就是採用數位技術對圖片進行加工和處理，主要包括數點陣圖片的獲取、變換、增強、壓縮編碼、識別等技術，目前主流的圖片處理軟體是 Adobe Photoshop。數位音頻處理技術是將類比的聲音訊號

經取樣、量化與編碼轉化為數位音頻訊號。由於數位化的音頻訊號數據量非常大,因此需要根據音頻訊號的特性,利用聲音的時域冗餘、頻域冗餘對其數據進行壓縮。常用的音頻處理軟體有 Cool Edit、Adobe Audition、Gold-Wave 等。

電腦圖學是用電腦進行數據和圖形之間相互轉換的方法和技術,它也是運用電腦描述、輸入、表示、儲存、處理(檢索/變換/圖形運算)、顯示、輸出圖形的一門學科。

電腦動畫是電腦圖形技術與藝術相結合的產物,它綜合運用電腦科學、藝術、數學、物理學、生命科學及人工智慧等學科和領域的知識,來研究客觀存在或高度抽象的物體的運動表現形式。隨著電腦硬體和圖形學等技術的快速發展,用電腦已能生成絢麗多彩的連續的虛擬真實畫面,進一步拓展了視覺藝術表現的空間和力度。電腦動畫技術在新媒體內容領域內有著大量和廣泛的應用,特別是在數位娛樂領域,如影視特技、電視片頭、動畫片和遊戲等都依託了電腦動畫技術的發展。

4. 串流媒體技術

隨著資訊科技的發展,網路給人們帶來形式多樣的資訊,從第一張圖片出現在網路上到如今各種形式的網路影片和 3D 動畫,網路讓人們的視聽覺感受得到了很大的滿足。然而在串流媒體技術出現之前,人們必須要先下載這些多媒體內容到本地電腦,在漫長的等待之後(因為受限於頻寬,下載通常要花上較長的時間),才可以看到或聽到媒體傳達的資訊。在串流媒體技術出現之後,人們便無須再等待媒體完全下載完成了。

串流媒體就是指採用串流式傳輸技術在網路上連續即時播放的媒體格式,如音頻、影片或多媒體文件。串流媒體技術也稱串流式媒體技術,它是把連續的影像和聲音資訊經過壓縮處理後放上網頁伺服器,由影片伺服器向使用者電腦順序或即時地傳送各個壓縮檔,讓使用者一邊下載一邊觀看、收聽,而不要等整個壓縮文件下載到自己的電腦上才可以觀看的網路傳輸技術。串流媒體技術先在使用者端的電腦上創建一個緩衝區,在播放前預先下載一段數據作為緩衝,在網路實際連線速度小於播放所耗的速度時,播放程式就

會取用一小段緩衝區內的數據，這樣可以避免播放的中斷，也使得播放品質得以保證。

二、新媒體傳播技術

新媒體傳播技術融合了數位通訊技術與電腦網路技術，為數位時代的資訊交流提供了更為快捷、便利、有效的傳播手段，是構建新媒體交流與互動服務平台的基礎，也是新媒體所具備的最顯著的特徵。近幾年來，無線和行動傳播技術的發展速度與應用領域呈現出如火如荼的發展態勢。各種新的無線媒體形式藉助數位無線技術的發展與支撐得到飛速的發展，已經成為新媒體中極具競爭力的互動交流的資訊傳播與服務平台。

數位通訊技術的目的是使一個使用者能在任何時間，以任何方式，與任何地點的任何人，實現任何形式的資訊交流。數位通訊網是新媒體傳播的主要平台之一，通訊網業務已從傳統的電話，發展到集聲音、影視、圖文和數據為一體的各種綜合資訊服務。數位通訊技術主要包括各類調變與解調技術、錯誤檢測與糾正技術、數位利用技術，數位交換和多重接取技術等。

電腦網路是電腦技術與通訊技術緊密結合的產物，始於 1951，近 20 年來得到迅猛發展，在資訊社會中起著舉足輕重的作用。從某種意義上講，電腦網路的發展水平不僅反映了一個國家的電腦技術和通訊技術水平，也是衡量其國力及現代化程度的重要標誌之一。現在，電腦網路已經成為人類社會不可缺少的一個重要組成部分，電腦網路的應用已經遍布於社會生活的各個領域。網路以其涵蓋面廣、傳播速度快、資訊多媒體化、交互傳播等特點，徹底改變了傳統的資訊傳播模式，並對現代傳播方式產生了重大的影響，只有深入瞭解電腦網路技術，才能深刻認識網路傳播的巨大潛能。

三、新媒體資訊儲存、發布與檢索技術

數位新媒體對電腦速度、性能以及數據儲存的要求更高，數位新媒體中的圖片、聲音和影片數據一般都非常大，且具有並發性和即時性，在新媒體資訊的儲存中既要考慮儲存介質，又要考慮儲存策略。數位儲存技術的飛速發展，以及控制技術、連接埠標準、機械結構等方面的一系列重大改進，使

第三節　與新媒體有關的關鍵技術

得儲存容量、傳輸速度等性能指標完全達到了數位媒體資訊儲存的要求，也進一步促進了數位新媒體應用的發展。

新媒體資訊發布方式的重要轉折點是源於 1980 年代末全球資訊網的出現，全球資訊網的產生改變了網際網路的面貌，使網際網路得到飛速的發展，從此在全世界範圍內共享和發送資訊成為可能。到現在，雖然全球資訊網的誕生也不過短短二十餘年，但是在網際網路平台上的資訊發布技術卻已經進行多次更新換代。從傳統的 C/S 模式到 B/S 模式，然後是如今的 CDN 數據分享網路以及 P2P 網路，新媒體資訊發布技術十分豐富，發展也很快，也正是由於這一點，網際網路和手機平台的應用方式也越來越豐富。

網際網路從誕生、發展並演變至今，已經成為有史以來資源數量最多、資源種類齊全、資源規模最大的一個綜合資訊庫。來源豐富的各種各樣的資訊廣泛、異構地分布在網路空間中，而如何準確有效地從網際網路上獲取有價值的資訊就成為一項艱巨的任務，為瞭解決這一現象，搜尋引擎技術應運而生。要從這些大量的資訊中準確且迅速地獲取適合自己需要的資訊，就需要藉助資訊搜尋技術。新媒體資訊搜尋技術主要使用的是基於文本的搜尋技術（TBR）和基於內容的搜尋技術（CBR）。基於文本的新媒體搜尋技術處理的對象只有文本，它是當前最基本、最常用的一種數位媒體資訊搜尋方式。

四、新媒體傳播新技術

技術的發展日新月異，新媒體傳播中新技術應用也在不斷湧現，如：電子紙技術、雲端運算技術、IoT 技術、LBS、虛擬實境技術、大數據與資料探勘等，這些技術都在不斷豐富著新媒體技術，進而推動了新媒體的飛速發展。

1. 電子紙

電子紙（Electronic Paper）是一種超輕超薄的顯示器，即「像紙一樣薄、柔軟、可擦寫的顯示器」，由印有電極並可彎曲的底板和面板以及電子墨水組成。也可以理解為電子紙就是一張印有電極的薄膠片，在膠片上塗一層帶電的電子墨水，對它予以適當的電擊，即可使數以億計的油墨顆粒變幻

出不同的顏色，從而能夠根據人們的設定不斷改變顯示的圖案和文字。電子紙具有紙的柔軟性，且具有對比度好、可視角度大、不需背景光源等優點。電子紙的研發、應用和推廣將掀起數位終端顯示技術的新一輪革命。

2. 雲端運算

雲端運算是近年來非常熱門的一個概念，其含義已經跨越了學術和科技界，融入了社會的各個行業之中。在全球都在進行轟轟烈烈的「雲端運算」革命的時候，新聞傳播——這個與資訊、電腦、網際網路有著密切關係的行業，也邁進了雲端運算的浪潮中，媒體生產方式領域的變革即將開始。目前已經有不少媒體機構開始採用雲端運算，Amazon 和 Google 都推出了自己的雲端媒體，提供雲端服務。傳統媒體方面，紐約時報、路透社等為了滿足新聞生產過程中日益擴大的數據和數據處理要求，紛紛推出了基於雲端運算的雲端服務支持體系，提高了新聞生產的效率，降低了媒體運營成本。

3. IoT

IoT 是透過 QR Code 識讀設備、無線射頻辨識（RFID）裝置、紅外感應器、全球定位系統和雷射掃描器等資訊傳感設備，按約定的協定，把任何物品與網際網路相連接，進行資訊交換和通訊，以實現智慧化識別、定位、追蹤、監控和管理的一種網路。

IoT 的本質是人與物體間的溝通和對話，這與傳媒的資訊傳播溝通特徵在本質上是一致的。對於媒介而言，IoT 消除了媒介之間的邊界，推動了以無所不能和無所不在為特徵的媒介融合的深化。IoT 時代，媒介融合的生命力就在於消弭了時空之間的界限，讓消費者能夠在任何時候、任何地點得到任何自己想要的服務，這就解決了傳統媒介最大的桎梏即線性傳播與時間的衝突、靜態接收與空間的衝突。此外，IoT 還消除了媒介與閱聽人之間的界限，促進了二者的融合。IoT 時代，任何使用者都能透過個人終端發布資訊，點對面的單向傳播讓位於點對點的互動的網狀傳播。

4. LBS

　　LBS（Location Based Service，基於地理位置的服務）是在 GIS（Geographic Information System，地理資訊系統）平台的支持下，採用 GPS（Global Positioning System，全球定位系統）或其他相關定位技術，獲取行動裝置使用者的位置資訊，並透過行動智慧終端向使用者提供相應服務的一種增值業務。LBS 技術在新聞傳播領域的融合應用主要體現在兩個方面：一是 LBS 技術在新聞資訊的生產、流通環節的應用，另一個就是 LBS 技術與社交網路服務的結合。

　　由於 LBS 技術具有「確定地理位置」和「提供服務資訊」的功能，因此一些媒介機構根據自身的特點，將 LBS 技術應用在新聞資訊的生產、流通環節，開發出相應的 LBS 服務類別，以便強化工作團隊的管理，提高新聞資訊生產效率：將 LBS 地理定位引入到記者的日常新聞報導工作中，可以有效地追蹤、掌握網站記者的採訪位置和路線，並根據實際需要進行統籌調度；統計分析記者和事件的地區分布情況，掌握當前的資源分布和最近一段時間的焦點分布，以便合理計劃、分配採訪資源；根據 LBS 地理定位，向閱聽人推送具有地理接近性的新聞資訊，以提升資訊的有效性，拉近與閱聽人的心理距離。另外，LBS 技術與社交媒體的融合，不僅能夠為使用者提供更加個性化、精準化的資訊和服務，同時也為社交網路的未來運營模式提供了新的思路。

5. 虛擬實境技術

　　虛擬實境（Virtual Reality，VR，也被譯作靈境技術）就是採用以電腦技術為核心的現代高技術，生成逼真的視、聽、觸覺一體化的一定範圍的虛擬環境，使用者可以藉助必要的裝備以自然的方式與虛擬環境中的物體進行交互作用、相互影響，從而獲得親臨等同真實環境的感受和體驗。虛擬實境技術是集電腦圖學、圖片處理與模式識別、智慧連接埠技術、人工智慧、傳感與測量技術、語音處理與音響技術、網路技術等為一體的綜合整合技術，對電腦科學和新媒體技術的發展具有重要的作用。因此，虛擬實境技術從產生之初就受到許多行業，特別是一些需要消耗大量人、財、物，以及具有危

險性的應用領域的高度關注。虛擬實境技術在新聞傳播中實際上已經擔任了向使用者傳遞各類資訊的媒介作用。新聞業使用虛擬實境技術還為了追求更準確、更生動地還原新聞現場,將讀者帶入具體的情境,理解新聞事實。

6. 大數據

今天的時代,已經被稱為大數據時代。「大數據」(Big Data)這一概念,首先是指資訊或數據量的巨大。此外,「大數據」時代意味著數據的處理、分享、探勘、分析等能力將得到前所未有的提升。不同行業、不同領域的數據之間的交換和相互利用也變得十分頻繁。大數據方法打開了新聞傳播學的新境界,也引導著新聞傳播的認識創新和邏輯創新。

大數據為新聞傳播帶來的不僅是技術工具上的革命,也推動了新聞製作理念的發展。記者可以利用大數據工具製作新的新聞產品,大數據工具使得我們的新聞觸角可以伸向更多的社會角落,提供更為全面的新聞視角和更廣闊的想像空間,這將帶來一種全新的新聞形式,也是內容的創新,即整合碎片化的數據,並透過文本探勘技術,實現新形態的「減少和消除不確定性」的新聞內容。

【知識回顧】

傳播技術無論從形式上還是功能上都在快速地發展,創造新技術,利用新技術,是人類社會進步的必然。如今,傳播技術的革命已經將我們帶到了一個資訊高度發達的新媒體時代。作為一種新興技術、一種新興產業,新媒體技術正越來越受到各方重視,甚至被譽為經濟發展的新引擎。新媒體技術具有更新疊代快、使用門檻低、複製和分享的速度快等特點。新媒體技術深刻影響了傳媒行業,來勢兇猛的新媒體不僅對傳統媒體造成了巨大衝擊,還促成了媒介融合的趨勢。新媒體技術所涉及的關鍵技術主要包括新媒體資訊獲取與輸出技術,新媒體資訊處理與生成技術,串流媒體技術,新媒體傳播技術,新媒體資訊儲存、發布與檢索技術,虛擬實境技術,雲端運算與大數據技術以及新媒體資訊管理與安全技術等,這些技術構成了新媒體複雜的技術體系。

第三節　與新媒體有關的關鍵技術

【思考題】

1.在新媒體的發展過程中分別有「技術決定論」、「內容為王」、「關係為王」、「平台為王」和「使用者為王」等多種討論，談談你對其看法？

2.如何理解「新媒體的技術邊界處於一個不斷變化的流動狀態，幾乎不受約束」？

3.列舉你所熟悉的新媒體技術的應用領域或系統，分析其技術構成與特點。

補充閱讀1：

補齊融合發展的技術短板

從「鉛與火」、「光與電」到「數與網」，媒體傳播方式的每一次變革，都與技術進步密不可分。新一代資訊通訊技術，尤其是行動網路技術的快速發展，重構了新聞傳播業態，革新了內容生產方式，也在相當程度上改變了使用者獲取資訊的習慣。在媒體融合發展過程中，如何充分利用資訊科技推動內容產品、傳播方式創新，對傳統媒體占領資訊傳播制高點、駕馭新的輿論生態具有重要意義。一年來，中央和地方主要媒體順應行動網路時代媒體發展趨勢，積極利用最新技術創新新聞業態，在內容生產、產品打造、使用者服務等關鍵環節不斷提高技術支撐能力，透過技術創新有力驅動傳統媒體轉型升級、引領媒體融合發展。

1.媒體融合發展的技術需求來自哪裡

技術是驅動媒體變革的核心力量。傳統媒體與新興媒體融合發展的過程，實際上就是優勢內容與先進技術相互支撐、共生共融的過程。從傳播鏈看，媒體包含內容、管道和閱聽人三個要素。傳統媒體生產內容，並透過報刊發行、衛星和有線電視等管道與閱聽人建立連接。進入行動網路時代，由於技術進步，媒體傳播鏈的三個要素「內容」管道「閱聽人」都發生了深刻變化，媒體傳統的技術支撐體系已無法適應行動網路傳播要求，急需建立新的技術支撐體系。

新媒體技術
第一章 新媒體技術引論

首先，「內容」要素的變化需要新媒體技術的應用和支撐。傳統的報業傳播服務支撐系統主要是採編系統，強調的是新聞本身的生產，內容大多為單一的文字、圖片。隨著行動網路的發展，媒體內容已大大超出「新聞報導」的範疇，在呈現上也越來越注重「悅讀」以給使用者提供良好體驗，除文字、圖片外，影片、互動程式等展現形式受到空前重視，如在重要主題報導中，各媒體用 H5 技術，結合數據和動漫製作的視覺化新聞、互動遊戲作品廣受歡迎。此外，隨著社交網路的發展，新聞的生產和傳播都出現社交化趨勢，能否製作適合社交網路傳播的內容產品，並透過資訊科技對內容在社交網路中的擴散傳播路徑進行追蹤、分析，越來越成為媒體競爭的焦點。

其次，「管道」要素的變化需要新的傳播平台做技術支撐。新聞媒體的重要職能是提供「資訊連接」服務，傳統報業透過郵局、報亭等發行管道，廣電媒體透過衛星、有線和地面無線等管道在閱聽人與資訊之間建立連接。隨著行動網路對社會生活的滲透，使用者獲取資訊的方式發生了巨大改變，新聞使用者端、社交網路等新興媒體逐漸成為人們尤其是年輕人獲取資訊的主要管道，新聞媒體在使用者與資訊間建立連接的傳統通路受到很大挑戰。在原有管道受到衝擊的情勢下，各媒體都在建設新的管道提供「連接服務」，如建設新聞使用者端、手機網站、樓宇資訊螢幕等新的傳播平台，同時適應新媒體社會化傳播、社群經濟的特點，透過社交媒體和各類網際網路平台投射自己的內容影響力。加強技術支撐，透過行動傳播平台，以使用者為中心進行傳播，成為媒體融合發展的重要切入點。再次，「閱聽人」要素的變化需要有對「使用者」進行偏好分析的技術支撐。對傳統媒體來說，閱聽人是讀者、觀眾、聽眾，進入行動網路時代，由於智慧型手機等終端日漸成為人的自然延伸，傳統的「閱聽人」概念正在被「使用者」概念所取代。尤其是隨著社交網路的出現，資訊科技進一步降低溝通成本，使用者逐漸成為媒體運營中可以交流互動和進行分析的「參眾」。使用者在與媒體互動過程中形成的大量行為資訊成為媒體重要的策略資源。根據這些行為資訊，媒體可以進行使用者偏好分析，調整內容生產和傳播策略，為使用者提供個性化新聞服務，並能推動傳統廣告向精準廣告轉變。能否充分運用資訊科技手段，深

第三節　與新媒體有關的關鍵技術

度探勘利用使用者在與媒體交互過程中形成的數據資訊，提升傳播效力、進行商業變現，對媒體融合發展至關重要。

2. 媒體融合發展的技術之翼怎樣打造

媒體傳播鏈三要素的變化及其對相應技術支持的需求，為夯實媒體融合發展技術支撐指出了方向。一年來，順應行動網路時代媒體發展趨勢，中央和地方主要媒體積極打造自己的技術平台，建設自己的技術團隊，利用前瞻資訊科技創新內容生產、傳播及與使用者的互動，逐步構建起適應媒體融合發展的技術支撐體系。

第一，適應「內容」要素的變化，建設擁有多媒體技術的採編平台及其支持系統，為行動網路時代新聞生產提供基礎技術支撐。適應行動網路時代使用者對內容資訊需求的變化，各媒體都非常重視全媒體技術在內容生產中的應用。為了整合原來分散在報紙、網站、使用者端的新聞資源，主要新聞媒體把建立全媒體採編平台作為媒體融合發展的重點項目，並將其作為內容生產的核心技術平台和指揮協調中樞。

第二，適應「管道」變化，應用新技術，打造新的傳播管道，重塑與使用者的連接。隨著使用者大規模往新媒體遷移，傳統媒體服務使用者的報刊發行、衛星等管道面臨前所未有的衝擊。為了應對媒介生態的巨大變化，中央和地方主要新聞媒體積極採用新技術，不斷拓展內容的傳播管道，其中新聞使用者端是新管道的核心支點。使用者端給傳統媒體帶來的一個顯著變化就是改變了媒體與使用者的連接方式，傳統媒體與閱聽人之間單向、間接、鬆散、時延的連接，逐漸轉變為融合媒體與使用者之間，以及使用者與使用者之間多元、直接、緊密、即時的連接，無論是內容運營還是產品體驗，使用者需求反饋都非常及時。

第三，適應「閱聽人」概念向「使用者」概念的轉變，利用大數據等先進技術進行使用者偏好分析，並指導內容製作傳播。在行動網路時代，大數據的探勘分析在整個新聞生產發布反饋中起著至關重要的作用，以使用者為中心，做好新聞資訊服務，必須依靠大數據這一橋樑。與網際網路公司旗下的新媒體相比，傳統媒體在大資料探勘利用，以及新聞分析追蹤方面的能力

相對薄弱。一年來，中央和地方主要媒體透過深度探勘自身積累的數據資訊，對內容進行更加精準的評估，並以此為基礎生產更符合使用者需求的內容。

3. 媒體融合發展的技術基因如何培植

在資訊科技迅速更新，並推動媒體生態、傳播方式不斷變革的趨勢下，新聞媒體的技術創新不能僅僅停留在幾個技術項目的建設上，而應將技術創新內化為組織的價值理念，形成系統化的組織行動。一年來，中央和地方主要新聞單位順應媒體融合發展趨勢，從價值理念強化、人才隊伍建設、組織架構規劃、激勵考核方式轉變等方面進行全方位的創新，不斷培植和強化技術基因，讓技術因素有機融入媒體組織肌體，在建立適應融合發展的技術管理體系方面邁出了堅實步伐。

人才是媒體競爭的核心要素。夯實媒體融合的技術支撐，關鍵是要建設一支水平過硬的技術人才隊伍，建立起與媒體融合發展相適應的技術人才管理制度。在新媒體建設中，一些媒體如人民日報、上海報業集團等最初採取技術外包合作的方式，但由此帶來的各種弊端如安全風險、產品升級需求、研發進度受到各方限制之間的矛盾等，最終使這些媒體下決心，透過「外部引入＋內部培養」的方式，打造一支自己的新媒體研發技術隊伍，提高自我造血能力。湖南廣電在技術團隊建設上的做法是，自己掌控業務的核心環節，而將需要長期資源構建的部分技術環節外包，比如由電視節目衍生出的手機遊戲產品研發、線上零售支付等技術環節外包。

與網際網路公司相比，傳統媒體在薪酬待遇、激勵機制上沒有優勢。因此媒體必須創新機制體制，透過合理的薪酬待遇、有效的績效考核、暢通的發展通道，使技術人員引得進、留得下、做得好。

第二章 新媒體資訊處理及編輯技術

【知識目標】

☆各種類型新媒體資訊的概念、基本原理。

☆各種類型新媒體資訊的處理及編輯技術。

【能力目標】

1. 瞭解新媒體資訊所涉及的基本內容。

2. 掌握新媒體資訊處理的基本原理和方法，並能合理使用多種新媒體的組合進行資訊的傳播。

【案例導入】

數位時代的真相

這是一個真實的事件，《國家地理雜誌》把兩個金字塔挪近了一些，目的就是使其變成一張直片，好做封面。而這也是真的——畫冊《美國人的一天》，封面上的美國牛仔和背景月亮的距離也被挪近了，同樣是為了配合封面的尺寸。

這些是否意味著今天，數位技術的出現讓攝影的真實走到了盡頭？但是，回頭看看我們的歷史，影像的改動難道不是一直存在的嗎？照片一直都在被篡改！在廣告、肖像這些不是十分嚴肅的領域內，照片常常無中生有，只是後果並不是那麼嚴重罷了。街頭的小報上的照片也常常有這樣的騙局，在攝影師還不能進入法庭拍攝的時候，那些照片都是後期布置出來的，或者透過一個個的小照片黏貼成的。小報現在仍然使用這些手段欺騙讀者，他們把奇特的東西誇張成超現實的，他們把從來沒有見過面的演員 A 和演員 B 合成到一起，他們展示貓王仍然活著，在某個鄉村裡（或者月球上）居住。他們解決這些問題的方法就是把這些照片放到一個欄目裡叫「信不信由你」，當然結果肯定就是不信，看見從此意味著不一定要相信。

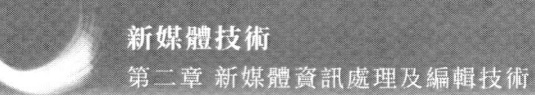

到什麼時候數位篡改照片將會成為一個嚴重的問題呢？我們等著看吧，雖然到目前為止，沒有什麼數位合成的照片能夠完全顛覆真實和虛假這個天然的體系。也許未來會發生，或者永遠也不可能像我們想像中的那樣，因為有人製造了一張假照片，並且因此完全影響了公眾的判斷。

照片被賦予記錄真實的職責，但是這不意味著所有的照片，所有的時間都是如此。數位照片的出現向傳統的攝影技術——膠片、傳統相機、相片紙提出了挑戰，並且這可能最終影響到讀者對他們在報紙和雜誌上看到的照片的信任度，甚至是家庭相冊。但是，照目前來看人們對它的關注更多在於拍攝和傳輸技術而不是後期處理。因為暗房可以做出相同的詭計：修改，二次曝光。只是暗房不像數位技術那樣容易操作，而又不容易識破。

問題在於數位更改照片太簡單了，可能初衷只是修掉照片上的汙點，一不小心就滑向對照片事實的更改。而數位照片中那些已經完全失去了真實，完全虛擬的部分，我們很難辨認。結果是本應最真實的世界裡充斥著完全虛構，來自想像中的影像——就好比科幻電影，或者廣告照片中發生的奇特情景。很可能，讀者的口味和我們對一張照片的評判也發生了變化，我們還能在報紙和雜誌上出現的新聞照片和其他種類的照片之間劃出一條明顯的分界嗎？

數位照片帶來的另外一個潛在的問題是，在辛普森殺妻案的審判中，他聲稱一張有關他穿著布魯諾馬格尼鞋子的照片是假的，而被害者身旁的鞋子的腳印就是來自這個牌子的鞋子，後來整卷照片的全部小樣證明了這張照片是真的。但是在未來，證明照片的真實將非常困難，因為數位照片沒有底片，它的改動沒有任何資訊，而過去，底片是照片的物理證據，所有的原始資訊都可以從這上面得到。

因為數位技術對照片的篡改，我們對照片真實性的感覺可能會發生改變，而在未來如果不加控制的話，將會產生很多數位的謊言。數位的真實抑或數位的謊言，這個未來就掌握在我們手裡。

第一節　新媒體資訊的種類和特點

　　媒體（Media）是承載資訊的載體，是資訊的表示形式。人類利用視覺、聽覺、觸覺、嗅覺和味覺來感受各種資訊，因此媒體可以分為視覺類媒體、聽覺類媒體、觸覺類媒體、嗅覺類和味覺類媒體。按照國際電信聯盟（ITU-T）建議的定義，媒體有以下5種：感覺媒體、表示媒體、顯示媒體、儲存媒體和傳輸媒體。在新媒體資訊處理及編輯技術中主要研究的是表示媒體，處理的主要是各種各樣的新媒體表示和表現。

一、新媒體資訊的種類

　　在新媒體資訊處理及編輯技術中研究的主要有視覺類媒體和聽覺類媒體兩種。

1. 視覺類媒體

①文字

　　文字是一種符號，是由人類創造出來表示某種含義的，所以它與使用者的知識有關，是比圖形更高一級的抽象。必須具備特定的知識，才能解釋特定的符號，才能解釋特定的文本（如語言）。符號使用特定值表示，如ASCII碼、中文國標碼等。

②圖片（Image）

　　將所觀察的圖片按行列方式進行數位化，圖片的每一點都數位化為一個值，所有這些值就組成了圖片。圖片是所有視覺表示方法的基礎。

③圖形（Graphics）

　　圖形是圖片的抽象，它反映了圖片上的關鍵特徵，如點、線、面等。圖形的表示不直接描述圖片的每一點，而是描述產生這些點的過程和方法，即用向量來表示。

④影片（Video）

影片又稱動態圖片，是一組圖片按時間有序連續的表示。影片的表示與圖片序列、時間關係有關。

⑤動畫（Animation）

動畫是動態圖片的一種，與影片不同之處在於動畫採用的是電腦產生出來的圖片或圖形，而不像影片採用直接採集的真實圖片。動畫包括 2D 動畫、3D 動畫、真實感 3D 動畫等多種形式。

⑥其他

其他類型的視覺媒體形式，如用符號表示的數值，用圖形表示的某種數據曲線，資料庫的關係數據等。

2. 聽覺類媒體

①波形聲音（Wave）

波形聲音是自然界中所有聲音的複製，是聲音數位化的基礎。

②語音（Voice）

語音也可以表示為波形聲音，但波形聲音表示不出語音的內在語言及語音學的內涵。語音是對講話聲音的一次抽象。

③音樂（Music）

音樂與語音相比更規範一些，是符號化的聲音。但音樂不能對所有的聲音都進行符號化。樂譜是符號化聲音的符號組，表示比單個符號更複雜的聲音資訊內容。

二、新媒體資訊的性質和特點

1. 各種新媒體具有不同特點和性質

沒有任何一種新媒體在所有場合都是最優的。每一種新媒體都有其各自擅長的特定範圍，在使用時必須根據具體的資訊內容、上下文和使用目的，

來選擇相應的新媒體。人們在問題表達過程中的不同階段對資訊媒體有不同的需要。相對來說，能提供具體資訊的新媒體適用於最初的探索階段，能描述抽象概念的文本媒體適用於最後的分析階段，而直觀資訊介於兩者之間。一般來說，文本擅長表現概念和刻畫細節，圖片資訊擅長表達思想的輪廓，以及那些蘊含於大量數值數據內的趨向性資訊，視覺媒體則適合於表現真實的場景。聲音與視覺資訊可以共同出現，往往適用於進行說明和示意，以及進行效果的渲染和烘托。同樣，運動媒體則反映了使用者直接的交互意圖和系統所做出的反應。

從資訊表達考慮，新媒體數據具有以下性質：

（1）新媒體是有格式的，也就是說，只有對這種格式進行解釋，才能使用這種新媒體。

（2）不同新媒體表達資訊的特點和程度各不相同，越接近原始新媒體形式，資訊量就越大；越是抽象，資訊量就越小但越精確。

（3）新媒體之間可以相互轉換，但可能會丟失部分原始資訊，或增加一些偽資訊。

（4）新媒體之間的關係也具有豐富的資訊。

2. 新媒體具有空間性質

新媒體資訊的空間意義有兩種解釋。第一種是指表現空間，尤其是指顯示空間的安排，目前在大多數研究中指的都是這一類。其中，包括每種可視媒體在顯示器上的顯示位置、顯示形式、先後關係等。對於聲音媒體則安排在聽覺空間中表現，並確定與哪一些可視媒體同步。對觸覺媒體目前則很少考慮。顯示空間的這種安排主要考慮的是離散的表現，對於早期零散的資訊類型比較合適，它更接近於幻燈片形式，但不適合於更複雜的表現和資訊存取。

第二種空間意義是把環境中各種表達資訊的新媒體按相互的空間關係進行組織，全面整體地反映資訊的空間結構，而不僅是零散的資訊片段。這種空間實際上是由系統透過顯示器和其他設備給出一個觀察世界的窗口，並將

環境的新媒體資訊進行空間的組織，反映出新媒體資訊的空間結構。例如，對於一幅博物館中雕塑的照片，可能會使人聯想起這座雕塑的側面、後面、上面、下面等，也就要有相應的圖片銜接在這一幅照片的周圍。隨著使用者的行動，他可以觀察到所有的資訊。這種根據新媒體內容的空間關係，實際上是將資訊在空間上進行有序的組織。這就是空間「上下文」關係。這種空間關係在虛擬實境系統的虛擬空間中將會體現得更加明顯。

視覺空間和聽覺空間二者既相互獨立又需要相互結合。視覺空間的內容透過各種顯示器、攝影機採集和表現；聽覺空間透過麥克風、揚聲器等進行獲取和再現；觸覺空間的追蹤和反饋則要有相應的採集和伺服機構。兩個空間相互結合，就可以構成多種新媒體下的虛擬空間資訊環境，在其中將包括3D 空間的生成、3D 顯示和 3D 聲音。

3. 新媒體的時間性質

新媒體的時間性質也有兩種含義。一是表現所需的時間，這是所有的新媒體都需要的。對於圖片、文字等靜態媒體來說，它至少需要一定的表現時間，接收者也需要一定的接收時間去接收並理解它。對聲音來說，沒有時間也就沒有了聲音，聲音總是依賴於時間的變化，不同的時間座標還會使得聲音產生資訊的意義。影片資訊雖然也要依賴於時間的變化，但它的每一影格都可以單獨存在（也就是圖片），並且可以表現。

另一個是同新媒體的空間一樣，新媒體的時間也可以包含新媒體在時間座標軸上的相互關係。例如，同一個地點的照片，由於時間的不同，表現出來的空間效果也不同。這種時間關係可以是週期性的（如春夏秋冬），也可以是非週期性的。時間關係還存在於同步、即時等許多方面，詳細內容在後續章節中還要進行討論。空間和時間組成了一個 3D 的時空座標系統。

4. 新媒體的語義

各種新媒體的資訊在最低層次上都是二進位位流。如果僅僅作為資訊的簡單通道，系統則不必瞭解新媒體的語義。但如果需要新媒體系統具有對新媒體進行選擇、合成等方面的能力，就必須賦予它新媒體的語義知識，從而

使得系統能在新媒體之上對新媒體進行比較、選擇和合成。在獲得新媒體的語義過程中，抽象起著十分重要的作用。這種抽象是複雜的，而且與任務有關。通常包括若干抽象層，每個抽象層都包含著與具體的任務和問題域相關的模型。從接近具體感官的資訊使用者介面層到接近符號的資訊使用者介面層，資訊的抽象程度遞增，而數據量則遞減。語義就是在從感官數據到符號數據的抽象過程中逐步形成的。人的自然通訊具有一種資訊的輪廓與細節相分離的特徵，通常輪廓是直接由有形媒體傳遞的，而細節則間接地經由上下文及背景來傳遞，由此實現通訊的高效率。

對不同新媒體來說，新媒體的語義是處於不同層次上的。抽象的程度不同，語義的重點也就不同。對文本來說，文本的語義關鍵是人們對語言的理解，而非對字符的解釋；而圖片的語義更多地是在其抽象意義上，如輪廓、顏色、紋理等。如何利用這些語義，是許多新媒體系統必須要解決的關鍵問題。

5. 新媒體之間的結合

新媒體的作用在很大程度上是新媒體之間結合產生的影響。這種結合可以是低層次的，如在顯示窗口中提供多種新媒體資訊片段，並將視覺、聽覺相互結合，造成一種比較適合的新媒體表現環境。也可以是高層次的，由各種新媒體組成完全沉浸的虛擬空間。但應該如何結合，目前還缺乏理論上的指導。新媒體之間可以相互支持，也可以相互干擾。

從資訊理解的角度來講，多種新媒體的合理結合是有利於資訊接收和理解的。這種效果反映在理解程度和記憶駐留效果上。據有關資料介紹，由視覺傳遞的資訊能被理解的約占83%，由聽覺傳遞的資訊能被理解的約占11%，由觸覺傳遞的資訊能被理解的約占3%，其餘的占不到4%。從記憶駐留效果來看，以談話方式傳遞的資訊，2小時後能記住70%，72小時後能記住10%；以觀看方式傳遞的資訊，2小時後能記住72%，72小時後能記住20%；而以視聽覺並舉方式傳遞的資訊，2小時後能記住85%，72小時後還能記住65%。很顯然，視覺和聽覺的相互影響造成了關鍵的作用，這就是所謂「感覺相乘」的效應。

第二節　新媒體文字資訊的處理與編輯

在現實生活中，文本（包括文字和各種專用符號）是使用得最多的一種資訊儲存和傳遞方式。因為有許多資訊都是用符號加以表示的，可以說從結繩記事起，符號便作為一種極為重要的資訊媒體而存在了。符號包括各種各樣描述量、語言、數據、標識等形式，其中最重要的是數值、文字等有結構的符號組。

符號都是某種抽象的結果。量的值可以用1，2，3…數值符號來表示，邏輯的真、假、大於、小於等也可以用專門的符號來描述。雖然我們看到的是「圖片」，但由於大腦知識加工的結果，它們都被抽象成了特定的符號而被識別出來。符號也可以表示語言，由一個個文字構成，在使用時又可以轉化為聲音讀出。由於符號具有明顯的結構性，大腦可以識別這種結構，從而可以識別出由這一組符號所代表的資訊。這種結構可以組成文本，即字串；也可以組成數據組，如資料庫中的一個元組，都可以表達特定的資訊。

符號媒體需要知識的輔助才可以使用，知識輔助隨著層次的升高而不斷增強作用。所以說，符號媒體的處理將要在充分瞭解其內在性質的基礎上進行。符號媒體的表達精確度高。由於抽象的結果，符號已經按需要抽出事物中最本質的特徵加以表示，這種表示當然要精確一些，但需要在知識的輔助下才能被人所接受（形象化）。這種精確性確實為我們帶來了好處，例如資料庫數據、歷史記載等可以提供準確的數據；但有時確實也難以被人們所接受，尤其是在符號系統不一致的情況下，如不同的語言文字時更是如此。

文本媒體是使用最多的一種符號媒體形式，是人類創造出來用於描述資訊的工具，由具有上下文關係的字串所組成。它與字串的結構樣式有關，而與形式無關。例如，一段文本的內容，不會因為改變了字體而轉變了含義。另外一類符號數據是結構化數據，結構化數據有很多種，資料庫記錄、元組是最典型的形式。能否識別這種結構化數據，關鍵是看能否識別其特定的數據結構，包括定位、域分配、類型等。

第二節　新媒體文字資訊的處理與編輯

用文本表達資訊，可給人充分的想像空間。在新媒體傳播中它仍然扮演著重要的角色，主要用於對新聞事件的描述性表示，如說明問題以及顯示標題、選單等內容。

一、字符資訊的編碼與字庫

電腦中儲存的資訊都是用二進位數表示的；我們在螢幕上看到的英文、漢字等字符是二進位數轉換之後的結果。通俗地說，按照何種規則將字符儲存在電腦中，如「a」用什麼表示，稱為「編碼」；反之，將儲存在電腦中的二進位數解析顯示出來，稱為「解碼」，如同密碼學中的加密和解密。在解碼過程中，如果使用了錯誤的解碼規則，則導致「a」解析成「b」或者亂碼。

1. 編碼

透過各種輸入設備輸入的每一個字符（如：數位、字母、符號等）和漢字，電腦內部都有一個統一的二進位編碼（內碼）一一對應表示。

電腦開始只在美國使用。一個位元八個位一共可以組合出 256（2 的 8 次方）種不同的狀態（數字）。把所有的空格、標點符號、數字、大小寫字母分別用連續的位元狀態表示，一直編到了第 127 號，這些英文字母及鍵盤上其他字符，在電腦中統一用二進位編碼來表示，使用最廣泛的是 ASCII（美國資訊交換標準程式碼）碼，如字母「a」的 ASCII 碼是：十進位數是 97（二進位編碼是 1100001）。

標準 ASCII 碼使用一個位元的 7 位（最高位作符號位：0 為＋、1 為－），因此最多可表示 128 個字符 {0～（1111111）2 =（127）10}。但漢字有 6000 多個常用漢字，我們要用多少位或幾個位元來保存、表示這些漢字呢？按照規定：一個小於 127 的字符的意義與原來相同，但兩個大於 127 的 2 個位元（=16 位）連在一起時，就表示一個漢字，這樣我們就可以組合出 7000 多個漢字了。在這些編碼裡，我們還把數學符號、羅馬希臘的字母、日文的片假名都編進去了，連在 ASCII 裡本來就有的數字、標點、字母都通通重新編了兩個位元長的編碼，這就組成了現在常用的漢字庫 GB2312，也就是我們常說的「全形」字符，而原來在 127 個號碼（標準 ASCII 碼）以下的那些

就叫「半形」字符了。GB2312 是對 ASCII 的中文擴展。這種漢字編碼是中國制定的資訊交換碼（又稱國標碼），如漢字「電」在 GB2312 中對應的二進位編碼是：1011010111100111，用十六進制編碼表示是：B5E7，每個字符、漢字對應的十六進制編碼可用專門文本編輯軟體（如：UltraEdit 文本編輯軟體）來查看。

　　字符資訊交換碼的第二種形式是區位碼。GB2312 將字符代碼表分為 94 個區（對應第一位元）；每個區 94 個位（對應第二位元），因此也稱為區位碼。01-09 區為符號、數字區，16-87 區為漢字區，10-15 區、88-94 區是有待進一步標準化的空白區。例：「阿」的區位碼是：1602（第 16 區，第 2 位）。用區位輸入法，輸入 1602，會跳出一個「阿」字，高考時，如需要填入姓名代碼（塗卡號碼），就是塗寫對應的姓名漢字區位碼。每一個漢字的區位碼須查漢字的區位碼表，16-87 區為漢字區，按拼音字母 a、b、c、d……排列（例如：第 16 區 a 拼音字母開始，第 17 區 b 拼音字母開始……）。

　　字符資訊交換碼的第三種形式是處理碼（內碼）。這是因為漢字的資訊交換碼的國標碼還不能直接輸入電腦內作為漢字字庫，所以有時需要做些處理。其主要原因是一個漢字的資訊交換碼占兩個位元，每個位元最高位也是「0」；英文字符的內碼是 7 位 ASCI 碼，最高位也是 0，這就容易產生二義性問題，例如：「電」的國標碼二進制表示是：0011010101100111；但上面 2 個位元可分別表示 2 個 ASCII 碼：00110101 = 35D →「#」和 01100111 = 103D →「g」；所以，0011010101100111 也可表示：「#g」，為避免這樣的不確定性，我們把「電」的國標碼二進制表示：0011010101100111，輸入電腦裡時，在 2 個位元的最高位分別加 1，得到：1011010111100111 稱為內碼（或處理碼）。這樣，為了在電腦內部能夠區分是漢字編碼還是 ASC II 碼，將一個漢字內碼的每個位元的最高位設置為「1」（十六進制數 80H = 10000000），這樣處理後的編碼叫做漢字的處理碼，處理碼是電腦內部用於資訊處理的漢字代碼，也稱漢字內碼。

　　一個漢字的國標碼 16 進制數 +8080H = 內碼（處理碼）（80H = 10000000）

需要說明的是並不是說資訊交換碼一定與處理碼不同，例如後來制定的標準 ISO/IECl0646 以及 Unicode 所用的資訊交換碼和處理碼就是統一的。

2. 字庫

字庫是外文字體、中文字體以及相關字符的電子文字字體集合庫，被廣泛用於電腦、網路及相關電子產品上。

字庫按照不同的種類可劃分為不同的類型。

（1）按字符集可分為中文字庫（一般是中西混合）、外文字庫（純外文）、圖形符號庫，其中外文字庫又可分為：英文字庫、俄文字庫、日文字庫等等；

（2）按語言可分為簡體字庫、繁體字庫、GBK 字庫等等；

（3）按編碼可分為 GB2312、GBK、GB18030 等等；

（4）按品牌可分為微軟字庫、方正字庫、漢儀字庫、文鼎字庫、漢鼎字庫、長城字庫、金梅字庫等等；

（5）按風格可分為宋體／仿宋體、楷體、黑體、隸書、魏碑、幼兒體、歌德體（Gothic）等等；

（6）按名人字體可分為舒體（舒同）、姚體（姚竹天）、啟體（啟功）、康體（康有為）、蘭亭（王羲之）、祥隸（王祥之）、靜蕾體（徐靜蕾）、手寫體（葉根友）等。

中國常用的表示中文的字符字庫是 GB 字庫和 GBK 字庫。GB 字庫全稱為 GB2312 或 GB2312-80，是一個簡體中文字符集的中國國家標準，1981 年 5 月 1 日開始實施。GB2312 編碼通行於大陸；新加坡等地也採用此編碼。幾乎所有的中文系統和國際化的軟體都支持 GB2312。GBK 全名為漢字內碼擴展規範，英文名 Chinese Internal Code Specification。K 即「擴展」，對應漢語拼音（Kuo Zhan）中「擴」字的聲母。1993 年，Unicode1.1 版本推出，收錄了中國、臺灣，日本及韓國通用字符集的漢字，總共有 20912 個。中國制定了等同於 Unicode1.1 版本的「GB13000.1-9」。這是由於

GB2312-80 只收錄了 6763 個漢字，有不少漢字，如部分於 GB2312-80 推出後才簡化的漢字（如「囉」），部分人名用字，臺灣及香港使用的繁體字，日語及朝鮮語漢字等，並未收錄在內。中國於是利用了 GB2312-80 未使用的編碼空間，收錄了所有出現於 Unicode 1.1 及 GB13000.1-93 之中的漢字，制定了 GBK 編碼。微軟在它出品的 Windows 98 中，即採用了 GBK 編碼。在微軟的系統內稱為 CP936 字碼表。GBK 最初是微軟對 GB2312 的擴展，也就是 CP936。雖然 GBK 收錄了所有 Unicode 1.1 及 GB13000.1-93 之中的漢字，但是編碼方式與 Unicode 1.1 及 GB13000.1-93 不同。僅僅是 GB2312 到 GB13000.1-93 之間的過渡方案。2000 年推出了 GB18030-2000 標準，取代了 GBK。GB18030-2000 除了保留了全部 GBK 編碼的漢字外，還增加了大約一百個漢字及四位元組編碼空間。

此外，還有一種專用字庫是 748 字庫，這是方正特有的字庫，是在 GB 字庫基礎上又增加了一些常用字。748 編碼是指方正系統在長期應用過程中實施、制定的簡體字庫和繁體字庫編碼方式。簡體相容 GB2312 且有所擴展，共 7156 字；繁體相容 GB12345 並擴展全部 BIG-5 漢字，共計 13942 字，去掉繁簡共用字 4954 個，748 編碼的簡繁體共收字 16144 個。此外，方正 748 編碼還含有豐富的符號庫。748 編碼僅用於方正電子出版系統。

字庫有兩種主要的格式：True Type 和 PostScript。True Type（簡稱 TT）是由美國 Apple 公司和 Microsoft 公司聯合提出的一種新型數位化字形描述技術。TT 是一種彩色數位函數描述字體輪廓外形的一套內容豐富的指令集合，這些指令中包括字形構造、顏色填充、數位描述函數、流程條件控制、柵格處理器（TT 處理器）控制、附加提示資訊控制等指令。

TT 採用幾何學中的二次 B 樣條曲線及直線來描述字體的外形輪廓，二次 B 樣條曲線具有一階連續性和正切連續性。拋物線可由二次 B 樣條曲線來精確表示，更為複雜的字體外形可用 B 樣長曲線的數學特性以數條相接的二次 B 樣條曲線及直線來表示。描述 TT 字體的文件（內含 TT 字體描述資訊、指令集、各種標記表格等）可能通用於 Mac 和 PC 平台。在 Mac 平台上，它以「SFNT」資源的形式存放，在 Windows 平台上以 TTF 文件出現。為

保證 TT 的跨平台相容性，字體文件的數據格式採用 Motorola 式數據結構（高位在前，低位在後）存放。所有 Intel 平台的 TT 解釋器在執行之前，只要進行適當的預處理即可。Windows 的 TT 解釋器已包含在其 GDI（圖形設備連接埠）中，所以任何 Windows 支持的輸出設備，都能用 TT 字體輸出。

TT 技術具有以下優勢：

①真正的所見即所得效果。由於 TT 支持幾乎所有的輸出設備，因而對於目標輸出設備而言，無論系統的螢幕、雷射影印機或雷射照相排版機，所有在作業系統中安裝了 TT 字體的均能在輸出設備上以指定的分辨率輸出，所以多數排版類應用程式可以根據當前目標輸出設備的分辨率等參數，來對頁面進行精確的布局。

②支持字體嵌入技術，保證文件的跨系統傳遞性。TT 嵌入技術解決了跨系統間的文件和字體的一致性問題。在應用程式中，存檔的文件可將文件中使用的所有 TT 字體採用嵌入方式一併存入文件。使整個文件及其所使用的字體可方便地傳遞到其他電腦的同一系統中使用。字體嵌入技術保證了接收該文件的電腦即使未安裝所傳送文件使用的字體，也可透過裝載隨文件一同嵌入的 TT 字體來保持文件原格式，使用原字體的影印和修改。

③作業系統平台的相容性。Mac 和 Windows 平台均提供系統級的 TT 支持。所以在不同作業系統平台間的同名應用程式文件有跨平台相容性。如在 Mac 機上的 PageMaker 軟體和在 Windows 機上的 PageMaker 軟體都可以使用已要裝文件中所用的所有 TT 字體，則該文件在 Mac 上產生的最終輸出效果將與在 Windows 下的輸出保持高度一致。

④ ABC 字寬值。在 TT 字體中的每個字符都有其各自的字寬值，TT 所用的字寬描述方法比傳統的 PS 更完善科學。TT 解釋器已包含在其 GD（圖形設備連接埠）中，所以任何 Windows 支持的輸出設備，都能用 TT 字體輸出。

在 Windows 中，系統使用得最多的就是 *.TTF（True Type）輪廓字庫文件，它既能顯示也能影印，並且支持無限縮放，在任何情況下都不會出

現鋸齒問題。而 *.FOT 則是與 *.TTF 文件對應的字體資源文件，它是 TTF 字體文件的資源指針，指明了系統所使用的 TTF 文件的具體位置，而不用必須指定到 FONTS 文件夾中。*.FNT（向量字庫）和 *.FON（顯示字庫）的應用範圍都比較廣泛。另外，那些使用過老版本的 WPS 的使用者可能對 *.PS 文件還有一定的印象，*.PS 實際上是 DOS 下輪廓字庫的一種形式，其性能與 *.TTF 基本類似，採用某些特殊方法之後，我們甚至還可以實現在 Windows 中直接使用這些 *.PS 字庫（*.PS1、*.PS2 都是 PS 字庫）。

PostScript 即 PostScript 語言（簡稱 PS），PostScript 是由 Adobe 公司在從前的一種面向 3D 圖形的語言基礎上重新整理製作，而於 1985 年開發的頁面描述語言，它是桌面系統向照排設備輸出的介面語言，專門為描述圖片及文字而設計。作用是將頁面上的圖片文字，用數位公式的方法記錄及在電腦上運行，透過 PostScript 解碼器，翻譯成所需的輸出，比如顯示在螢幕上，或在影印機、雷射照相排版機上輸出。

PostScript 語言是國際上最流行的頁面描述語言形式，它擁有大量、可以任意組合使用的圖形算符，可以對文字、幾何圖形和外部輸入的圖形進行描述和處理，從理論上來說可以描述任意複雜的版面。其設計之成功使得這種頁面描述語言成為許多廠家的選擇。而豐富的圖形功能、高效率地描述複雜的版面，也吸引了眾多出版系統的排版軟體和圖形軟體對它的支持，幾乎所有的印前輸出設備都支持 PS 語言，而 PS 語言的成功，也使開放式的電子出版系統在國際上廣泛流行，1980 年代末也成為事實上的行業標準。

二、文字的屬性與特點

新媒體中的文字實際上有兩種：一種是文本文字；另一種是圖形文字。它們的區別如下：

（1）產生文字的軟體不同。文本文字多使用字處理軟體（如記事本、Word、WPS 等），透過錄入、編輯排版後生成；而圖形文字多需要使用圖形處理軟體（如畫筆、3DSMAX、Photoshop 等）來生成。

（2）文件的格式不同。文本文字為文本文件格式（如 TXT、DOC、WPS 等），除包含所輸入的文字以外，還包含排版資訊；而圖形文字為圖片文件格式（如 BMP、C3D、JPG 等），它們都取決於所使用的軟體和最終由使用者所選擇的存檔格式。圖片格式所占的位元數一般要大於文本格式。

（3）應用場合不同。文本文字多以文本文件形式（如介紹說明文件等）出現；而圖形文字可以製成圖文並茂的美術字，成為圖片的一部分，以提高新媒體作品的感染力。

文字屬性一般具有以下幾項特點：

（1）字的格式（Style）。字的格式有下列幾種：普通、粗體、斜體、底線、輪廓和陰影等。

（2）字的定位（Align）。字的定位主要有四種：左對齊、居中、右對齊和兩端對齊。

（3）字體（Font）的選擇。由於 Windows 安裝的字庫不同，字體選項會有些差別，常用的有宋體、楷體、黑體、隸書、仿宋等；還可透過安裝字庫擴充更多的字體，如方正舒體、方正姚體、華文宋體、華文隸書等。

在使用文字中應注意字體的適當選擇。宋體粗細均勻，端莊大方，給人以穩定、安詳、大方的感覺，圖書、報刊的正文多用宋體。仿宋體筆畫纖細、清秀，可用於副標題、短文、詩歌、作者名字等。楷體秀麗雋永，柔中帶剛，可作副題、插白、插詩以及溫和而有趣味的句子。黑體較粗，代表嚴肅、哀悼、警告，常用於嚴重性、警告性的句子或者標題。

（4）字的大小（Size）。字的大小一般是以字號和磅（Point）為單位，磅值越大，字越大。表 2-1 列出了不同字號的尺寸。

（5）字的顏色。可以向文字指定調色板中的任何一種顏色，以使畫面更加漂亮。

需要強調的是，文字的技術處理固然很重要，但是文字資料的準確性、完整性和權威性更為重要。因此，在編寫文字文案時，一定要使文字準確，確保品質。

表 2-1 不同字號的尺寸

字號	初號	一號	二號	三號	四號	五號	六號	七號
磅值	42	27	21	16	13.5	10.5	8	5.2
毫米	14.7	9.6	7.4	5.5	4.9	3.7	2.8	2.1

三、文字資訊的編輯

1. 文字編輯處理軟體

常用的文字編輯處理軟體有微軟的 Word，金山的 WPS 和金山文字。它們都是基於 Windows 平台的文字處理軟體。其中 Word 的功能強大，使用者居多數，在此不再贅述。

在製作特效文字方面，COOL 3D 有不俗的表現。COOL 3D 是 Ulead 公司出品的一個專門製作文字 3D 效果的軟體，它可以方便地生成具有各種特殊效果的 3D 動畫文字。Ulead COOL 3D 作為一款優秀的 3D 立體文字特效工具，主要用來製作文字的各種靜態或動態的特效，如立體、扭曲、變換、色彩、材質、光影、運動等，並可以把生成的動畫保存為 GIF 和 AVI 文件格式，因此廣泛地應用於平面設計和網頁製作領域。

COOL 3D 可以將被編輯內容輸出成多種靜態圖片文件和動態影像文件。靜態的有 BMP、JPG、GIF 和 TGA 等，動態的可以輸出成動畫 GIF、AVI 文件等。COOL3D 並不是只能簡單地做文字，它還能以更靈活的形式做文字，因為它還提供一種區別於 Text Object（文字對象）的 Graphic Object（圖形對象）類型的對象。使用這種對象可以讓使用者自己創建曲線型的截面，然後根據這個截面來生成立體效果。除此之外，COOL 3D3.0 還支持將文字對象轉化成圖形對象。只要選中文字，單擊工具欄上的按鈕便可以隨意編輯文字的輪廓了。

2. 網頁中文本的表示

文本是網頁不可缺少的元素之一,是網頁發布資訊所採用的主要形式。為了讓網頁中的文本看上去編排有序、整齊美觀、錯落有致,我們就要透過 HTML 設置文本的大小、顏色、字體類型以及換行換段等。

(1) HTML 字體字號相關標籤

①標題標籤

標題能分隔大段文字,概括下文內容,根據邏輯結構安排資訊。標題具有吸引讀者的提示作用,而且表明了文章的內容,讀者會根據標題決定是否閱讀此文章。標題的重要性由此可見一斑。HTML 提供了六級標題,<H1> 為最大,<H6> 為最小。使用者只需定義從 H1 到 H6 中的一種大小,瀏覽器將負責顯示過程。

示例 1:顯示指定各級標題的 HTML 文檔。

<HTML>

<HEAD>

<TITLE> 不同等級標題標籤對比 </TITLE>

</HEAD>

<BODY>

<H1> 一級標題 </H1>

<H2> 二級標題 </H2>

<H3> 三級標題 </H3>

<H4> 四級標題 </H4>

<H5> 五級標題 </H5>

<H6> 六級標題 </H6>

</BODY>

</HTML>

示例 1 在瀏覽器中預覽效果如圖 2-1 所示。

圖 2-1 不同級別的標題輸出的結果

② <FONT> 標籤

<FONT> 標籤用於控制網頁上文本的顯示外觀。文本大小、字體類型和顏色等屬性都可使用 <FONT> 標籤指定。

語法：<FONTsize="+2"color="red"face=" 隸書 ">

文本內容

</FONT>

其中，size 屬性用來設置字體的大小，可以為字體指定的大小範圍為 1～7。最大為 7，最小為 1。也可以使用一個默認字體大小，然後相對於該默認大小指定後續字體的大小。例如：size 默認字體大小為 3，則 size=+4 將使

大小增加到 7，size=-1 將使大小減小到 2。color 屬性用於指定字體的顏色，可以指定顏色名稱或十六進制值。face 屬性用於指定字體的類型。

③特殊符號

某些字符在 HTML 中具有特殊意義，如小於號（<）即定義 HTML 標籤的開始。要在瀏覽器中顯示這些特殊字符，就必須在 HTML 文檔中使用字符實體。字符實體由 3 部分組成：& 號、實體名稱和分號（;）。例如，要在 HTML 文檔中顯示小於號，則使用 <。

表 2-2 顯示的字符實體用於顯示 HTML 文檔中的特殊字符。

表 2-2 HTML文檔中的特殊字符的顯示

顯示結果	實體名稱
空格	
小於號（<）	&lt;
大於號（>）	&gt;
和號（&）	&amp;
引號（"）	&quot;
版權（©）	&copy;

需要說明的是：跳脫字元各字符間不能有空格；跳脫字元必須以「;」結束；單獨的 & 不被認為是轉義開始。

示例 2：

……

\<BODY>

\<P> \<FONTsize="+2"color="red">

新媒體技術 </FONT>

新媒體概論 | 新媒體技術基礎 | 新媒體編輯 | 新媒體運營 </P>

Copyright©2015" 武漢大學 "Allrights.

</BODY>

……

示例 2 在瀏覽器中預覽效果如圖 2-2 所示。

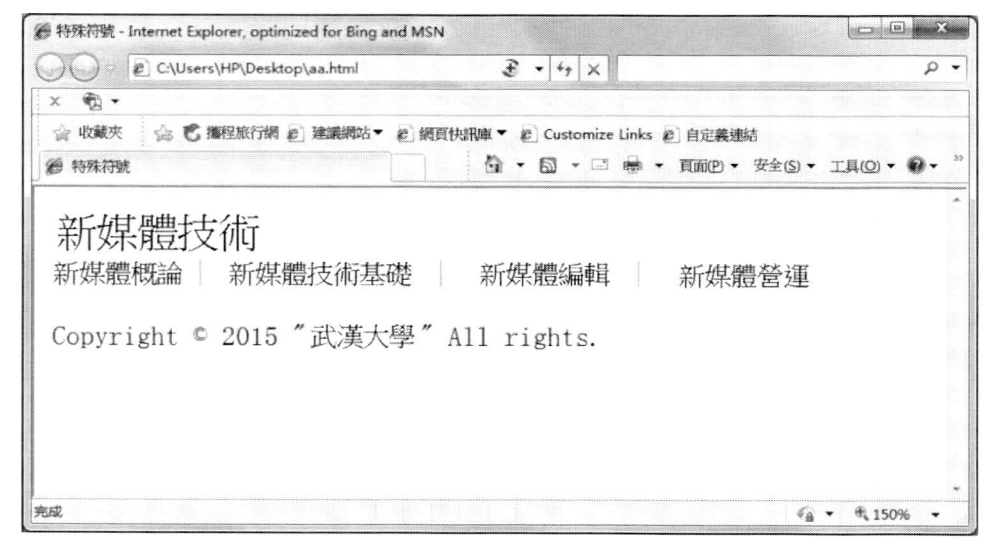

圖 2-2 FONT標籤和特殊字符應用效果

（2）行的控制相關標籤

①段落標籤 <P>

如果是在寫一篇文章，則要將這些內容分組成一系列段落。目的是要將這些邏輯思想組合在一起，並對其內容應用某些格式和布局。在 HTML 文檔中，可以將文本內容組合為多個段落。段落標記 <P> 用於標記段落的開始，段落結束標記 </P> 是可選的，為了養成良好的編碼習慣，建議不要省略段落結束標記 </P>。

還可以透過段落的 align 屬性，設置段落的對齊方式，如靠左對齊、居中、靠右對齊，如示例 3 所示，輸出結果如圖 2-3 所示。

②換行標籤

 標籤在使用者要結束一行但又不想開始一個新的段落時使用。只要在文本中放入
 標籤，就會強制換行。

小經驗：結束標籤 </P> 為可選，下一個 <P> 標籤實例自動開始一個新的段落；
 標籤沒有結束標籤。

示例 3：

<HTML>

<HEAD>

<TITLE> 文本相關標記的應用 </TITLE>

</HEAD>

<BODY>

<P><FONTsize="+2"color="red">

新媒體技術 </FONT>

新媒體概論 | 新媒體技術基礎 | 新媒體編輯 | 新媒體運營 </P>

<Palign="center"> 新媒體技術論壇歡迎您的加入！ </P>

<Palign="left"><H2> 首屆新媒體技術研討會！ </H2>

想做最好的新聞傳播人才嗎

千餘中獎機會有你嗎

省校共建武大新聞學院打造傳媒新興智庫

</P>

Copyright©2015" 武漢大學 "Allrights.

</BODY>

</HTML>

示例 3 在瀏覽器中預覽效果如圖 2-3 所示。

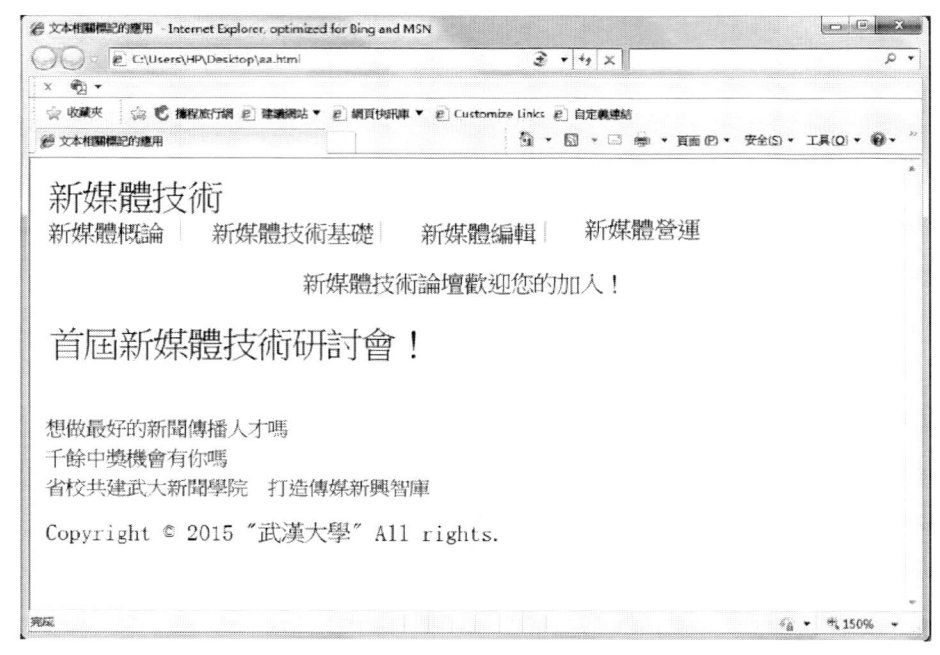

圖 2-3 換段換行標籤應用效果

第三節　新媒體圖片的處理與編輯

　　圖片是人們認識、感知世界的較直觀的管道之一，多姿多彩的圖片不但能迅速地帶給人們所需要的資訊，還能給人以美的享受。在電腦技術高速發展的今天，圖片的設計和表現也廣泛地運用在新媒體應用領域，尤其是它直觀、表現力強、包含資訊量大的特點，使其在新媒體傳播中佔有重要的地位。

一、數點陣圖片基礎

1. 數點陣圖片

　　電腦所處理的圖片主要有圖片與圖形兩種。本小節主要就數位化的圖片進行介紹，下一小節再介紹電腦圖形。

第三節　新媒體圖片的處理與編輯

　　圖片又被稱為「點陣圖」，是直接量化的原始訊號形式，是由畫素點組成的（如圖2-4所示）。將這種圖片放大到一定程度，就會看到一個個小方塊，這就是我們所說的畫素，每個畫素點由若干個二進位進行描述。圖2-5為圖2-4局部放大後的小方塊形成的鋸齒狀效果。由於圖片對每個畫素點都要進行描述，因此數據量比較大，但表現力強、色彩豐富，通常用於表現自然景觀、人物、動物、植物等一切自然的、細節的事物。

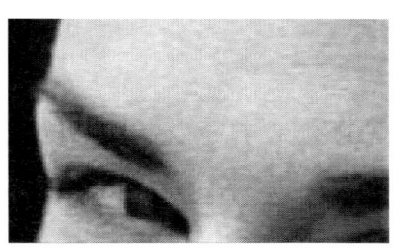

圖 2-4 原始圖像　　　　　　圖 2-5 原始圖像局部放大後形成的鋸齒狀

2. 圖片的取樣和量化

　　我們日常生活中的圖片是怎樣被傳入電腦中的呢？這就要經過取樣和量化兩個過程。

　　圖片的取樣是指將圖片轉變成為畫素集合的一種操作。我們使用的圖片基本上都是採用2D平面資訊的分布方式，要將這些圖片資訊輸入到電腦中進行處理，就必須將2D圖片訊號按一定間隔從上到下有順序地沿水平方向或垂直方向直線掃描，從而獲得圖片灰度值陣列，再對其求出每一特定間隔的值，就能得到電腦中的圖片畫素資訊。

　　在取樣過程中，取樣孔徑和取樣方式決定了取樣得到的圖片訊號。取樣孔徑確定了取樣畫素的大小、形狀和數量，其形狀通常有方形、圓形、長方形和橢圓形等四種。取樣方式是取樣間隔確定後相鄰畫素之間的位置關係和畫素點陣的排列方式。取樣相鄰畫素的位置關係有三種情況，即相鄰畫素相離、相鄰畫素相切和相鄰畫素相交。前兩種為不重複取樣，後一種為重複取樣。畫素點陣的排列方式通常採用把取樣孔徑中心點排列成正交點陣的形狀和把取樣孔徑中心排成三角點陣的形狀。

不同取樣方式所獲取的圖片訊號是不同的。圖 2-6 是幾種取樣方式輸入圖片訊號的狀況。其中，(a) 是原始圖片訊號，(b)、(c) 為不同取樣方式的圖片輸入訊號，從圖中可知重複取樣比不重複取樣能更忠實原始圖片，即圖片分辨率提高，但整體形狀產生失真；(d) 則是取樣孔徑縮小一半而不重複取樣的輸入圖片訊號，與 (c) 相比，其取樣孔徑縮小比重複取樣的分辨率提高更為顯著。

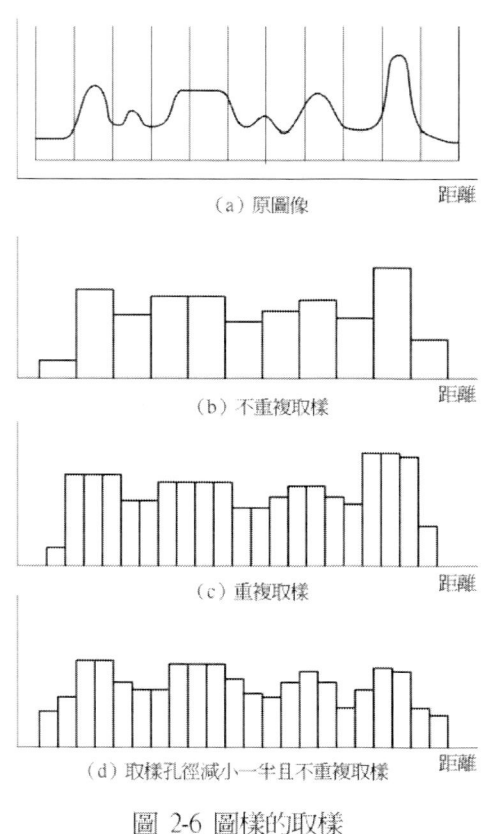

(a) 原圖像

(b) 不重複取樣

(c) 重複取樣

(d) 取樣孔徑減小一半且不重複取樣

圖 2-6 圖樣的取樣

經過取樣後，圖片已被分解成在時間和空間上離散的畫素，但這些畫素值仍然是連續量，並不是我們在電腦中所見的圖片。量化則是指把這些連續的濃淡值變換成離散值的過程。也就是說，量化就是對取樣後的連續灰度值進行數位化的過程，以還原真實的圖片，如圖 2-7 所示。

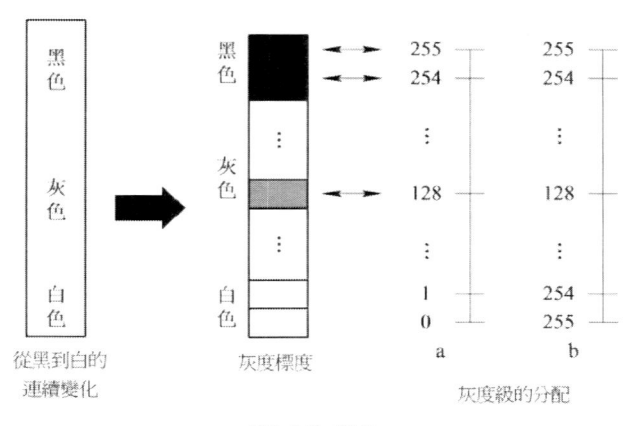

圖 2-7 量化

　　圖片的量化分為兩類。一類是均勻量化，即將取樣值的灰度範圍等間隔地分割以進行量化，這樣可得到畫素灰度值在黑一白範圍內均勻分布的圖片，其量化誤差可變得最小，故又稱為均勻量化或線性量化。另一類是非均勻量化，它有三種方法：

　　①將小的灰度值的級別間隔細分，而將大的灰度值的級別間隔粗分，如對數量化；

　　②使用畫素灰度值的機率密度函數，使輸入灰度值和量化級的均方誤差最小，如 Max 量化；

　　③在某一範圍內的灰度值頻繁產生，而其他範圍灰度值幾乎不產生的場合，採用在這一範圍內進行細量化，而該範圍之外進行粗量化。這種方法，其量化級數不變，又能降低量化誤差，亦稱錐形量化。

3. 圖片的儲存格式

　　電腦圖片是以多種不同的格式儲存在電腦裡的，每種格式都有自己相應的用途和特點。透過瞭解多種圖片格式的特點，我們在設計輸出時就能根據自己的需要，有針對性地選擇輸出格式。

(1) JPEG 格式

JPEG（Joint Photo Graphic Expert Group，聯合圖像專家組）是 24 位的圖片文件格式，也是一種高效率的壓縮格式。文件格式是 JPEG 標準的產物，該標準由 ISO 與 CCITT（國際電信聯盟電信標準化部門）共同制定，是面向連續色調靜止圖片的一種壓縮標準。它可以儲存 RGB 或 CMYK 模式的圖片，但不能儲存 Alpha 通道，不支持透明。JPEG 是一種有損的壓縮，圖片經過壓縮後儲存空間變得很小，但品質會有所下降。

(2) BMP 格式

BMP（Windows bitmap）格式是在 DOS 和 Windows 上常用的一種標準圖片格式，能被大多數應用軟體所支持。它支持 RGB、索引顏色、灰度和點陣圖色彩模式，不支持透明，需要的儲存空間比較大。

(3) GIF 格式

GIF（Graphic Interchange Format）即圖像交換格式。它用來儲存索引顏色模式的圖形圖片，就是說只支持 256 色的圖片。GIF 格式採用的是 LZW 的壓縮方式，這種方式可使文件變得很小。GIF89a 格式包含一個 Alpha 通道，支持透明，並且可以將數張圖存成一個文件，從而形成動畫效果。這種格式的圖片在網路上被大量地使用，是最主要的網路圖片格式之一。

(4) PNG 格式

PNG（Portable Network Graphics）是一種能儲存 32 位資訊的點陣圖文件格式，其圖片品質遠勝過 GIF。同 GIF 一樣，PNG 也使用無損壓縮方式來減少文件的大小。目前，越來越多的軟體開始支持這一格式，在不久的將來，它可能會在整個 Web 上廣泛流行。PNG 圖片可以是灰階的（16 位）或彩色的（48 位），也可以是 8 位的索引色。PNG 圖片使用的是高速交替顯示方案，顯示速度很快，只需要下載 1/64 的圖片資訊就可以顯示出低分辨率的預覽圖片。與 GIF 不同的是，PNG 圖片格式不支持動畫。

第三節　新媒體圖片的處理與編輯

（5）TIFF 格式

TIFF（Tagged Image File Format）格式支持跨平台的應用軟體，它是 Macintosh 和個人電腦上使用最廣泛的點陣圖交換格式，在這兩種硬體平台上移植 TIFF 圖片十分便捷，大多數掃描儀也都可以輸出 TIFF 格式的圖片文件。該格式支持的色彩數最高可達 16M 種，採用的 LZW 壓縮方法是一種無損壓縮，支持 Alpha 通道，並支持透明。

（6）TGA 格式

TGA（Tagged Graphic）是 True Vision 公司為其顯卡開發的一種圖片文件格式。它創建時間較早，最高色彩數可達 32 位，其中 8 位 Alpha 通道用於顯示實況電視。該格式已經被廣泛應用於個人電腦的各個領域，使它在動畫製作、影視合成、類比顯示等方面發揮著重要的作用。

（7）PSD 格式

PSD（Adobe PhotoShop Document）格式是 Photoshop 內定的文件格式，它支持 Photoshop 提供的所有圖片模式，包括多通道、多圖層和多種色彩模式。

4. 圖片的重要參數

（1）圖片分辨率（Image Resolution）

圖片分辨率是圖片最重要的參數之一。圖片分辨率的單位是 ppi（pixels per inch），即每英吋所包含的畫素點。如果圖片分辨率是 100ppi，即指在每英吋長度中包含 100 個畫素點。圖片分辨率越高，意味著每英吋所包含的畫素點越多，圖片就有越多的細節，顏色過渡就越平滑。圖片分辨率與圖片大小之間也有著密切的關係，圖片分辨率越高，所包含的畫素點越多，也就是圖片的資訊量越大，因而文件就越大。

(2) 色彩深度（Pixels Depth，即畫素深度）

色彩深度是衡量每個畫素包含多少位色彩資訊的方法，色彩深度值越大，表明畫素中含有更多的色彩資訊，更能反映真實的顏色。色彩深度和圖片色彩資訊量的關係如表 2-3 所示。

表 2-3 色彩深度和圖像色彩的關係

色彩深度	色彩訊息數量	色彩模式
1 位	$2^1 = 2$ 種顏色	點陣圖模式（Bitmap）
8 位	$2^8 = 256$ 種顏色	索引模式（Indexed Color） 灰度模式（Grayscale Color）
24 位	$2^{24} = 16777216$ 種顏色	RGB色彩模式或CMYK色彩模式

(3) 圖片容量

圖片容量是指圖片文件的數據量，也就是在儲存器中所占的空間，其計量單位是位元（Byte）。圖片的容量與很多因素有關，如色彩的數量、畫面的大小、圖片的格式等。圖片的畫面越大、色彩數量越多，圖片的品質就越好，文件的容量也就越大，反之則越小。一幅未經壓縮的圖片，其數據量大小運算公式為：

圖片數據量大小＝垂直畫素總數 × 水平畫素總數 × 色彩深度 ÷8

比如一幅 640×480 的 24 位 RGB 圖片，其大小為 640×480×24÷8=921600 位元。

各種圖片文件格式都有自己的圖片壓縮演算法，有些可以把圖片壓縮到很小，比如一張 800ppi×600ppi 的 PSD 格式的圖片大約有 621KB，而同樣尺寸，同樣內容的圖片以 JPG 格式儲存只需要 21KB。

電腦圖片的容量是我們在設計時不得不考慮的問題。尤其在網頁製作方面，圖片的容量關係著下載的速度，圖片容量越大，其下載速度越慢。這時就要在不損傷圖片品質的前提下，盡可能地減小圖片容量，在保證品質和下載速度之間尋找一個較好的平衡點。

(4) 輸出分辨率

輸出分辨率即設備分辨率，是針對設備而言的，其單位是 dpi（dots per inch）。比如影印分辨率即表示影印機每英吋影印多少點，它直接關係到影印機影印效果的好壞。影印分辨率為 1440dpi，是指影印機在一平方英吋的區域內垂直影印 1440 個墨點，水平影印 1440 個墨點，且每個墨點是不重合的。通常雷射影印機的輸出分辨率為 300～600dpi，照相排版機要達到 1200～2400dpi 或更高。

再比如顯示分辨率表示顯示器在顯示圖片時的分辨率。顯示分辨率的數值是指整個顯示器所有可視面積上水平畫素和垂直畫素的數量。例如 800ppi×600ppi（ppi 常省略）的分辨率，是指在整個螢幕上水平顯示 800 個畫素，垂直顯示 600 個畫素。顯示分辨率的水平畫素和垂直畫素在總數上總是成一定比例的，一般為 4：3，5：4 或 8：5。同時，在同一台顯示器上，顯示分辨率越高，文字和圖標顯示得就越小。考慮到人視覺的需要，通常在 15 英吋（1 英吋＝0.3048m）顯示器上顯示分辨率設為 800×600，在 17 英吋顯示器上設為 1024×768。

二、色度學基礎

人們所能看到的各種物體的顏色都離不開光。物體的色是人的視覺器官受光後在大腦的一種反映。正確地認識物體的光和色，有利於我們更真實形象地來表現事物。下面我們簡單地分析一下顏色是怎樣產生的以及它的特性。

光色分為光源的顏色和物體的顏色。光源的顏色取決於發出光線的光譜成分，即光的波長。光是一種電磁波，可視波長範圍為 380～780nm，此範圍內的光稱為可見光，如圖 2-8 所示。舉例來說，太陽光是由 400～700nm 不同波長的連續光波組成的，讓一束白光（如太陽光）穿過三稜鏡，就能看到三稜鏡的另一面折射出的是從紅到紫逐漸變化的紅、橙、黃、綠、青、藍、紫色光。這是三稜鏡把白光中不同波長的光線分解折射的原因，太陽光也就是上面幾種色光的組合。如果光源發出的光線光譜發生變化，就呈現出各種有色光源，如紅燈，就是因為它僅僅發出了紅色光的波長。

图 2-8 可见光譜

物體的顏色取決於物體對各種波長光線的吸收、反射和透視的能力，我們看到的顏色是物體反射或透視過的不同波長的色光。物體又分為消色物體和有色物體。消色物體就是指黑、白、灰色物體，它們被反射的光線光譜成分和入射光的光譜成分相同。當白光照射在消色物體上時，反光率高就趨於白色，越低就趨於黑色，介於兩者之間就顯出不同程度的灰色；當有色光照射在消色物體上時，物體反射光顏色與入射光顏色相同，如紅光照在白紙上就顯示紅色。有色物體的顏色又有不同，光線照到有色物體上，入射光吸收的各種波長的色光是不等量的。當白光照到紅色物體上時，物體反射的波長相當於紅色光的波長，所以看見的光就是紅色的；當白光照在綠色物體上時，物體反射的波長相當於綠色光的波長，看見的光就是綠色的。

我們發現，將等量的紅色光、綠色光和藍色光相加就能產生白光，如果三種色光按不同比例混合就能得到幾乎所有的色光。因此，我們把紅、綠、藍色光稱為三原色光，把各種比例的紅、綠、藍色光相加得到各種色光的方法稱為加色法，其原理如圖 2-9 所示。彩色電視機和顯示器就是用加色法原理得到彩色影像的。

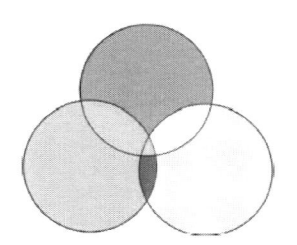

圖 2-9 加色法原理

我們將三原色光中的每兩種進行混合，可分別得到青、品紅、黃色光，其公式如下：

紅 + 藍 = 品紅

紅 + 綠 = 黃

藍 + 綠 = 青

　　因為三原色光相加等於白光，所以用其中兩種原色光組成的色光加第三種原色光也能得到白色，這兩種原色光組成的色光我們就稱其為第三種原色光的補色光。實驗證明，紅色與青色互為補色，綠色與品紅色互為補色，藍色與黃色互為補色。我們也稱青色、品紅色、黃色為三基色。

　　同樣，我們用三基色也能得到各種色光，但與加色法不同，即減色法。

　　我們把青色、品紅色、黃色看作三種顏色的濾鏡，它可以吸收部分色光，並透過部分色光。當一束白光照射在黃色濾鏡上時，因為黃色和藍色相加得到白色，黃色濾鏡就吸收了透過的藍色光，而透過的等量的紅色光和綠色光混合產生了黃色光，這樣濾鏡看上去就是黃色的了，其他的色光也一樣。如果三種基色的濾鏡同時作用，就沒有色光透過而變成黑色。這種透過色光相減得到各種色光的方法就是減色法。彩色攝影和印刷就是採用減色原理，如圖 2-10 所示。

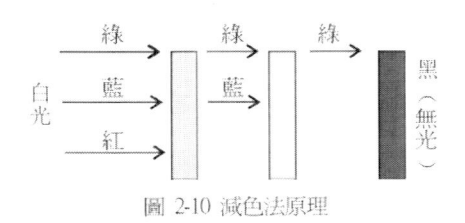

圖 2-10 減色法原理

　　知道了色彩是怎樣產生的，下面就讓我們來認識一下色彩的三要素。

1. 色別

　　色別也稱色相，是顏色最基本的特徵。色別是指顏色之間主要的區別，比如綠、紅、藍、黃、青就屬於不同的色別。色別是由光的光譜成分決定的，不同波長的色光給人以不同的色彩感覺，人眼能辨別的色別有 180 多種。

2. 明度

明度也稱亮度，是指顏色的明暗與深淺，常用反光率來表示。

3. 飽和度

飽和度指顏色的純度，是表示色覺強弱的概念。飽和度取決於某種顏色含色的成分與含消色成分的比例。含色的成分越大，飽和度越大；含色的成分越小，飽和度越小。

色彩的三要素是相互關聯的。色別決定了顏色的基本性質；色的明度改變時，飽和度也隨之改變。明度適中時，飽和度最大；明度增大，則顏色中的白光增加，色純度減小，飽和度降低；明度減小，則顏色中的灰色增加，色純度也減小，飽和度也降低了。色彩三要素的關係如圖 2-11 所示。

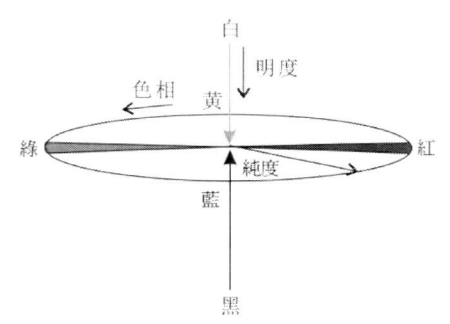

圖 2-11 色彩三要素的關係

根據以上所述的色度學基礎原理，我們可以得到幾種不同的色彩模式（Color model）。色彩模式是用來精確標定和生成各種顏色的一套規則和定義。

（1）HSB 模式

HSB 模式是用顏色三要素來定義顏色的，其中 H（Hue）表示色相，S（Saturation）表示飽和度，B（Brightness）表示亮度。可透過改變顏色的三要素來選擇顏色。

(2) RGB 模式

RGB 顏色模式是根據光源產生顏色來定義顏色的，也就是我們前面所講的加色法原理，其中有紅、綠、藍三個通道，分別代表三原色。可透過三原色的不同混合比例來選擇顏色。

(3) CMYK 模式

CMYK 模式是根據油墨吸收特性來定義顏色的，也就是我們所講的減色法原理，其中除了三基色 C（Cyan──青）、M（Magenta──品紅）、Y（Yellow──黃），還有一個 K 通道表示黑色（Black─黑色）。因為在實際印刷工作中，由於染料的純度關係，只靠三基色混合得不到真正的黑色，而只能得到深灰色，所以增加使用了黑色染料。

(4) Lab 模式

Lab 模式是由 CIE（國際照明委員會）在 1931 年制定的一個衡量顏色的標準，也叫 CIELab。此模式有三個通道：L 表示亮度，範圍為 0～100；a 表示綠─紅軸；b 表示藍─綠軸。這種顏色模式不依賴於設備，也是包含顏色範圍最廣的顏色模式。

(5) YUV 色彩模型

在彩色電視發展的初期，社會上已經存在了相當數量的黑白電視機和黑白電視台，為了擴大節目的收視率，要求彩色電視機的設計必須考慮到與已有的黑白電視相容。為了滿足相容的要求，需要將表示亮度和表示色彩的訊號分離開來，黑白電視或電視台只處理亮度訊號，略去彩色訊號，這就產生了 YUV 色彩模型。其中 Y 表示亮度，U、V 表示色差。

三、數點陣圖片編碼技術及壓縮標準

數點陣圖片在電腦中是以點陣圖形式記錄、處理和保存，其特點在於適合表現大量的圖片細節，很好地反映明暗的變化、複雜的場景和顏色，逼真地表現圖片的效果。但是點陣圖圖片在縮放時會降低圖片品質，若不壓縮處

理，其龐大的數據資訊在文件儲存及有限頻寬傳輸中多有不便，因此迫切需要一種可靠有效的方法對數據進行壓縮處理。

圖片數據壓縮技術的基本思想就是刪除原始圖片中因視覺圖片數據存在各種形式的相關性帶來的數據冗餘或是不需要的資訊，保留不確定的資訊，去掉確定的資訊，用盡可能少的數據量來表達盡可能完整的圖片資訊。根據圖片編碼壓縮過程中是否存在資訊丟失可分為無損編碼壓縮演算法和有損編碼壓縮演算法。

數點陣圖片壓縮已有多個國際標準，如 ISO 制定的 JPEG 標準（Joint Photographic Experts Group）、JBIG 標準（Joint Bilevel Image Group）、ITU-T 的 G3、G4 標準等。特別是 JPEG 標準，適用黑白及彩色照片、彩色傳真和印刷圖片，可以支持很高的圖片分辨率和量化精度。

JPEG 是目前應用最廣泛的用於靜態圖片壓縮的標準。JPEG 可按大約 20：1 的比率壓縮圖片，而不會導致引人注意的品質損失。用它重建後的圖片能夠較好地、較簡潔地表現原始圖片，對人眼來說它們幾乎沒有多大區別，是目前首推的靜態圖片壓縮方法。JPEG 還有一個優點是，壓縮和解壓是對稱的。這意味著壓縮和解壓可以使用相同的硬體或軟體，而且壓縮和解壓用時大致相同。而其他大多數影片壓縮方案做不到這一點，因為它們是不對稱的。

四、數點陣圖片的獲取

電腦獲取圖片是進行處理和編輯的基礎，目前獲取數點陣圖片的方法主要有下面幾種。

1. 掃描圖片

掃描圖片是目前我們常用到的一種圖片獲取方式，用這種辦法來使現有的圖片或照片進入電腦變成我們需要的素材，進行編輯。掃描圖片是透過掃描儀進行的。掃描儀是一種光、機電一體化的高科技產品。它是將各種形式的圖片資訊輸入電腦中的重要工具，是功能極強的一種輸入設備。目前，掃

第三節　新媒體圖片的處理與編輯

描儀已廣泛應用於各類圖形圖片處理、出版、印刷、廣告製作、辦公自動化、多媒體、圖文資料庫、圖文通訊、工程圖紙輸入等許多領域。

（1）掃描儀的技術指標

掃描儀的技術指標中最重要的是掃描儀的分辨率，通常用 dpi 表示。掃描儀的分辨率分為三種：光學分辨率、機械分辨率和差值分辨率。光學分辨率也叫水平分辨率，是指掃描儀的光學儀器 CCD 每英吋所能捕捉的畫素點數，它取決於掃描頭中的 CCD 數量。機械分辨率也叫垂直分辨率，是指掃描儀帶動感光組件進行掃描的步進電機每英吋行動的步數。

比如說掃描儀的分辨率參數是 600dpi×1200dpi，其中 600dpi 表示光學分辨率，1200dpi 表示機械分辨率。通常我們用掃描儀的光學分辨率和機械分辨率表示掃描儀的掃描精度：

掃描儀的掃描精度 = 光學分辨率 × 機械分辨率

差值分辨率是用數學方法在真實的掃描點上插入一些點得到的分辨率，所以並不是真實的點，畫面的清晰度雖然提高了，但在細節上跟原來的圖片還是有些差別。掃描儀的其他技術指標還有灰度級、色彩精度、掃描速度等。

（2）掃描的注意事項

在掃描圖片的時候盡量採用品質好的原稿，因為原稿的品質直接關係到後期掃描的效果，尤其是一些對焦不準或光線很差的圖片，雖然我們可以在後期採用調整修復工具修復圖片，但那畢竟是一種亡羊補牢的辦法，也很難達到滿意的效果。此外，在掃描印刷品前，要記住選擇設置中的去網紋選項，這種網紋是在印刷時出現的紋路。

保持圖片和掃描儀的清潔也很重要，尤其是平台式掃描儀的玻璃板，容易沾上灰塵或手印，如果沾上了要用乾淨的軟布擦掉，以免在掃描的圖片中留下斑點。

2. 截取螢幕圖片

截取螢幕圖片也是我們常用到的一種圖片獲取方式，常用的捕捉方式有鍵盤截取和軟體截取。

使用鍵盤截取很簡單，點擊鍵盤上的 PrintScreen 鍵，就可以將當前螢幕完全捕捉下來；使用 Alt+PrintScreen 鍵就可以把當前活動窗口截取下來。捕捉後打開某個繪圖軟體新建一個文件或打開某個圖片文件，使用「貼上」命令即可把截取的圖片複製並儲存下來。但影片圖片不能用這個方法捕捉。

使用軟體截取可以更加精確和隨意地截取螢幕圖片。常用的軟體有 HyperSnap-DX5。這款軟體不但能方便地截取螢幕任何部位的圖片，而且可使用放大的方法使圖片的截取更加精確。

使用 HyperSnap 軟體還可以在截取圖片後進行簡單的編輯操作，比如旋轉、縮放等，甚至在 Image 選單中的命令還可以模糊圖片、銳化圖片或做成浮雕效果。

3. 數位相機的使用和圖片輸入

數位相機是現在使用越來越廣泛的數位設備之一，因為它具有很多普通光學照相機無法達到的特點，比如它的高分辨率和大儲存空間，所以受到越來越多攝影愛好者和專業攝影師的青睞。

數位相機主要由光學鏡頭、觀景窗、光電耦合元件 CCD、解碼器、數據介面和電源等部件組成。數位相機具有很多光學相機的技術性能，比如變焦鏡頭的變焦範圍、調焦方式、快門的速度、光圈範圍等等。同時具有其特有的性能指標，其中 CCD 畫素的數量是數位相機重要的技術指標之一。CCD 是由很多微小的半導體光敏單元組成的，一個光敏單元對應一個畫素，光敏單元的數量越多，則畫素總數越多，圖片的清晰度越高，色彩越豐富。目前，一般的數位相機的 CCD 具有 1600 萬～2400 萬個畫素，而高檔的數位相機和專業相機則達到 3600 萬或是 5000 萬畫素左右。

用數位照相機拍照時，進入照相機鏡頭的光線聚焦在 CCD 上。當照相機判定已經聚集了足夠的電荷（即相片已經被合適地曝光）時，就「讀出」

在 CCD 單元中的電荷，並傳送給解碼器。接著解碼器將類比的電信號轉換為數位訊號，再從中傳輸數據到數位訊號處理器中對數據進行壓縮並儲存在照相機的儲存器中，最後透過數據介面傳送到電腦。

五、圖片編輯與處理軟體

要完成一幅圖片作品的創作，首先要選擇一款適合我們使用的圖片處理軟體，我們選擇了 Photoshop。這是一款功能十分強大的圖片處理軟體。如果你認真地學習了它的使用方法，你就一定會創造出滿意的作品。

Photoshop 除了具有強大的後期圖片處理功能外，同時也具有強大的繪畫功能，在 Photoshop 中提供了多種繪圖工具，並有很強的調節能力。

1. 圖片缺陷修正

由於多方面的原因，我們所捕獲的圖片中很可能會存在某些缺陷。比如在掃描的照片中，可能會有斑點和汙漬，圖片的顏色不正，偏綠或偏黃，圖片過暗或過亮等情況，這些都需要我們在捕獲後進行處理、修正，以使圖片能更清晰、漂亮。

2. 調整圖片顏色

Photoshop 提供了強大的圖片顏色調整功能，是許多軟體望塵莫及的。它包括對色調進行細微的調整，改變圖片的對比度和色彩等。在 Photoshop 中的「圖片」選單下「調整」子選單下的命令都是進行色彩調節的。其中主要的命令有色階、曲線、色彩平衡、亮度/對比度、色相/飽和度、變化等。

3. 圖片調整的注意事項

在調整圖片色彩的時候，一定要注意根據圖片的特點進行有計劃的調整。首先在調整前要校正顯示器的顏色，可以使用 Adobe Gamma 或其他顯示器適配程式校正，否則最後輸出的顏色可能在兩台電腦上相差甚遠。在調整圖片的色調和色彩平衡之前，我們先要分析圖片的色調是亮色調、暗色調還是中間色調，色彩是否夠豐富，細節是否足夠等等，保證在原圖的基礎上可

以修改，而原圖效果不好時，處理就很困難。圖片色調可以使用直方圖來觀察。

此外，在調整過程中不要頻繁地改變圖片模式，因為不同的模式有時在顏色設置上不同，改變圖片模式可能會造成圖片顏色的丟失。在調整彩色圖片時一般採用 RGB 模式或 CMYK 模式。去除圖片的斑點或調整細節的時候，要有耐心，細小處就要使用小的畫筆，以免操作失誤。

4. 圖層

Photoshop 很重要的一個特點就是採用了圖層的概念。在一幅圖片中如果設有多個圖層，就像一層一層的透明玻璃紙疊合在一起，我們把圖片的各個部分放在不同的圖層裡，相當於在透明玻璃紙上黏上圖片，然後對單獨的圖層進行編輯操作，而不會影響其他圖層的圖片，每個圖層沒有圖片的區域都是透明的，這樣也能看到底下的圖層。同時，在 Photoshop 中使用圖層組的功能，可以使幾個圖層歸為一組，更加方便了圖層的管理和調整。此外，所有的圖層使用一定的混合模式疊加在一起，既方便了編輯，又可以產生特殊的效果。

5. 濾鏡的應用

濾鏡是 Photoshop 最有意思的地方，使用濾鏡會產生各種神奇的特效，它可以對圖片或圖層中的選擇部分進行特殊效果的處理，不同的濾鏡可以產生不同的效果。除了 Adobe 公司所提供的本身自帶的濾鏡外，很多第三方提供的濾鏡效果，也為 Photoshop 帶來了無窮的魅力。

6. 圖片處理應注意的問題

我們在簡單地認識了圖片處理軟體 Photoshop 後，那麼在處理圖片時要注意哪些問題呢？

（1）給軟體提供一個良好的運行環境

圖片處理軟體對軟體環境的要求是很嚴格的，因為在進行圖片處理時，電腦會進行複雜的運算和用去大量的記憶體。一般來說，分配給軟體

的記憶體越大，運行的速度就越快，效率就越高。如果電腦記憶體不足，Photoshop 會給出錯誤資訊，或在運行時出現奇怪的錯誤。這時最好退出軟體，重新啟動釋放記憶體，再運行 Photoshop。

在圖片處理軟體運行時，盡量少打開其他軟體，以有利於圖片軟體的運行。同時，在圖片處理時及時存檔，也是很明智的。使用 Ctrl+S 鍵可以快速存檔，在未輸出圖片之前就以圖片處理軟體自帶的格式存檔，這樣可以保留其需要的全部資訊。

（2）把文件管理好

有時候在製作多媒體課件時需要大量的圖片文件或素材文件，那麼這些文件的管理就成了問題。我們在設計時要養成良好的習慣，給每個文件都起一個易認的文件名，並把它們歸類存於特定的文件夾中。在處理圖層比較多的文件時，可以給每個圖層取個名字，能很快地確認是什麼內容，同時把圖層分組，更利於管理和觀察。

（3）處理圖片時要耐心、細緻

製作某些圖片，尤其是進行細小地方的處理或反覆描繪的時候，有的人往往感到很麻煩，便使用一些大的畫筆或模糊的操作，但實際上卻得不到好效果。其實，真正的好作品是需要人們耐心的操作，一步一步慢慢完成的，急於求成只會使作品顯得粗糙。因此，在設計時要不怕麻煩，靜下心來完成每一步，這樣才能製作出好作品。

第四節　電腦圖形與動畫技術

電腦圖學 CG（Computer Graphics）是把電腦應用於圖形的顯示及繪製方面而逐漸形成的一門新興學科。用電腦圖形系統進行廣告和影視片的製作，特別是在 3D 動畫領域取得了很大的成功。

一、電腦圖學原理

1. 圖形的基本概念

圖形是一種抽象化的圖片,又被稱為「向量圖」,是由電腦運算而形成的抽象化結果。它不直接描述數據的每一點,而是描述產生這些點的過程及方法,因此它也被稱為向量圖形,一般也稱為圖形。向量圖形是以一組指令的形式存在的,這些指令描述一幅圖中所包含的直線、圓、弧線、矩形的大小和形狀,也可以用更為複雜的形式表示圖片中曲面、光照、材質等效果。在電腦上顯示一幅圖形圖片時,首先要解釋這些指令,然後將它們轉變成螢幕上顯示的形狀和顏色。圖形由具有方向和長度的向量線段組成,其基本的組成單元是錨點和路徑(如圖 2-12 所示)。

圖 2-12 圖形

由於圖形是使用座標數據、運算關係及顏色描述數據,大多數情況下不用圖片上的每一個點進行量化保存,因此數據量較小。但這是以顯示中的運算時間為代價的,也就是當需要表現複雜圖形時要花費較長的時間。同時由於圖形無論放大多少始終能表現光滑的邊緣和清晰的品質,故常用來表現曲線和簡單的圖案。

圖形的向量化使得有可能對圖中的各個部分分別進行控制。因為所有的圖形都可以用數學的方法加以描述,從而使電腦可以對其中任何對象分別進

第四節　電腦圖形與動畫技術

行任意的變換：放大、縮小、旋轉、變形、扭曲、移位和疊加等，並仍保持圖形特徵。而這一點對於點陣圖圖片來說就十分困難。圖形變換的靈活性，使其在處理上獲得了更大的自由度。

2. 向量圖形和點陣圖圖片的區別

圖形主要反映物體的局部特性，它是真實物體的模型化；而圖片則反映物體的整體特性，是物體的真實再現。圖形的處理主要透過在電腦上藉助數學的方法生成、處理和顯示。而圖片處理則將客觀世界中實際存在的物體映射成數位化圖片，然後在電腦上用數學的方法對數位化圖片進行處理。圖 2-4 和圖 2-12 就是同一幅圖片分別以圖片和圖形形式顯示出來的效果。圖 2-13 也是向量圖形和點陣圖圖片的比較。這都說明了向量圖側重於「繪製」、去「創造」，而點陣圖偏重於「獲取」、去「複製」。

　　　　　向量圖　　　　　　　　　點陣圖

2-13 向量圖形和點陣圖圖像的比較

電腦圖學是研究怎樣用電腦生成、處理和顯示圖形的一門學科。它著重討論怎樣將數據和幾何模型變成可視的圖片；或對自然界已存在對象透過獲取相關數據建立幾何模型生成的圖片，以便於分析處理。圖形的顯示形式也稱為圖片，但和一般意義的圖片處理技術不同，後者側重於將客觀世界中原來存在的物體映像處理成新的數位化圖片，核心問題是如何濾掉噪聲、壓縮數據、提取特徵、3D 重建等內容。在多媒體數據中，無法從客觀世界直接攝取的可視資訊，就可用圖形技術來製作，這些數據主要包括文字、圖形、

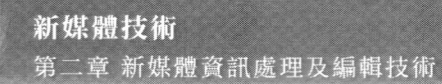

動畫。圖形包括 2D 空間及 3D 空間圖形，其中 2D 圖形僅能表現圖形中各部分簡單的位置關係，3D 圖形經真實感處理，將使圖形能表達出空間、位置、材質、明暗等接近自然的真實感效果。動畫就是圖形對象賦予運動屬性後製作的連續畫面效果，需要專門的軟體工具製作。

二、動畫技術基礎

在這個電腦資訊科技發展日新月異的時代，人們對電腦動畫已不再感到陌生，從好萊塢的動畫電影到平常多媒體課件中的演示動畫，大家已逐漸地接受了這種直觀生動的媒體形式。它的優點不言而喻，直觀、生動、趣味性強，而且不斷展現出越來越多的功能和用途，尤其在網路飛速發展的時代，創作動畫已經不是專業人員的專利，更多的普通電腦愛好者也加入自己做動畫的行列，以完成自己神奇的動畫夢。

1. 動畫的基本概念

動畫是由很多內容連續但各不相同的畫面組成的。動畫利用了人類眼睛的「視覺滯留效應」。人在看物體時，畫面在人腦中大約要停留 1/24 秒，如果每秒有 24 幅或更多畫面進入人腦，那麼人們在來不及忘記前一幅畫面時，就看到了後一幅，形成了連續的影像。這就是動畫的形成原理。

在電腦技術高速發展的今天，動畫技術也從原來的手工繪製進入了電腦動畫時代。使用電腦製作動畫，表現力更強，動畫的內容更豐富，製作也變得更簡單。經過人們不斷的努力，電腦動畫已從簡單的圖形變換發展到今天真實的模擬現實世界。同時，電腦動畫製作軟體也日益豐富，且更易於使用，我們每一個人都可以創作自己的動畫，而並不需要多麼專業的訓練。

2. 動畫的分類

從動畫的性質上，動畫可以分為兩大類：定格動畫和向量動畫。定格動畫是由一幀一幀的內容不同而又相聯繫的畫面連續播放而形成動畫的視覺效果。這種動畫也是傳統的動畫表現方式，構成動畫的基本單位是幀。我們創作定格動畫時就要將動畫的每一幀描繪下來，然後將所有的幀排列並播放，工作量會很大。現在我們使用了電腦作為動畫製作的工具，只要設置能表現

動作特點的關鍵格，中間的動畫過程會由電腦運算得出。這種動畫常用來創作傳統的動畫片、電影特技等。

向量動畫是經過電腦運算生成的動畫，表現為變換的圖形、線條和文字等。這種動畫畫面其實只有一影格，通常由編程或是向量動畫軟體來完成，是純粹的電腦動畫形式。

從動畫的表現形式上，動畫又分為 2D 動畫、3D 動畫和變形動畫。2D 動畫是指平面的動畫表現形式，它運用傳統動畫的概念，透過平面上物體的運動或變形，來實現動畫的過程，具有強烈的表現力和靈活的表現手段。創作平面動畫的軟體有 Flash、GIF Animator 等。

3D 動畫是指模擬 3D 立體場景中的動畫效果，雖然它也是由一影格的畫面組成的，但它表現了一個完整的立體世界。透過電腦可以塑造一個 3D 的模型和場景，而不需要為了表現立體效果而單獨設置每一影格畫面。創作 3D 動畫的軟體有 3DSMAX、Maya 等。

變形動畫是透過電腦運算，把一個物體從原來的形狀改變成另一種形狀，在改變的過程中把變形的參考點和顏色有序地重新排列，就形成了變形動畫。這種動畫的效果有時候是驚人的，適用於場景的轉換、特技處理等影視動畫製作中。創作變形動畫常用的軟體有 Morph 等。

3. 動畫的技術參數

影格率：一影格就是一幅靜態圖片，而影格率表示一秒鐘的動畫內有幾影格靜態畫面。

數據量：在不計壓縮的情況下，數據量是指影格率乘以每幅圖片的數據量。如果一幅圖片為 1MB，則數據量每秒將達到 30MB。

圖片品質：圖片品質和壓縮的倍數有關。

4. 動畫文件格式

GIF 文件：可以同時儲存若干幅靜止圖片並進而形成連續的動畫。

FLIC 格式：是 Autodesk 公司在其 2D/3D 動畫製作軟體中採用的彩色動畫文件格式。

SWF 格式：是 Macromedia 公司的產品 Flash 的向量動畫格式。

DIR 格式：Director 的動畫格式，副檔名為 DIR。

5. 電腦動畫研究的主要內容

（1）運動控制方法

電腦動畫中用於控制動畫物體隨時間而運動或變化的運動方法主要有：

運動學方法；（起點，終點，時間）

物理推導方法；（受力分析）

隨機方法；（分形，粒子系統）

行為規則方法；（角色分類，行為規則）

自動運動控制方法等。（人工智慧，機器人）

（2）動畫描述模型與動畫語言

使用者和動畫系統的交互方式是評價動畫系統的重要因素之一，這種交互方式的抽象層次和自然語言化程度主要依賴於動畫描述模型的影響。對動畫描述較有影響的描述模型有面向對象方法、角色理論、記號系統、時間軸描述、基於時序算符的描述、基於知識的描述等。基於動畫描述模型開發的動畫描述語言主要有 3 類：記號語言（動作編碼）、通用語言（擴展的流行語言）、圖形語言（專門設計）。

（3）中間畫面的生成技術

動畫的中間畫面的生成主要有 3 種途徑：關鍵格方法、演算法生成、基於物理的動畫生成。

（4）3D 動畫中的物體造型技術

①動畫中物體表示可分為 3 個層次：

線框，物體由一系列線框表示。

表面，物體由一系列面素表示。

體，物體看作一系列體素組成或看作 3D 空間包圍部分。

②曲面造型：代數曲面；擬合曲面（Bezier，B 樣條，NURBS 曲面）。

③實體造型：邊界表示，CSG，推移，八元樹，單元分解。

④人體造型：骨架－肌肉－皮膚。

⑤人體動畫：造型和運動控制十分困難，電腦動畫技術的最大挑戰。

（5）動畫繪製技術

真實感圖形繪製技術是電腦圖學研究的一個重要內容，人們已經提出了許多光照模型和繪製演算法，其中有代表性的常用的光照模型有 Phong 模型、Cook-Torrance 模型、Whitted 模型等。繪製技術有掃描線演算法、Phong 明暗處理演算法，光線追蹤技術，輻射度技術等。動畫繪製除了使用上述方法外，還可根據其目標是生成一系列連續畫面圖片的特點，利用相關性來加速繪製過程。

三、圖形與動畫製作軟體

1.GIF 動畫製作

GIF 是 Graphics Interchange Format 的縮寫，這種類型的文件是目前網路上使用最頻繁的文件格式。GIF 是由 CompuServe 公司於 1987 年推出的，其中 GIF89a 這個版本允許一個文件儲存多個圖片，可實現動畫功能，因此 GIF 動畫也基本成了網路圖片動畫的代名詞。

2.Flash 動畫製作

Flash 是一款用於向量圖創作和向量動畫製作的專業軟體，主要應用在網頁設計和多媒體製作中，具有強大的功能且性能獨特。Flash 製作的向量圖動畫大大增加了網頁和多媒體設計的觀賞性。由於它儲存容量小，而且具有向量圖的特性，無級放大而不會失真，圖片效果清晰、可以同步音效等特

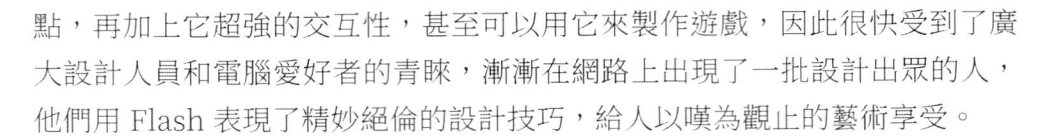

點，再加上它超強的交互性，甚至可以用它來製作遊戲，因此很快受到了廣大設計人員和電腦愛好者的青睞，漸漸在網路上出現了一批設計出眾的人，他們用 Flash 表現了精妙絕倫的設計技巧，給人以嘆為觀止的藝術享受。

3.3D 動畫製作軟容積式 SMAX

我們日常生活中的事物都占據著空間，都是有體積的或者說都是立體的。3D 動畫設計就是為了表現真實的 3D 立體效果，物體旋轉、行動、拉伸、變形等，都能透過電腦動畫表現它的空間感覺。可以說 3D 動畫是真正的電腦動畫。以前 3D 動畫軟體對電腦環境要求相當高，現在我們用家用的個人電腦就能完成 3D 動畫。如果在使用新媒體傳遞資訊的過程中增加一段精彩的 3D 動畫，一定會為你的設計增色不少。

3DSMAX 是 AutoDesk 公司推出的微機 3D 動畫製作軟體。1997 年以來，3DSMAX 已推出了成熟的 2.0、3.0 和 4.0 版等，目前最新版本是 3DSMAX2016，並成為製作微機 3D 動畫的代表產品。3DSMAX 與 DOS 系統的 3D Studio 有很多的不同。

3DSMAX 是在微機上最暢銷的 3D 動畫和建模軟體，它具有 1000 多種特性，為電影、影片製作提供了獨特直觀的建模和動畫功能以及高速的圖片生成能力。它具有完善人物設計和模擬動畫的效果，並增加了 MAXScript 程式語言，使 3D 動畫的創建更加得心應手，設計的動畫也越來越趨近真實的世界。

完成一幅 3D 動畫，最基本要完成三項工作：建模、材質和動畫。這三步基本代表了 3D 動畫設計工作的中心和重點。

（1）建模

建模就是使用軟體創建其 3D 形體，也是一切工作的基礎。3DSMAX 提供了多種建模的方法，分別適用於不同特點的模型。

使用最廣泛和簡單的建模方式是多邊形建模方式。這種建模方式是基於三角面和四邊形面的拼接而形成立體模型。3DSMAX 提供了很多種預製的 2D 圖形和簡單的 3D 幾何體，加上其強大的修改功能，就可以在建立基本形

體的前提下進行進一步完善，從而完成更為複雜的造型。但也因為在創建複雜模型時有太多的點和面要運算，所以其處理速度會變慢。

（2）材質

我們把物體的色彩、光澤和紋理稱為材質，設置材質是為了表現物體虛擬真實的感覺。影響物體材質的因素有兩個方面：一是物體本身的顏色、質地；二是環境因素，包括場景內的燈光、周圍的場景等等。只有兩者完美地相互關聯和相互影響，才能最好地表現 3D 物體或 3D 場景的真實性。

（3）動畫

動畫是 3D 創作中更難的部分。如果說在建模時需要立體的思維，在設置材質時需要美術的修養，那麼在動畫設計時我們不但要有熟練的技術，還要有導演的能力。

第五節　數位音頻處理與編輯技術

數位音頻是一種利用數位化手段對聲音進行錄製、存放、編輯、壓縮或播放的技術，它是隨著數位訊號處理技術、電腦技術、多媒體技術的發展而形成的一種全新的聲音處理手段。

一、數位化聲音概述

1. 聲音媒體性質

聲音是透過空氣傳播的一種連續的波，由空氣振動引起耳膜的振動，由人耳所感知。聲音被分為無規則的噪聲和有規則的音頻訊號；有規則音頻訊號是一種連續變化、週期性的類比訊號，可用一條連續的曲線來表示，稱為聲波。它有兩個基本參數：振幅和頻率。振幅反映聲音的音量；頻率反映聲音的音調。頻率為 20Hz～20kHz 的波稱為音頻波；頻率小於 20Hz 的波稱為次音波；頻率大於 20kHz 的波則稱為超音波。

聲音的品質是根據聲音的頻率範圍來劃分的，例如：

電話品質：200Hz～3.4kHz；

調幅廣播品質：50Hz～7kHz；

調頻廣播品質：20Hz～15kHz；

數位雷射唱盤（CD-DA）品質：10Hz～20kHz。

聲波的包絡線（Envelope）是包裹整個波形的一條理想曲線。該曲線隨著聲音振幅的每個波峰發展。

2. 音頻的數位化

人耳聽到的聲音是一種具有振幅、頻率的聲波，透過話筒等傳感器可以把機械振動轉變成相應的電信號，這種電信號是一種在時間和幅度上連續變化的類比訊號。即音頻是連續變化的類比訊號，而電腦是一種數位訊號處理器，只能處理數位訊號。因此，由自然音源而得的音頻訊號必須經過一定的變化和處理，變成二進位數據後才能送到電腦進行再編輯和儲存，即必須把類比音頻訊號轉換成用「0」、「1」表示的數位訊號，這就是音頻的數位化。如圖 2-14 所示為數位音頻和類比音頻的轉換。

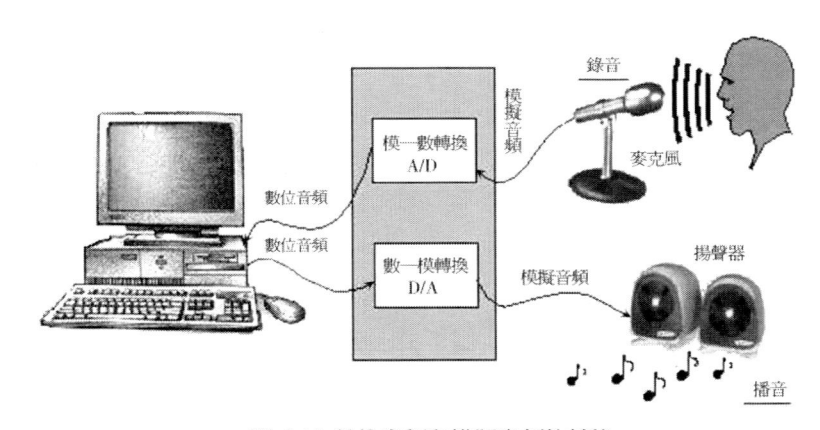

圖 2-14 數位音頻和模擬音頻的轉換

音頻的數位化涉及取樣、量化及編碼等多種技術，具體處理過程如圖 2-15 所示。

第五節　數位音頻處理與編輯技術

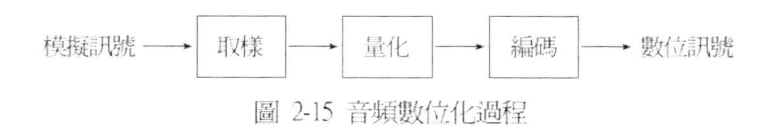

模擬訊號 → 取樣 → 量化 → 編碼 → 數位訊號

圖 2-15　音頻數位化過程

（1）取樣

音頻是隨時間變化的連續訊號，要把它轉換成數位訊號，必須先按一定的時間間隔對連續變化的音頻訊號進行取樣。一定的時間間隔 T 為取樣週期，1/T 為取樣頻率。根據取樣定理，取樣頻率應大於或等於聲音最高頻率的兩倍。

取樣頻率越高，在單位時間內電腦取得的聲音數據就越多，聲音波形表達得就越精確，而需要的儲存空間也就越大。

（2）量化

聲音的量化是把聲音的幅度劃分成有限個量化階距，把落入同一階距內的樣值歸為一類，並指定同一個量化值。量化值通常用二進制表示。表達量化值的二進位位數稱為取樣數據的 bit 數。取樣數據的 bit 數越多，聲音的品質就越高，所需的儲存空間也就越大；取樣數據的 bit 數越少，聲音的品質就越低，而所需的儲存空間就越小。市場上銷售的 16 位的音效卡（量化值的範圍為 0～65536）就比 8 位的音效卡（量化值的範圍為 0～256）品質高。

聲音的儲存量可用下式表示：

$$V = \frac{f_c \times B \times S}{8}$$

式中，V 為儲存量，fc 為取樣頻率，B 為量化位數，S 為聲道數。

（3）編碼

電腦系統的音頻數據在儲存和傳輸中必須進行壓縮，但是壓縮會造成音頻品質下降及運算量的增加。

音頻的壓縮方法有很多，音頻的無損壓縮檔括不引入任何數據失真的各種編碼，而音頻的有損壓縮檔括波形編碼、參數編碼和同時利用這兩種技術的混合編碼。

波形編碼方式要求重構的聲音訊號盡可能接近取樣值。這種聲音的編碼資訊是波形的，編碼率為 9.6～64kb/s，屬中頻寬編碼，重構的聲音品質較高。波形量化法易受量化噪聲的影響，數據率不易降低。這種波形編碼技術有 PCM（脈衝編碼調變）、DPCM（差分脈衝編碼調變）、ADPCM（自適應差分脈衝編碼調變）以及屬於頻域編碼的 APC（自適應預測編碼）、SBC（子帶編碼）和 ATC（自適應變換編碼）。

參數編碼以聲音訊號產生的模型為基礎，將聲音訊號變換成模型後再進行編碼。參數編碼的參數有共振峰、線性預測（LPC）、同態等。這種編碼方法的數據率低，但品質不易提高，編碼率為 0.8～4.8kb/s，屬窄頻編碼。

混合編碼是把波形編碼的高品質與參數編碼的低數據率結合在一起的編碼方式，可以在 4.8～9.6kb/s 的編碼率下獲得較高品質的聲音。較成功的混合編碼技術有多脈衝線性預測編碼（MPLPC）、碼本激勵線性預測編碼（CELPC）和規則脈衝激勵 LPC 編碼（RPE-LPC）等。

3. 音頻的再現

聲音經過電腦處理並回放的整個處理流程如圖 2-16 所示：

（1）首先將類比聲音訊號透過抗混疊濾波器，濾除掉高於最高頻率的份量，以防訊號頻譜的混疊。然後透過模數（A/D）轉換，變成電腦所能處理的數位聲音訊號。

（2）之後再交給電腦進行儲存、編輯或其他處理。處理後的數據再經過數模（D/A）轉換和低通濾波器，還原成類比訊號，經放大輸出到音響或喇叭或耳機，變成人耳能夠聽到的聲音。

第五節　數位音頻處理與編輯技術

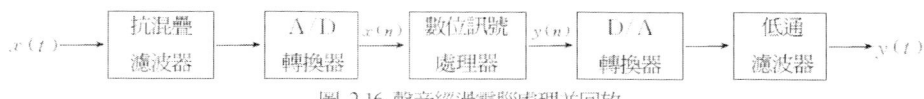

$x(t)$ → 抗混疊濾波器 → A/D 轉換器 → $x(n)$ → 數位訊號處理器 → $y(n)$ → D/A 轉換器 → 低通濾波器 → $y(t)$

圖 2-16 聲音經過電腦處理並回放

數位音頻技術相比類比音頻技術而言，在儲存、處理、傳輸和複製方面都有明顯的優勢：

（1）便於儲存。

（2）便於後期處理。

（3）在傳輸和複製中實現無失真。

4. 數位音頻的主要技術指標

（1）取樣頻率：取樣頻率是指一秒鐘內取樣的次數。取樣頻率的選擇應該遵循奈奎斯特（Harry Nyquist）取樣理論：如果對某一類比訊號進行取樣，則取樣後可還原的最高訊號頻率只有取樣頻率的一半，或者說只要取樣頻率高於輸入訊號最高頻率的兩倍，就能從取樣訊號系列重構原始訊號。根據該取樣理論，CD 雷射唱盤取樣頻率為 44kHz，可記錄的最高音頻為 22kHz。這樣的音質與原始聲音相差無幾，也就是我們常說的超級高保真音質。取樣的三個標準頻率分別為：44.1kHz，22.05kHz 和 11.025kHz。

（2）量化位數：量化位數是對類比音頻訊號的幅度軸進行數位化，它決定了類比訊號數位化以後的動態範圍。由於電腦按位元運算，一般的量化位數為 8 位和 16 位。量化位數越高，訊號的動態範圍越大，數位化後的音頻訊號就越可能接近原始訊號，但所需要的儲存空間也越大。

（3）聲道數：有單聲道和雙聲道之分。雙聲道又稱為立體聲，在硬體中要占兩條線路，音質、音色好，但立體聲數位化後所占空間比單聲道大一倍。

$$音頻數據壓縮比 = \frac{壓縮後的音頻數據量}{壓縮前的音頻數據量}$$

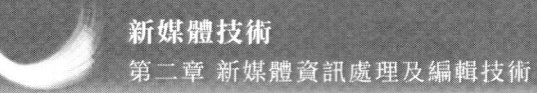

(4) 編碼演算法：編碼的作用，其一是採用一定的格式來記錄數位數據，其二是採用一定的演算法來壓縮數位數據以減少儲存空間和提高傳輸效率。壓縮演算法包括有損壓縮和無損壓縮。有損壓縮指解壓後數據不能完全復原，要丟失一部分資訊。壓縮編碼的基本指標之一就是壓縮比，它通常小於 1。壓縮越多，資訊丟失越多、訊號還原後失真越大。根據不同的應用，應該選用不同的壓縮編碼演算法。

(5) 數據率及數據文件格式：數據率為每秒 bit 數，它與資訊在電腦中的即時傳輸有直接關係，而其總數據量又與電腦的儲存空間有直接關係。因此，數據率是電腦處理時要掌握的基本技術參數。

數位音頻的原理以及數位音頻的技術指標決定了數位音頻的效果。

5. 聲音的合成

合成音樂或聲響效果可以直接採用波形音頻產生，但最常用的還是電子樂器數位連接埠 MIDI。MIDI 音頻與波形音頻完全不同，它不對聲波進行取樣、量化、編碼，而是將電子樂器鍵盤的演奏資訊（包括鍵名、力度、時間長短等）記錄下來，這些資訊稱為 MIDI 資訊，是樂譜的一種數位式描述。對應於一段音樂的 MIDI 文件不記錄任何聲音資訊，而只是包含了一系列產生音樂的 MIDI 消息。播放時只需從中讀出 MIDI 消息，生成所需的樂器聲音波形，經放大處理即可輸出。

二、音頻文件的格式

與儲存文本文件一樣，儲存聲音數據也需要有儲存格式。用數位音頻產生的數據一般以 WAVE 的文件格式儲存，以「.wav」作為文件副檔名。WAVE 格式是一種 Windows 下通用的數位音頻標準，用 Windows 的媒體播放器可以播放。目前比較流行的還有以 wav、au、aif、snd、rm、mp3、mid、mod 等為副檔名的文件格式。wav 格式主要用在 PC 上；au 主要用在 UNIX 工作站上；aif 和 snd 主要用在蘋果機和美國視算科技有限公司（Silicon Graphics Inc，簡稱 SGI）的工作站上；rm 和 mp3 是網際

第五節　數位音頻處理與編輯技術

網路上流行的音頻壓縮格式；mid 和 mod 是按 MIDI 數位化音樂的國際標準來記錄和描述音符、音道、音長、音量和觸鍵力度等音樂資訊的文件格式。

(1) WAVE 的文件格式

用 .wav 為副檔名的文件格式稱為波形文件格式（WAVE File Format）。波形文件格式支持儲存各種取樣頻率和樣本精度的聲音數據，並支持聲音數據的壓縮。波形文件由許多不同類型的文件構造塊組成，其中最主要的兩個文件構造塊是 Format Chunk（格式塊）和 Sound Data Chunk（聲音數據塊）。格式塊包含有描述波形的重要參數，例如取樣頻率和樣本精度等；聲音數據塊則包含有實際的波形聲音數據。WAVE 文件的簡化結構如圖 2-17 所示。

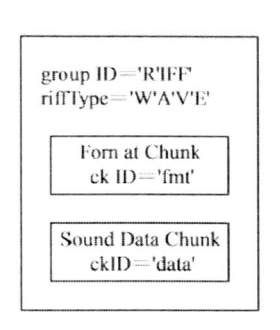

```
group ID='RIFF'
riffType='WAVE'

    Form at Chunk
    ck ID='fmt'

    Sound Data Chunk
    ckID='data'
```

圖 2-17 WAVE 文件的簡化結構

(2) MIDI 聲音

MIDI（Musical Instrument Digital Interface）是音樂數位介面的縮寫，泛指音樂數位介面的國際標準，它始建於 1982 年。多媒體 Windows 支持在多媒體節目中使用 MIDI 文件。標準的多媒體 PC 平台能夠透過內部合成器或連到電腦 MIDI 端口的外部合成器播放 MIDI 文件。利用 MIDI 文件演奏音樂，所需的記憶體量最少。如演奏 2 分鐘樂曲的 MIDI 文件僅需不到 8KB 的儲存空間。

MIDI 標準規定了不同廠家的電子樂器與電腦連接的電纜和硬體。它還指定從一個裝置傳送數據到另一個裝置的通訊協定。這樣，任何電子樂器，

只要有處理 MIDI 資訊的處理器和適當的硬體連接埠都能變成 MIDI 裝置。MIDI 之間靠這個連接埠傳遞消息（Message）而進行彼此通訊。實際上，消息是樂譜（Score）的數位描述。樂譜由音符序列、定時控制參數和稱作合成音色（Patches）的樂器定義所組成。當一組 MIDI 消息透過音樂合成晶片演奏時，合成器解釋這些符號，並產生音樂。

（1）MIDI 的術語

下面對 MIDI 的主要術語作一說明。

①MIDI 文件：存放 MIDI 資訊的標準文件格式。MIDI 文件中包含音符、定時和多達 16 個通道的演奏定義。文件包括每個通道的演奏音符資訊：鍵、通道號、音長、音量和力度（擊鍵時，鍵達最低位置的速度）。

②通道（Channels）：MIDI 可為 16 個通道提供數據，每個通道訪問一個獨立的邏輯合成器。Microsoft 使用 1～10 號通道擴展合成器，13～16 號通道用作基本合成器。

③音序器（Sequencer）：為 MIDI 作曲而設計的電腦程式或電子裝置。音序器能夠用來記錄、播放、編輯 MIDI 事件。大多數音序器能輸入、輸出 MIDI 文件。

④合成器（Synthesizer）：利用數位訊號處理器或其他晶片來產生音樂或聲音的電子裝置。數位訊號處理器產生並修改波形，然後透過聲音產生器和揚聲器發出聲音。合成器發聲的品質和聲部取決於以下因素：合成器能夠同時播放的獨立波形的個數；它控制軟體的能力；合成器電路中的儲存空間。

⑤樂器（Instrument）：合成器能產生特定聲音，不同的合成器，樂器音色號不同，聲音品質也不同。例如，多數樂器都能合成鋼琴的聲音，但不同樂器使用的音色不同，它們輸出的聲音是有差異的。

⑥複音（Polyphony）：合成器同時支持的最多音符數。如一個能以 6 個複音合成 4 種樂器聲音的合成器，可同時演奏分布於 4 種樂器的 6 個音符。它可能是 4 個音符的鋼琴和弦、一個長笛和一個小提琴的音。

第五節　數位音頻處理與編輯技術

⑦音色（Timber）：聲音的音質。音色取決於聲音頻率。在非正式的用法中，它指的是與特定樂器相關的特定聲音，如低音提琴、鋼琴、小提琴的聲音均有各自的聲音。

⑧音軌（Track）：一種用通道把 MIDI 數據分隔成單獨組、平行組的文件概念。0 號格式的 MIDI 文件把這些音軌合併成一個；1 號格式的 MIDI 文件支持不同的音軌。

⑨合成音色映射器（Patch Appear）：它是一種軟體。為了適應 MicrosoftMIDI 合成音色，分配表規定了合成音色編號。軟體要為特定的合成器重新分配樂器合成音色編號，Windows 的多媒體映射器可將樂器的合成音映射到任意 MIDI 裝置上。

⑩通道映射（Channel Mapping）：它把發送裝置的 MIDI 通道號變換成適當的接收裝置的通道號。例如編排在 16 號通道的鼓樂，對於僅接收 6 號通道的鼓來說，就被映射成 6 號通道。

（2）MIDI 的特點

MIDI 的優點主要有：

①生成的文件較小，節省記憶體空間。因為 MIDI 文件儲存的是命令，而不是聲音數據。

②容易編輯。因為編輯命令比編輯聲音波形容易。

③可以和其他新媒體如數位影片、圖形、動畫、話音等一起播放，以加強演示效果。

MIDI 的缺點是處理話音的能力較差。

（3）數位化聲音與 MIDI 的比較

數位化聲音是取樣得到的聲音經數位化後的數值，而 MIDI 是讓合成器發聲的指令。MIDI 與數位化聲音相比，其文件緊湊，所占空間小。MIDI 文件的大小與回放的品質完全無關。通常，MIDI 文件所占空間是 CD 品質的數位化聲音文件的 1/1000～1/200，它不占許多內外存空間和 CPU 資源。

在某些情況下，如果用的 MIDI 聲源較好，MIDI 有可能發出比數位化聲音品質更好的聲音。

在不需要改變音調或降低音質的情況下，可以改變 MIDI 的文件長度（透過改變其速度）。MIDI 數據完全是可編輯的，可以用多種方法來處理它的每一個細節（可達小於毫秒的精確度），甚至可修改音樂的樂譜。而在處理數位化聲音時，這些方法完全用不上。但是，因為 MIDI 數據並不是聲音，當 MIDI 回放設備與 MIDI 產生時所指定的設備相同時，回放的結果才是精確的。另外，MIDI 不適合回放語言對話。

數位化聲音可根據需要調整取樣的大小和頻率，以獲得不同品質的聲音，因此其品質的一致性和可靠性都比較好，而 MIDI 在這一點上就比較差。另外，數位化聲音有更多的應用軟體和系統支持，為了創建數位化聲音所要求的準備與編輯工作不需要掌握許多音樂理論知識，而 MIDI 則要求掌握比較多的音樂理論知識。

（3）VOC

VOC 文件：Creative 公司波形音頻文件格式，也是聲霸卡（Sound blaster）使用的音頻文件格式。每個 VOC 文件由文件標頭塊（Header block）和音頻數據塊（Data block）組成。文件標頭塊包含一個標識版本號和一個指向數據塊起始的指針。數據塊分成各種類型的子塊。如聲音數據、靜音標識、ASCII 碼字符、重複標識、結束重複標識以及終止標識、擴展塊等。

（4）MP1/MP2/MP3

MPEG 音頻文件根據壓縮品質和編碼複雜程度的不同可分為三層（MPEG AUDIOLAYER1/2/3 分別與 MP1，MP2 和 MP3 這三種聲音文件相對應）。MPEG 音頻編碼具有很高的壓縮率，MP1 和 MP2 的壓縮率分別為 4：1 和 6：1—8：1，而 MP3 的壓縮率則高達 10：1—12：1。目前 Internet 上的音樂格式以 MP3 最為常見。MP3 是一種有損壓縮，但是它的最大優勢是以極小的聲音失真換來了較高的壓縮比。

第五節　數位音頻處理與編輯技術

(5) WMV 格式

它的英文全稱為 Windows Media Video，也是微軟推出的一種採用獨立編碼方式並且可以直接線上即時觀看影片節目的文件壓縮格式。WMV 文件一般同時包含影片和音頻部分。影片部分使用 Windows Media Video 編碼，音頻部分使用 Windows Media Audio 編碼。它是在「同門」的 ASF 格式升級延伸得來的。在同等影片品質下，WMV 格式的體積非常小，因此很適合線上播放和傳輸。

(6) RealAudio 流動的旋律

RealAudio 主要適用於網路上的線上音樂欣賞。目前 real 的文件格式主要有這麼幾種：RA（RealAudio）、RM（RealMedia，RealAudioG2）、RMX（RealAudio Secured），還有更多。這些格式的特點是可以隨網路頻寬的不同而改變聲音的品質，在保證大多數人聽到流暢聲音的前提下，令頻寬較富裕的聽眾獲得較好的音質。

(7) AIFF

AIFF 是音頻交換文件格式（Audio Interchange FileFormat）的英文縮寫，是 Apple 公司開發的一種聲音文件格式，被 Macintosh 平台及其應用程式所支持，Netscape Navigator 瀏覽器中的 Live Audio 也支持 AIFF 格式，SGI 及其他專業音頻軟體包也同樣支持 AIFF 格式。AIFF 支持 ACE2、ACE8、MAC3 和 MAC6 壓縮，支持 16 位 44.1kHz 立體聲。

三、音頻的壓縮標準

音頻訊號可分為電話品質的語音、調幅廣播品質的音頻訊號和高保真立體聲訊號（如調頻廣播訊號、雷射唱片音盤訊號等），因此數位音頻壓縮技術標準可分為電話語音壓縮、調幅廣播語音壓縮和調頻廣播及 CD 音質的寬頻音頻壓縮 3 種。

在語音編碼技術領域，各個廠家都在大力開發與推廣自己的編碼技術，使得在語音編碼領域編碼技術產品種類繁多，相容性差，各廠家的技術也難

於盡快得到推廣。所以，需要綜合現有的編碼技術，制定出全球統一的語言編碼標準。自 1970 年代起，CCITT 下第十五研究組和國際標準化組織（ISO）已先後推出了一系列的語音編碼技術標準。其中，CCITT 推出了 g 系列標準，而 ISO 則推出了 h 系列標準。

1. 電話（200Hz － 3.4kHz）語音壓縮標準

主要有 ITU 的 g.722（64KB/s）、g.721（32KB/s）、g.728（16KB/s）和 g.729（8KB/s）等建議，用於數位電話通訊。

2. 調幅廣播（50Hz － 7kHz）語音壓縮標準

主要採用 ITU 的 g.722（64KB/s）建議，用於優質語音、音樂、音頻會議和影片會議等。

3. 調頻廣播（20Hz － 15kHz）及 CD 音質（20Hz － 20kHz）的寬頻音頻壓縮標準

主要採用 MPEG-1、MPEG-2、杜比 AAC-3 等建議，用於 CD、MD、MPC、VCD、DVD、HDTV 和電影配音等。

四、數位音頻的採集

數位音頻的獲取方式主要有三種：

（1）從影片中截取；

（2）從磁帶或光碟等儲存媒介中轉換而來；

（3）現場錄製。下面我們重點介紹第三種方式——現場錄製：

首先，錄製前我們需要做一些準備工作，包括軟體和硬體兩方面：

硬體有：多媒體電腦 / 麥克風、耳機、音箱。

軟體有：錄音機、COOLEDIT。

其次，連接好各種設備。最後，開始錄製。

（1）透過系統自帶的錄音機錄製。

第五節　數位音頻處理與編輯技術

找到音量控制裡面的錄音控制，調節好麥克風音量，就可以錄製了。滑鼠點擊紅色的圓點即錄音鍵即可錄音了，錄音機最長能錄製 60s 的聲音。

（2）透過 COOLEDIT 軟體錄音

打開軟體，調整到單軌模式，同樣點圓點就可錄音。不同的是，它會彈出對話框，要求設置取樣率，一般默認即可。

聲音採集過程中要注意的事項：

（1）監聽，保證音效；

（2）注意麥克風朝向，減少干擾；

（3）一定要保存音頻文件，滿足後期製作。

五、數位音頻編輯與處理軟體

音頻編輯工具是用來錄放、編輯、加工和分析聲音文件的。各種音頻編輯工具使用得相當普遍，但它們的功能相差很大。下面列出了比較常見的幾種工具。

1.Cakewalk Pro Audio（Cakewalk SONAR）

Cakewalk 軟體是由美國 Cakewalk 公司（原名 Twelve Tone System 公司，後因其軟體 Cakewalk 尤其著名，遂將公司名稱改為「Cakewalk 公司」）開發的一款用於製作音樂的軟體，深受廣大使用者的喜愛。使用該軟體，可以製作單聲部或多聲部音樂，可以在製作音樂中使用多種音色，並可用於製作 MIDI 格式的音樂。

早期的 Cakewalk 是專門進行 MIDI 製作、處理的音序器軟體，自 4.0 版本後，增加了對音頻的處理功能。目前，它的最新版本是 Cakewalk Pro Audio 9.0.3。雖然 Cakewalk 在音頻處理方面有些不盡如人意之處，但它在 MIDI 製作、處理方面，功能超強，操作簡便，具有其他軟體無法比擬的絕對優勢。最新的版本 Cakewalk 已經完全成為一個功能強大的音樂製作工作站，可以完成音樂製作中從前期 MIDI 製作到後期音頻錄音縮混燒刻的全部

功能，同時還可以處理影片文件。Cakewalk 現在已經成為世界上著名的音樂製作工作站軟體之一。圖 2-18 為 Cakewalk Pro Audio 的主介面。

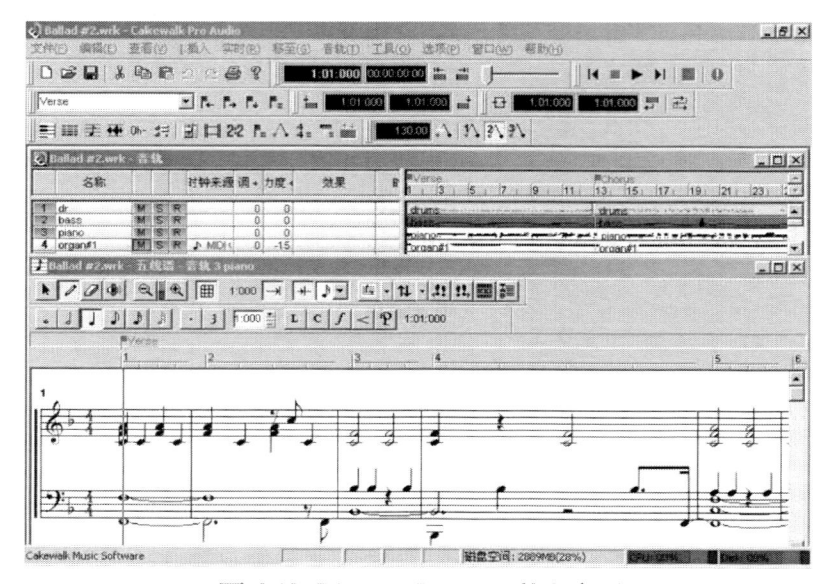

圖 2-18 Cakewalk Pro Audio的主介面

使用方法：

（1）打開 Cakewalk Pro Audio9.03 鈴聲製作專用版軟體，展現在你們眼前的是音軌。一首美妙動聽的音樂，總是會有很多不同的聲部，每個聲部演奏不同的旋律，這樣才不會單調。其中第 10 聲部為打擊樂器專用聲部。

（2）在編寫音樂之前，我們需要做的操作就是選擇你喜歡的音色。一般情況下一首音樂主要由主旋律、和弦、低音、伴奏等部分組成。右擊音軌，然後選擇「音軌屬性」，可以選擇每個聲部的音色。在選擇完音色之後，一定不要忘記設置對應的通道，一般情況下是幾號音軌就選幾號通道。如果對樂器的選擇沒有足夠的經驗，建議下載相關音樂的伴奏帶仔細聆聽，分辨各種不同的音色。

（3）選擇完了對應的樂器，還有一些屬性要設置，那就是樂曲的譜號、調號和速度。這些都可以在工具欄中進行設置。點擊那個「100.00」的文本

框，就可以設置樂曲的速度了，單位是「拍/min」。也就是說，如果速度設置為 60，那麼樂曲一秒鐘走一拍。點擊那個「4/4」的圖標，就可以設置拍號和調號了。

（4）基本工作都完成之後，就到了該寫樂譜的時候了。右擊你想要寫譜的音軌，選「五線譜」進入五線譜寫譜模式。之後，在工具條上，你可以選擇音符的種類，基本音符有全音符、二分音符、四分音符、八分音符、十六分音符和三十二分音符。當然還有一些附加選項，如附點和三連音。選擇好你希望的音符種類後，點擊工具欄上的鉛筆按鈕，就可以寫譜了。寫譜的過程中，如果有誤，可以選擇橡皮工具擦除，也可以直接用鉛筆拖動錯誤的音符到正確的位置。這需要你有一定的五線譜常識。同時，你也可以隨時點擊工具欄的「播放」按鈕試聽效果。試聽完成後，請不要忘了點擊「倒帶」按鈕。

（5）如果不懂五線譜，那也沒關係，你也可以使用模擬的鋼琴來繪製出旋律。點擊要寫譜的音軌，選擇「鋼琴捲簾」。首先滑鼠對準正確的音符（例如中音 Do 則對準 C3），這些音符分得比較細，可以透過左上角窗口的指示來判斷音高是否正確。如果覺得過細，可以點擊頁面右下角的「放大」按鈕。之後，請看正上方的小節欄，音符要對準正確的小節。

（6）接下來配和弦。彈過鋼琴或者電子琴的朋友們都知道，一首樂曲有右手（高音）就必然有左手（低音），然後左手彈的是和弦。對於低音和弦，如果幾個音在一起彈，那聲音就不好聽了。所以，一般把和弦的三個音按照一定的節奏依次彈出來。例如：Do Sol Mi Sol 就可以代表大三和弦。對於低音，用高音譜號不太合適，需要轉化為低音譜號。那麼請回到主頁面，打開對應音軌的五線譜頁面，然後右擊空白處，選擇「布局」，在這裡面可以更換譜號。

（7）然後，就同時開始寫伴奏聲部。低音聲部也是如此，這裡就不再重複說明了。

（8）最難的就是打擊樂聲部了。畢竟打擊樂不是常規的音符。首先，我們需要對打擊樂聲部（第 10 聲部）設置專門的打擊樂譜號。

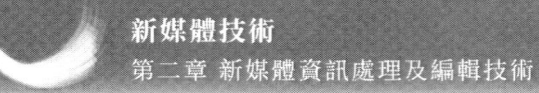

（9）然後我們就可以在五線譜頁面上繪製打擊樂樂譜了。打擊樂聲部的每個音符長短都不影響樂曲的播放，因為打擊樂不是持續的聲音，而是瞬時的聲音。所以，建議選用十六分音符，這樣可以更準確地放置打擊樂音符的位置。如果一首樂曲的打擊樂比較簡單的話，也可以選用八分音符，這樣容錯性就比較高。打擊樂的種類非常繁多，這裡只介紹一些基本的。

第一線＝低音鼓（Bass Drum1）

第一間＝低音鼓（Bass Drum2）

第二線、第二間、第三線＝不同音高的中音鼓（Floor Tom）

第三間＝軍鼓（Snare Drum，注意有兩種不同的軍鼓，音色比較相近，真正寫譜時請盡量選擇同一種軍鼓）

第四線帶 × 號＝輕音銅鈸（Ride Cymbal1）

第四線、第四間、第五線＝不同音高的中音鼓（Tom）

第五線帶 × 號＝輕音銅鈸（Ride Cymbal2）

上加一間帶 × 號＝腳踏鈸（Hi-Hat，其中帶圈圈的是長音，不帶圈圈的是短音）

上加一線、上加一間＝脆音銅鈸（Crash Cymbal）

（10）之後，就是保存音樂。選擇「文件」選單下面的「保存」，給你的音樂命名，注意文件格式那一欄一定要選「MIDI 格式 1 文件」。如果一首歌曲的製作量太大，一次無法完成，那麼可以選擇保存普通文件，下次可以繼續編輯。

2.Adobe Audition

Adobe Audition 是一個專業音頻編輯和混合環境，原名為 CoolEdit Pro，被 Adobe 公司收購後，改名為 Adobe Audition，並將其整合到影片軟體套裝 Adobe Video Collection 中，與 Premiere Pro、After Effects 以

第五節　數位音頻處理與編輯技術

及 Encore DVD 組成了一套強大的桌面影片解決方案，Audition 在這條工作流程中扮演著重要的角色，是流程的一個重要環節。

Audition 是功能強大的音樂編輯軟體，能高品質地完成錄音、編輯、合成等多種任務。其主要功能有：專業錄音、音頻混音、編輯和效果處理、影片配音、輸出及刻錄音樂 CD。Audition 還是一款專業廣播級音頻後期軟體，針對專業廣播機構的製作部門以及媒體工作室和音像製作出版部門。同時，也深受廣大業餘影片、音頻製作愛好者的喜愛。

Audition 最多可混合 128 個聲道，可編輯單個音頻文件，創建迴路並可使用 45 種以上的數位訊號處理效果。Audition 是一個完善的多聲道錄音室，可提供靈活的工作流程並且使用簡便。無論是要錄製音樂、無線電廣播，還是為錄影配音，Audition 中的恰到好處的工具均可提供充足動力，以創造可能的最高品質的豐富、細微音響。圖 2-19 為 AdobeAudition3.0 主介面。

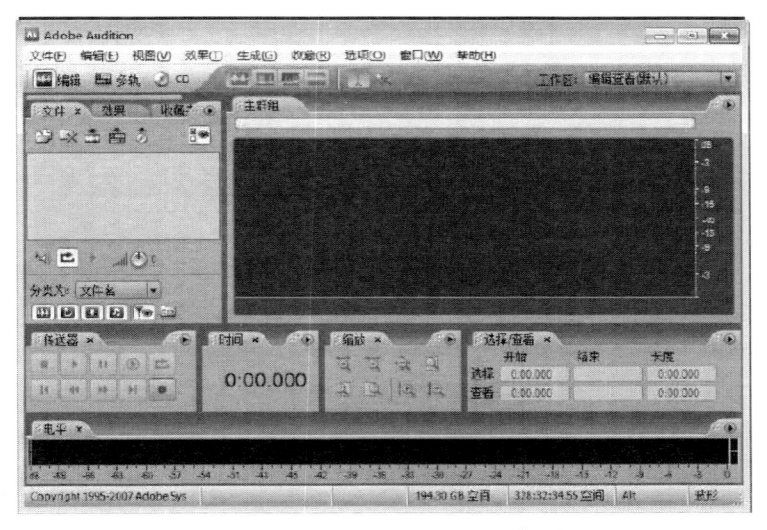

圖 2-19 Adobe Audition3.0主介面

第六節　數位影片處理與編輯技術

數位影片就是以數位形式記錄的影片，和類比影片相對。數位影片有不同的產生方式、儲存方式和播出方式，從而得到不同格式的數位影片，分別應用於不同的領域。

一、數位影片基礎

影片（Video）是指內容隨時間變化的一組動態圖片，也稱運動圖片、活動圖片或時變圖片。

按處理方式的不同，影片分為類比影片和數位影片。類比影片是一種用於傳輸圖片和聲音的、隨時間連續變化的電信號，它的記錄、傳播及儲存都以類比的方式進行。數位影片處理的對象是已數位化的影片，適於在網路上使用，易於編輯處理，具有較好的再現性。在本節中主要討論數位影片，下面首先介紹數位影片的技術參數：影格率、分辨率、畫素、頻寬、影片交錯方式、文件格式等。

1. 影格率和分辨率（Frame Rate&Resolution）

影格率指的就是每秒表示的圖片的次數（影格數），它一般透過 Hz 進行表示。如果想表現自然的行動，一般需要每秒 10 影格，較低的影格率，也就是影格數如果比 10 小，畫面就會出現彎折，失去自然的感覺；相反，如果影格率較高，雖然可以播放出自然的行動，但是會失去速度感。

就以我們經常接觸的媒體為例，電影是每秒 24 影格，而電視節目大概是按照每秒 30 影格製作。實際上，根據使用的標準的不同，每個國家的影格率標準都是不一樣的。不過，僅僅依靠影格率是不可能表現出完美的畫質的。每個影格所具有的屬性的量也很重要，這就是分辨率。分辨率一般透過螢幕上的畫素（Picture Element/Pixe）表示，表示為水平畫素數 × 垂直畫素數的形態（比如 640×480，720×480）。分辨率和影格率越高，圖片的品質就會越高，但需要注意的是，這需要同等程度的配置或者記憶體與頻寬。

2. 畫素（Picture Element）

畫素是數點陣圖片的最小單位，也可以把它稱作畫素（畫面元素）。實際上，如果把圖片持續放大，就會知道圖片是透過一些三角形的集合形成的。而畫素則是無法再分的最小單位，也就是用縱橫比表示的。所謂縱橫比，指的就是把形成畫素的三角形的橫長分成直長的比率。在以 MAC 和 PC 為首的大部分電腦中，畫素的縱橫比都是以 1：1 的正方形的畫素作為基本單位的。

在影片系統中，也有使用矩形畫素或三角形畫素的系統。另外，每個畫素都擁有座標和分辨率，畫素的座標可以透過 x 軸和 y 軸的 2D 座標中的一點來表示。

由畫素組成的圖片就是點陣圖（bit map），一個點陣圖只有一個 bit 的深度。所謂一個 bit 的深度，是指各個畫素透過 0 或者 1 表示，可以表現白色或者黑色。

畫素分辨率是由畫素具有幾個 bit 的色彩屬性來決定的，如 1bit 可以表現白色和黑色兩種顏色，2bit 則可以表現 4 種色彩。目前，大部分電腦使用的 Monitor 的畫素分辨率都是 24bit，它的含義就是具有 224（=16777216）種色彩屬性的影片。

3. 頻寬（Band width）

傳送訊號和傳送媒體的速度及容量是依靠頻寬或者傳送速度來表現的。所謂頻寬，就是訊號所占據的週波數範圍（Spectrum，即波長）的大小，或者傳送媒體可以容納的週波數範圍的大小。頻寬一般指的是在給出的時間裡能夠傳送的資訊的量，通常透過每秒的 bit 或者位元（Byte）數來表示。為了能夠顯示高畫質的圖片，就必須增大傳送能力，也就需要同等程度的頻寬。一般來說，數點陣圖片系統都需要很大的頻寬，所以很多保存系統和傳送系統都依存於能夠容納訊號的壓縮技術。

4. 交錯方式的影片（Interlaced Video）

Interlace（隔行掃描）指的是在 CRT（這是家庭用 TV 或者 PC 顯示上使用最多的表示方式）畫面中透過陰極射線來掃描畫面的時候，分兩次對畫面上的線條進行掃描。一般的電視（與數位電視或者電腦 Monitor 的概念相反）都是透過交錯方式的影片來顯示的。

電子波束是橫擦過螢幕的裡邊進行掃描的，所以會照射到螢光涵蓋的螢幕上，螢光螢幕進行散射的時候，我們就可以看到這個光了。

陰極射線的強度決定光的強度，一直到陰極射線到達電視螢幕為止，它都在對電視的各個線條進行掃描，再次回到最初就需要一定的時間。在最早發明電視機的時候，因為螢光物質的持續時間非常短，所以在陰極射線掃描螢幕的時候，最上邊的螢光物質就已經開始變暗了。為瞭解決這個問題，最早的電視機工程師們就想出了這種交錯方式。

陰極射線在開始對電視的線條一個一個進行跳躍掃描以後，然後回到最初，再對開始跳過的線條進行掃描。在電視訊號中，上邊（雙數）Field 和下邊（單數）Field 指的就是這些線條。因此，每秒表示 30 影格的電視實際上是每秒表示 60Field。

因此，在一個畫面上，包含全部掃描線的畫面的訊號就是影格，透過畫面的訊號就是 Field。那麼，為什麼說影格/Field 是一些非常重要的問題呢？假設我們在觀看一個球橫飛過螢幕的影片影像。最開始，在 1/60 秒上，TV 把這個瞬間裡的球的位置表示在單數線上。但是，因為球是持續行動的，所以在下一個 1/60 秒上，球就會表示在與單數線上略有不同的位置上。

使用電腦製作動畫或者活動的文本的時候，要想製作出最自然的行動，軟體就必須為兩個 FieldSet 和各個影片影格對圖片進行運算。影片編輯軟體或者相關程式都可以準確地運行這個操作。與影格/Field 相關的問題受到只表示在電視上的影片的一定侷限。

電腦顯示器因為不是交錯方式，所以如果影片只能在電腦上顯示，就沒有什麼問題了。最近出現的影片攜帶式攝影機（Camcorder）是使用交錯方

式（Interlace Scan）和漸進方式（Progressive Scan）作為掃描方式。根據不同的目的，可以隨意選擇使用。

5. 類比影片格式

就在若干年前，影片編輯通常還都是從磁帶轉錄到磁帶上進行編輯，而現在，大部分的影片或者音樂都已經開始透過數位方式進行錄音、編輯了。在眾多的領域中，數位方式都大行其道，但在一部分領域中，還在繼續使用類比方式，一般的傳送都是透過類比方式來傳送影像或者聲音的，而且，我們經常使用的攜帶式攝影機、VCR，甚至一些昂貴的專業節目用設備也是如此。

為了能夠接收到透過空中電波或者 Cable 等輸入的訊號，再輸送到 TV 上，類比影片一般透過恢復為 RGB 模式進行顯示。如果使用這種方式作為傳送資訊的手段，就會存在一個缺點，即夾雜在傳送過程中的雜音也會透過資訊的一部分進行播放。因此，由於類比方式中有這些雜音的存在，設備之間的連接類型就非常重要了。在類比方式的連接上，主要有 Composite、S-Video 和 Component 這三種，如表 2-4 所示。

表 2-4 模擬影片格式

磁帶形式	影片形式	畫質	應用領域
VHS	Composite	Good(好)	家庭影片
S-VHS、Hi-8	S-Video	Better(較好)	商業
Beta-SP	Component	Best(最好)	商業，廣播

（1）合成（Composite）

類比影片的最單純的連接類型就是 Composite 電纜連接。它在傳送影片訊號的時候，使用一條電纜，把亮度訊號（Luminance）和色度訊號（Chrominance）合成以後，同時進行傳送。因為是把兩個訊號合成後傳送，所以在類比連接方式中，這是品質降低最多的方式。但是，Composite 訊號是傳送、記錄節目，從這方面考慮，這又是一種高效、經濟的方法。

(2) S-Video

與 Composite 相比，又高了一個階段的方式就是 S-Video 方式。這種方式是把亮度訊號發送到一條線（Wire）上。合併兩個色彩訊號後，再發送到其他線上。

(3) Component

這種方式具有最大的亮度和顏色頻寬。舉個例子來說，M II 和 BetacamVTR 的類比 Component 和 CCIR601 的數位 ComponentY，Cr，Cb 都是這樣。RGB 也是 Component 訊號。作為一種最優秀的連接方式，它可以透過各個電纜，傳送各個 YCC 訊號。一般來說，錄製的畫質越好，使用的連接方式也越好。

6. 連接埠

影片的格式與攜帶式攝影機、VCR 以及電腦間的連接方式是非常重要的。如果不能利用各個設備所具有的共同優點，在數據傳送過程中就會降低畫質的水準。比如說，攜帶式攝影機雖然在 DV 方式的影片上具有 1394 連接埠，但是，如果電腦或者 VCR 的連接埠不能支持 1394 連接埠，就無法使用 S-Video 連接埠或者 Composite 連接埠（RCA），這就必然會降低畫質。特別是在新構成系統的情況下，不只是目前支持的介面，對以後要支持的介面也要認真檢查。下面是關於連接埠的簡略說明。

(1) IEEE1394：這是電腦與 DV、VCR、PC、TV、數位攝影機等連接時使用的連接埠。它可以進行雙向的傳送，自動環境設置能力很強，最多可以連接 63 台設備。

(2) BNC Connector（Bayonet Neil-Concelman Connector）：它在連接類比 Composite、類比 Component、SDI、SDTI 等多種影片時使用。BNCConnector 的連接埠被連接到一條連接電纜上，在把外環轉到鎖定位置的時候，為了能夠停留在原來位置上，就要使用一個位置指示器（PIN）。

(3) S-Video：它在連接 S-VHS 攜帶式攝影機或者 VCR 這樣的 S-Video 設備時使用。

（4）XLR：它在連接 Mic 或其他均衡音頻設備或者進行 AES/EBU XLR 數位音頻連接時使用。XLR 插件作為連接到均衡電纜上的連接埠，與原來的均衡器不同，均衡結構是由兩條線構成的。

XLR 固定連接埠是對應 XLR 插件的連接埠，作為附著在音頻本身的輸入輸出均衡連接埠（XLR 連接埠）使用。

（5）RCA：它在 VCR、調諧器和 CD 播放器這樣的一般消費者使用的音頻或者影片連接時使用。

（6）VCR 連接埠：如果有 VCR 連接埠，連接 VCR 以後，就可以清晰地在畫面中看到影片內容。它支持 Composite、S-Video、RF 影片、立體聲音頻等的連接埠；如果支持結束功能，還可以把喜歡的影片畫面保存為圖片文件，非常實用。

7. 傳送標準

當前，國際通用的 TV 標準制式是 NTSC、PAL 和 SECAM 等。根據地域和國家的不同，各自確定標準來使用。一般在銷售攝影機或者與影片有關的機器的時候，都會銷售符合該地域的標準的產品，如表 2-5 所示。

表 2-5 TV 標準制式

制式	國家	水平線數（分辨率）	影格率
NTSC	韓國、美國、加拿大、日本、墨西哥	525 line	29.97 frame/s
PAL	澳洲、歐洲大多數國家、中國、南非共和國	625 line	25 frame/s
SECAM	法國、中東地區、非洲大多數國家	625 line	25 frame/s

在以國際流通為目的製作內容或者使用國外製作的節目的時候，需要特別注意，因為不同的傳送標準，其分辨率或者影格率都是不一樣的。此時，雖然可以透過特定的傳送標準把製作好的節目轉換成其他標準，但是在畫質上就會出現一些問題。

（1）NTSC（National Televison Standards Committee）

NTSC 制式最初是為了制定黑白電視的接收規格而創建的。1953 年，作為已擴展為彩色電視機系統規格的國際 TV 傳送 Protocol，它在美國開始被採用。這種制式的特點如下：

① 使用 525 掃描線（Lines per Frame），59.94Field per Second，3.57945MHz Subcarrie（副載波）。

②把 RGB 色彩分離成亮度訊號（Y）和 2 個色度訊號（U，V）進行傳送。

③具有與黑白 TV 的互換性，根據不同的亮度訊號和色度訊號的分離方式，可以獲得高分辨率。但有一個缺點，即會出現顏色的褶皺。

（2）PAL（Phase Alternate Line）

PAL 制式的特點如下：

①這種方式可以對 NTSC 顏色傳送方式的缺點進行補足。

②最多使用的是 PAL-B 和 PAL-M 方式。

③與 SECAM 相比，在 Sound 方面，其效果更加優秀。

二、影片編碼與壓縮標準

1. 數位化（Digitize）

在對影片進行數位化處理的時候，大部分情況下，都要進行壓縮。因為沒有進行壓縮的影片數據量會過大。

根據是否將影片文件容量最小化、不同的網路傳輸速度的需求以及是否需要減少對其他設備（如 CPU、顯卡、系統匯流排等）負荷等不同情況，影片壓縮的需求也是不同的。另外，壓縮的目的是在保證圖片品質的同時，還要減少數據傳送速度。要進行多大程度的壓縮，是由壓縮的影片將作為什麼目的的使用來決定的。DV 格式的影片按照 5：1 進行壓縮；如果是要上傳到線上的影片，一般是按照 50：1 或更高的比率來進行壓縮的。

2. 壓縮方法

根據是否具有數據的完全復原功能，影片的壓縮方法可以分為非破壞性資料壓縮（Loss less Compression）方法和破壞性資料壓縮（Lossy Compression）方法，也可以分成依靠軟體進行的壓縮（Indeo，Cinepak 等）和依靠硬體進行的壓縮（JPEG，MPEG，P*64 等）。非破壞性資料壓縮方法為了能夠恢復為原來的影像，在壓縮時對數據非常重視，它被廣泛地應用在 X-ray、電腦斷層攝影法（CT）等醫用領域，因此，其壓縮比率不能超過 3：1。破壞性資料壓縮方法就如同其名字一樣，指的是影像畫質的一部分受到損失的同時進行壓縮的方法。這種壓縮方法在重新復原壓縮資訊的時候，可以具有與壓縮前狀態不同的內容。

3. 壓縮的種類

壓縮影片的方法有很多，減少影片影格的大小和減少影片的影格率都是比較容易的方法。但是，如果想表現出自然的行動，還需要瞭解一下其他的壓縮方式。在影片中把各個影格分別進行的壓縮叫做 Intra frame 壓縮。如果同時使用這種 Intra frame 方式和把影格之間不需要的資訊刪除的 Inter frame 壓縮方式，將可以大大提高壓縮率。

同時支援壓縮（Compression Encoding）和解壓（Decompression Decoding）的叫做多媒體數位訊號編解碼器（CODEC）：所謂 CODEC，指的就是用於把數據從類比轉換為數位，或者從數位轉換為類比的電路（Circuits）、晶片（Chips）以及運演算法則（Algorithm）。它包括硬體 CODEC 和軟體 CODEC 兩種。它們的差別是，硬體 CODEC 要求有另外的程式和硬體；而軟體 CODEC 則不需要另外的程式和不同的硬體，但需要有把影像保存到硬碟上的擷取卡（Capture Card）。

CODEC 具有一定的數據速度，可以根據內容的量，把各個影格按照其他比率進行壓縮，也可以根據時間變化數據速度。也有的 CODEC 可以選擇畫質改變數據速度。這種 CODEC 在影片編輯上是非常實用的。比如說，要擷取大量影片進行編輯的時候，最開始是透過低畫質進行擷取，進行簡單編

輯以後，如果要重新按照要求的高畫質進行擷取，就需要大容量的保存設備，而使用 CODEC 就可以減輕這種負擔。

三、影片的獲取

數位化影片的來源主要有以下三種管道：VCD 和 DVD 等光碟載體，網路下載，透過數位相機、數位攝影機等數位設備進行採集。

影片製作和處理軟體分為編輯軟體（包括 Adobe Premiere、會聲會影、快刀等）、後期效果軟體（After Effects、Combustion 等）兩大類。

下面主要介紹如何結合影片處理軟體 Premiere 來進行影片的獲取。

1. 硬體的要求

如果有影片擷取卡和影片源（如錄影機或攝影機等），就具備了在電腦上錄製影片訊號的硬體設備。當然，若要錄製音頻訊號，還必須提供音頻卡及相應的驅動程式，但有些影片擷取卡本身具有數位化能力。

使用 Premiere 進行影片數位化時，選用的影片擷取卡必須與 Video for Windows 相容，並安裝相應的 Video For Windows 驅動程式，然後再將影片源的輸出端連接到影片擷取卡對應的輸入端。

2. 輸入擷取影片文件

用 Premiere 進行取樣時，所捕捉的影片文件被臨時保存在硬碟中，直到以 AVI 文件格式儲存為止。如果硬碟的空間有很多碎片，則取樣時就需要一定時間去尋找剩餘的磁碟空間，這樣可能會丟失一些影格。針對這種情況，可以在硬碟中預先分配被擷取影片文件建立在硬碟上的連續空間。Premiere 多次取樣時，可以重複使用這一連續硬碟空間，因此在進行下一次影片取樣之前，必須保存當前擷取的影片資訊，否則它將被覆蓋。

要建立預分配擷取影片文件，可在工具欄中選擇 Movie Capture File 選單命令，此時螢幕上出現 Capture File Options 對話框。在該對話框中，選擇 Use Preal LocatedFile 單選框，單擊「OK」按鈕。這時出現 Create

Capture File 對話框，從中可以設置擷取影片文件的大小，並指定該文件名及其路徑。

3. 影片的採集

透過監視電影擷取窗口，可以即時採集影片到硬碟上並記錄所需要的片段。這一方式的效率有賴於 CPU 的速度、影片擷取卡的性能以及所擷取影格的大小，在取樣之前應關閉所有其他的應用程式。

要採集影片資訊，首先應從 File 選單下的 Capture 子選單中選擇 Movie Capture 命令，這時螢幕上出現電影擷取窗口和 Movie Capture 選單。選擇選單的有關命令，可以打開相應的對話框。在這些對話框中，可以選擇一個影片源以及設置影片圖片的效果；可以選擇影片訊號的類型，如是 NTSC 制式還是 PAL 制式等；可以選擇 8 位或 16 位單聲道或立體聲，選擇取樣頻率或壓縮類型；還可以選擇捕捉電影時的影格率、影片圖片的大小和品質，採集影片的最大時間總秒數等。

四、常用影片文件的格式

影片文件格式的使用一般與標準有關，例如 AVI 與 Video for Windows，MOV 與 Quick Timefor Windows， 而 VCD 和 MPEG 則使用自己專用的格式等。常見影片文件又可分為本地影片格式（如 AVI、MPEG、DivX、MOV 等）、網路影片格式（或稱為串流媒體文件格式，如 ASF、WMV、RM、RMVB 等）。

1. 本地影片格式

（1）AVI

AVI（Audio Video Interleave），即音訊影片交錯存取格式。1992 年初 Microsoft 公司推出了 AVI 技術及其應用軟體 VFW（Video for Windows）。在 AVI 文件中，運動圖片和配音數據是以交織的方式儲存的，並獨立於硬體設備。這種按交替方式組織音頻和影片數據的方式可使得讀取影片資料流時能更有效地從儲存媒介得到連續的資訊。構成一個 AVI 文件的

主要參數包括視像參數、配音參數和壓縮參數等。AVI 文件用的是 AVIRIFF 形式，AVIRIFF 形式由字串「AVI」標識。所有的 AVI 文件都包括兩個必需的 LIST 塊。這些塊定義了資訊流和資料流的格式。AVI 文件可能還包括一個索引塊。只要遵循這個標準，任何影片編碼方案都可以使用在 AVI 文件中。這意味著 AVI 有著非常好的擴充性。這個規範由於是由微軟制定的，因此微軟全系列的軟體包括編程工具 VB、VC 都提供了最直接的支持，因此更加奠定了 AVI 在 PC 上的影片霸主地位。由於 AVI 本身的開放性，獲得了眾多編碼技術研發商的支持，不同的編碼使得 AVI 不斷被完善，現在幾乎所有運行在 PC 上的通用影片編輯系統，都是以支持 AVI 為主的。AVI 的出現宣告了 PC 上默片時代的結束，不斷完善的 AVI 格式代表了多媒體在 PC 上的興起。說到 AVI 就不能不提起 Intel 公司的 Indeo video 系列編碼，Indeo 編碼技術是一款用於 PC 影片的高性能的、純軟體的影片壓縮/解壓解決方案。Indeo 音頻軟體能提供高品質的壓縮音頻，可用於網際網路、企業內部網和多媒體應用方案等。它既能進行音樂壓縮也能進行聲音壓縮，壓縮比可達 8：1 而沒有明顯的品質損失。Indeo 技術能幫助構建內容更豐富的多媒體網站。目前被廣泛用於動態效果演示、遊戲過場動畫、非線性素材保存等用途，是目前使用最廣泛的一種 AVI 編碼技術。現在 Indeo 編碼技術及其相關軟體產品已經被 Ligos Technology 公司收購。隨著 MPEG 的崛起，Indeo 面臨著極大的挑戰。

（2）MPEG

和 AVI 相反，MPEG 不是簡單的一種文件格式，而是編碼方案。MPEG-1（標準代號 ISO/IEC11172）制定於 1991 年底，處理的是標準圖片交換格式（Standard Interchange Format，SIF）或者稱為來源輸入格式（Source Input Format，SIF）的多媒體流，是針對 1.5Mbps 以下資料傳輸率的數位儲存媒質運動圖片及其配音編碼（MPEG-1Audio，標準代號 ISO/IEC11172-3）的國際標準，配音標準後來衍生為今天的 MP3 編碼方案。MPEG-1 規範了 PAL 制（352*288，25 影格/s）和 NTSC 制（為 352*240，30 影格/s）模式下的流量標準，提供了相當於家用錄影系統（VHS）的影音品質，此時影片資料傳輸率被壓縮至 1.15Mbps，其影片

第六節　數位影片處理與編輯技術

壓縮率為 26：1。使用 MPEG-1 的壓縮演算法，可以把一部 120min 長的多媒體流壓縮到 1.2GB 左右大小。常見的 VCD 就是 MPEG-1 編碼創造的傑作。MPEG-1 編碼也不一定要按 PAL/NTSC 規範的標準運行，可以自由設定影像尺寸和音樂影片流量。隨著激光頭拾取精確度的提高，有廠家把光碟的資訊密度加大，並適度降低音頻流流量，於是出現了只要一張光碟就存放一部電影的 DVCD。DVCD 碟其實是一種沒有行業標準，沒有國家標準，更談不上是國際標準的音像產品。當 VCD 開始向市場普及時，電腦正好進入了 486 時代，當年不少朋友都夢想擁有一塊硬解壓卡，來實現在 PC 上看 VCD 的夙願，今天回過頭來看看，覺得真有點不可思議，但當時的現狀就是 486 的系統不藉助硬解壓是無法流暢播放 VCD 的，上萬元的 486 系統都無法流暢播放的 MPEG-1 被打上了貴族的標誌。隨著奔騰的發布，PC 開始奔騰起來，直到後來 Windows Media Player 也直接提供了 MPEG-1 的支持，至此 MPEG-1 使用在 PC 上已經完全無障礙了。MPEG-2（標準代號 IOS/IEC13818）於 1994 年發布國際標準草案（DIS），在影片編碼演算法上基本和 MPEG-1 相同，只是有了一些小小的改良，例如增加隔行掃描電視的編碼。它追求的是大流量下的更高品質的運動圖片及其配音效果。MPEG-2 的影片品質看齊 PAL 或 NTSC 的廣播級品質，事實上 MPEG-1 也可以做到相似效果，MPEG-2 更多的改進來自音頻部分的編碼。目前最常見的 MPEG-2 相關產品就是 DVD 了，SVCD 也是採用的 MPEG-2 的編碼。MPEG-2 還有一個更重要的用處，就是讓傳統的電視機和電視廣播系統往數位的方向發展。MPEG-3 最初為 HDTV 制定，由於 MPEG-2 的快速發展，MPEG-3 還未徹底完成便宣告淘汰。MPEG-4 於 1998 年公布，和 MPEG-2 所針對的不同，MPEG-4 追求的不是高品質而是高壓縮率以及適用於網路的交互能力。MPEG-4 提供了非常驚人的壓縮率，如果以 VCD 畫質為標準，MPEG-4 可以把 120min 的多媒體流壓縮至 300M。MPEG-4 標準主要應用於視訊電話（Video Phone），視訊電子郵件（Video Email）和電子新聞（Electronic News）等，其傳輸速率要求較低，在 4800～64000bps，分辨率為 176×144。MPEG-4 利用很窄的頻寬，透過影格重建技術，壓縮和傳

輸數據，以求以最少的數據獲得最佳的圖片品質。表 2-6 比較了三種 MPEG 影片壓縮格式。

除此以外還有一種 MJPEG，這並不是專門為 PC 準備的，而是為專業級甚至廣播級的影片採集與在設備端回放準備的，所以 MJPEG 包含了為傳統仿真電視優化的隔行掃描電視的演算法，如果在 PC 上播放 MJPEG 編碼的文件，效果會很難看（如果顯卡不支持 MJPEG 的動態補償），但一旦輸出到電視機端，就立刻會發現這種演算法的好處。

表 2-6 三種MPEG影片壓縮格式的比較

類型	MPEG-1	MPEG-2(DVD)	MPEG-4
畫面尺寸	PAL：352×288 NTSC：320×240	PAL：720×576 NTSC：720×480	可調
頻寬	1～1.5Mbps	4～8Mbps	可調
應用	VCD	DVD	網路影片
常見副檔名	MPG	MPG	DIVX、AVD WMV　ASF RMVB　MOV
目標	CD-ROM	數位電視	交互式、多媒體、低位元速率影片
時間	1992 年	1994 年	1998 年
壓縮情況	一部120min長的電影壓縮為1.2GB左右的大小	一部120min長的電影壓縮為4～8GB的大小	保存接近於DVD畫質的小體積影片文件

（3）MOV

MOV 格式是美國 Apple 公司開發的一種影片格式。MOV 影片格式具有很高的壓縮比率和較完美的影片清晰度，其最大的特點還是跨平台性，不僅能支持 MacOS，同樣也能支持 Windows 系列作業系統。在所有影片格式當中，也許 MOV 格式是最不知名的。但也許你會聽說過 QuickTime，MOV 格式的文件正是由它來播放的。在 Windows 一枝獨大的今天，從 Apple 移植過來的 MOV 格式自然受到排擠。它具有跨平台、儲存空間要求小的技術特點，而採用了破壞性資料壓縮方式的 MOV 格式文件，畫面效果較 AVI 格

式要稍微好一些。目前為止，MOV 格式共有 4 個版本，其中以 4.0 版本的壓縮率最好。這種編碼支持 16 點陣圖片深度的影格內壓縮和影格間壓縮，影格率每秒 10 影格以上。現在 MOV 格式有些非編軟體也可以對它實行處理，包括 Adobe 公司的專業級多媒體影片處理軟體 After Effect 和 Premiere。

2. 串流媒體文件格式

串流媒體文件格式是目前串流媒體技術的應用文件格式。所謂串流媒體技術就是把連續的影像和聲音資訊經過壓縮處理後方上傳網頁伺服器，讓使用者一邊下載一邊觀看/收聽，而不用等到整個壓縮文件下載到自己的電腦上才可以觀看的網路傳輸技術。該技術先在使用者端的電腦上創建一個緩衝區，在播放前預先下載一段數據作為緩衝，在網路實際連線速度小於播放所耗的速度時，播放程式就會去用一小段緩衝區內的數據，這樣可以避免播放的中斷，也使得播放品質得以保證。

可以說，從本質上看，串流媒體廣播更接近於傳統媒體的廣播。它不但能減少使用者等待的時間，而且也不會占用大量的硬碟空間，這種特性還可以用來進行有效的版權保護，防止媒體文件被未經授權地複製與使用，這也正是串流媒體受歡迎之處。

串流媒體支持交互特性，可以提供非線性的媒體訪問方式。使用者在觀看串流媒體的時候，可以方便地根據需要選擇串流媒體內容點播、直播，也可以在操作的時候進行暫停、回放與跳轉等操作，還可以參與互動內容等。

串流媒體技術不是一種單一的技術，它是網路技術及視音頻技術的有機結合。在網路上實現串流媒體技術，需要解決串流媒體的製作、發布、傳輸及播放等方面的問題，而這些問題則需要利用視音頻技術及網路技術來解決。

串流媒體的文件格式主要有以下這些。

（1）ASF

ASF（Advanced Streaming Format），由字面（高級流格式）意思就應該看出這個格式的用處。ASF 就是微軟為了和現在的 Realplayer 競爭而發展出來的一種可以直接線上觀看影片節目的文件壓縮格式。由於它使用了

MPEG-4 的壓縮演算法，所以壓縮率和圖片的品質都很不錯。因為 ASF 是以一個可以線上即時觀賞的影片「串流」格式存在的，所以它的圖片品質比 VCD 差一點點並不出奇，但比同是影片「串流」格式的 RAM 格式要好。不過如果不考慮線上傳播，選最好的品質來壓縮文件的話，其生成的影片文件比 VCD（MPEG-1）好是一點也不奇怪的，但這樣的話，就失去了 ASF 本來的發展初衷，還不如乾脆用 NAVI 或者 DIVX。但微軟的產品就是有它特有的優勢，最明顯的是各類軟體對它的支持方面就無人能敵。

（2）WMV

WMV（Windows Media Video），是微軟推出的一種採用獨立編碼方式並且可以直接線上即時觀看影片節目的文件壓縮格式。WMV 影片格式的主要優點有：本地或網路回放、可擴充的媒體類型、可伸縮的媒體類型、多語言支持、環境獨立性、豐富的流間關係以及擴展性等。

（3）RMVB

RMVB 格式是由 RM 影片格式升級而延伸出的新型影片格式，RMVB 影片格式的先進之處在於打破了原先 RM 格式使用的平均壓縮取樣的方式，在保證平均壓縮比的基礎上更加合理利用位元速率資源，也就是說對於靜止和動作場面少的畫面場景採用較低編碼速率，從而留出更多的頻寬空間，這些頻寬會在出現快速運動的畫面場景時被利用掉。這就在保證了靜止畫面品質的前提下，大幅地提高了運動圖片的畫面品質，從而在圖片品質和文件大小之間達到了平衡。同時，與 DVDrip 格式相比，RMVB 影片格式也有著較明顯的優勢，一部大小為 700MB 左右的 DVD 影片，如將其轉錄成同樣品質的 RMVB 格式，最多也就 400MB 左右。不僅如此，RMVB 影片格式還具有內建字幕和不需外掛插件支持等優點。

（4）3GP

3GP 是一種 3G 串流媒體的影片編碼格式，主要是為了配合 3G 網路的高傳輸速度而開發的，也是目前手機中最為常見的一種影片格式。目前，市面上一些安裝有 Realplay 播放器的智慧型手機可直接播放副檔名為 rm 的文

件，這樣一來，在智慧型手機中欣賞一些 rm 格式的短片自然不是什麼難事。然而，大部分手機並不支持 rm 格式的短片，若要在這些手機上實現短片播放則必須採用一種名為 3GP 的影片格式。目前有許多具備攝像功能的手機，拍出來的短片文件其實都是以 3GP 為副檔名的。

（5）FLV

FLV 格式是 FLASH VIDEO 格式的簡稱，隨著 Flash MX 的推出，Macromedia 公司開發了屬於自己的串流媒體影片格式——FLV 格式。FLV 串流媒體格式是一種新的影片格式，由於它形成的文件極小，載入速度也極快，這就使得網路觀看影片文件成為可能。FLV 影片格式的出現有效地解決了影片文件導入 Flash 後，使導出的 SWF 格式文件體積龐大，不能在網路上很好地使用等缺點，FLV 是在 Sorenson 公司的壓縮演算法的基礎上開發出來的。Sorenson 公司也為 MOV 格式提供演算法。FLV 格式不僅可以輕鬆地導入 Flash 中，幾百影格的影片就一兩秒鐘；同時也可以透過 rtmp 協定從 Flashcom 伺服器上串流式播出。因此目前全球主流的影片網站都使用這種格式的影片線上觀看。

五、數位影片編輯與處理軟體

Adobe Premiere 是一個非常優秀的桌面影片編輯軟體，由 Adobe 公司推出，現在常用的有 CS4、CS5、CS6、CC 以及 CC2014 版本，是一款編輯畫面品質比較好的軟體，有較好的相容性，且可以與 Adobe 公司推出的其他軟體相互協作。目前這款軟體廣泛應用於廣告製作和電視節目製作中。其最新版本為 Adobe Premiere ProCC2015。

Premiere 可以使用多軌的影像與聲音做合成與剪輯來製作 AVI 和 MOV 等動態影像格式。Adobe Premiere 提供了各種操作介面來達成專業化的剪輯需求。Premiere 提供了採集、剪輯、調色、美化音頻、字幕添加、輸出、DVD 刻錄的一整套流程，並和其他 Adobe 軟體高效整合，使編輯人員足以完成在編輯、製作、工作流技術上遇到的所有挑戰，滿足設計者創建高品質作品的要求。在 Adobe Premiere 中把要製作的影視節目稱為一個 Project

（項目），由它來集中管理所用到的原始片段、各片段的有序組合、各片段的疊加與轉換效果等，並可以生成最終的影視節目。

因為 Adobe Premiere 是用來編輯影片的，處理的數據量很大，所以機器的配置應該高一些。對電腦系統的要求也較高，下面以目前常用的 PremiereProCC 為例。

Premiere ProCC 在 Windows 平台上的安裝需求：

英特爾® Core TM2 雙核以上或AMD® AMD Phenom II 以上處理器；

Microsoft©Windows©7 帶有 ServicePack1（64 位）或 Windows 8（64 位）；

4GB 的 RAM（建議使用 8GB）；

4GB 的可用硬碟空間用於安裝；（無法安裝在可行動快閃記憶體儲存設備，在安裝過程中需要額外的可用空間）；

需要額外的磁碟空間預覽文件、其他工作檔案（建議使用 10GB）；

1280×800 螢幕；

7200RPM 或更快的硬碟驅動器（多個快速的磁碟驅動器，最好配置 RAID0，推薦）；

音效卡相容 ASIO 協定或 Microsoft Windows 驅動程式模型；

QuickTime 的功能所需的 QuickTime7.6.6 軟體；

可選：Adobe 認證的 GPU 卡的 GPU 加速性能；

網際網路連接，並登記和啟動所需的軟體、會員驗證和訪問線上服務。

Premiere Pro 的簡單編輯功能介紹：

1. 素材的組織與管理

在影片素材處理的前期，首要的任務就是將收集起來的素材引入達到項目窗口，以便統一管理。實現的方法是，執行選單「File」的子選單「New」

下的「Project」命令，進行設置後，單擊「OK」按鈕。此時便完成了新項目窗口的創建。透過執行選單「File」的「Import File」命令，可對所需的素材文件進行選擇，然後單擊「OK」按鈕即可。重複執行逐個將所需素材引入後，就完成了編輯前的準備工作。

2. 素材的剪輯處理

執行 Window/Timeline 命令，打開時間線窗口，將項目窗口中的相應素材拖到相應的軌道上。如將引入的素材相互銜接地放在同一軌道上，將達到將素材拼接在一起的播放效果。若需對素材進行剪切，可使用剪刀圖標工具在需要割斷的位置單擊滑鼠，則素材被割斷。然後選取不同的部分按 Delete 鍵予以刪除即可。同樣對素材也允許進行複製，形成重複的播放效果。

3. 轉場效果

在兩個片段的銜接部分，往往採用過渡的方式來銜接，而非直接地將兩個生硬地拼接在一起。Premiere 提供了多達 75 種的特殊轉場效果，透過轉場窗口可見到這些豐富多彩的轉場樣式。

4. 濾鏡效果

Premiere 同 Photoshop 一樣也支持濾鏡的使用，Premiere 共提供了近 80 種的濾鏡效果，可對圖片進行變形、模糊、平滑、曝光、紋理化等處理功能。此外，還可以使用第三方提供的濾鏡插件，如好萊塢的 FX 軟體等。

濾鏡的用法：在時間線窗口選擇好待處理的素材，然後執行「Clip」選單下的「Filters」命令。在彈出的濾鏡對話窗口中選取所需的濾鏡效果，單擊「Add」按鈕即可。如果雙擊左窗口中的濾鏡，可對所選濾鏡進行參數的設置和調整。

5. 疊加疊印

在 Premiere 中可以把一個素材置於另一個素材之上來播放，這樣一些方法的組合稱為疊加疊印處理，所得到的素材稱為疊加疊印素材。疊加的素材是透明的，允許將其下面的素材透射過來播放。

6. 作品輸出

在作品製作完成後期，需藉助 Premiere 的輸出功能將作品合成在一起，當素材編輯完成後，執行選單「File」的子選單「Export」的「Movie」命令可以對輸出的規格進行設置。指定好文件類型後，單擊「OK」按鈕，即會自動編譯成指定的影視文件。

第七節　新媒體資訊的組織

新媒體使用多媒體展示的方式對資訊進行處理，是一種以結點為單位的超文字呈現。相同的，新媒體的傳播也是以超文字、超連結為依託，以結點為單位組織各種資訊的。面對不同閱聽人的需求，資訊透過這些結點的不同連結，構成特定的資訊網路，提供不同事物資訊媒體形式。網路將傳統媒體的長處集於一身，對於使用者來說，資訊最終以何種媒體形式出現，是文字、圖片、聲音還是圖片，完全由使用者根據資訊的內容、自己的愛好以及接收條件自行決定。

一、超文字和超媒體的概念

隨著人們對資訊處理要求的不斷提高，媒體資訊除了文本數據之處，圖形、圖片、聲音、動態圖片等也大量湧入資訊處理領域。傳統的資訊儲存與檢索機制愈來愈不足以使資訊得到全面、完整而有效的應用，尤其不能像人類思維那樣以「聯想」來明確資訊內部的關聯性。這種「關聯」把各種類型的資訊有效地組織在一起，因此，多媒體的資訊組織一般都採用所謂「超文字」的組織結構。

1. 超文字

超文字（Hyper text）結構類似於人類的聯想記憶結構，指的是多維性的文本塊之間的關聯組合。事實上，傳統的線性文本（Text）是用字符流的方式儲存和保存文本的，其特點是它在組織上是線性的和有順序的。而超文字是文字資訊的非順序表現形式，它把資訊分成互相關聯的許多片段（塊），

採用一種非線性的網狀結構組織塊狀資訊,沒有固定的順序,也不要求必須按某個順序來閱讀。

換言之,超文字是文字資訊的多維形態的描述形式。我們常常把這樣的資訊片段看成一個資訊單元,稱為「節點」(Node)。節點之間按它們的自然關聯,用超連結連成網,超連結的起始節點稱為錨節點,終止節點稱為目的節點。圖 2-20 是一個簡單的超文字示意圖。

在圖 2-20 中,我們可以看到一條連節連接錨節點和目的節點。超連節的起源稱為連結源,連結源在錨節點中;超連結的目的地稱為連結宿。通常,連結源僅是源節點的局部區域或某個單詞,而超連結的目的地為整個節點(目的節點)。當使用者主動點觸連結源時,將啟動該超連結,從而遷移到目的節點。如在圖 2-20 中,各節點透過非線性連接構成網狀結構。

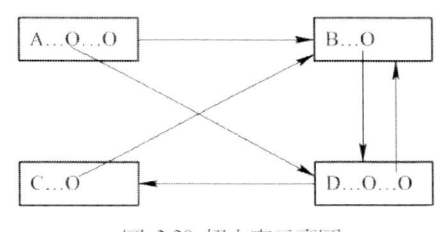

圖 2-20 超文字示意圖

歸納起來,超文字結構實際就是由節點和超連結組成的一個網路,其重要特徵是節點、超連結和連結源。因此,所謂超文字技術即是以節點為基本單位的一種資訊管理技術(有的稱為資料庫組織數據技術),其資訊組織方式則是用超連結把節點組成網路結構(非線性文本結構),提供了沿超連結訪問數據的新方法。這樣的資訊網路稱為超文字,而將能對其進行管理和使用的系統稱為超文字系統。

2. 超媒體

由於早期電腦能力有限,最初的超文字系統處理的對象主要是文字和數值資訊,它的節點只有文本資訊而缺少圖形、圖片等資訊。隨著電腦技術的發展,特別是圖形、圖像、顯示設備、大容量儲存技術的發展,新一代的超

文字系統的節點資訊可以包含文本、圖形、圖片、聲音、影片等各種多媒體資訊，使得超文字系統的內容更加豐富。它實際上是超文字和多媒體的結合體，為了強調系統處理多媒體資訊的能力而稱之為超媒體系統。

因此，超媒體＝超文字＋多媒體。只是現在我們仍然沿用以前的叫法，把含有多媒體資訊的超媒體系統也叫超文字系統。引入了多媒體技術的超文字就稱為多媒體超文字，簡稱超媒體（Hypermedia）。超媒體實際上是超文字的擴充，是超文字的超集。現在所提到的超文字常常是指多媒體超文字，因此，這兩個術語常不加區分而通用。

二、超文字和超媒體系統的結構

能管理和使用超文字的系統稱為超文字系統，它通常包括硬體和軟體。從理論上可將其分成三個層次：使用者介面層──表現層；超文字抽象層──節點和超連結描述層；資料庫層──資訊儲存層。

圖 2-21 所示為一個比較標準的超文字系統結構模型。由於國際標準尚未形成，實際上現有的超文字系統各自帶有自己的特徵，並不一定完全遵循以上三層模型。

| 使用者介面層（表現層） |
| 超文字抽象層（節點和超連結描述層） |
| 數據庫層（訊息儲存層） |

圖 2-21 超文字系統的結構模型

（1）使用者介面層

使用者介面層是（多媒體）超文字系統的人機交互窗口，它直接處理超文字抽象層中的資訊表現，如節點和超連結的顯示及轉移等。其中，導航工具是其重要組成部分，它可以採用圖示的方式，常用於瀏覽、查詢節點。實際上它表示出一個超文字或超媒體的網路結構圖，與在超文字抽象層中定義

及在資料庫層中儲存的節點和超連結一一對應，因此，我們也把導航工具稱為導航圖。

(2) 超文字抽象層

超文字抽象層（Hypertext Abstract Machine，簡稱 HAM），介於資料庫層與使用者介面層之間，保存了有關節點和超連結的結構資訊，即這一層定義了超文字系統節點和超連結的特徵，記錄了節點之間超連結的關係。

這一層是很關鍵的。由於資料庫層在儲存數據格式上依賴不同的機器，而使用者介面層各個超文字應用系統又各不相同，因此，它必須有提供資訊格式轉換的能力。目前，已經有比較成熟的超文字標記語言 HTML。

(3) 資料庫層

資料庫層是整個模型中的最底層，用於處理所有資訊的儲存問題。它必須能保證資訊的存取對高層的超文字抽象層是透明的，而且，超文字系統要儲存以節點和超連結為單位的對象（特別是超媒體系統）。由於對象的多態性和結構上的繼承性，因此除考慮傳統的資料庫問題外，還要強調其特徵，並要增加對節點和超連結的索引及查詢。

三、超文字和超媒體的組成

1. 超文字和超媒體系統的節點

節點是超文字表達資訊的基本單元。節點的內容可以是電腦能處理的任何數據，包括文本、圖形、圖片、影片、動畫、音頻等，甚至可以是一段程式代碼。常見的節點類型有：

(1) 文本節點：包括詞、句、段甚至文章。在文本節點中可建立超連結，用以指向其他節點，連結源一般為文本中的字或詞，稱為關鍵字。例如，在介紹中國的多媒體系統中，可把中國作為關鍵字，使其指向一幅中國地圖。文本節點的大小根據具體情況而定，可以是固定的節點，其文本長度和寬度通常為一個螢幕或一個視窗；也可以是滾動節點，隨滾動條而滾動。

（2）圖形／圖片節點：這類節點由各種格式的圖形／圖片構成，也包括一些壓縮的圖片，如 JPEG 文件。可以在這兩類媒體上建立連結關係，一般在圖片上建立超連結，連結源可以是圖片上的某一敏感區域（也可以是整個圖片），稱之為熱區。對於圖形節點，可使用熱區，也可以選擇圖元（如矩形、圓等）。

（3）動畫／影片節點：這類節點比較複雜，除了與空間有關外，還與時間有關；節點的連結源要與時間有關，常是動畫／影片的某一片段或幾影格。這類節點的引入，對增強表現效果具有不同凡響的效果。

（4）聲音節點：由電腦所能處理的兩種類型的數位化聲音構成：波形文件（WAV 文件）和 MIDI 文件（MID 文件）。波形文件是利用 A/D、D/A 原理的數位錄音文件，MIDI 文件是電子合成音樂，它們的處理原理截然不同，但在形式上十分相似，同樣具有交互控制和焦點設置功能，焦點常是某段音樂。

（5）混合媒體節點：以上介紹的僅是單一媒體的節點，其實超媒體節點常是以上各種媒體的混合。

（6）按鈕節點：點擊該節點表示執行某一過程。

（7）索引文本節點：包含了指引索引節點的超連結，索引是描述節點組織的一種方法。

2. 超文字和超媒體系統的超連結

超連結也是組成超文字的基本單位，從形式上講它是從一個節點指向另一個節點的指針，其本質上表示不同節點上存在著資訊的聯繫。超連結定義了超文字的結構並提供瀏覽和探索節點的能力。超連結可以分為以下幾種類型：

（1）基本超連結：用來建立節點之間的基本順序，它們使節點資訊在總體上呈現為某一層次的結構。

(2) 行動超連結：這些超連結簡單地行動到一個相關的節點，人們可以將這種超連結作為超文字系統的導航。

　　(3) 縮放超連結：這些超連結可以擴大當前節點。

　　(4) 全景超連結：這些超連結將返回超文字系統的高層視圖，與縮放超連結相對應。

　　(5) 視圖超連結：這些超連結的作用依賴於使用者使用的目的，它們常常被用來實現可靠性和安全性。

3. 超文字系統的導航

　　所謂導航，是指為了讓使用者在瀏覽多媒體網路資訊時實現快速查詢、快速定位的一種方法。導航的方法有很多，像採用「返迴路徑」、「主頁」技術、全局導航圖、導航航線、「基於內容的檢索」等等。設計和使用一個好的導航工具，也是評價超文字或超媒體系統品質的主要方面之一。

　　導航圖分全局導航圖和局部導航圖。全局導航把超文字的全局結構壓縮成一個全局圖，稱導航圖或瀏覽圖，它以圖示的方式表示出超文字網路的結構，其與資料庫層中儲存的節點和超連結一一對應。全局導航圖可以幫助使用者理解超文字，幫助使用者在超文字中定位，避免迷路。局部導航定義一個特殊工具，常採用節點和超連結的表現形式，透過電腦的追蹤系統，幫助使用者跳過節點直接與現行節點相連，而不丟失目標的蹤跡。

　　「主頁」技術在目前的瀏覽器中用得最多，特別是在網路超文字系統中。主頁的基本原理是每一次查詢都從一個定義好的文檔開始，這個文檔通常稱為「主頁」。該文檔中含有指向超連結結構的首指針，使用者迷路了，總可以先返回起始點。至於「返迴路徑」技術，不僅僅用於超文字系統，在許多編輯系統中都有類似的功能。比如保存操作步驟，以便恢復。「返回」技術實際上是回溯功能，透過經訪問過的路徑逆向返回到使用者想要的文檔。

　　採用導航工具強化了超文字使用者的作用。在瀏覽時，是使用者而不是作者在決定閱讀的路徑，使用者可以決定哪個節點應該閱讀，哪個節點可以跳過去。歸納起來，導航工具的主要作用有兩方面：一方面防止使用者在複

雜的資訊網路中迷失航向；另一方面是使使用者在資訊網路中快速定位及查詢。

四、超文字和超媒體的應用

為了實現超文字和超媒體系統，我們可以應用最新的 HTML5 來進行實現。HTML5 自誕生以來，作為新一代的 Web 標準，越來越受開發人員及設計師的歡迎。其強大的相容性，一次開發，到處使用，大大減少了跨平台開發人員的數量及成本。特別在如今日新月異的行動時代，HTML5 的才能更加得以體現。

1.HTML5 簡介

標準通用標記語言下的一個應用 HTML 標準自 1999 年 12 月發布 HTML4.01 後，後繼的 HTML5 和其他標準被束之高閣。2014 年 10 月 29 日，全球資訊網協會宣布，經過接近 8 年的艱苦努力，HTML5 標準規範終於制定完成。HTML5 將會取代 1999 年制定的 HTML4.01、XHTML1.0 標準，以期能在網際網路應用迅速發展的時候，使網路標準達到符合當代的網路需求，為桌面和行動平台帶來無縫銜接的豐富內容。

支持 HTML5 的瀏覽器包括 Firefox（火狐瀏覽器），IE9 及其更高版本，Chrome（Google 瀏覽器），Safari，Opera 等。

HTML5 設計目的是為了在行動設備上支持多媒體。新的語法特徵被引進以支持這一點，如 video、audio 和 canvas 標記。HTML5 還引進了新的功能，可以真正改變使用者與文檔的交互方式，包括：新的解析規則增強了靈活性、新屬性、淘汰過時的或冗餘的屬性、一個 HTML5 文檔到另一個文檔間的拖放功能、離線編輯、資訊傳遞的增強、詳細的解析規則、多用途網際網路郵件擴展（MIME）和協定處理程式註冊以及在 SQL 資料庫中儲存數據的通用標準（Web SQL）。

2.HTML5 特性

（1）語義特性（Class：Semantic）

HTML5 賦予網頁更好的意義和結構。更加豐富的標籤將隨著對 RDFa 的微數據與微格式等方面的支持，構建對程式、對使用者都更有價值的數據驅動的 Web。

（2）本地儲存特性（Class：Offline & Storage）

基於 HTML5 開發的網頁 APP 擁有更短的啟動時間，更快的聯網速度，這些全得益於 HTML5APPCache，以及本地儲存功能。IndexedDB（HTML5 本地儲存最重要的技術）和 API 說明文檔。

（3）設備相容特性（Class：Device access）

從 Geolocation 功能的 API 文檔公開以來，HTML5 為網頁應用開發者們提供了更多功能上的優化選擇，帶來了更多體驗功能的優勢。HTML5 提供了前所未有的數據與應用接入開放連接埠。使外部應用可以直接與瀏覽器內部的數據直接相連，例如影片影音可直接與 Microphones 及攝像頭相連。

（4）連接特性（Class：Connectivity）

更有效的連接工作效率，使得基於頁面的即時聊天，更快速的網頁遊戲體驗，更優化的線上交流得到了實現。HTML5 擁有更有效的伺服器推送技術，Server-SentEvent 和 WebSockets 就是其中的兩個特性，這兩個特性能夠幫助我們實現伺服器將數據「推送」到使用者端的功能。

（5）網頁多媒體特性（Class：Multimedia）

支持網頁端的 Audio、Video 等多媒體功能，與網站自帶的 APPS，攝像頭，影音功能相得益彰。

（6）3D、圖形及特效特性（Class：3D，Graphics & Effects）

基於 SVG、Canvas、WebGL 及 CSS3 的 3D 功能，使用者會驚嘆於在瀏覽器中，所呈現的驚人視覺效果。

（7）性能與整合特性（Class：Performance & Integration）

沒有使用者會永遠等待你的 Loading——HTML5 會透過 XML HttpRequest2 等技術，解決以前的跨域等問題，幫助您的 Web 應用和網站在多樣化的環境中更快速地工作。

（8）CSS3 特性（Class：CSS3）

在不犧牲性能和語義結構的前提下，CSS3 中提供了更多的風格和更強的效果。此外，較之以前的 Web 排版，Web 的開放字體格式（WOFF）也提供了更高的靈活性和控制性。

3.HTML5 的優缺點

HTML5 有以下優點：

（1）提高可用性和改進使用者的友好體驗；

（2）有幾個新的標籤，這將有助於開發人員定義重要的內容；

（3）可以給站點帶來更多媒體元素（影片和音頻）；

（4）可以很好地替代 FLASH 和 Silverlight；

（5）在涉及網站抓取和索引的時候，對於 SEO 很友好；

（6）將被大量應用於行動應用程式和遊戲；

（7）可移植性好。

缺點主要是該標準並未能很好地被所有瀏覽器所支持。因新標籤的引入，各瀏覽器之間缺少一種統一的數據描述格式，造成使用者體驗不佳。

4.HTML5 對於不同資訊的支持

（1）影片

HTML5 中規定了一種透過 video 元素來包含影片的標準方法。當前，video 元素支持三種影片格式：

Ogg：帶有 Theora 影片編碼和 Vorbis 音頻編碼的 Ogg 文件

MPEG-4：帶有 H.264 影片編碼和 AAC 音頻編碼的 MPEG-4 文件

WebM：帶有 VP8 影片編碼和 Vorbis 音頻編碼的 WebM 文件

如需在 HTML5 中顯示影片：

<video src="movie.ogg"controls="controls">

</video>

其中 control 屬性供添加播放、暫停和音量控件。還可以包含寬度和高度屬性。<video> 與 </video> 之間插入的內容是供不支持 video 元素的瀏覽器顯示的。如下示例所示：

<video src="movie.ogg" width="320" height="240" controls="controls">

Your browser does not support the video tag.

</video>

上面的例子使用一個 Ogg 文件，適用於 Firefox、Opera 以及 Chrome 瀏覽器。要確保適用於 Safari 瀏覽器，影片文件必須是 MPEG-4 類型。video 元素還可以允許多個 source 元素，source 元素可以連結不同的影片文件，而瀏覽器將使用第一個可識別的格式，如下示例所示：

<video width="320" height="240" controls="controls">

<source src="movie.ogg" type="video/ogg">

<source src="movie.mp4" type="video/mp4">

Your browser does not support the video tag.

</video>

<video> 標籤的屬性如表 2-7 所示。

表 2-7 <video> 標籤的屬性

屬性	值	描述
autoplay	autoplay	如果出現該屬性,則影片在就緒後馬上播放。
controls	controls	如果出現該屬性,則向用戶顯示控件,比如播放按鈕。
height	pixels	設置影片播放器的高度。
loop	loop	如果出現該屬性,則當媒介文件完成播放後再次開始播放。
preload	preload	如果出現該屬性,則影片在頁面加載時進行加載,並預備播放。如果使用「autoplay」,則忽略該屬性。
src	url	要播放的影片的URL。
width	pixels	設置影片播放器的寬度。

　　<video> 元素同樣擁有方法、屬性和事件。其中的方法用於播放、暫停以及載入等。其中的屬性(比如時長、音量等)可以被讀取或設置。其中的DOM 事件能夠通知使用者,比方說,<video> 元素開始播放,已暫停,已停止,等等。表 2-8 列出了大多數瀏覽器支持的影片方法、屬性和事件。

表 2-8 大多數瀏覽器支持的 <video> 元素的影片方法、屬性和事件

方法	屬性	事件
play()	currentSrc	play
pause()	currentTime	pause
load()	videoWidth	progress
canPlayType	videoHeight	error
	duration	time up date
	ended	ended
	error	abort
	paused	empty
	muted	emptied
	seeking	waiting
	volume	loaded meta data
	height	
	width	

（2）音頻

目前大多數線上音頻是透過插件（比如 Flash）來播放的。然而，並非所有瀏覽器都擁有同樣的插件。HTML5 規定了一種透過 audio 元素來包含音頻的標準方法。audio 元素能夠播放聲音文件或者音頻流。audio 元素支持三種音頻格式：OggVorbis、MP3、Wav。在 HTML5 中播放音頻的示例如下：

<audio src="song.ogg" controls="controls">

</audio>

其中 control 屬性供添加播放、暫停和音量控件。<audio> 與 </audio> 之間插入的內容是供不支持 audio 元素的瀏覽器顯示的。上面的例子使用一個 Ogg 文件，適用於 Firefox、Opera 以及 Chrome 瀏覽器。要確保適用於 Safari 瀏覽器，音頻文件必須是 MP3 或 Wav 類型。

audio 元素允許多個 source 元素。source 元素可以連結不同的音頻文件。瀏覽器將使用第一個可識別的格式，如下示例所示：

\<audio controls="controls"\>

\<source src="song.ogg" type="audio/ogg"\>

\<source src="song.mp3" type="audio/mpeg"\>

Your browser does not support the audio tag.

\</audio\>

\<audio\> 標籤的屬性如表 2-9 所示。

表 2-9 ＜audio＞ 標籤的屬性

屬性	值	描述
autoplay	autoplay	如果出現該屬性，則音頻在就緒後馬上播放。
controls	controls	如果出現該屬性，則向用戶顯示控件，比如播放按鈕。
loop	loop	如果出現該屬性，則每當音頻結束時重新開始播放。
preload	preload	如果出現該屬性，則音頻在頁面加載時進行加載，並預備播放。如果使用「autoplay」，則忽略該屬性。
src	url	要播放的影片的URL。

（3）圖片和圖形

在 HTML5 中用於支持圖片和圖形顯示的有 canvas（畫布）元素和 SVG（Scalable Vector Graphics）元素。

① canvas 元素

canvas 元素使用 JavaScript 繪製圖片。畫布是一個矩形區域，可以控制其每一畫素。canvas 擁有多種繪製路徑、矩形、圓形、字符以及添加圖片的方法。

下面是一個向 HTML5 頁面創建 canvas 元素的示例，其中規定元素的 id、寬度和高度：

`<canvas id="myCanvas" width="200" height="100"></canvas>`

canvas 元素本身是沒有繪圖能力的。所有的繪製工作必須在 JavaScript 內部完成，

如下示例所示：

`<script type="text/javascript">`

varc=document.getElementById("myCanvas");

varcxt=c.getContext("2d");

cxt.fillStyle="#FF0000";

cxt.fillRect(0，0，150，75);

`</script>`

其中第二行說明 JavaScript 透過使用 id 來尋找 canvas 元素，然後第三行創建 context 對象，getContext("2d") 對象是內建的 HTML5 對象，擁有多種繪製路徑、矩形、圓形、字符以及添加圖片的方法。

下面的兩行代碼繪製一個紅色的矩形：

cxt.fillStyle=" ＃ FF0000";

cxt.fillRect(0，0，150，75);

fillStyle 方法將其染成紅色，fillRect 方法規定了形狀、位置和尺寸。

把一幅圖片放置到畫布上的完整代碼如下所示：

`<! DOCTYPEHTML>`

`<html>`

`<body>`

`<canvas id="myCanvas" width="200" height="100" style=" border：1pxsolid ＃ c3c3c3;">`

Yourb rowser doesnot support the canvas element.

</canvas>

<script type="text/javascript">

varc=document.getElementById("myCanvas");

varcxt=c.getContext("2d");

varimg=newImage()

img.src="/i/eg_flower.png"

cxt.drawImage(img，0，0);

</script>

</body>

</html>

② SVG 元素

SVG 元素透過使用 XML 格式定義用於網路的基於向量的圖形，使用 SVG 的優勢在於 SVG 圖形可透過文本編輯器來創建和修改，並可被搜尋、索引、腳本化或壓縮，可在任何的分辨率下被高品質地影印。

如下示例代碼將會在網頁中顯示圖 2-22 所示的圖形：

<! DOCTYPEhtml>

<html>

<body>

<svg xmlns="http://www.w3.org/2000/svg" version="1.1" height="190">

<polygon points="100，1040，180190，6010，60160，180"

style="fill : lime;stroke : purple;stroke-width : 5;fill-rule : evenodd;"/>

</svg>

</body>

</html>

圖 2-22 網頁中顯示的圖形

【知識回顧】

　　從傳播技術的角度來看，新媒體主要是以電腦資訊處理技術為基礎，而新媒體傳播的資訊，主要是以聲音、文字、圖形、影像等複合形式呈現的，具有很高的科技含量，可以進行跨媒體、跨時空的資訊傳播，進一步看這種資訊呈現還具有傳統媒體無法比擬的互動性等特點。本章對各類新媒體資訊的概念、特點、基本原理以及編輯和處理技術等分別進行了介紹。作為新聞媒體傳播工作者，不但需要熟練掌握各種新媒體資訊處理技術，而且還需要將各種新媒體合理、有效地整合在一起，以更好地表達所需傳播的資訊。當然，隨著 IT 技術的不斷發展，新媒體技術手段也會不斷完善，新媒體產業也將面臨更大的挑戰。

【思考題】

1. 新媒體資訊可以劃分為哪些類型？

2. 何謂串流媒體？其基本特徵如何？

3. 簡述常見的適合網路傳播的音樂影片格式。

4. 網頁上的文字應用應注意哪些方面問題？

5. HTML5 中對各種新媒體資訊的表示和之前的版本有何區別？

6. 數點陣圖片進行編輯時需注意哪些問題？

第三章 新媒體資訊傳輸技術——電腦網路技術

【知識目標】

☆資料通訊的一些基本概念及基礎知識。

☆電腦網路的發展歷程及組成、分類等。

☆電腦網路協定的意義及重要性。

☆Internet 的發展及現狀。

☆IP 位址和域名的概念及其理解。

☆IPv6 產生的背景、特徵及展望。

☆網路安全的重要性。

【能力目標】

1. 理解數位通訊的基本概念及運行原理。

2. 透過電腦網路的發展歷史理解電腦網路中的問題及侷限性。

3. 熟悉電腦網路的體系結構。

4. 理解 IP 位址和域名的關係。

5. 熟悉不同接入方式的特點及具體應用。

【案例導入】

網際網路已成基本生活需求，重要程度猶如空氣、食物、水。

調查顯示：網際網路已變得同人們日常生活基本資源需求一樣重要。

为证明网路在人们生活中作用的不断增强，思科开展了一项国际工作人士调查，结果显示，三分之一的大学生和年轻专业人士认为网际网路就如同空气、水、食物和住所等基本生存资源一样重要。

调查一：网际网路是生活中的一项基本资源

空气、水、网际网路：全球受访的大学生和员工中有三分之一（33%）认为，网际网路就如同空气、水、食物和住所一样重要。约有半数（49%的大学生和47%的员工）认为重要性「非常接近」这一水平。

生活的每日给养：超过半数的受访者（55%的大学生和62%的员工）表示，他们离不开网际网路，网际网路是「他们生活中不可或缺的一部分」。

连接外界的新途径：如果被迫要在网际网路与汽车之间做出选择，全球大多数大学生（约三分之二，64%）将会选择网际网路连接。

调查二：网际网路重要性堪比爱情和友谊

第一锺爱对象：全球受访的大学生中有五分之二（40%）表示，网际网路比约会、与朋友聚会或听音乐更重要。

社交生活：全球超过四分之一的大学生（27%）表示，随时更新Facebook比聚会、约会、听音乐或与朋友外出更重要。

调查三：社交网路对日常生活的影响

Facebook交互：全球约有十分之九（91%）的大学生和员工（88%）表示有Facebook帐户，其中81%的大学生和73%的员工每天至少查看一次其Facebook页面。三分之一（33%）表示每天至少查看五次。

线上消息干扰或打断：大学生们报告，在做项目或家庭作业时，会不断受到来自即时消息（IM）、社交媒体更新和电话的线上消息干扰。

工作即生活：有迹象显示工作和个人生活之间的界限变得越来越模糊，70%的员工在Facebook上会将其经理和/或同事归入朋友一栏，这表明分隔工作与私人生活的界限已经被打破。

工作中的「閒談」：在使用 Twitter 的員工中，超過三分之二（68%）的人會關注其經理或同事的 Twitter 活動；42% 會同時關注這兩者的活動；三分之一（32%）傾向於對其個人生活保密。

調查四：使用行動設備訪問資訊

行動設備的重要性：三分之二的學生（66%）和超過半數的員工（58%）表示行動設備（筆記型電腦、智慧型手機和平板電腦）是其生活中最重要的技術。

智慧型手機的行動性、重要性持續上升：全球調查結果顯示，智慧型手機將超過台式機成為最流行的工具，分別有 19% 和 20% 的大學生將智慧型手機和台式機視為其「最重要的日常使用設備」。

第一節　資料通訊技術基礎

電腦網路是電腦技術與通訊技術緊密結合的產物，學習電腦網路技術的運行原理就應該瞭解資料通訊技術的相關概念及原理。

一、資料通訊系統的組成

資料通訊系統是指透過通訊線路和通訊控制處理設備將分布在各處的數據終端設備連接起來，執行資料傳輸功能的系統。資料通訊系統由資訊源、資料終端和通道三部分組成（如圖 3-1 所示）。其中，資訊源是數據的發送方，資料終端是數據的接收方。資訊源和資料終端一般是電腦或其他一些數據終端設備。為了在資訊源和資料終端之間實現有效的資料傳輸，必須在資訊源和資料終端之間建立一條傳送訊號的通路，這條通路被稱為通道。

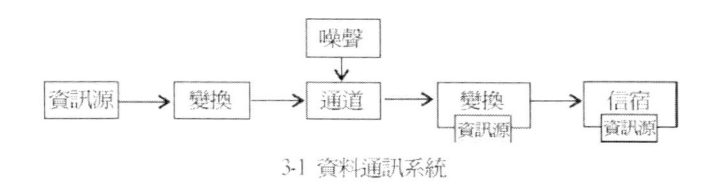

3-1 資料通訊系統

通道是資訊傳輸的基礎，是通訊雙方以傳輸媒體為基礎的傳遞訊號的一條通路。從抽象的角度看，通道是指電信號在透過傳輸媒介中指定的一段頻寬，同一個傳輸介質上可以同時存在多條訊號通路，即一條物理傳輸線路上可以有多個通道。

在電腦網路中，有物理通道和邏輯通道之分。物理通道是指用來傳送訊號或數據的物理通路，它由傳輸介質及相應的附屬設備組成，通道的傳輸介質有電話線、雙絞線、同軸電纜、光纜等。邏輯通道也是網路上的一種通路，在訊號的接收和發送之間不僅存在一條物理上的傳輸介質，而且在物理通道的基礎上，還透過由節點內部的聯結來實現，通常把邏輯通道稱為「連接」。

二、資料通訊系統主要技術指標

在資料通訊系統中，為了描述資料傳輸速率的大小和傳輸品質的好壞，往往需要運用位元速率、鮑率和出錯率等技術指標。位元速率和鮑率是用不同的方式描述系統傳輸速率的參量，它是通訊技術中的重要指標。它的大小不但直接影響網路的效率，而且對於即時性要求較高的電腦網路通訊應用而言，顯得更為重要。

1. 位元速率 S

位元速率是一種數位訊號的傳輸速率，它表示單位時間內所傳送的二進位代碼的有效位（bit）數，單位用 bit 每秒（bps）或千 bit 每秒（Kbps）表示。

2. 鮑率 B

鮑率是一種調製速率，也稱波形速率，它是指在資料傳輸過程中，線路上每秒鐘傳送的波形個數，其單位為波特（baud：它的命名來自法國訊號公司的一位名叫 Jean-Manrice-Emle Baudot 的官員）。鮑率是針對類比訊號傳輸過程中，從調變與解調器輸出的調製訊號，每秒鐘載波調製狀態改變的次數，即脈衝訊號經過調製後的傳輸速率。若以 T 表示波形的持續時間，則鮑率可以表示為：

第一節 資料通訊技術基礎

$$B = \frac{1}{T}$$

位元速率與鮑率之間有下列關係：

S=Blog2n

其中，n 為一個脈衝訊號所表示的有效狀態數。在二進位中，一個脈衝的「有」和「無」表示 1 和 0 兩個狀態。對於多相調製而言，n 表示相的數目。在二相調製中，n=2，故 S=B，即位元速率與鮑率相等。但在更高相數的多相調製時，S 與 B 就不相同了。

鮑率（調製速率）和位元速率（資料傳輸速率）是在資料通訊中比較重要的兩個概念，它們的區別與聯繫見圖 3-2 所示。

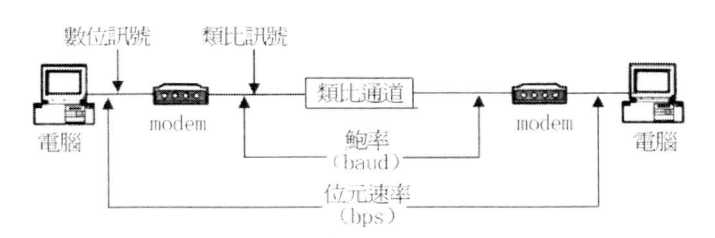

圖 3-2 位元速率與鮑率的區別

3. 位元錯誤率

訊號在傳輸過程中，由於通道不理想以及噪聲的干擾，以致在接收端判決再生後的碼元可能出現錯誤，這叫位元錯誤。位元錯誤率也稱為「出錯率」，它是在通訊系統中衡量系統傳輸可靠性的指標，它的定義是二進位碼元在傳輸系統中被傳錯的機率。它是資料通訊系統在正常工作狀況下，傳輸可靠性的指標。從統計的理論講，當所傳送的數位序列無限長時，位元錯誤率等於被傳錯的二進位碼元數與所傳碼元總數之比。在通訊系統中，系統對位元錯誤率的要求應均衡可靠性和提高通訊效率兩個方面的因素，位元錯誤率越低，設備也越複雜。

143

4. 頻寬與資料傳輸速率

從技術的角度看，頻寬是通訊通道的寬度，在類比通道中，一般採用「頻寬」表示通道傳輸資訊的能力，即傳送資訊訊號的高頻率與低頻率之差，單位為 Hz、kHz、MHz 或 GHz。如，920～940MHz 所產生的頻寬為 20MHz。頻寬限制了使用該波帶的所有資料通訊技術的訊號傳輸與資料傳輸率。

在數位通道中，通常用「資料傳輸速率」（位元速率）表示通道的傳輸能力，即每秒傳輸的 bit 數，單位為 bps、Kbps、Mbps 或 Gbps。如：調變與解調器的傳輸速率為 56Kbps 或 28.8Kbps 等。

由於頻寬與資料傳輸速率都是用來度量網路傳輸能力的，所以，在一些場合，兩者經常混用。但是，從技術角度來講，這是兩個完全不同的概念。

5. 時延

時延是定量衡量網路特性的重要指標，它可以說明一個網路在電腦之間傳送一位數據需要花費多少時間，通常有最大時延和平均時延，根據產生時延的原因不同，時延又可分為幾種。

傳播時延：是由於訊號透過電纜或光纖傳送時需要時間所致，通常與傳播的距離成正比。

交換時延：是網路中電子設備（如：集線器、橋接器或網路交換器）引入的一種時延。

發送時延：在大多數區域網路中網路傳輸介質是共享的，此為電腦因等待網路傳輸介質空閒才能進行通訊而產生的時延。

排隊時延：是在網路交換器的儲存轉發過程中，網路交換器將傳來的封包排成隊列，如果隊列中已有封包，則新到的封包需要等候，直到網路交換器發送完先到的封包，這種情況產生的時延。

三、資料傳輸模式

資料傳輸模式（Transmission Mode）定義了位元從一個設備傳到另一個設備的方式。在資料通訊系統中，通訊通道為數據的傳輸提供了各種不同的通路，對應於不同類型的通道，資料傳輸採用不同的方式。

1. 序列通訊與並列通訊

資料傳輸按其是同時在一根線上還是在多根傳輸線上傳送而分為序列通訊（Serial Transmission）和並列通訊（Parallel Transmission）兩種方式。

並列通訊是在傳輸中有多個數據位同時在設備之間進行傳輸，每位使用單獨的一條線路（導線），如圖 3-3 所示。並列通訊特別適用於兩個短距離的設備之間，如：電腦與電腦、電腦與各種外部設備之間的通訊方式可以選擇並列通訊，電腦內部的通訊通常都是並列通訊。並列通訊也叫匯流排，通常它的所有傳輸線路被捆紮在一條電纜裡。

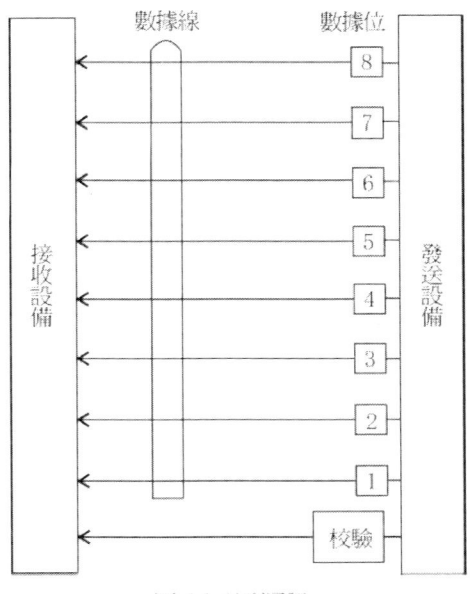

圖 3-3 並列通訊

並列通訊只適於短距離的資料傳輸，應用到長距離的連接上就無優點可言了。首先，在長距離上使用多條線路要比使用一條單獨線路昂貴許多；其次，長距離的傳輸為了降低訊號的衰減，要求較粗的導線，這時要將它們捆到一條單獨電纜裡相當困難；第三個問題涉及位傳輸所需要的時間，短距離時，同時發送的位幾乎總是能夠同時收到，但長距離時，導線上的電阻會或多或少地阻礙位的傳輸，從而使它們的到達稍快或稍慢，這將給接收端帶來麻煩。

在並列通訊中所使用的並列數據匯流排的物理形式有好幾種，但功能都一樣，如：

電腦內部的數據匯流排很多就直接是電路板；

扁平帶狀電纜，如硬碟驅動器、軟碟驅動器上的電纜即是；

圓形封鎖電纜，用於與電腦外設相連的並列通訊電纜，通常有封鎖以防干擾。

序列通訊是在傳輸中只有 1 個數據位在設備之間進行傳輸，如圖 3-4 所示，它提供了並列通訊以外的另一種選擇。序列通訊只使用一條線路，逐個地傳送所有的位。

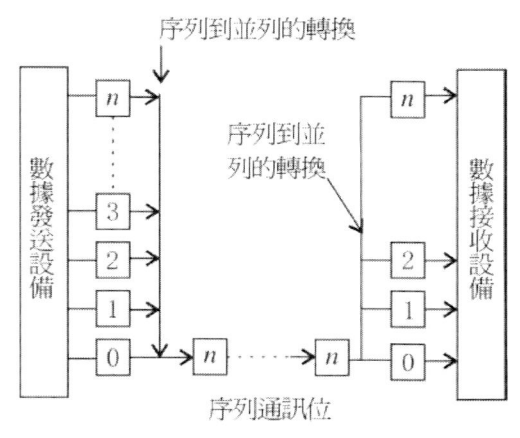

圖 3-4 序列通訊過程

序列通訊比較便宜，用在長距離連接中也比並列通訊更加可靠。但它每次只能發送一位，所以其速度也比較慢。電腦網路中各節點間的傳輸均採用序列通訊方式。

由於電腦內部操作多採用並列通訊方式，因此，採用序列通訊時，發送端需要透過並列／序列轉換裝置，將電腦輸出的並列數據位流轉變為序列數據位流，再送到通道上傳輸。在接收端，需要透過序列／並列轉換裝置，還原成並列數據位流。

序列通訊只需要一條傳輸通道，易於實現，是目前主要採用的一種傳輸方式。但是序列通訊存在一個收、發雙方如何保持碼組或字符同步問題，這個問題不解決，接收方就不能從接收到的資料流中正確地區分出一個個字符來，因而傳輸將失去意義。如何解決碼組或字符的同步問題，目前有兩種不同的解決辦法，即非同步傳輸方式和同步傳輸方式。

2. 非同步傳輸與同步傳輸

數據被發送到傳輸線進行傳輸時，接收端能否正確地接收下來，關鍵要解決「同步」問題，即接收端應知道所接收資訊的起始時間和持續時間。當發送端以某一速率在一定起始時間內發送數據時，接收端也必須以同一速率在相同的起始時間內接收數據，否則，接收端與發送端就會產生微小誤差。隨著時間增加，誤差逐漸積累，會造成收發失步而出錯。為了避免接收端與發送端的失步，接收端與發送端的動作必須採取嚴格的同步措施。資料通訊不僅需要同步，對數據接收端來說，數據還必須是可識別的。資料傳輸同步的方法有兩種：同步傳輸（Synchronous Transmission）和非同步傳輸（Asynchronous Transmission）。

非同步傳輸一般以字符為單位，不論所採用的字符代碼長度為多少位，在發送每一字符代碼時前面均加上一個「起」訊號，其長度規定為1個碼元，極性為「0」，即空號的極性；字符代碼後面均加上一個「止」訊號，其長度為1或2個碼元，極性皆為「1」，即與訊號極性相同，當沒有數據發送時，發送器就發出連續的停止碼。加上起、止訊號的作用就是為了能區分序列通訊的「字符」，也就是實現序列通訊收、發雙方碼組或字符的同步。為了能

識別出字符的各個 bit，接收器必須對每個 bit 長度有準確的瞭解，這種傳輸要求每個字符增加2～3bit 校驗位。非同步傳輸方式的特點是同步實現簡單，收發雙方的時鐘訊號不需要嚴格同步。缺點是對每一字符都需加入「起、止」碼元，使傳輸效率降低。

同步傳輸是以同步的時鐘節拍來發送數據訊號的，因此在一個序列的資料流中，各信號碼元之間的相對位置都是固定的（即同步的）。接收端為了從收到的資料流中正確地區分出一個個訊號碼元，首先必須建立準確的時鐘訊號。數據的發送一般以組（或稱訊框）為單位，一組封包含多個字符收發之間的碼組或訊框同步，是透過傳輸特定的傳輸控制字符或同步序列來完成的，傳輸效率較高。同步傳輸中，字符之間有一個固定的時間間隔，這個時間間隔由數位時鐘確定，各字符沒有起始位和停止位，因此，同步傳輸比非同步傳輸速度要快得多。

3. 單工、半雙工和全雙工通訊數

據在通訊線路上傳輸是有方向的，根據數據在某一時間資訊傳輸的方向和特點，資料傳輸方式可以分為單工、半雙工和全雙工三種。

（1）單工通訊

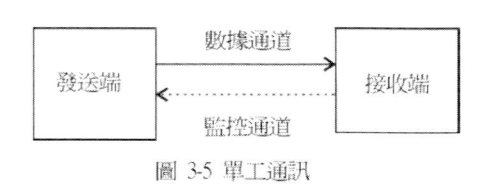

圖 3-5 單工通訊

單工通訊是指傳送的資訊始終是一個方向的通訊，即數據永遠從發送端傳送到接收端。如：在家中收看電視節目，觀眾無法給電視台傳送數據，只能由電視台單方向給觀眾傳送畫面數據。單工通訊中，為了保證傳送資訊的正確性，需要進行錯誤檢測與糾正，即單工通訊線路，一般採用兩個通道，一個傳送數據，一個傳送控制訊號，在接收端確定資訊正確或錯誤後，透過

反向通道傳送出監測訊號。因此，單工通訊的線路一般是二線制。如圖 3-5 所示。

（2）半雙工通訊

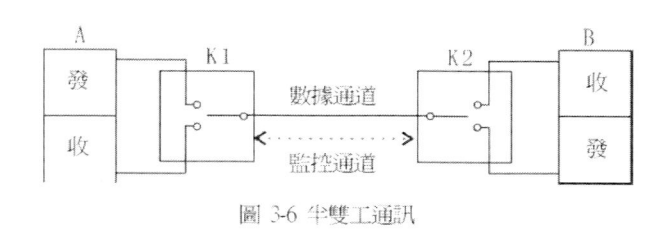

圖 3-6 半雙工通訊

半雙工通訊的數據資訊可以雙向傳送，但是在每一時刻只能朝一個方向流動，該方式要求兩端都有發送裝置和接收裝置。若想改變資訊的傳輸方向，需要利用開關進行切換。如無線電對講機，甲方講話時，乙方無法講，需要等甲方講完，乙方才能講，如圖 3-6 所示。

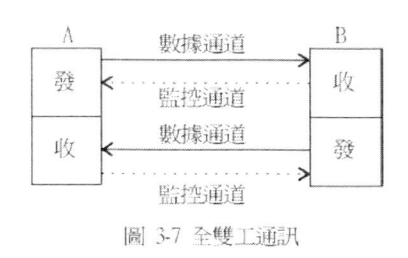

（3）全雙工通訊

圖 3-7 全雙工通訊

全雙工通訊在同一時刻能同時在兩個方向進行資料傳輸，即一個通道向一個方向傳輸資訊，而另一個通道向反方向傳輸資訊，如圖 3-7 所示。全雙工通訊相當於將兩個方向相反的單工通訊方式組合起來，一般採用四線制，若採用頻分通道時，傳輸通道可分成高頻群通道和低頻群通道，這時就可以使用二線制。如日常生活中使用的電話，雙方可以同時講話。全雙工通訊效率高，控制簡單，但造價高，適用於電腦之間的通訊。

四、多路複用技術

無論是區域網路還是遠端網路，總會出現傳輸介質的能力超過傳輸單一訊號的情況，為了有效地利用傳輸系統，希望透過同時攜帶多個訊號來高效率地使用傳輸介質，這種技術就是多路複用技術（Multiplexing）。多路複用技術是在一條物理通訊線路上建立多條邏輯通訊通道，同時傳輸若干路訊號的技術。多路複用技術實現了通道共享，能夠在一條通訊線路上同時傳輸若干路訊號，因此它提高了網路傳輸介質的利用率，降低了成本，提高了服務品質，增加了經濟效益。多路複用技術主要包括分頻多路複用技術（FDM：Frequency-Division Multiplexing）、分時多工技術（TDM：Time-Division Multiplexing）和波長分波多工技術（WDM：Wave-Division Multiplexing）。分頻多路複用技術用於類比通訊，如載波通訊；分時多工技術用於數位通訊；波長分波多工技術主要應用在光纖通道上。

1. 分頻多路複用

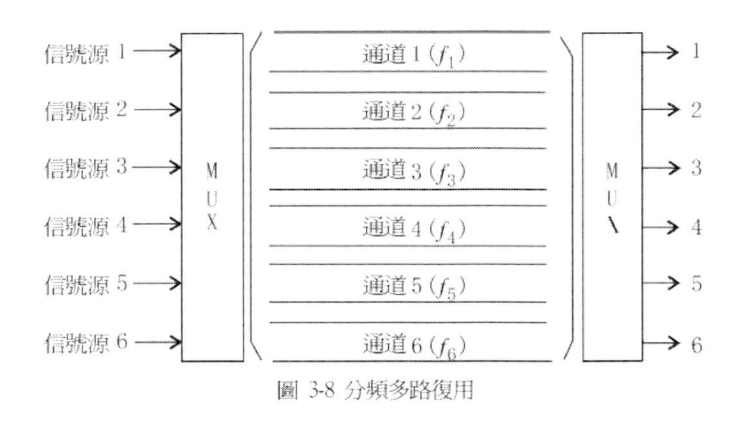

圖 3-8 分頻多路復用

分頻多路複用是指將可用的傳輸頻率範圍分為多個較細的頻寬，每個頻寬作為一個獨立的通道分別分配給使用者形成資料傳輸子通路，如圖 3-8 所示。圖中，MUX 為數據多工器，在發送端將傳輸多路訊號的頻率分割開，使不同頻率的訊號分別被調製到不同的中心頻率段並在各自的通道中被傳送至接收端，由解調器恢復成原來的波形。為了防止相互干擾，各通道之間由保護頻寬隔開。

分頻多路複用的特點是：每個使用者終端的數據透過專門分配給它的子通路傳輸，在使用者沒有資料傳輸時，別的使用者也不能使用。分頻多路複用技術適用於類比訊號的傳輸，主要用於電話和電纜電視（CATV）系統中。

2. 波長分波多工

波長分波多工技術主要應用在光纖通道上。波長分波多工實質上也是一種分頻多路複用技術。由於在光纖通道上傳輸的是光波，光波在光纖上的傳輸速度是固定的，所以光波的波長和光波的頻率有固定的換算關係。由於光波的頻率較高，使用頻率來表示就不很方便，所以改用波長來進行表示。在一條光纖通道上，按照光波的波長不同劃分為若干個子通道，每個子通道傳輸一路訊號就叫波長分波多工技術。在實際使用中，不同波長的光由不同方向發射進入光纖中，在接收端再根據不同波長的光的折射角度不同，再分解成為不同路的光訊號由各個接收端分別接收。

3. 分時多工

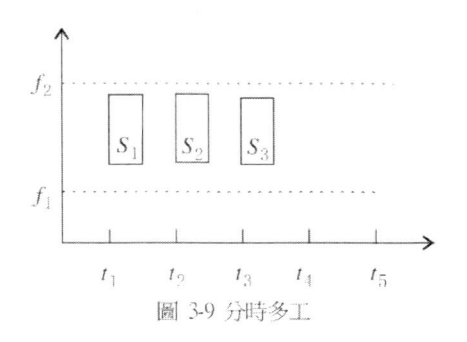

圖 3-9 分時多工

分時多工是將許多輸入訊號結合起來，並一起傳送出去，分時多工技術主要用於數位訊號。分時多工實現的條件是：傳輸介質的位元速率（頻寬）大大超過每路數位訊號所要求的資料傳輸速率。如果把每路訊號調製到較高的傳輸速率，即按介質的位元速率傳輸，這樣每路訊號傳輸時多餘的時間就可以為其他路的訊號傳輸服務。為此，可以將傳輸訊號的時間進行分割，即將整個傳輸時間劃分為許多時間間隔（時間片），使多路輸入訊號在不同的

時間內輪流交替地傳送，如圖 3-9 所示。圖中表示了三個複用訊號 S1、S2、S3 分別在 t1、t2、t3 三個時間片內占用通道。也即在 t1 時間內，傳送訊號 S1；t2 時間內，傳送訊號 S2；t3 時間內，傳送訊號 S3。假定每個輸入訊號要求 9.6Kbps 的傳輸速率，則一條容量為 28.8Kbps 的線路，可以滿足傳輸三路訊號的要求。

（1）同步分時多工技術（STDM，Synchronization Time-Division Multiplexing）

同步分時多工技術按照訊號的路數劃分時間片，每一路訊號具有相同大小的時間片。時間片輪流分配給每路訊號，該路訊號在時間片使用完畢以後要停止通訊，並把物理通道讓給下一路訊號使用。當其他各路訊號把分配到的時間片都使用完以後，該路訊號再次取得時間片進行資料傳輸。這種方法稱為同步分時多工技術。

同步分時多工技術優點是控制簡單，實現起來容易。缺點是如果某路訊號沒有足夠多的數據，不能有效地使用它的時間片，則造成資源的浪費；而有大量數據要發送的通道又由於沒有足夠多的時間片可利用，所以要拖很長一段時間，降低了設備的利用效率。

（2）非同步分時多工技術（ATDM，Asynchronism Time-Division Multiplexing）

為了提高設備的利用效率，可以設想使有大量數據要發送的使用者佔有較多的時間片，數據量小的使用者少占用時間片，沒有數據的使用者就不再分配時間片。這時，為了區分哪一個時間片是哪一個使用者的，必須在時間片上加上使用者的標識。由於一個使用者的數據並不按照固定的時間間隔發送，所以稱為「非同步」。這種方法叫做非同步分時多工技術，也稱統計分時多工技術（STDM，StatisticTime-Division Multiplexing）。這種方法提高了設備利用率，但是技術複雜性也比較高，所以這種方法主要應用於高速遠端通訊過程中。

五、資料轉換技術

轉換是網路實現資料傳輸的一種手段。在電腦網路中，電腦通常使用公用通訊的傳輸線路進行資料轉換，以提高傳輸設備的利用率。網路中實現資料轉換方式可分為電路交換和儲存轉發交換兩大類，其中儲存轉發交換又可分為報文交換和封包交換。

1. 電路交換（Circuit Switching）

電路交換也稱為線路交換，它是一種直接交換方式，是多個輸入線和多個輸出線之間直接形成傳輸資訊的物理鏈路。

在電腦網路中，當電腦與終端或者電腦與電腦之間需要通訊時，是由網路交換器負責在其間建立一條專用通道，即建立一條實際的物理連接。其通訊過程可以分為：電路建立階段、資料傳輸階段和拆除電路連接三個階段。其特點是先有兩個節點的線路接通，然後才能通訊，雙方通訊的內容不受網路交換器的約束，即傳輸資訊的符號、編碼、格式以及通訊控制規程等均隨使用者的需要決定。電路交換的外部表現是通訊雙方一旦接通，便獨占一條實際的物理線路。

由於電路交換的接續路徑是採用物理連接的，在傳輸線路接通後，控制電路就與資訊傳輸無關，所以電路交換方式的主要優點是：

（1）資訊傳輸時延小，唯一的時延是電磁訊號的傳播時間，就給定的接續路由來說，傳輸時延是固定不變的；

（2）資訊編碼方法、資訊格式以及傳輸控制程式等都不受限制，即可向使用者提供透明的通路；

（3）線路一旦接通，不會發生衝突。對於占用通道的使用者來說，可靠性和即時響應能力都很好。

電路交換的主要缺點是建立線路所需時間較長；一旦接通雙方獨站線路，造成通道浪費，線路利用率低；目前電路交換方式的資料通訊網是利用現有電話網實現的，所以數據終端的接續控制等訊號要與電話網相容。

2. 報文交換（Message Switching）

1960 年代和 1970 年代，在資料通訊中普遍採用報文交換方式，目前這種技術仍普遍應用在某些領域（如電子信箱等）。為了獲得較好的通道利用率，出現了儲存—轉發的想法，這種交換方式就是報文交換。它的基本原理是使用者之間進行資料傳輸，主叫使用者不需要先建立呼叫，而先進入本地網路交換器儲存器，等到連接該網路交換器的中繼線空間時，再根據確定的路由轉發到目的網路交換器。由於每份報文的頭部都含有被尋址使用者的完整位址，所以每條路由不是固定分配給某一個使用者，而是由多個使用者進行統計複用。

報文交換方式具有如下優點：線路利用率高，通道可為多個報文共享；接收方和發送方無須同時工作，在接收方「忙」時，報文可以暫存交換設備處；可同時向多個目的站發送同一報文；能夠在網路上實現報文的錯誤檢測與糾正和糾錯處理；報文交換網路能進行速度和代碼轉換，例如將 ASCII 碼轉換為 EBCDIC 碼。

報文交換的主要缺點是：報文傳輸要等目的線路有空間時才能轉發，因此報文交換的延時長，不適用於即時通訊或交互通訊，也不適用於交互式的終端—主機連接。

3. 封包交換（Packet Switching）

由前面可知，報文交換的特點是對傳輸的數據塊（報文）的大小不加限制，對某些大報文的傳輸，IMP（Interface Message Processor，介面資訊處理機）必須利用儲存器進行緩存，往往單個報文可能占用一條 IMP-IMP 線路長達幾分鐘；這樣顯然不適合於交互式通訊。為瞭解決這個問題，封包報文交換（Packet Switching）技術將使用者的大報文分成若干個報文封包，以報文封包為單位在網路中傳輸。每一個報文封包均含有數據和目的位址，同一個報文的不同封包可以在不同的路徑中傳輸，到達終點以後，再將它們重新組裝成完整的報文。

與報文交換方式比，報文封包交換方式具有許多優點：

資料傳輸靈活，對中繼節點儲存容量的要求相對較少。由於報文封包交換技術嚴格限制報文封包大小的上限，使封包可以在 IMP 的記憶體中存放，保證任何使用者都不能獨占線路超過幾十毫秒。

轉發延時性降低。在具有多個封包的報文中，封包之間不必等齊就可以單獨傳送，這樣減少了時間時延，提高了 IMP 的吞吐率。

轉發差錯少，對差錯容易進行恢復處理。

便於控制轉發。在資訊傳輸中，允許被打斷。

當然封包交換技術也存在一些問題：擁塞、大報封包與重組、封包損失或失序等。

4. 虛擬電路與資料報

在電腦網路中，絕大多數通訊子網路均採用封包交換技術。根據通訊子網路的內部機制不同，又可以把封包交換子網路分為兩類：一類採用連接，即面向連接；另一類採用無連接。在有連接的子網路中，連接稱為「虛擬電路」（Virtual circuit），類似於電話系統中的物理線路；在無連接子網路中，獨立封包稱為「資料報」（Datagram），類似於郵政系統中的電報。

①資料報

資料報是指無連接的封包交換。CCITT（國際電信聯盟電信標準化部門）研究組把資料報定義為：能包含在單個報文封包數據域中的報文，且傳送它到目標位址與其他已發送或將要發送的報文封包無關。即資料報中的每個封包的傳送是被單獨處理的，資料報子網路沒有建立連接的過程，各資料報均攜帶資料終端位址，傳輸時，子網路對各資料報單獨選擇路由。因此同一報文包含的不同封包，從始發節點發出的順序與到達目的節點的順序無關，各資料報封包可能沿著不同的路徑到達終點，在網路終點需要重新排序。

②虛擬電路

虛擬電路就是兩個使用者終端設備在開始互相發送和接收數據之前，需要透過網路建立邏輯上的連接，一旦這種連接建立之後，就在網路中保持已

建立的數據通路，使用者發送的數據（以封包為單位）將按順序透過網路到達終點。當使用者不需要發送和接收數據時，可以清除這些連接。虛擬電路服務的引進是為了彌補報文封包交換方式的不足，減輕報文封包交換方式中目的節點對報文封包進行重組的負擔。數據終端設備 DTE 與資料通訊設備 DCE 之間的線路為一條物理鏈路，為了在這一條物理鏈路上進行多對使用者之間的通訊，而把物理鏈路劃分為大量的邏輯通道，並編號命名，一對使用者之間通訊，占用其中一條邏輯通道。虛擬電路是一條物理鏈路在邏輯上複用為多條邏輯通道。

在具體實現過程中，虛擬電路子網路要求一個建立虛擬電路的過程。在虛擬電路子網路中，各個 IMP 上都有一個記錄虛擬電路的 IMP 表，經過某一個 IMP 的虛擬電路，在該 IMP 的 IMP 表中占據一項，若將從資訊源（source）到資料終端（destination）的路徑上所有 IMP 表的相應表目串起來，便構成一條虛擬電路。這條虛擬電路在建立連接的過程中產生，在關閉連接時撤銷。一對機器之間一旦建立虛擬電路，封包即可按虛擬電路進行傳輸，不必給出顯式資料終端位址。而且在傳輸過程中，也不必再為封包單獨尋徑，所有封包將遵循既定虛擬電路傳送。

六、錯誤檢測與糾正技術

由於物理電路上存在著各種干擾和噪聲，數據資訊在傳輸過程中會產生差錯。採用不同的校驗進行差錯檢測，對正確接收的訊框進行認可，對接收有差錯的訊框要求對方重發，從而確保數據在通訊線路中能夠正確無誤地進行傳輸。目前普通電話線路中，當傳輸速率在 $600 \sim 2400 bit/s$ 時，位元錯誤率在 $10^{-6} \sim 10^{-4}$，對於大多數通訊系統，位元錯誤率在 $10^{-9} \sim 10^{-5}$，而電腦之間的資料傳輸則要求位元錯誤率低於 10^{-9}。

錯誤檢測與糾正的基本原理是按一定的規則在資訊源編碼的基礎上增加一些資訊冗餘（又稱監督碼），使這些資訊冗餘與被傳送資訊碼元之間建立一定的關係，根據資訊碼元與監督碼元的特定關係，實現檢錯或糾錯。

錯誤檢測與糾正方式基本上分為兩類，一類稱為「反饋糾錯」，另一類稱為「前向糾錯」。在這兩類基礎上又派生出一種「混合糾錯」。差錯檢測方法很多，如奇偶校驗檢測、水平垂直奇偶校驗檢測、定比檢測、正反檢測、循環冗餘檢測及海明檢測方法。所有這些方法分別採用了不同的錯誤檢測與糾正編碼技術。

第二節　電腦網路概述

電腦網路始於 1960 年代，近 20 年來得到迅猛發展，在資訊社會中起著舉足輕重的作用。從某種意義上講，電腦網路的發展水平不僅反映了一個國家的電腦技術和通訊技術水平，也是衡量其國力及現代化程度的重要標誌之一。現在，電腦網路已經成為人類社會不可缺少的一個重要組成部分，電腦網路的應用已經遍布於社會生活的各個領域。網路以其涵蓋面廣、傳播速度快、資訊多媒體化、交互傳播等特點，徹底改變了傳統的資訊模式，並對現代傳播方式產生了重大的影響，只有深入瞭解電腦網路技術，才能深刻認識其巨大潛能。

「世界已經離開了依靠暴力與金錢控制的時代，而未來世界政治的魔方將控制在擁有資訊強權的人手裡，他們會使用手中掌握的網路控制權、資訊發布權，利用英語這種強大的文化語言優勢，達到暴力金錢無法征服的目的。」

　　　　──艾文○托佛勒《權力的轉移》

一、電腦網路的發展歷程

網路的基本概念最早源於美國一位工程師的預言。他在 1954 年所發行的《大西洋月刊》中指出未來的電腦將會像錯綜複雜的網子一樣連接起來，使用者將置身於浩瀚無垠的知識海洋中。今天，這個預言已經實現，使用者可以透過電腦連接至世界上任何一個網路涵蓋的地方，人們可以透過電腦網路來獲取資訊、交流資訊。同時，電腦網路已經成了人類有史以來最強大的傳播媒介。

新媒體技術
第三章　新媒體資訊傳輸技術——電腦網路技術

電腦網路是指把分布在不同地點且具有獨立功能的多個電腦透過通訊設備和線路連接起來，並在功能完善的網路軟體管理控制下，按照網路協定進行資料通訊，實現網路中資源共享，為網路使用者提供各種應用服務的資訊系統。從網路媒介的角度來看，電腦網路可以看作由多台電腦透過特定的設備與軟體連接起來的一種新的傳播媒介。電腦網路的出現，不僅使電腦的作用範圍超越了地理位置的限制，而且也增強了電腦本身的功能。與單一電腦相比，電腦網路的功能主要體現在資源共享、資料通訊、提高系統可靠性、提高工作效率、分散式處理、集中管理、大眾傳播等方面。

電腦網路的發展過程經歷了 1960 年代萌芽、1970 年代興起、1970 年代中期至 1980 年代發展期和網路互聯、1990 年代至今的高速發展和國際網際網路四個階段。

1. 第一階段：面向終端分布的電腦通訊網

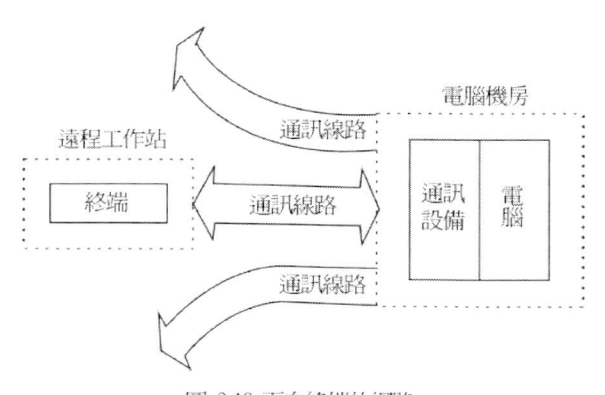

圖 3-10 面向終端的網路

面向終端分布的電腦通訊網是電腦與通訊結合的前驅，把多台遠端終端設備透過公用電話網 PSTN（Public Service Telephone Network）連接到一台中央電腦，構成面向終端分布的電腦通訊網，從而解決遠端資訊的收集、運算和處理，如 3-10 所示。根據資訊處理方式的不同，它們還可分為即時線上分析系統、成批線上分析系統和分時線上分析系統。面向終端分布的電腦通訊網雖還稱不上電腦網路（終端不具有獨立的數據處理能力），但它提供了電腦通訊的許多基本技術，而這種系統本身也成為以後發展起來的電腦網

路的組成部分。因此，這種面向終端分布的電腦通訊網也有人稱為第一代電腦網路。

2. 第二階段：ARPANet 網的誕生

1970 年代，以美國國防高等研究計劃署 DARPA（Defense Advanced Research Project Agency）的 ARPANet 為代表，採用新的「儲存轉發—封包交換」技術，它標誌著電腦網路的興起。ARPANet 所採用的一系列技術，為電腦網路的發展奠定了基礎，ARPANet 中所提出的一些術語至今仍被引用。ARPANet 不僅開創了第二代電腦網路，它的影響之深遠還在於由它開始發展成現在在世界範圍內廣泛應用的國際網際網路 Internet，它的 TCP/IP 協定已成為事實上的國際標準。

電腦網路發展的第二階段完成了網路體系結構與協定的研究，形成了完整的電腦網路。此階段網路應用的主要目的是提供網路通訊、保障網路連通、網路數據共享和網路硬體設備的共享。

3. 第三階段：電腦網路體系結構的形成以及網路的全功能開發、NSFnet 的建立

電腦網路發展的第三階段解決了電腦網際網路與互聯標準化的問題，提出了符合電腦網路國際標準的「開放式系統互聯參考模型（OSIRM）」，從而極大地促進了電腦網路技術的發展。此階段網路應用的主要目的已經發展為為企業提供資訊共享服務的資訊服務時代。

由於美國軍方 ARPANet 網的成功，美國國家科學基金會（NSF，National Science Foundation）決定資助建立電腦科學網，該項目也得到 ARPA 的資助。1980 年代初，NSF 抓住時機提出了建立 NSFnet 網路的計劃。作為實施該計劃的第一步，NSF 把分布美國不同地區的五大超級電腦中心利用通訊幹線連接起來，組成了全國範圍的科學技術網 NSFnet，成為美國 Internet 的第二個主幹網路，傳輸速率為 56Kbps。接著，在 1987 年，NSF 採用招標方式，由三家公司（IBM，MCI 和 MERIT）合作建立了一個新的廣域網路。該網路作為美國 Internet 網的主幹網路，由全美 13 個主幹

節點構成，由主幹節點向下連接各個地區網，再連到各個大學的校園網路的區域網路，採用 TCP/IP 作為統一的通訊協定標準。傳輸速率由 56Kbps 提高到 1.544M。

4. 第四階段：電腦網路在全球的迅速擴張及普及

1980 年代末開始，電腦網路在全球得到迅速的擴張及普及，網路傳輸速度不斷加快，其主要體現在：網路傳輸介質的光纖化、國家資訊基礎建設的建立；網路接入技術的多樣化及快速化（ISDN、ADSL、Cable Modem、DDN、FTTC、FTTB、FTTZ 等）；智慧網路的發展；比電腦網路更高級的分散式系統的研究，使高速網路技術得以飛速發展，相繼出現了高速乙太網路、光纖分散式數據介面 FDDI、快速封包交換技術（訊框中繼、非同步轉移模式）等。

進入 1990 年代中期，Internet 的規模在全世界範圍內迅速擴張，統計數位不斷變化。據 http://www.internetworldstats.com/stats.htm 網站蒐集彙總後公布的最新統計數據表明，截至 2014 年 12 月，全世界使用 Internet 的人數已超過 30 億 7934 萬，占全球的人口比例為 42.4%。

二、電腦網路的類型

電腦網路有各種各樣的類型，分別用於不同的用途，但到目前為止，還不存在被普遍接受的所有電腦網路都適用的分類法。從不同的角度出發，對於電腦網路可以有多種分類方法。

1. 按分布範圍分

電腦網路按照其分布範圍的大小可分為區域網路、都會網路和廣域網路。

①區域網路

區域網路（LAN：Local Area Network）是一種在小範圍內實現的電腦網路，分布在一間辦公室、一棟建築物、一所學校、一個工廠或方圓幾公里區域內，一般為一個單位所有，常用於連接公司、辦公室或工廠裡的電腦，以便共享資源和交換資訊。傳統區域網路的傳輸速度為 10～100Mbit/s，傳

輸時延低，出錯率也低。而新的LAN傳輸速度可達1000Mbit/s（即1Gbit/s）甚至更高。

區域網路內通常不透過電信局的通訊服務，以直接線上的方式來達成資源共享的目的，常常也因為保密安全的原因，以防火牆和廣域網路或都會網路分隔開來。

②都會網路

都會網路（MAN：Metropolitan Area Network）基本上是一種大型的區域網路，通常使用與LAN相似的技術，一般是在一個城市中的網路連接，如青島地區的網路，即可稱為「都會網路」。都會網路所使用的標準是IEEE802.6，即分散式隊列雙匯流排。都會網路可以支持數據、聲音和影片，它只用一條或兩條電纜，並且不用網路交換器。

由於廣域網路的蓬勃發展，以及區域網路功能的提高，都會網路的地位逐漸被取代。

③廣域網路

廣域網路（WAN：Wide Area Network）有時也稱遠端網路，其跨越的地理區域可以是一個省、一個國家或一個洲。廣域網路通常必須架構在電話公司提供的電信數據網路上。廣域網的傳輸速度比區域網路低，典型速度為56Kbit/s-155Mbit/s，傳輸時延較長，網路拓撲結構複雜（多採用網狀結構）。

2. 按傳輸技術分

按傳輸技術可將電腦網路分成主從式網路和對等網路。

①主從式網路

主從式網路僅有一條通訊通道，由網路上的所有機器共享，短的資訊（數據組）可以被任何機器發送並被其他機器接收。主從式網路是用1個共同的網路傳輸介質將各個電腦連接起來，如以同軸電纜聯結起來的匯流排型網；

以微波、衛星方式傳播的廣播式網，適用於廣域網路（如：有線電視的網路就是主從式網路）。

②對等網路

對等網路是以點對點的連接方式，將各台電腦連接起來。為了能從來源端到達目的端，該網路中的封包可能要透過一台或若干台中間機器。這種傳輸不僅存在多種路徑（或稱路由），而且長度也可能不一樣，因此，路由選擇演算法在對等網路中起著很重要的作用。對等網路中的每個工作站都具有相等的能力與責任。

一般說來，處於本地的較小的網路通常使用主從方式，而大型網路則通常採用點對點方式。

三、電腦網路系統的組成

對於電腦網路系統的組成可以從不同角度來認識，一般而論，電腦網路有三個主要組成部分：若干個主機，它們各為使用者提供服務；一個通訊子網路，它主要由結點網路交換器和連接這些結點的資料鏈路所組成；一系列的協定。為了便於分析，按照資料通訊和數據處理的功能，一般從邏輯上將網路分為通訊子網路和資源子網路兩個部分。

為了便於理解，可以按照電腦系統的組成角度將電腦網路系統的組成分成網路硬體和網路軟體兩部分，這其中網路硬體系統是整個電腦網路系統的物質基礎，它是網路運行的實體，對網路的性能起著決定性的作用；而網路軟體系統則是整個電腦網路系統的靈魂，它是支持網路的運行、提高效益和開發網路資源的工具。

（一）電腦網路硬體系統

構成一個電腦網路系統，首先要將電腦及其附屬硬體設備與網路中的其他電腦系統連接起來，實現物理連接。不同的電腦網路系統，在硬體方面是有差別的。隨著電腦技術和網路技術的發展，網路硬體日趨多樣化，且功能

更強，結構更複雜。常見的網路硬體有：電腦、網路傳輸介質、網路介面控制器、傳輸與交換設備、網路網路硬體等。

1. 電腦

電腦網路系統中互聯起來的電腦和各種輔助設備，根據其在網路中的「服務」特性，被分為網路伺服器和網路工作站。

（1）網路伺服器

在電腦網路系統中，一些電腦或設備應其他電腦的請求而提供服務，使其他電腦透過它共享系統資源，這樣的電腦或設備稱為網路伺服器。伺服器是具有較強的運算功能和豐富的資訊資源的高檔電腦，它為網路中的使用者提供共享資源併負責管理網路資源、提供網路應用服務、處理網路通訊、響應工作站上的網路請求等。伺服器是網路系統的重要組成部分。

（2）網路工作站

在電腦網路系統中，有些電腦請求提供服務，而不為其他的電腦提供服務，這類電腦被為網路工作站。網路工作站是透過網路介面控制器連接到網路上的個人電腦，它保持原有電腦的功能，作為獨立的個人電腦為使用者服務，同時又可以按照被授予的一定權限訪問伺服器。各工作站之間可以相互通訊，也可以共享網路資源。有的網路工作站本身不具備運算功能，只提供操作網路的介面，如聯網的終端機。

網路工作站透過運行工作站啟動程式與網路相連，被登錄到文件伺服器上，它可以參與網路的一切活動。當退出網路時，又可以作為一台標準的電腦使用。伺服器和工作站進入和退出網路時有明顯的區別。工作站可以隨時進入和退出網路系統，且不影響其他工作站的工作，而伺服器必須在網路需要時進入網路，而且只要網路系統中有工作站未退出網路，伺服器就不能退出網路系統。

2. 網路傳輸介質

網路傳輸介質是資料傳輸系統中發送裝置與接收裝置之間的物理媒體，是網路通訊的物質基礎之一。網路傳輸介質可分為兩類：一類是有線的物理材質，一類是無線的非物理材質。

有線傳輸介質主要有雙絞線、同軸電纜、光纖電纜等；無線傳輸介質主要有紅外線、無線電波、微波和衛星等。各種傳輸介質都有其各自的特點，適用於某特定類型的網路。最常用的是雙絞線電纜；同軸電纜也很常用，但更主要應用於原來的區域網路中；光纖電纜通常用於連接要求高速訪問的電腦，以及在不同樓層和建築物間連接網路。

無線傳輸介質是透過空氣或大氣來傳輸訊號的，它利用空間電磁波（無線電、微波、紅外線等）實現站點之間的通訊。在電腦網路中，無線傳輸介質可以擴展有線網的限制，而且可以提供行動通訊。由於無線連接可以不受地理位置的限制，所以很多人認為，無線通訊是未來網路連接中很重要也很流行的方式。但是使用無線傳輸介質時有一個非常重要的限制：同一傳輸介質的其他訊號、太陽黑子的運動、電離層變化和其他大氣干擾都會對通訊訊號形成干擾，從而產生許多問題。

傳輸介質的性能特點對傳輸速率、通訊距離、可連接的網路節點數目和資料傳輸的可靠性等均有很大的影響，必須根據不同的通訊要求，合理地選擇傳輸介質。當為區域網路或廣域網路選擇最佳傳輸介質時，充分考慮各種類型的傳輸媒體的能力和侷限性是很重要的。

3. 網路介面控制器

網路介面控制器 NIC（Network Interface Card），又稱網路適配卡（NAC：Network Adapted Card），簡稱網路卡，它是電腦與網路傳輸介質的介面，是構成網路的基本部件。網路卡的主要功能是實現網路數據格式與電腦數據格式的轉換、網路數據的接收與發送等。在接受網路網路傳輸介質上傳送的資訊時，網路卡把傳來的資訊按照網路上訊號編碼要求交給主機

處理；在主機向網路發送資訊時，網路卡把發送的資訊按照網路傳送的要求用網路編碼訊號發送出去。

4. 傳輸與交換設備

傳輸與交換設備是數據在通訊子網路中進行傳輸時專門從事資訊傳輸工作的設備。數據與交換設備的主要任務是實現數據有效地在通訊子網路中從一個網段傳到下一個網段，直到目的地。常用的傳輸與交換設備有：

（1）多路複用器：多路複用器可將資訊群只用一個發射器和接收器進行長距離的傳輸。多路複用器通常有兩種類型：分頻多路複用器 FDM 和分時多工器 TDM。分頻多路複用器多用於連續訊號傳輸，而分時多工器 TDM 多用於時間離散的數位訊號的傳輸。

（2）集中器：集中器對各終端發來的資訊進行組織，不工作的終端不占用通道。按集中器有無字符級的緩衝能力來劃分，集中器被劃分為保持轉發式和電路交換式兩種。

（3）調變與解調器：調變與解調器是早期電腦網路通訊中極為重要的和不可缺少的設備，它主要進行訊號變換，同時具有調製和解調兩種功能。

（4）交換器：交換器是交換技術的產物，它是一種能夠提高網路性能、改進網路可管性、降低管理成本的組網基礎設備。交換器可將大型的網路劃分成比較小的網段，將工作小組同其他工作小組在本地的流量隔離開來，從而提高了總體頻寬。

5. 網路硬體

網路互聯是由網路硬體實現的，不同的網路硬體所解決的問題和所屬的層次是不同的。

（1）中繼器

中繼器又稱轉發器，它是擴展區域網路的硬體設備，屬於實體層的中繼系統。中繼器的作用是簡單地放大或更新透過的資料流，擴大資料傳輸的距離，中繼器用於連接和延展同型區域網路。雖然中繼器能保證訊號的強度，

但每個中繼器和網段都增加了時延，如果時延太長，協定就不能工作，網路就不能正常運行，所以傳輸中，中繼器的個數必須要有限制。

　　（2）集線器

　　集線器（Hub）是中繼器的一種擴展形式，是一種網內連接硬體，它主要用於區域網路中。集線器與中繼器的區別在於集線器能夠提供多連接埠服務，所以，也可稱之為多口中繼器。

　　（3）橋接器

　　橋接器也稱網橋，它是資料鏈路層上區域網路之間的網路硬體。橋接器同中繼器不同，橋接器處理的是一個完整的訊框，並使用和電腦相同的連接埠設備。橋接器的功能就是在互聯區域網路之間儲存、轉發訊框和實現數據鏈路層上的協定轉換。橋接器可分為內橋、外橋和遠端橋三類。

　　（4）路由器

　　路由器是網路層的中繼系統，它是實現不同類型網路互聯的重要硬體。路由器在網路層實現封包的儲存與轉發，從而把眾多的網路連接成一個大型網路。

　　路由器與橋接器的主要區別表現在互聯協定級別上，這種差異使路由器路徑選擇、多協定機制傳輸、安全性和可管理性等方面的功能都強於橋接器。

　　（5）閘道器

　　閘道器也稱網關，它是建立在高層之上的各層次的中繼系統，即閘道器是用於高層協定轉換的網間連接器。閘道器可以連接不同體系結構的網路，其典型的應用包括：區域網路和遠端網路主機互聯、區域網路之間互聯和區域網路與廣域網路互聯。網路系統中常用的有資料庫閘道器及電子郵件閘道器等。閘道器的結構非常複雜，綜合來說，閘道器主要的功能是進行報文格式轉換、位址映射、網路協定轉換和原語連接轉換等。

（二）電腦網路軟體系統

網路軟體系統是實現網路功能所不可缺少的軟環境。根據軟體的特性和用途，網路軟體可以被劃分成如下幾個大類：

1. 網路作業系統

網路作業系統 NOS（Network Operation System）是在網路環境下，使用者與網路資源之間的介面，是運行在網路硬體基礎之上的，為網路使用者提供共享資源管理服務、基本通訊服務、網路系統安全服務及其他網路服務，實現對網路資源的管理和控制的軟體系統。網路作業系統是網路的核心，其他應用軟體系統需要網路作業系統的支持才能運行。對網路系統來說，特別是區域網路，所有網路功能幾乎都是透過網路作業系統來體現的，網路作業系統代表著整個網路的水平。

目前，網路作業系統主要有 Windows 類、UNIX 和 Linux。隨著電腦網路的不斷發展，特別是電腦網路互聯，以及異質網路的互聯技術和應用的發展，網路作業系統開始朝著能支持多種通訊協定、多種網路傳輸協定、多種網路卡和工作站的方向發展。

2. 網路協定軟體

連入網路的電腦依靠網路協定實現互相通訊，而網路協定是靠具體的網路協定軟體的運行支持才能工作。凡是連入電腦網路的伺服器和工作站上都運行著相應的網路協定軟體。網路協定軟體是指用以實現網路協定功能的軟體。協定軟體的種類非常多，不同體系結構的網路系統都有支持自身系統的協定軟體，體系結構中不同層次上又有不同的協定軟體。對某一協定軟體而言，到底把它劃分到網路體系結構中的哪一層是由協定軟體的功能決定的。所以，對同一協定軟體，它在不同體系結構中所隸屬的層不一定一樣。目前網路中常用的通訊協定有 NetBEUI、TCP/IP、IPX/SPX 等。

3. 通訊軟體

通訊軟體用於管理各個電腦之間的資訊傳輸，如實現傳輸層功能的網路驅動程式等。通訊軟體的目的就是使使用者能夠在不必詳細瞭解通訊控制規

程的情況下，很容易地就能控制自己的應用程式，與多個站進行通訊，並對大量的通訊數據進行加工和管理。

4. 設備驅動軟體

設備驅動軟體是一種控制特定設備的硬體級程式。設備驅動軟體可以看成一個硬體的小型作業系統，每個驅動程式都包括確保特定設備相應功能所需的邏輯和數據。設備驅動軟體通常以固件形式存在於它所操作的設備中。如：網路卡為主電腦的作業系統提供一個介面。

5. 工具軟體

工具軟體是網路中不可缺少的軟體。如：網頁製作中離不開網頁製作工具軟體；設計瀏覽器離不開網路編程軟體等。網路工具軟體的共同特點是：它們不是為使用者提供在網路環境中直接使用的軟體，而是一種為軟體開發人員提供開發網路應用軟體的工具。網路工具軟體是多種多樣的，通常開發人員開發一個網路應用系統，需要使用多個工具軟體才能完成。

6. 網路應用軟體

網路應用軟體是在網路環境下，直接面向使用者的應用軟體，如：在Internet 中使用者常使用的 Web 瀏覽器等。

7. 網路軟體的層次

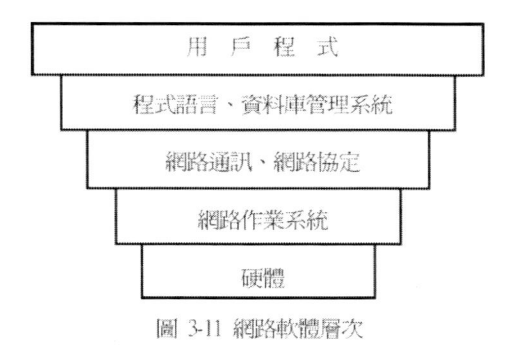

```
┌─────────────────────────┐
│      用　戶　程　式      │
├─────────────────────────┤
│   程式語言、資料庫管理系統   │
├─────────────────────────┤
│     網路通訊、網路協定      │
├─────────────────────────┤
│       網路作業系統         │
├─────────────────────────┤
│          硬體             │
└─────────────────────────┘
```

圖 3-11 網路軟體層次

與電腦系統類似，電腦網路的軟體系統也是分層次的，如圖 3-11 所示。

四、電腦網路體系結構與協定

網路體系結構的好壞直接影響到通訊問題的解決，它是實現電腦網路通訊的關鍵之一。在 ARPANet 網路建立後，世界上許多大型的電腦公司都先後推出了自己的電腦網路體系結構，如 IBM 公司的系統網路結構 SNA，DEC 公司的分散式網路結構 DNA 等。這些網路體系結構的共同之處在於儘管它們都採用了分層技術，但這些網路體系結構具有封閉的特點，它們只適合於本公司的產品聯網，其他公司的電腦產品很難入網。這就妨害了實現異種電腦互聯以達到資訊交換、資源共享、分布處理和分布應用的需求。客觀需求迫使電腦網路體系結構由封閉走向開放式。

1977 年國際標準化組織 ISO 認識到迫切需要制定出一系列異種電腦資訊網路的國際標準，並立即成立了一個名為 SC16 的分委員會，著手制定「開放系統互聯」的有關標準。SC16 在 1978 年 3 月舉行的第一次會議上決定首先開發一個標準的結構模型，並稱之為開放系統互聯參考模型（The Reference Model of Open Systems Interconnection，簡之為 OSI/RM）。OSI 定義了異種連網標準的框架結構，受到了電腦和通訊行業的極大關注。1983 年 OSI 參考模型得到了 ISO 和 CCITT 的批准並分別以 ISO7498 和 X.200 文件公布。

OSI 參考模型定義了不同電腦互聯標準的框架結構，得到了國際上的承認，被認為是新一代網路結構。它描述了如何從一台電腦透過網路媒體傳輸到另一台電腦中，它透過分層把複雜的通訊過程分成了多個獨立的、比較容易解決的子問題。OSI 模型只是對層次劃分和各層協定內容作了一些原則性的說明，而不是指一個具體的網路，這樣各設計者可根據這一標準，設計出符合各自特點的網路。OSI 七層模型的頒布促使所有的電腦網路走向標準化，從而具備了互聯的條件。在 OSI 模型出現之前，沒有一種標準存在，不同生產廠商的硬體、軟體之間不存在任何相容性，因此，「開放式系統參考模型」OSI-RM 具有劃時代的意義。

OSI 參考模型的結構如圖 3-12 所示，它是由 7 層協定組成的概念模型，由高層到低層依次是應用層、表現層、會議層、傳輸層、網路層、資料連結

層和實體層。分層指明了在不同層次實現不同的功能和提供不同的服務,每層都與緊鄰的上下層通訊和協同工作。

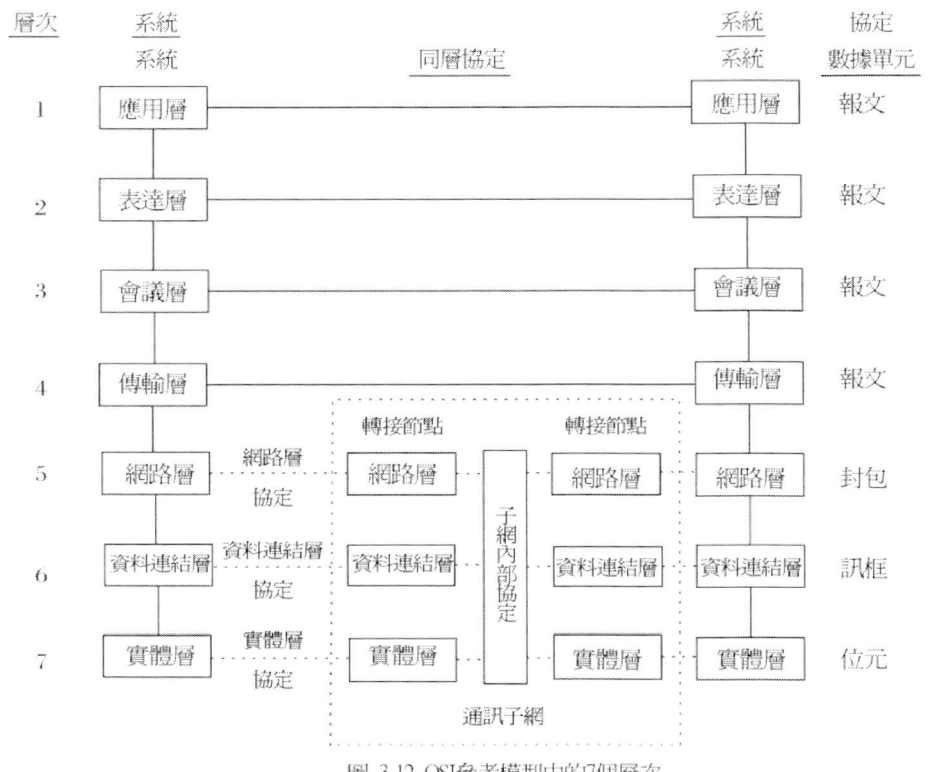

圖 3-12 OSI參考模型中的7個層次

（報文,Message,又稱訊息）:將發送或傳輸塊作為一個整體,稱之為報文;封包（Packet）:指將報文分成小塊;訊框（Frame）:乙太網路發送的數據是按一定格式進行的,乙太網路的訊框由8個字段組成,每一符合這種格式的數據段稱為訊框。）

網路協定是電腦網路體系結構的重要組成部分。協定是一組規則——網路操作所遵循的邏輯的集合,是進行交互的雙方必須遵守的約定。規定消息的格式以及每條消息所需的適當動作的一套規則稱為網路協定（Network protocol）或電腦通訊協定（Com puter communication protocol）。實現這些規則的軟體稱為協定軟體（Protocol software）。單個網路協定可以

是簡單的（例如傳送文本文件時使用 ASCII 碼的協定），也可以是複雜的（例如用複雜數學函數加密數據的協定）。使用網路的應用程式並不直接同網路硬體打交道，而是與按給定規則進行通訊的協定軟體打交道。

　　協定代表不同電腦交換資訊時均需遵守的規則。網路中有許多種協定。一台電腦需要準確地知道資訊在網路裡以什麼形式傳遞、網路預計的資訊格式（如，資訊的哪一部分是數據，哪一部分用於指定接收方的位址），只有這樣，網路才能確保資訊到達正確的目的地。

　　協定只確定電腦各種規定的外部特點，不對內部的具體實現做任何規定。這同人們日常生活中的一些規定是一樣的，規定只說明做什麼，對怎樣做一般不做描述。電腦網路軟、硬體廠商在生產網路產品時，是按照協定規定的規則生產產品，使生產出的產品符合協定規定的標準，但生產廠商選擇什麼電子元件、使用權用何種語言是不受約束的。

　　協定的產生主要有兩種方式：一種是因被廣泛使用而產生的標準稱為事實標準，事實標準是在發展中逐漸成為人們共同遵守的法則，只有遵循它們的產品才會有廣闊的市場。很多 IBM 的產品就已經成為事實標準。第二種是由那些得到國家或國際公認的機構正式認證並採納的標準。想要建立標準的人或組織需向標準機構提交申請，等候審查。通常，如果其建議確有優點並被廣泛接受，標準機構將會對它提出進一步的修改意見，並送回申請者加以改進。經過幾輪這樣的反覆磋商後，標準機構將會做出決定，或是予以拒絕。一經透過，標準就將用來規範廠商設計和生產新的產品。

五、電腦網路拓撲結構

　　電腦網路拓撲結構是指網路中電腦或設備與傳輸媒介形成的結點與線的物理構成模式。網路的結點有兩類：一類是轉換和交換資訊的轉接結點，包括結點網路交換器、集線器和終端控制器等；另一類是訪問結點，包括電腦主機和終端等。線則代表各種傳輸媒介，包括有形的和無形的。

1. 電腦網路結構的組成

　　每一種網路結構都由結點、鏈路和通路等幾部分組成。

①結點：又稱為網路單元，它是網路系統中的各種數據處理設備、資料通訊控制設備和數據終端設備。常見的結點有伺服器、工作站、集線路和網路交換器等設備。

②鏈路：兩個結點間的連線，可分為物理鏈路和邏輯鏈路兩種，物理鏈路是實際存在的通訊線路，邏輯鏈路是在邏輯上起作用的網路通路。

③通路：是指從發出資訊的結點到接收資訊的結點之間的一串結點和鏈路，即一系列穿越通訊網路而建立起的結點到結點的鏈。

2. 電腦網路拓撲結構的選擇

電腦網路拓撲結構的選擇往往與傳輸媒體的選擇及媒體訪問控制方法的確定緊密相關。在選擇網路拓撲結構時，應該考慮的主要因素有下列幾點：

（1）可靠性。盡可能提高可靠性，以保證所有資料流能準確接收；還要考慮系統的可維護性，使故障檢測和故障隔離較為方便。

（2）費用。建網時需考慮適合特定應用的通道費用和安裝費用。

（3）靈活性。需要考慮系統在今後擴展或改動時，能容易地重新配置網路拓撲結構，能方便地處理原有站點的刪除和新站點的加入。

（4）響應時間和吞吐量。要為使用者提供盡可能短的響應時間和最大的吞吐量。

3. 電腦網路拓撲結構的常見類型

電腦網路的拓撲結構主要有：匯流排型拓撲、星狀拓撲、環狀拓撲、樹狀拓撲和混合型拓撲等。

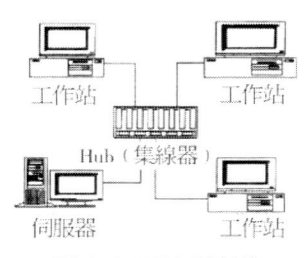

圖 3-13 星狀拓撲結構

(1) 星狀拓撲

星狀拓撲結構（Star Topology）是以一個節點為中心（Hub）的處理系統，如圖 3-13 所示，各種類型的連網機器均與該中心節點有物理鏈路直接相連，其他節點間不能直接通訊，拓撲節點通訊時需要透過該中心節點轉發。集線器 Hub 是一種將單獨的一段電纜或單獨的 LAN 連接為一個網路的中央設備，單一的通訊電纜區段像星星一樣從集線器處向外輻射。星狀拓撲結構是最流行的拓撲結構。

●中央節點（Hub）的主要功能：

①為需要通訊的設備建立物理連接。當要求通訊的節點發出通訊請求後，中央節點的控制器檢查是否具有空間的線路，以及被呼叫的節點是否有空，而後根據情況決定是否在呼叫與被呼叫節點之間建立物理連接。

②維持兩台通訊設備的通訊過程和物理通路。

③當通訊結束後，或通訊不成功要求斷開線路時，中央節點將負責拆除已建立的通路。

●星狀結構的優點：

①方便服務：中央節點和中間接線盒都有一批集中點，可方便地提供服務和網路重新配置。

②組建、安裝、維護方便：由於線路集中且各個支點是獨立的，因此易於檢查故障。通常可以利用 Hub 上的 LED 燈的狀況判斷電腦網路是否出現故障。同時在星狀拓撲中，單個連接的故障隻影響一個設備，不會影響全網。

③擴展性好：在 Hub 上增加節點不需要中斷網路，可以在不影響網路運行的情況下增加或減少節點。

④簡單的訪問協定：在星狀網中，任何一個連接只涉及中央節點和一個站點，因此，控制媒體存取的方法很簡單，致使訪問協定也十分簡單。

⑤傳輸時間較短、位元錯誤率較低。

⑥造價和維護費用低。

●星狀結構的缺點：

①依賴於中央節點：這種結構的最大缺點是中央節點的負荷過重，當 Hub 故障時導致整個網路癱瘓。

②電纜長度和安裝：因為每個站點直接和中央節點相連，這種結構需要大量電纜，電纜溝、維護、安裝等一系列問題會產生。同時通訊線路利用率低。

星狀拓撲網路結構適用於企業的辦公自動化系統，數據處理系統，聲音通訊系統和中、小型資訊管理系統。

星狀網路結構的典型標準為 Ethernet（如：10/100BASET）。

(2) 匯流排型拓撲

匯流排型拓撲（Bus Topology）結構在電腦網路發展的早期是普遍採用的一種方式，多用在 Ethernet 網路上，如圖 3-14 所示，這種結構使用稱為幹線（或匯流排）的中央電纜將伺服器和工作站以線性方式連接在一起。所有網路上的電腦透過合適的硬體連接埠連接在匯流排上，也就是說，網路所有節點共享這條公用通訊線路。匯流排上的工作站以兩個方向發送或接收數據，並且能被網路上的任何一個節點接收到。工作時，每當有電腦將資訊數據傳送到公共幹線上時，所有的工作站均可以同時收到此資訊。每個工作站

收到資訊後都會核對該資訊中的目的位址是否與本工作站的位址一樣，然後決定是否接收這個資訊。由於網路上的資訊是向各部分傳遞的，與廣播電台的訊號傳輸方式十分類似，因此，匯流排結構的網路又被稱為主從式網路。

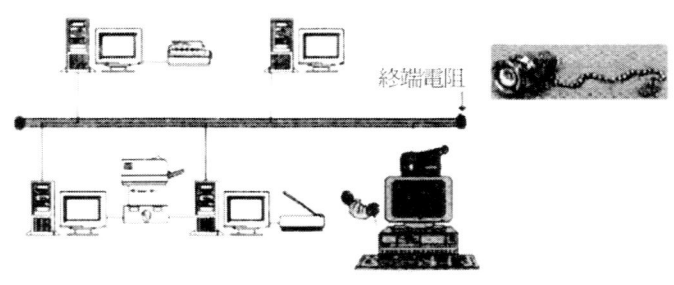

圖 3-14 匯流排式結構

　　通常由於匯流排結構的長度有限，一條匯流排上能夠連接的節點數目受到限制（即負載能力有限）。匯流排有兩個特殊的端點即終端電阻，由於終端電阻表示區段的物理終點，所以在匯流排網路中至關重要。終端電阻的作用是當訊號到達網路終點時阻塞訊號。如果沒有這種終端器，這段網路就會與 IEEE 規範衝突，訊號就會從原路徑反射回去。訊號的反射影響了網路時間的調配，就會與網路上傳輸的新的訊號發生干涉。

　　傳統的匯流排設計在小型網路上工作得很好，而且實施起來相對比較便宜。由於匯流排結構需要的布線以及硬體設備遠遠少於其他結構，所以在使用時，成本可以降低到最低。同時，在這種設計中，添加其他工作站、在房間或辦公室中短距離擴展匯流排也非常便利。

　　匯流排型結構的缺點是管理的成本非常高，維修也不方便。當一個鏈路故障，將會破壞網路上所有節點的通訊。檢測電纜故障時，需要涉及整個網路。而且匯流排型網路的擴展性也比較差，當網路增加節點時，需要斷開節點，網路將停止工作。另外匯流排型網路資訊流量大時會使匯流排異常擁擠。

　　匯流排型網路結構的典型標準為 Etherne（如：10BASE5 和 10BASE2）

匯流排型網路結構適用於小型辦公自動化系統、實驗室及小型資訊管理系統等低負荷和輸出的即時性要求不高的環境。目前匯流排型拓撲結構用得越來越少了，有些網路和電腦廠商不再支持在拓撲結構中使用匯流排型布線方法。

（3）環狀拓撲

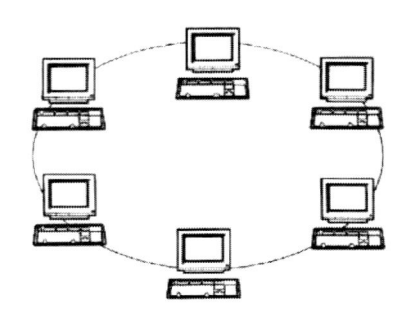

圖 3-15 環狀拓撲結構

顧名思義，環狀拓撲（Ring Topology）是「環狀」的，它是將連接的電腦以環狀方式連接，第一部電腦連接到下一部電腦，而最後一部電腦則會和第一部電腦連接，如圖 3-15 所示。它是一種所有的節點透過環路連接埠分別連接到它相鄰的兩個節點上，從而形成的一種首尾相接的閉環通訊網路。由於數據的路徑是連續的，沒有邏輯的起點與終點，因此也就沒有終端器。工作站和伺服器在環的周圍各點上相連，當資料傳輸到環時，將沿著環從一個節點流向另一個節點，找到其目標，然後繼續傳輸直到又回到原節點。

環路上的任一節點均可發送資訊。電腦發送資訊的請求一旦被批准，就可以向環路發送資訊。由於環路是公用的，一個節點發出的資訊必須穿越環路中所有的連接埠，當資訊流中的目的位址與環路上某節點的位址相符時，該資訊就被該節點的環路連接埠所接收，資訊繼續向下傳遞，直到回到原發資訊的節點為止。在標準情況下，數據訊號一般沿環路以一個方向（通常是順時針）傳播，一直達到所期待的節點為止。網路上的各節點依次使用環路發送數據。

單環拓撲的一個變形是雙環拓撲，在使用雙環的情況下，每個數據單元同時放在兩個環上，這樣可提供冗餘數據，當一個環路發生故障時，另一個環路仍然可以繼續傳遞數據。在 FDDI 協定中使用的拓撲結構就是雙環拓撲。

●環狀網路的優點：

①由於兩個節點之間只有唯一的通路，因此大大簡化了路徑選擇的控制。

②傳輸時間固定，適用於對資料傳輸即時性要求較高的應用場合。

③電纜長度短：環狀所需電纜長度和匯流排相似，但比星狀要短得多。

④由於光纖適合於訊號單方向傳遞和點—點式連接，因此環狀結構最適合使用光纖，可以用於負荷較重的場合。

●環狀網路的缺點：

①傳輸效率低：由於訊號以序列方式透過多個節點的環路連接埠，當節點過多時，傳輸效率較低，網路響應時間變長。

②靈活性差：單環時，由於環路封閉，因此擴展不便。

③可靠性差、管理不易。當沒有旁路電路時，只要有一個節點出現故障，整個網路都將癱瘓。（但用來建立環狀的設備能輕易地定位出故障的節點或電纜問題，所以環狀結構管理起來比匯流排結構要容易）

④環路維護複雜，實現困難，維護費用和造價高。

　　環狀網路拓撲結構適用於企業的自動化系統和小型資訊管理系統。

　　環狀網路拓撲結構的典型標準有 Token-Ring 和 FDDI。

（4）樹狀拓撲

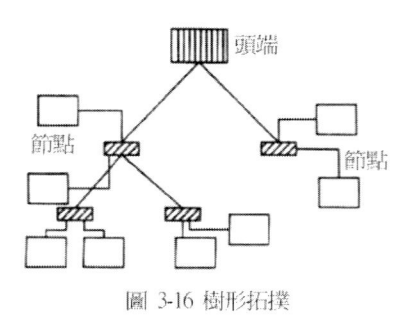

圖 3-16 樹形拓撲

樹狀拓撲的形狀像一棵倒置的樹，頂端有一個帶分支的根，每個分支還可延伸出子分支，如圖 3-16 所示。樹狀網路結構通常採用同軸電纜作為傳輸介質，且使用寬頻傳輸技術。

樹狀拓撲和帶有幾個段的匯流排型拓撲的主要區別在於根的存在。當節點發送時，根接收該訊號，然後再重新廣播發送到全網。

樹狀拓撲的優缺點大多和匯流排型拓撲的優缺點相同，但也有一些特殊之處。

樹狀拓撲的優點：

①易於擴展：從本質上看這種結構可以延伸出很多分支和子分支，因此新的節點和新的分支易於加入網內。

②故障隔離：如果某一分支的節點或線路發生故障，很容易將這分支和整個系統隔離開來。

樹狀的缺點是對根的依賴性太大，如果根發生故障，則全網不能正常工作，因此，這種結構的可靠性問題和星狀結構相似。

（5）混合型拓撲

將以上某兩種單一拓撲結構混合起來，取兩者的優點構成的拓撲稱為混合型拓撲結構。一種是星狀拓撲和環狀拓撲混合成的「星－環」拓撲，另一

種是星狀拓撲和匯流排拓撲混合成的「星－匯流排」拓撲。其實，這兩種混合型在結構上有相似之處，若將匯流排結構的兩個端點連在一起也就成了環狀結構。這種拓撲的配置是由一批接入環中或匯流排的集中器組成的，由集中器再按星狀結構連至每個使用者站。

●混合型拓撲的優點

①故障診斷和隔離較為方便。一旦網路發生故障，只要診斷出哪個集中器有故障，將該集中器和全網隔離即可。

②易於擴展。要擴展使用者時，可以加入新的集中器，也可在設計時，在每個集中器留出一些備用的可插入新的站點的連接埠。

③安裝方便。網路的主電纜只要連通這些集中器，這種安裝和傳統的電話系統電纜安裝很相似。

●混合型拓撲的缺點

①需要選用帶智慧的集中器。這是為了實現網路故障自動診斷和故障節點的隔離所必需的。

②像星狀拓撲結構一樣，集中器到各個站點的電纜安裝長度會增加。

（6）網狀形拓撲

網狀形網路如圖 3-17 所示，其為封包交換網示意圖。圖中虛線以內部分為通訊子網路，每個結點上的電腦稱為結點網路交換器。圖中虛線以外的電腦（Host）和終端設備統稱為數據處理子網路或資源子網路。

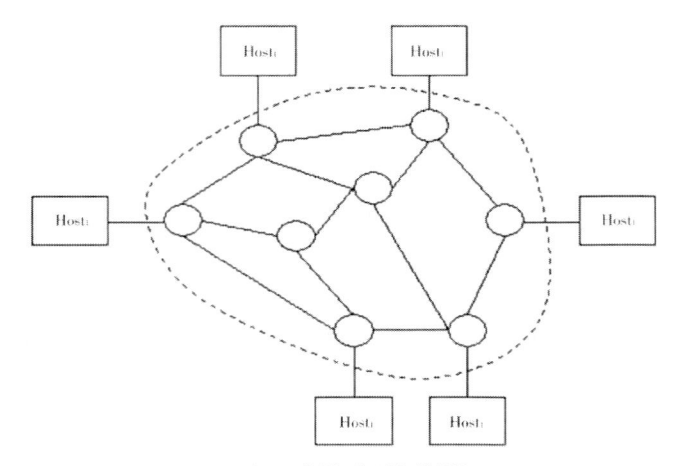

圖3-17　網狀形網路拓撲結構

　　網狀形網路是廣域網路中最常採用的一種網路形式，是典型的點到點結構。網狀形網路的主要特點是，網路可靠性高，一般通訊子網路任意兩個結點網路交換器之間，存在著兩條或兩條以上的通訊路徑。這樣，當一條路徑發生故障時，還可以透過另一條路徑把資訊送到結點網路交換器。另外，可擴充性好，該網路無論是增加新功能，還是要將另一台新的電腦入網，以形成更大或更新的網路時，都比較方便；網路可建成各種形狀，採用多種通訊通道，多種傳輸速率。

第三節　Internet 技術基礎

　　在網路技術高度發展的今天，Internet 已經滲透到各行各業並進入人們的日常生活中，極大地改變了人們的工作與生活方式，它是人類資訊傳播歷史發展中的一個偉大里程碑。它打破了傳統的地域、政治、經濟、文化的概念，形成了以資訊為中心的跨國界、跨文化、跨語言的全新的虛擬空間，人類正由此進入一個前所未有的資訊化社會。Internet 可以連接各種各樣的電腦系統和電腦網路，不論是微型電腦還是大/中型電腦，不論是區域網路還是廣域網路，不管它們在世界上什麼地方，只要共同遵循 TCP/IP 協定，就

可以連入 Internet。Internet 提供了包羅萬象、瞬息萬變的資訊資源，成為人們獲取資訊的一種方便、快捷、有效的手段，成為資訊社會的重要支柱。

一、Internet 概述

1. 什麼是 Internet？

Internet 作為一種電腦網路通訊系統和一個龐大的技術實體促使了人類社會從工業化社會向資訊社會的發展。事實上，要給 Internet 下一個準確的定義是比較困難的。其一是因為它的發展十分迅速，很難界定它的範圍。其二是因為它的發展基本上是自由化的，應該說 Internet 的誕生與發展是一個自然的演化過程，它是在電腦網路的基礎上逐步建立起來的。但是，Internet 不同於普通的電腦網路，它是建立在高度靈活的通訊技術之上的一個跨越地區和國界的全球數位化資訊系統。

Internet 的中文名稱為網際網路、國際網際網路或網際網，從網路的角度出發，可認為 Internet 是一種電腦網路的集合，以 TCP/IP 協定進行資料通訊，把世界各地的電腦網路連接在一起，進行資訊交換和資源共享的網路系統。

從資訊的角度來看，Internet 是全球規模最大的、涵蓋面最廣、開放的、由眾多網路互聯而成的資訊資源最豐富的資訊網路系統。

從網路組成的角度來看，Internet 是建立在一組共同協定之上的路由器和線路的物理集合，或者說是一組可共享的資源集，甚至可以被認為是網間互聯和互相通訊的方法。Internet 包括以下內容：基於 TCP/IP 協定的 Internet 實體；使用和開發這些網路的使用者群；可以從網路上獲得的資源集。

2.Internet 的誕生與發展

與很多人的想像相反，Internet 並非某一完美計劃的結果，Internet 的創始人也絕不會想到它能發展成目前的規模和影響。在 Internet 面世之初，沒有人能想到它會進入千家萬戶，也沒有人能想到它的商業用途。

新媒體技術
第三章 新媒體資訊傳輸技術——電腦網路技術

從某種意義上，Internet 可以說是美蘇冷戰的產物。在美國，1960 年代是一個很特殊的時代。1960 年代初，古巴核導彈危機發生，美國和原蘇聯之間的冷戰狀態隨之升溫，核戰的威脅成了人們日常生活的話題。在美國對古巴封鎖的同時，越南戰爭爆發，許多第三世界國家發生政治危機。由於美國聯邦經費的刺激和公眾恐懼心理的影響，「實驗室冷戰」也開始了。人們認為，能否保持科學技術上的領先地位，將決定戰爭的勝負。而科學技術的進步依賴於電腦領域的發展。到了 1960 年代末，每一個主要的聯邦基金研究中心，包括純商業性組織、大學，都有了由美國新興電腦工業提供的最新技術裝備的電腦設備。電腦中心互聯以共享數據的思想得到了迅速發展。

美國國防部認為，如果僅有一個集中的軍事指揮中心，萬一這個中心被原蘇聯的核武器摧毀，全國的軍事指揮將處於癱瘓狀態，其後果將不堪設想，因此有必要設計這樣一個分散的指揮系統——它由一個個分散的指揮點組成，當部分指揮點被摧毀後其他點仍能正常工作，而這些分散的點又能透過某種形式的通訊網取得聯繫。1969 年，美國國防部高級研究計劃管理局（ARPA—— Advanced Research Projects Agency）開始建立一個命名為 ARPAnet 的網路，把美國的幾個軍事及研究機構用電腦主機連起來。當初，ARPAnet 只聯結 4 台主機，從軍事要求上是置於美國國防部高級機密的保護之下，從技術上它還不具備向外推廣的條件。

1983 年，ARPA 和美國國防部通訊局研製成功了用於異構網路的 TCP/IP 協定，美國加利福尼亞柏克萊分校把該協定作為其 BSD UNIX 的一部分，使得該協定在社會上流行起來，從而誕生了真正的 Internet。

1986 年，美國國家科學基金會（National Science Foundation，NSF）利用 ARPAnet 發展出來的 TCP/IP 的通訊協定，在 5 個科學研究教育服務超級電腦中心的基礎上，建立了 NSFnet 廣域網路。由於美國國家科學基金會的鼓勵和資助，很多大學、政府資助的研究機構甚至私營的研究機構紛紛把自己的區域網路併入 NSFnet 中。那時，ARPAnet 的軍用部分已脫離母網，建立自己的網路——Milnet。ARPAnet——網路之父，逐步被

第三節　Internet 技術基礎

NSFnet 所替代。到 1990 年，ARPAnet 已退出了歷史舞台。如今，NSFnet 已成為 Internet 的重要骨幹網之一。

1989 年，由 CERN 開發成功 WWW，為 Internet 實現廣域超媒體資訊瀏覽 / 檢索奠定了基礎。

到了 1990 年代初期，Internet 事實上已成為一個「網中網」——各個子網路分別負責自己的架設和運作費用，而這些子網路又透過 NSFnet 互聯起來。由於 NSFnet 是由政府出資，因此，當時 Internet 最大的老闆還是美國政府，只不過在一定程度上加入了一些私人小老闆。Internet 在 1980 年代的擴張不單帶來量的改變，同時亦帶來質的某些改變。由於多種學術團體、企業研究機構，甚至個人使用者的進入，Internet 的使用者不再限於電腦專業人員。新的使用者發覺，加入 Internet 除了可共享 NSFnet 的超級電腦外，還能進行相互間的通訊，而這種相互間的通訊對他們來講更有吸引力。於是，人們逐步把 Internet 當作一種交流與通訊的工具，而不僅僅是共享 NSFnet 超級電腦的運算能力。

在 1990 年代以前，Internet 的使用一直僅限於研究與學術領域。商業性機構進入 Internet 一直受到這樣或那樣的法規或傳統問題的困擾。事實上，像美國國家科學基金會等曾經出資建造 Internet 的政府機構，其對 Internet 上的商業活動並不感興趣。

1991 年，美國的三家公司分別經營著 CERFnet、PSInet 及 Alternet 網路，可以在一定程度上向客戶提供 Internet 聯網服務。他們組成了「商用 Internet 協會」（CIEA），宣布使用者可以把它們的 Internet 子網路用於任何的商業用途。Internet 商業化服務供應商的出現，使工商企業終於可以堂堂正正地進入 Internet。商業機構一踏入 Internet 這一領域就發現了它在通訊、資料檢索、客戶服務等方面的巨大潛力。於是，Internet 進入了一個新的發展階段。世界各地無數的企業及個人紛紛湧入 Internet，帶來 Internet 發展史上一個新的飛躍。

183

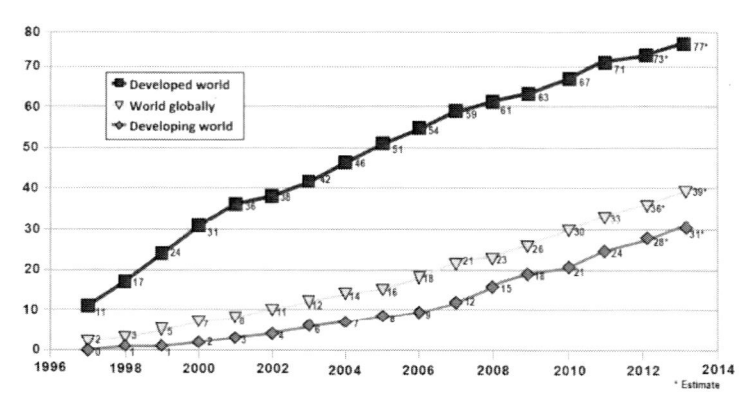

圖 3-18 Internet在全球以及發達國家和發展中國家的普及率（%）曲線

從 1990 年代中後期開始，Internet 進入了快速發展階段。據統計，Internet 在 1993 年僅承載了電信傳輸中 1% 的雙向資訊流動，在 2000 年這個數據增長到 51%，而到 2007 年，Internet 承載所有電信傳播中的 97% 以上的資訊流動。據最新統計數據表明，截至 2015 年 12 月，全世界使用 Internet 的人數已超過 33 億 6626 萬，占全球的人口比例為 46.4%。但已開發國家與開發中國家的 Internet 普及率不均衡，如圖 3-18 所示，2014 年已開發國家的網際網路普及率約 80%，而開發中國家的網際網路普及率只有約 30%。

3.Internet 的主要機構

Internet 的最大特點是管理上的開放性，沒有人實際「擁有」Internet，Internet 中也沒有絕對權威的管理機構。為了促進 Internet 運行所需的標準相容性並確保 Internet 的持續發展，先後成立了一些機構自願承擔必需的管理職責。Internet 的機構都是非營利性組織，它們遵循自下而上的結構原則，為使 Internet 獲得最大效益而開展工作。

① Internet 協會 ISOC 及其組織機構

1992 年，由於網際網路使用者的急遽增加及應用範圍的不斷擴大，一個以制定網際網路相關標準及推廣應用為目的的網際網路使用者協會 ISOC（Internet Society）成立，它的成立標誌著網際網路開始真正向商用過渡。

ISOC 是一個非政府、非營利性的行業性國際組織，總部及祕書處設在美國維吉尼亞州雷斯頓地區（Reston）並在美國華盛頓和瑞士日內瓦設有辦事處。協會的目標是保證網際網路的開放發展並為全人類服務。

ISOC 領導處理困擾 Internet 未來發展的問題。同時，ISOC 也是負責 Internet 結構性標準部分組織的上級機構。下屬機構包括網際網路工程任務組（IETF：The Internet Engineering Task Force）和 Internet 體系結構委員會（IAB：Internet Architecture Board）。

Internet 體系結構委員會 IAB 是 ISOC 中的專門負責協調 Internet 技術管理和技術發展的。IAB 的主要任務是根據 Internet 發展的需要制定技術標準，發布工作文件，進行 Internet 技術方面的國際協調和規劃 Internet 發展策略。

Internet 工程任務組 IETF 是一個公開性質的大型民間國際團體，彙集了與網際網路架構和網際網路順利運作相關的網路設計者、運營者、投資人和研究人員，並歡迎所有對此行業感興趣的人士參與。IETF 的主要任務是負責網際網路相關技術標準的研發和制定，是國際網際網路業界具有一定權威的網路相關技術研究團體。IETF 大量的技術性工作均由其內部的各種工作組（Working Group，簡稱 WG）承擔和完成。這些工作組依據各項不同類別的研究課題而組建。

②國際網際網路名字與編號分配機構（ICANN）

ICANN（The Internet Corporation for Assigned Names and Numbers）網際網路名稱與數位位址分配機構是一個非營利性的國際組織，成立於 1998 年 10 月，是一個集合了全球網路界商業、技術及學術各領域專家的非營利性國際組織，負責在全球範圍內對網際網路唯一標識符系統及其安全穩定的運營進行協調，包括網際網路協定（IP）位址的空間分配、協定標識符的指派、通用頂級域名（gTLD）以及國家和地區頂級域名（ccTLD）系統的管理、根伺服器系統的管理。這些服務最初是在美國政府合約下由網際網路號碼分配當局（Internet Assigned Numbers Authority，IANA）以及一些組織提供。現在，ICANN 行使 IANA 的職能。

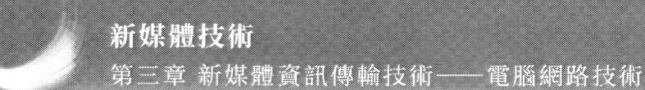

③ W3C

W3C 是全球資訊網協會（World WideWeb Consortium）英文的縮寫，它成立於 1994 年 10 月，由 WWW 之父 Tim Berners-Lee 在美國麻省理工大學電腦實驗室聯同 WWW 的發源地 CERN（Centre Europeanpour la Recherche Nucleaire，歐洲粒子物理實驗室），以及在 DARPA 和歐盟的支持下創立了全球資訊網協會（W3C），它是除了 ISOC 以外的另一個國際性的 Internet 組織。W3C 以開放論壇的方式來促進開發互通技術（包括規格、指南、軟體和工具），來開發網路的全部潛能。W3C 在全球現有約 450 家會員機構，並贏得國際認同聯盟在網路發展上的貢獻。全球資訊網協會（W3C）在成立短短不到十年間，已開發了超過數十個網路基礎建設的技術規格，領導著網路技術的向前發展。

④亞太地區網際網路工作組（APNG）

APNG 即 Asia Pacific Networking Group，是亞太地區的一個國際網際網路組織，其成員主要來自亞太地區的 20 多個國家和地區。APNG 的主要目標是推動亞太地區網路基礎設施建設，研究與發展電腦網路技術，推進亞太地區 Internet 和網路互聯的發展與完善。APNG 每年召開兩次會議，對亞太地區網路以及網路技術的發展進行研討。APNG 是亞太地區眾多網際網路組織如亞太地區網路資訊中心（APNIC），亞太地區網際網路協會（APIA），亞太先進網路（APAN），亞太網路運行會議（APRICOT）等直接或間接的孵化器。

二、IP 位址和域名

IP 位址和域名是 Internet 中的重要資源，也是 Internet 的運行基礎。IP 位址是為了使連入 Internet 的眾多主機在通訊時能夠相互識別，實現不同網路之間電腦的相互通訊必須有相應的位址標識。但對於一般使用者來說，IP 位址太抽象了，而且因為它用數位表示，不容易記憶，因此 TCP/IP 為方便人們記憶而設計了一種字符型的電腦命名機制——域名。

第三節　Internet 技術基礎

1.IP 位址

目前的全球網際網路所採用的協定簇是 TCP/IP 協定。IP 是 TCP/IP 協定中網路層的協定，是 TCP/IP 協定的核心協定。目前 IP 協定的版本號是 4（簡稱為 IPv4），發展至今已經使用了 30 多年。IP 協定中最重要的內容就是 IPv4 位址（現在已經擴展的還有 IPv6 位址，IPv6 位址本部分不涉及，下一部分專門討論），平時一般簡稱為 IP 位址。IP 位址是人們在 Internet 上使用的唯一、明確、供全世界識別的通訊位址。IP 位址是 IP 協定提供的一種統一的位址格式，它為網際網路上的每一個網路和每一台主機分配一個邏輯地址，以此來封鎖物理位址的差異。任何廠家生產的電腦系統，只要遵守 IP 協定就可以與網際網路互聯互通。正是因為有了 IP 協定，網際網路才得以迅速發展成為世界上最大的、開放的電腦通訊網路。

① IP 位址的組成

IP 位址是一個 32 位的二進位無符號數，為了表示方便，國際通行一種「點分十進位表示法」：即將 32 位的位址按位元分為 4 段，高位元在前，每個位元用十進位數表示出來，並且各位元之間用點號「○」隔開，如：202.114.64.38。這樣，IP 位址表示成了一個用點號隔開的四組數位，每組數位的取值範圍只能是 0-255。

IP 協定的位址通常劃分成兩部分：第一部分指定網路的位址（Network ID），第二部分指定主機的位址（HostID），即「IP = Network ID + Host ID」。一般來說，位址中的主機部分又進一步劃分為子網路和主機位址，子網路位址用於組織機構內的路由。用於子網路的位數由本地決定，一種最通用的策略是把一個 B 類網路劃分成 254 個子網路。所以通常又稱 IP 位址包括網路位址、子網路位址和主機位址三部分。當網路管理員決定將整個網路劃分成若干個子網路時，子網路位址的存在才會有意義。網路位址、子網路位址和主機位址等段的長度是可以改變的。為了方便簡潔地表示，通常 IP 位址的格式是中間用 3 個點號隔開的 4 個十進位數來表示的，如：某一二進位的 IP 位址為：10001000.01101011.00000011.00011010，在實際應用中將其記作：136.107.3.26。

② IP 位址的類型

IP 協定的尋址方式支持 5 種不同類型的網路類型，位址格式的最左邊的 1 個或多個二進位通常用來指定網路的類型。

● A 類 IP 位址

A 類 IP 位址的二進位位數的第一位為 0，它的第一位元表示網路號，後面三個位元表示網路中的主機號。A 類 IP 位址主要為大型網路而設計，它提供的網路位址字段的長度僅僅為 7 個二進位位，主機位址字段的長度達到 24 個二進位位，其格式為：

nnn.hhh.hhh.hhh（000.hhh.hhh.hhh……127.hhh.hhh.hhh）

其中 127.0.0.1 是一個特殊的 IP 位址，表示主機本身，用於本地機器上的測試和進程間通訊。

A 類 IP 位址一般用於表示大型網路，十進位表示的第一個位元在 1～126，即最多可以表示 126（即 2^7-2）個網路號，每一網路中最多可以有 16777214（即 $2^{24}-2$）個主機號。

● B 類 IP 位址

B 類 IP 位址的二進位位數的前兩位為 10，它的第一二位元表示網路號，三四位元表示網路中的主機號。B 類 IP 位址為網路位址字段提供的長度為 14 個二進位位，主機位址字段的長度為 16 個二進位位，這種分配方式在網路位址和主機位址之間提供了一種很好的組合，其格式為：

nnn.nnn.hhh.hhh（128.001.hhh.hhh……191.254.hhh.hhh）

B 類 IP 位址最多可以表示 16382（即 $2^{14}-2$）個網路號，每一網路中最多可以有 66534（即 $2^{16}-2$）個主機號。

● C 類 IP 位址

C 類 IP 位址的二進位位數的前高三位為 110，它的第一、二、三位元表示網路號，第四位元表示網路中的主機號。C 類 IP 位址為網路位址字段提供的

第三節　Internet 技術基礎

長度為 21 個二進位，主機位址字段的長度為 8 個二進位，這種分配方式在很高程度上限制了同一網路中所能容納的主機數目，其格式為：

nnn.nnn.nnn.hhh（192.000.001.hhh……223.255.254.hhh）

C 類 IP 位址最多可以表示 2097152（即 221-2）個網路號，每一網路中最多可以有 254（即 28-2）個主機號。

● D 類 IP 位址

D 類 IP 位址的二進位數的前 4 個最高的二進位位按順序分別設置為 1110，在 RFC1112 中規定，將其留作 IP 多路複用組使用。

● E 類 IP 位址

E 類 IP 位址按 IP 協定規定是留作將來使用，其中 4 個最高的二進位按順序分別設置為 1111。

所有的 IP 位址都由國際組織 Inter NIC（負責美國及其他地區）、ENIC（負責歐洲地區）、APNIC（負責亞太地區）按級別負責統一分配，目的是為了保證網路位址的全球唯一性，機構使用者在申請入網時可以獲取相應的 IP 位址。APNIC 的總部設在日本東京大學。申請時要考慮申請哪一類的 IP 位址，然後向代理機構提出。主機位址由各個網路的管理員統一分配。因此，網路位址的唯一性與網路內主機位址的唯一性確保了 IP 位址的全球唯一性。全球 IPv4 位址數已於 2011 年 2 月分配完畢。

③固定 IP 位址和浮動 IP 位址

固定 IP 位址又稱為「靜態 IP 位址」。固定 IP 位址是長期固定分配給一台電腦使用的 IP 位址，也就是說機器的 IP 位址保持不變。一般是特殊的伺服器才擁有固定 IP 位址。現在獲得固定 IP 的方式比較昂貴，可以透過主機託管、申請專線等方式來獲得固定 IP。

浮動 IP 位址和固定 IP 位址相對。對於大多數撥號上網的使用者，由於其上網時間和空間的離散性，為每個使用者分配一個固定的 IP 位址（固定 IP）是非常不可取的，這將造成 IP 位址資源的極大浪費。因此為了節省 IP

資源，透過電話撥號、ADSL虛擬撥號等方式上網的機器是不分配固定IP位址的，而是自動獲得一個由ISP動態臨時分配的IP位址，該位址當然不是任意的，而是該ISP申請的網路ID和主機ID的合法區間中的某個位址。撥號使用者任意兩次連接時的IP位址很可能不同，但是在每次連接時間內IP位址不變。儘管這不影響您訪問網際網路，但是您的朋友、商業夥伴（他們可能這時也在網際網路上）卻不能直接訪問您的機器。因為，他們不知道您的電腦的IP位址。這就像每個人都有一部電話，但電話號碼每天都在改變。

④公共IP位址和私有IP位址

公共位址（Public address，也可稱為公網位址）由Internet NIC（Internet Network Information Center，網際網路資訊中心）負責。這些IP位址分配給註冊並向Internet NIC提出申請的組織機構。透過它直接訪問網際網路，它是廣域網路範疇內的。

私有位址（Private address，也可稱為專網位址）屬於非註冊位址，專門為組織機構內部使用，它是區域網路範疇內的，出了所在區域網路是無法訪問網際網路的。

留用的內部私有位址目前主要有以下幾類：

*A類：10.0.0.0——10.255.255.255

*B類：172.16.0.0——172.31.255.255

*C類：192.168.0.0——192.168.255.255

⑤IP位址與MAC位址

IP位址是指Internet協定使用的位址，而MAC位址是Ethernet協定使用的位址。

IP位址與MAC位址之間並沒有什麼必然的聯繫。MAC位址是Ethernet NIC（網路卡）上帶的位址，為48位長，每個Ethernet NIC廠家必須向IEEE組織申請一組MAC位址，在生產網路卡時編寫程式於NIC卡上的序列EEPROM中。因此每個EthernetNIC生產廠家必須申請一組

MAC 位址。任何兩個 NIC 的 MAC 位址，不管是哪一個廠家生產的都不應相同。Ethernet 晶片廠家不必負責 MAC 位址的申請，MAC 位址存在於每一個 Ethernet 包中，是 Ethernet 封包頭的組成部分。Ethernet 網路交換器根據 Ethernet 封包頭中的 MAC 來源位址和 MAC 目的位址實現包的交換和傳遞。

MAC 位址工作於區域網路，區域網路之間的互聯一般透過現有的公用網或專用線路，須進行網間協定轉換。可以在 Ethernet 上傳送 IP 資訊，此時 IP 位址只是 Ethernet 資訊包數據域的一部分。Ethernet 網路交換器或處理器看不見 IP 位址，只是將其作為普通數據處理，網路上層軟體才會處理 IP 位址。

2. 域名

IP 位址是全球通用位址，但對於一般使用者來說，IP 位址太抽象了，而且因為它用數字表示，不容易記憶。因此 TCP/IP 為方便人們記憶而設計了一種字符型的電腦命名機制——域名。域名是網際網路上便於記憶的字符型位址，是網際網路上的「門牌號碼」。域名的分配與使用是網路互聯互通的基礎和前提。域名屬於網際網路上的基礎服務，基於域名可以提供 WWW、EMAIL、FTP 等應用服務。

從技術上來講，域名只是一個 Internet 中用於解決位址對應問題的一種方法。可以說只是一個技術名詞。但是，由於 Internet 已經成為全世界人的 Internet，域名也自然地成了一個社會科學名詞。從社會科學的角度看，域名已成為 Internet 文化的組成部分。從商界看，域名已被譽為「企業的線上商標」。

①域名系統的體系結構

域名系統的結構是層次型的，如 cn 代表中國的電腦網路，cn 就是 1 個域。域下面按領域又分為子域，子域下面又有子域。與 IP 位址相反，在表示域名時，從左到右級別越來越高，用圓點「○」分開。

以 WWW.CNNIC.NET.CN 這個域名來看，它是由幾個不同的部分組成的，這幾個部分彼此之間具有層次關係。其中最後的 .CN 是域名的第一層，.NET 是第二層，.CNNIC 是真正的域名，處在第三層，當然還可以有第四層，至此可以看出域名從後到前的層次結構類似於一個倒立的樹狀結構。其中第一層的 .CN 為地理頂級域名。

目前網際網路上的域名體系中共有三類頂級域名：一是地理頂級域名，共有 243 個國家和地區的代碼，如：.CN 代表中國，.JP 代表日本，.UK 代表英國，.HK 代表香港等等；另一類是類別頂級域名，共有 7 個：.COM（公司）、.NET（網路機構）、.ORG（組織機構）、.EDU（美國教育）、.GOV（美國政府部門）、.ARPA（美國軍方）、.INT（國際組織）。由於網際網路最初是在美國發展起來的，所以最初的域名體系也主要供美國使用，所以 .GOV，.EDU，.ARPA 雖然都是頂級域名，卻是美國使用的。只有 .COM，.NET，.ORG 成了供全球使用的頂級域名。相對於地理頂級域名來說，這些頂級域名都是根據不同的類別來區分的，所以稱之為類別頂級域名。隨著網際網路的不斷發展，新的頂級域名也根據實際需要不斷被擴充到現有的域名體系中來。新增加的頂級域名是：.BIZ（商業）、.COOP（合作公司）、.INFO（資訊行業）、.AERO（航空業）、.PRO（專業人士）、.MUSEUM（博物館行業）、.NAME（個人）等。在這些頂級域名下，還可以再根據需要定義次一級的域名。

②域名系統與 IP 位址的關係

Internet 通訊軟體要求在發送和接收資料報時必須使用數位表示的 IP 位址。因此，1 個應用程式在與用字母表示的名字的電腦上的應用程式通訊之前，必須將名字翻譯成 IP 位址。Internet 提供了一種自動將名字翻譯成 IP 位址的服務，這也是域名系統的主要功能。

域名系統與 IP 位址有映射關係，它也實行層次型管理。在訪問一台電腦時，既可用 IP 位址表示，也可用域名表示。

域名與 IP 位址的關係如同人的姓名與身分證號碼的關係一樣。Internet 上有很多負責將主機位址轉為 IP 位址的服務系統——域名伺服器（DNS），這個服務系統會自動將域名翻譯為 IP 位址。

一般情況下，1 個域名對應 1 個 IP 位址，但並不是每個 IP 位址都有 1 個域名和它對應，對於那些不需要他人訪問的電腦只有 IP 位址，而沒有域名。

三、下一代 Internet（IPv6）

20 世紀的網際網路協定隨著行動網路、語音／數據的整合以及嵌入式的網路硬體快速發展，以網際網路為核心的未來通訊模式正在形成。到目前為止，網際網路取得了巨大的成功，而這很大程度上歸功於其核心通訊協定 IPv4 的高度可伸縮性。IPv4 的設計思想成功地造就了目前的國際網際網路，並容納了過去幾十年中網路規模的等比級數增長，其核心價值體現在以下方面：簡單、靈活和開放性。

但是，新應用的不斷湧現使網際網路呈現出新的特徵，傳統的網際網路協定版本，即 IPv4，已經難以支持網際網路的進一步擴張和新業務的特性，比如即時應用和服務品質保證。IPv4 的不足體現在以下方面：

①有限的位址空間：IPv4 協定中每一個網路連接埠由長度為 32 位 IP 位址標識，這決定了 IPv4 的位址空間為 232，大約理論上可以容納 4294967296 個主機，這一位址空間難以滿足未來行動設備和消費類電子設備對 IP 位址的巨大需求量，全球 IPv4 位址數已於 2011 年 2 月分配完畢。

②路由選擇效率不高：IPv4 的位址由網路和主機位址兩部分構成，以支持層次型的路由結構。子網路和 CIDR 的引入提高了路由層次結構的靈活性。但由於歷史的原因，IPv4 位址的層次結構缺乏統一的分配和管理，並且多數 IP 位址空間的拓撲結構只有兩層或者三層，這導致主幹路由器中存在大量的路由表項。龐大的路由表增加了路由查找和儲存的開銷，成為目前影響提高網際網路效率的一個瓶頸。同時，IPv4 封包的標頭長度不固定，因此難以利

用硬體提取、分析路由資訊，這對進一步提高路由器的數據吞吐率也是不利的。

③缺乏服務品質保證：IPv4 遵循盡力而為的原則，這一方面是一個優點，因為它使 IPv4 簡單高效；另一方面它對網際網路上湧現的新的業務類型缺乏有效的支持，比如即時和多媒體應用，這些應用要求提供一定的服務品質保證，比如頻寬、時延和抖動。研究人員提出了新的協定在 IPv4 網路中支持以上應用，如執行資源預留的 RSVP 協定和支持即時傳輸的 RTP/RTCP 協定。這些協定同樣提高了規劃、構造 IP 網路的成本和複雜性。

④位址分配不便：IPv4 是採用手工配置的方法來給使用者分配位址，這不僅增加了管理和規劃的複雜程度，而且不利於為那些需要 IP 行動性的使用者提供更好的服務。

1990 年代初，IETF（網際網路工程任務組）認識到解決 IPv4 的這些問題的唯一辦法就是設計一個新版本來取代 IPv4，於是成立了名為 IPng（IP next generation）的工作組，主要的工作是定義過渡的協定確保當前 IP 版本和新的 IP 版本長期的相容性，並支持當前使用的和正在出現的基於 IP 的應用程式。

IPng 工作組的工作開始於 1991 年，先後研究了幾個草案，最後提出了 RFC（Request for Comments，請求意見稿）所描述的 IPv6，從 1995 年 12 月開始進入了 Internet 標準化進程，1998 年 IPng 工作組正式公布 RFC2460 標準。IPv6 繼承了 IPv4 的端到端和盡力而為的基本思想，其設計目標就是要解決 IPv4 存在的問題，並取代 IPv4 成為下一代網際網路的主導協定。為實現這一目標，IPv6 具有了以下特徵：

① 128 位位址空間：IPv6 的位址長度由 IPv4 的 32 位擴展到 128 位，128 位址空間包含的準確位址數是 340282366920938463463374607431768211456 個。IPv6 位址的無限充足意味著在人類世界，每件物品都能分到一個獨立的 IP 位址。也正是因此，IPv6 技術的運用，將會讓資訊時代從人機對話，進入到機器與機器互聯的時代，讓 IoT 成為真實，所有的家具、電視、相機、手機、電腦、汽車……全部都可以納入成為網際網路的一部分。另一個值得

考慮的因素是位址分配。IPv4 時代網際網路位址分配的教訓使人們意識到即使有 128 位的位址空間，一個良好的分配方案仍然非常關鍵。因此，有理由相信在 IPv6 時代 IP 位址可能會得到更充分的利用。

②改進的路由結構：IPv6 採用類似 CIDR 的位址群集機制層次的位址結構。為支持更多的位址層次，網路前綴可以分成多個層次的網路，其中包括 13bit 的 TLa-ID（頂級群集標識）、24bit 的 NLa-ID（次級群集標識）和 16bit 的 SLa-ID（網點級群集標識）。一般來說，IPv6 的管理機構對 TLA 的分配進行嚴格管理，只將其分配給大型骨幹網的 ISP，然後骨幹網 ISP 再可以靈活地為各個地區／中小 ISP 分配 NLA，而使用者從中小 ISP 獲得位址。這樣不僅可以定義非常靈活的位址層次結構，同時，同一層次上的多個網路在上層路由器中表示為一個統一的網路前綴，這樣可以顯著減少路由器必須維護的路由表項。按照 13bit 的 TLA 運算，理想情況下一個核心主幹網路由器只需維護不超過 8192 個表項。這大大降低了路由器的尋路和儲存開銷。

同時，IPv6 採用固定長度的基本標頭，簡化了路由器的操作，降低了路由器處理封包的開銷。在基本標頭之後還可以附加不同類型的擴展標頭，為定義可選項以及新功能提供了靈活性。

③實現 IP 層網路安全：IPv6 要求強制實施網際網路安全協定 IPSec（Internet Protocol Security），並已將其標準化。IPSec 在 IP 層可實現數據來源驗證、數據完整性驗證、資料加密、抗重播保護等功能；支持認證頭協定（AH，Authentication Header）、封裝安全性載荷協定（ESP，Encapsulating Security Payload）和網際網路金鑰交換協定（Internet Key Exchange），這 3 種協定將是未來 Internet 的安全標準。另外，病毒和蠕蟲是最讓人頭疼的網路攻擊。但這種傳播方式在 IPv6 的網路中就不再適用了，因為 IPv6 的位址空間實在是太大了，如果這些病毒或者蠕蟲還想透過掃描位址段的方式來找到有可乘之機的其他主機，猶如大海撈針。在 IPv6 的世界中，按照 IP 位址段進行網路偵查是不可能了。

④無狀態自動配置：IPv6 透過鄰居發現機制能為主機自動配置連接埠位址和缺省路由器資訊，使得從網際網路到最終使用者之間的連接不經過使用者干預就能夠快速建立起來。

⑤ IPv6 高效的網際網路引擎引人注目的是，IPv6 增加了許多新的特性，其中包括：服務品質保證、自動配置、支持行動性、多點尋址（Multicast）、安全性。另外 IPv6 在行動 IP 等方面也有明顯改進。

基於以上改進和新的特徵，IPv6 為網際網路換上一個簡捷、高效的引擎，不僅可以解決 IPv4 目前的位址短缺難題，而且可以使國際網際網路擺脫日益複雜、難以管理和控制的局面，變得更加穩定、可靠、高效和安全。

IPv6 協定的以上特性同時為行動網路提供了廣闊的前景。目前行動通訊正在試圖從基於電路交換提供語音服務向基於 IP 提供數據、語音、影片等多種服務轉變，IPv4 很難對此提供有效的支持：行動設備入網需要大量的 IP 位址，行動設備的全球漫遊問題也必須由附加的行動 IPv4 協定加以支持。IPv6 的位址空間、行動性的支持、服務品質保證機制、安全性和其他靈活性很好地滿足了行動網路的需求。

IPv6 的另一個重要應用就是網路實名制下的網際網路身分證。目前基於 IPv4 的網路之所以難以實現網路實名制，一個重要原因就是因為 IP 資源的共用，所以不同的人在不同的時間段共用一個 IP，IP 和上網使用者無法實現一一對應。但 IPv6 可以直接給該使用者分配一個固定 IP 位址，這樣實際上就實現了實名制。

四、Internet 接入方式

Internet 上豐富的資源吸引著每個人，若要想利用這些資源，需首先將使用者的電腦連入 Internet。由於使用者的環境不同、要求不同，所以採用不同的接入方法。

接入 Internet 的使用者可分為兩種類型：一種是作為最終使用者來使用 Internet 提供的豐富的資訊資源；另一種是出於商業目的而成為 Internet 服務供應商 ISP（Internet Service Provider），即相當於 Internet 的下級

代理。ISP 透過租用高速專線，建立必要的伺服器和路由器等設備，向使用者提供 Internet 資訊服務，從中收取服務費。

Internet 的最終使用者也分為兩種：一種是單機個人使用者，從事的業務範圍較小；另一種則是公司和單位使用者，它們透過把自己的區域網路連接到 Internet 上，享受 Internet 的所有服務。

在電腦網路還不發達的過去，網路接入的傳統技術主要是利用電話網的類比使用者線，即採用調變與解調器將電腦透過電話線接入 Internet。而在網路向數位化、光纖化和寬頻化發展的今天，網路接入技術已是異彩紛呈。當前開展 Internet 接入網業務主要分為兩大類：一類是利用已有的線路資源；一類是新鋪線路建立新的網路。

現有線路資源主要有：電話線、有線電視網和電力線，其中電話線接入 Internet 又有 Modem 撥號接入、ISDN 接入和基於電信網使用者線的數位使用者線 DSL 接入三種方式。電話線和有線電視網的接入線路資源歸傳統的電信業者所擁有，電力線接入是一種新型的正在研究的 Internet 接入方式。

第二類接入方式可透過無線、新鋪電纜或光纖等方法實現。無線 Internet 接入方式需要無線電頻轉換的硬體，由於成本較高，難以得到大面積推廣，目前只能作為有線接入的一種補充；新鋪電纜或光纖需要重新布線，利用區域網路接入到 Internet。

從全球來看，美國擁有完善的有線電視網和龐大的電話網資源，在網路接入技術應用方面就充分享揮了現有設施和資源的作用，目前已有相當數量的有線電視網被改造為雙向傳輸網，預計在今後相當長的一段時間內還會保持高速增長趨勢。在歐洲，數位使用者線 DSL 方式已得到廣泛應用，面向全業務的無源光網路技術開始進入實用推廣階段，但是在距離「最後一公里」仍傾向於使用 ADSL 和 VDSL 技術。日本是積極採用光纖接入技術的國家之一，它首先實現光纖到大樓和光纖到路邊，最終實現光纖到使用者，從而提供寬頻多媒體服務。

1. Modem 撥號接入

Modem 撥號接入上網方式是 Internet 發展初期最普遍使用的接入方式。Modem 撥號接入是指利用 Modem，透過普通電話線接入到 Internet。Modem 撥號接入方式要求使用者有一條已開通的電話線、一個 Modem、一台電腦、向 ISP 申請的帳號和密碼。

以 Modem 方式接入 Internet 時，須先在 Internet 的一台伺服器上擁有使用者自己的帳號，這樣的伺服器一般由一些 Internet 的服務機構控制，稱為 Internet 服務供應商 ISP，相當於 Internet 的下級代理。使用者要想上網得先找 1 個 ISP，ISP 提供撥號上網的電話號碼、登錄使用者名（撥號連接帳號）及登錄密碼等參數，然後就可透過 ISP 接入 Internet。

Modem 撥號接入最大的好處是方便、普及、便宜；不足之處是使用者在上網的同時，不能再接收電話、上網速度慢（最高速率為 56Kbps，已經達到取樣定理確定的通道容量極限）。因此 Modem 撥號接入上網方式目前基本上被淘汰。

2. xDSL 接入

xDSL 是 DSL（Digital Subscriber Line）的統稱，意為數位使用者線路，它是以銅質電話線為傳輸介質的傳輸技術組合，它包括 HDSL、ADSL、SDSL、RADSL 和 VDSL 等。它們主要的區別就是體現在訊號傳輸速度和距離的不同以及上行速率和下行速率對稱性的不同這兩方面。

目前已提出的 xDSL 技術主要有以下幾種：

（1）高速率數位使用者線路（HDSL）

HDSL（High bit-rate Digital Subscriber Line）是一種對稱的高速數位使用者環路技術，上行和下行速率相等，透過兩對或三對雙絞線提供全雙工 1.544/2.048Mbps（T1/E1）的數據資訊傳輸能力。其無中繼傳輸距離視線徑不等，為 4～7km。

第三節　Internet 技術基礎

(2) 非對稱數位使用者線（ADSL）

ADSL 允許在一對雙絞銅線上，在不影響現有電話業務的情況下，進行非對稱高速資料傳輸。ADSL 上行速率為 224Kbps～1Mbps，下行傳輸速率 1.544Mbps～9.2Mbps 傳輸距離在 2.7～5.5km。

(3) 對稱數位使用者線（SDSL）

SDSL（Single-pair Digital Subscriber Line）又稱單線對數位使用者線，它是 HDSL 的一個分支。SDSL 使用一對雙絞銅線在上、下行方向上實現 E1/T1 傳輸速率的技術，它的上行與下行速率相同，傳輸速率由幾百 Kbps 到 2Mbps，傳輸距離可達 3km 左右。

(4) 速率自適應數位使用者線（RADSL）

RADSL（Rat-Adapted Digital Subscriber Line）能夠自動地、動態地根據所要求的線路品質調整自己的速率，為遠距離使用者提供品質可靠的數據網路接入手段。RADSL 是在 ADSL 基礎上發展起來的新一代接入技術，其下行速率從 384Kbps 到 9.2Mbps，上行速率從 128Kbps 到 768Kbps，其傳輸距離可達 5.5km 左右。

(5) 超高速數位使用者迴路（VDSL）

VDSL（Very high-rate Digital Subscriber Line）是 ADSL 的發展方向，是目前最先進的數位使用者線技術。VDSL 通常採用 DMT（Discrete multitone，離散多載波）調製方式，在一對雙絞銅線上實現數位傳輸，其下行速率可達 13～52Mbps，上行速率可達 1.5～7Mbps，傳輸距離為 300m～1.3km。利用 VDSL 可以傳輸高清晰度電視（HDTV）訊號。VDSL 的標準化是 ITU-T 下一階段的主要研究目標之一。傳輸速率高達 155Mbps 的超高速率數位使用者線路（Super high bit-rate Digital Subscriber Line）也正在研究中。

由於高速接入應用實際上集中在高速接入 Internet，即實現 Web 上的視音頻點播、動畫等高頻寬應用；而這些應用的特點是上下行資料傳輸量不平衡，下行傳送大量的視音頻資料流，需高頻寬，而上行只是傳送簡單的檢

索及控制資訊，需要很少的頻寬——這些都是 ADSL 技術的特點。而在高速接入的競爭中，電信局主要推出 ADSL 接入手段去占領市場。因此在下面將主要介紹 ADSL 技術。

ADSL 為 Asymmetric Digital Subscriber Line 的簡稱，它的中文名稱為：非同步對稱（非對稱）數位迴路系統，之所以稱為「非同步」是指上傳與下載的速度不同。ADSL 是利用傳統電話線路透過高波段傳輸數據。ADSL 技術是一種不對稱數位使用者線實現寬頻接入網際網路的技術，ADSL 作為一種傳輸層的技術，充分利用現有的銅線資源，在一對雙絞線上提供上行 640Kbps 下行 8Mbps 的頻寬（下行大於上行的非對稱資料傳輸速率），從而克服了傳統使用者在「最後一公里」的「瓶頸」，實現了真正意義上的寬頻接入。

ADSL 技術的設計思想始於 1989 年，當時有人提出了一種很超前的設想：用普通的電話雙絞線傳輸影片訊號、圖片以及高清晰度的畫面等資訊，這些資訊需要每秒上兆位的資料傳輸率。考慮到客戶—伺服器結構是使用者機從伺服器上大量讀取資訊而相對較少向伺服器傳送數據的模式，設想以不對稱的形式傳送資訊，下行速率設計為 1.5Mbps，上行速率為 16Kbps 或 64Kbps。這種不對稱的傳輸方式適合於 VOD（影片點播）和從數據線上下載資訊。自 1989 年來，ADSL 技術取得了很大的發展，下行通道的速率從 1.5Mbps 上升到了 8Mbps，上行通道的速率也升到了 1Mbps。近年來，隨著透過 Internet 或與公司區域網路進行資料通訊的需求不斷增長，ADSL 才被推向了網路接入的市場，並逐漸引起人們的重視。

當使用 ADSL 上網的時候，ADSL Modem 便在電話線上產生了三個資訊通道：一個為標準電話服務的語音通道、一個是中速上行通道、另一個是高速下載通道，並且這三個通道可以同時在一根電話線上進行工作，而且在上網的同時不影響電話的正常使用，這也意味著使用 ADSL 上網時，並不需要繳付另外的電話費。

ADSL 系統是著重於利用電信公司現擁有的大量電話線來當傳輸介質，在這種結構下，電信公司只要提供較先進的調製技術方式，就能在大多數的

地區同時提供傳統語音相關服務與多媒體服務。然而銅線迴路最大的缺點在於傳輸衰減較大、串擾嚴重，並且受到頻率響應、電力干擾、金屬噪聲、迴路電流及迴路電阻的影響，使得傳輸距離與傳輸速率需要做些取捨。如表 3-2 所示的線材、傳輸速率與傳輸距離的關係。

表 3-2 線材、傳輸速率與傳輸距離的關係

美規線材	線徑	傳輸速率	傳輸距離
24AWG	0.5mm	1.536Mbps	5.5km
24AWG	0.5mm	6.144Mbps	3.7km
26AWG	0.4mm	1.53Mbps	4.5km
26AWG	0.4mm	6.1Mbps	2.7km

3.Cable Modem 接入

Cable Modem 的中文名為纜線數據機（又名線纜調變與解調器），是一種基於有線電視 HFC（混合式光纖同軸網路）網路的寬頻接入技術，近幾年隨著網路應用的擴大而不斷發展，它透過現有的有線電視網寬頻網路進行數據高速傳輸，具有實現使用者寬頻接入的基礎。自從 1993 年 12 月，美國時代華納公司在佛羅里達州奧多市的有線電視線上進行類比和數位電視、數據的雙向傳輸試驗獲得成功後，Cable Modem 技術就已經成為被看好的接入技術。

Cable Modem 與以往的 Modem 在原理上都是將數據進行調製後在 Cable 的一個頻率範圍內傳輸，接收時進行解調，傳輸原理與普通 Modem 相同，不同之處在於它是透過有線電視 CATV 的某個傳輸頻寬進行調變與解調的。而普通 Modem 的傳輸媒體在使用者與網路交換器之間是獨立的，即使用者獨享通訊媒體。Cable Modem 屬於頻寬共享系統，其他空閒波段仍然可用於有線電視訊號的傳輸。

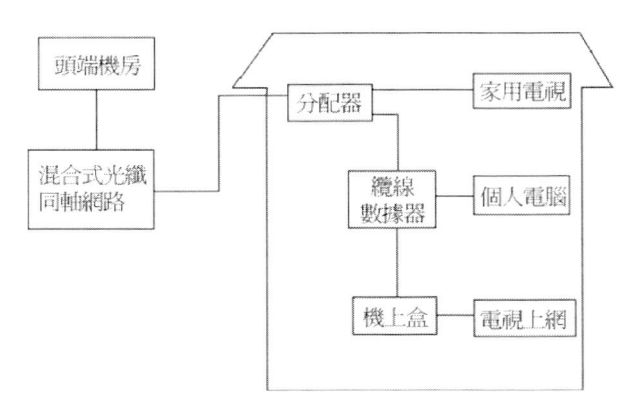

新媒體技術
第三章 新媒體資訊傳輸技術──電腦網路技術

圖 3-19 CATV網路連接圖

與電話 Modem 和 ISDN 相比，CableModem 的優勢表現在：高傳輸速率、線路始終通暢（不用撥號，沒有忙音）、多使用者使用一條線路（包括完整的電視訊號）、不占用公用電話線、支持寬頻多媒體功能。

有線電影片率訊號進入家中後，經過電纜線上的一個分配器（Splitter），分出一端連接至電視，另一端則連上纜線數據機（Cable Modem），透過乙太網路卡連接到電腦，即可上網。如圖 3-19 所示。當利用 CABLE 上網時，完全不影響有線電視的正常收視。

傳統的同軸電纜電視網路工作頻率為 330MHz 或 450MHz，新的混合型光纖同軸系統工作頻率為 750MHz，它一般利用 50～750MHz 作為下載頻道，傳送下載數據到使用者家中，利用 5～42MHz 部分來作為上行頻道。如圖 3-20 所示。

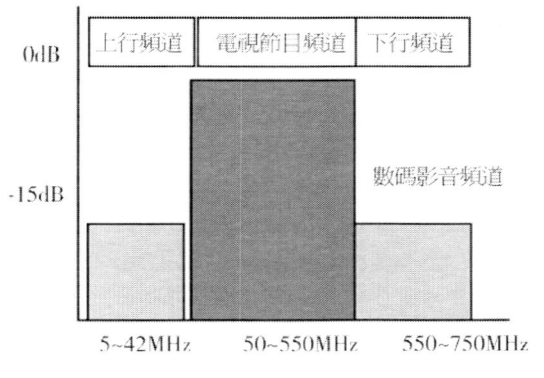

圖 3-20 有線電視頻譜

　　Cable Modem 可在有線電視網路的每一頻道產生高達 27～38Mbps 的頻寬，但從 Cable Modem 到 PC 的最大傳輸速率目前為 10Mbps，這是由於 Cable Modem 採用了 10BaseT 乙太網路連接埠所致。而 CableModem 技術本身是匯流排型網路，使用者之間分享頻寬，當一條線路上使用者激增時，其速度將會減慢。大部分情況下，還必須兼顧有線電視節目，占用頻寬，所以理論傳輸速率只能達到一小半。國外公司實驗表明，其速率一般為 1～2Mbps，更常見的是 400～500Kbps。

4. 區域網路接入

　　如果你所在的單位或者社區已經架構了區域網路並與 Internet 相連接，而且在你的位置布置了連接埠的話，就可以使用區域網路接入 Internet。目前，區域網路接入已成為集團使用者、部分新型住宅小區使用者寬頻接入的主要方式之一。

　　區域網路（LAN）接入是一種成熟的本地寬頻接入方式。它透過網線高速傳輸數據，實現千兆到小區，百兆到大樓，十兆到桌面。對普通使用者來說，一般採用雙絞線接入技術，通常還有光纖接入技術。光纖接入技術是發展寬頻接入的長遠解決方案。目前，網路骨幹部分大多數使用的是光纖，但對於使用者端直接使用光纖接入還要一個較長的過程。現有的光纖接入方式有光纖到路邊（FTTC）、光纖到大樓（FTTB）及光纖到小區（FTTZ）。

新媒體技術

第三章 新媒體資訊傳輸技術——電腦網路技術

使用區域網路接入 Internet，可以避免傳統的撥號上網後無法接聽電話，以至於耽誤工作的弊端，還可以節省大量的電話費用；它不需要撥號，可以做到長期連接；利用區域網路可以很好地與自己的同事或鄰居們做到數據和資源的共享。而且隨著網路的普及和發展，各區域網路和 Internet 連接埠頻寬的擴充，高速度正在成為使用區域網路的最大優勢。

區域網路接入 Internet 是受到你所在單位或社區規劃的制約的，它不像電話那樣普及到人們生活的各個角落。如果你所在的地方沒有架構區域網路，或者架構的區域網路沒有和 Internet 相連而僅僅是一個內部網路，那麼你就沒辦法採取區域網路接入 Internet。

採用區域網路接入 Internet 只要求有一台配置有網路卡的電腦、一根雙絞線、一個乙太網路連接埠，然後再去向網路管理員或 ISP 申請一個 IP 位址或者一個虛擬撥號帳號就可以了。如果申請了一個 IP 位址，只用在「TCP/IP」中配置好 IP 位址、子網路遮罩、閘道器、DNS（由 ISP 提供）就可以連接到 Internet，而且每次開機後就會自動與 Internet 建立連接。如果是透過虛擬撥號帳號，則要求安裝一個虛擬撥號 PPPoE 程式，當要求與 Internet 建立連接時，先必須運行該虛擬撥號程式，透過該帳號和輸入密碼後才能連入 Internet。

傳統區域網路接入以雙絞線為主，隨著 Wi-Fi 的快速發展，目前在家裡使用電腦接入網際網路的城鎮網友中，家庭 Wi-Fi 的普及情況已達到很高水平，比例為 81.1% ①。

① CNNIC 第 35 次調查報告：網際網路接入環境 [EB/OL]，http://tech.sina.com.cn/i/2015-02-03/doc-ichmifpx6707486.shtml

5. 無線接入

隨著筆記型電腦、個人數位助理（PDA）以及智慧型手機等的普及，使用者端的無線接入業務在不斷地增長。無線接入是指從業務節點介面到使用者終端全部或部分使用無線傳輸介質，即利用衛星、微波等傳輸手段向使用者提供接入服務。無線接入同任何其他接入方式相類似，即必須有公共設

第三節　Internet 技術基礎

施──無線接入網。無線接入網對實現通訊網的「五個 W」意義重大，即要保證任何人（Whoever）隨時（Whenever）隨地（Wherever）能同任何人（Whoever）實現任何方式（Whatever）的通訊。無線接入要求在接入的電腦上插入無線接入網路卡，得到無線接入網 ISP 的服務，便可實現 Internet 的接入。

無線接入的優點是可以提供一定程度的終端行動性、開設速度快、投資省；缺點是傳輸品質不如光纜等有線傳輸方式，適用於行動寬頻業務的無線接入技術尚不成熟。

無線接入技術可大致分為：低速無線本地環路、寬頻無線接入和衛星接入等。

(1) 低速無線本地環路

低速無線本地環路技術源於 1940 年代中期出現的蜂巢電話和隨後產生的無線電話等行動通訊技術。因為無線通訊技術目前尚未有一個完整的、統一的和世界性的標準，所以其實現過程也多種多樣，但從工作原理上基本上分為類比蜂巢技術、數位蜂巢技術和無線技術。

①類比蜂巢技術

第一代行動通訊系統都採用類比蜂巢技術，如 AMPS（Advanced Mobile Phone System，類比式行動電話系統）和 TACS（Total Access Communication System，總訪問通訊系統）等，在低速無線本地環路的應用中，類比技術不會有很大的發展空間，只能是一個過渡性的技術，它必將被數位技術所取代。

②數位蜂巢技術

數位蜂巢行動通訊技術的標準也是多種多樣，主要有 3 種數位蜂巢系統：TDMA（Time Division Multiple Access，時分多重接取）、CDMA（Code Division Multiple Access，分碼多重進接）和 GSM（Global System for Mobile，全球行動通訊系統，又稱為全球通）。GSM 是目前世界上使用最廣泛的蜂巢行動通訊系統，它的語音碼速率為 13Kbps，而且能夠提供速率

為 9.6Kbps 的數據服務，它的功能正在不斷完善，以提供更高速率的數據服務。CDMA 被認為能夠大大提高系統容量，主要在美國和亞太地區使用。WAP 手機上網主要是基於數位蜂巢技術。

③無線技術

無線技術是為使用者提供小範圍行動性功能而設計的一種技術。近來，無線技術被更多地應用到無線本地環路系統中，主要的技術有 DECT（Digital Enhanced Cordless Telecommunications，數位增強無線電話系統）和 PHS（Personal Handyphone System，個人手持式電話系統）。DECT 能夠提供 32Kbps 的語音編碼速率和為每個使用者提供 552Kbps 的數據速率。PHS 是一個日本標準，主要在日本和一些亞太地區國家使用。

(2) 寬頻無線接入

隨著無線接入市場的不斷擴大，許多無線設備廠家開始利用無線電頻率的高頻（大於 2GHz）頻寬提供所謂的寬頻無線接入系統，這些系統採用數位技術，並能夠支持多個使用者和多種服務，支持的數據速率一般在 128Kbps～155Mbps 範圍。目前已投入使用的有 MMDS（Multipoint Multichannel Distribution System，多點多點分享系統）和 LMDS（Local Multipoint Distribution Service，區域多點分散式服務系統）。

MMDS 主要用於類比電視系統，有「無線電纜」之稱。由於運行在較低的頻率上，MMDS 能夠涵蓋超過 50km 的範圍。

LMDS 過去主要被用來傳輸影片節目，它採用了與蜂巢電話系統類似的系統結構，因此也被稱為「蜂巢電視」。由於運行在較高的頻率，LMDS 的涵蓋範圍約為 5km。LMDS 非常適合於傳輸寬頻數據，可提供雙向的影片、語音和高速數據服務。

(3) 衛星接入

衛星接入是指利用衛星通訊系統提供接入服務。衛星通訊系統由人造衛星和地面站組成，它利用衛星作為中繼站轉發無線電信號，在 2 個或多個地

面站之間進行通訊。衛星接入具有涵蓋範圍廣、傳輸距離遠、建網速度快和成本低等許多優點。

衛星通訊從 1950 年代開始發展，商業化應用初期的主要功能是彌補陸上通訊系統的不足，提供一些電話、電傳和電視訊號的傳輸服務，後來發展到提供電話、電視和一些基本數據的接入服務。

進入 1990 年代以後，隨著 Internet 和行動通訊的迅速發展，衛星通訊也進入了一個重要的新時期，一些能夠廣泛應用於全球電信網、滿足寬頻多媒體服務和行動使用者接入服務的衛星通訊系統開始建立。其中能夠為使用者提供電話、電視和數據接入服務的 VSAT（Very Small Aperture Terminal，甚小口徑終端）業務，其下行速率為 400Kbps～2Mbps，以後將達到 45～4500Mbps。該技術將成為其他 Internet 接入技術的有力補充和競爭對手。

(4) 無線區域網路（Wi-Fi）接入

無線區域網路（Wireless Local Area Networks；WLAN）利用無線技術在空中傳輸數據、話音和影片訊號，是作為傳統布線網路的一種替代方案或延伸。無線區域網路是把有線網路訊號轉換成無線訊號，使用無線路由器供支持其技術的相關電腦、手機、平板等接收。手機如果有無線保真（無線保真是一個無線網路通訊技術的品牌，由 Wi-Fi 聯盟所持有。目的是改善基於 IEEE802.11 標準的無線網路產品之間的互通性。有人把使用 IEEE802.11 系列協定的區域網路就稱為無線保真）功能的話，在有 Wi-Fi 無線訊號的時候就可以不透過行動連通的網路上網，省掉了流量費。

無線接入市場被分析家們認為是快速增長的通訊領域，在行動數據和固定無線接入方面會發生令人矚目的變化，加之其他（如無線 LAN 和無線定位）市場需求的增長，無線通訊領域一定會有燦爛的明天。

6. 電力線接入

1991 年，在美國電子工業協會所確認的三種家庭 Internet 接入方式中，電力線接入便是其中的一種。使用電力線作為家庭接入 Internet 的方式具有成本低，安裝方便，一線多用等特點。

電力線通訊技術是利用電力線傳輸數據和話音訊號的一種通訊方式。該技術是把載有資訊的高頻載入於電流，然後用電線傳輸，接受資訊的調變與解調器再把高頻從電流中分離出來，並傳送到電腦，以實現資訊傳遞。電力線資料通訊實際上利用了現有的寬頻骨幹、都會網路。它使用特殊的轉換設備，將網際網路電信業者提供的寬頻網路中的資訊訊號接入小區局端電力線。電力線接入不用任何網路線和電話線，也不需要重新布線，目前只需透過連接在電腦上的電力線通訊數據機，再插入家中任何一個電源插座，就可以實現最高 14M 的上網速度，點擊瀏覽器就能上網，上網速度可與一般的「寬頻」相比擬。

由於供電線路連接複雜，通道之間的干擾強，訊號的衰減大，所以可實現的傳輸距離短，頻寬窄。另外，電磁相容性及使用安全性等一系列問題需要解決。這些問題使在電力線上傳輸數據存在許多困難。

第四節　網路安全技術

電腦網路在經濟和生活的各個領域迅速普及，使得世界經濟正在迅速地融為一體，人類社會對網路的依賴程度越來越大。眾多的企業、組織、政府部門與機構都在組建和發展自己的網路，並連接到 Internet 上，以充分共享、利用網路的資訊和資源。網路已經成為社會和經濟發展強大動力，其地位越來越重要。但伴隨著網路的發展，也產生了各種各樣的問題，這其中安全問題尤為突出。瞭解網路面臨的各種威脅，防範和消除這些威脅，實現真正的網路安全已經成了網路發展中最重要的事情。

第四節　網路安全技術

一、網路安全概述

1.電腦網路安全的定義和內容

電腦網路安全是指利用網路管理控制和技術措施，保證在一個網路環境裡，資訊數據的保密性、完整性及可使用性受到保護。網路安全的主要目標是要確保經網路傳送的資訊，在到達目的站時沒有任何增加、改變、丟失或被非法讀取。網路的安全性實際上包括兩方面的內容：一是網路的系統安全，一是網路的資訊安全，而保護網路的資訊安全是最終目的。就網路資訊安全而言，首先是資訊的保密性，其次是資訊的完整性。

在電腦網路中，安全威脅來自各個方面，甚至有些是由於我們自身的失誤而產生的。影響並危害電腦網路安全的因素分自然因素和人為因素兩類。自然因素包括溫度、濕度、灰塵、雷擊、靜電、水災、火災、地震、空氣汙染和設備故障等因素。人為因素又有無意和故意之分，如：由於錯誤操作刪除了數據的疏忽或過失；人為故意的破壞，如駭客行為。由於網路中儲存和流動著許多高度機密數據和電子財富，這早已是政治間諜、商業間諜及駭客窺測和行動的目標。電腦網路安全的內容大致包括四個方面：

①網路實體安全：如電腦機房的物理條件、物理環境及設施的安全，電腦硬體、附屬設備及網路傳輸線路的安裝及配置等。

②軟體安全：如保護網路系統不被非法侵入，系統軟體與應用軟體不被非法複製、不受病毒的侵害等。

③網路中的數據安全：如保護網路資訊數據的安全、資料庫的安全，保護其不被非法存取，保證其完整、一致等。

④網路安全管理：如運行時突發事件的安全處理等，包括採取電腦安全技術，建立安全管理制度，開展安全審計，進行風險分析等。

2.網路安全面臨的威脅

一般來說，對普通的網路使用者來說，面臨的安全性威脅主要有以下幾個方面：

①病毒問題

電腦病毒是廣大使用者最關心的一個安全問題。電腦病毒程式很容易做出，有著巨大的破壞性，其危害已被人們所認識。從前的單機病毒就已經讓人們談毒色變了，如今透過網路傳播的病毒無論是在傳播速度、破壞性和傳播範圍等方面都是單機病毒所不能比擬的。

目前全球已發現數十萬餘種病毒，並且還在以每天十餘種的速度增長。有資料顯示，病毒威脅所造成的損失，占網路經濟損失的 76%，僅「I LOVE YOU 蠕蟲」發作在全球所造成的損失，就達 96 億美元。

②駭客攻擊

駭客攻擊已有二十幾年的歷史。駭客對於大家來說已經不再高深莫測，駭客技術逐漸被越來越多的人掌握和發展，目前，世界上有 20 多萬個駭客網站，這些站點都介紹一些攻擊方法和攻擊軟體的使用以及系統的一些漏洞，因而系統、站點遭受攻擊的可能性就變大了。尤其是現在還缺乏針對網路犯罪卓有成效的反擊和追蹤手段，使得駭客攻擊的隱蔽性好，殺傷力強，是網路安全的主要威脅。

駭客活動幾乎涵蓋了所有的作業系統，包括 UNIX、Windows NT、VMS 以及 MVS 等。駭客攻擊比病毒破壞更具目的性，因而也更具危害性。Yahoo!、Amazon 等國際著名網站被駭事件早已不是新聞。據統計，全球平均每 20s 就有一個網站遭到駭客攻擊。

③管理的欠缺

網路系統的嚴格管理是企業、機構及使用者免受攻擊的重要措施。事實上，很多企業、機構及使用者的網站或系統都疏於這方面的管理。據 IT 界企業團體 ITAA 的調查顯示，美國 90% 的 IT 企業對駭客攻擊準備不足。目前，美國 75%-85% 的網站都抵擋不住駭客的攻擊，約有 75% 的企業線上資訊失竊，其中 25% 的企業損失在 25 萬美元以上。此外，管理的缺陷還可能出現系統內部人員洩露機密或外部人員透過非法手段截獲而導致機密資訊的洩露，從而為一些不法分子製造了可乘之機。

④網路的缺陷及軟體的漏洞或「後門」

網際網路的共享性和開放性使線上資訊安全存在先天不足，因為其賴以生存的 TCP/IP 協定，缺乏相應的安全機制，而且網際網路最初的設計考慮是該網不會因局部故障而影響資訊的傳輸，基本沒有考慮安全問題，因此它在安全可靠、服務品質、頻寬和方便性等方面存在著不適應性。此外，隨著軟體系統規模的不斷增大，系統中的安全漏洞或「後門」也不可避免地存在，比如我們常用的作業系統，無論是 Windows 還是 UNIX 幾乎都存在或多或少的安全漏洞，眾多的各類伺服器、瀏覽器、一些桌面軟體等等都被發現過存在安全隱患。可以說任何一個軟體系統都可能會因為工程師的一個疏忽、設計中的一個缺陷等原因而存在漏洞，這也是網路安全的主要威脅之一。

3. 保護網路安全的主要措施除了要制定和實施一系列的安全管理制度外，保護網路安全的技術措施主要有：

(1) 改進、完善網路運行環境；

(2) 堵住網路系統和使用者應用系統的技術設計漏洞；

(3) 防止網路和電腦系統口令被偷竊；

(4) 實施訪問控制，進行身分認證，防止協定出錯、認證出錯；

(5) 防止電磁輻射造成資訊洩露；

(6) 建立網路安全防火牆，並以安全為目的優化網路結構；

(7) 定時進行系統備份和數據備份；

(8) 採用資訊傳輸加密演算法和電子簽章，加強金鑰管理等。

二、電腦病毒及防治

到今天，我們對於電腦病毒已經司空見慣，同時電腦應用界與電腦病毒的鬥爭也一直沒有停止過，特別是隨著電腦網路的快速發展，電腦病毒的傳播也有了更為有利的環境，作為網路安全的重要任務之一，就是避免網路中的伺服器和工作站遭受病毒侵襲。電腦網路病毒的危害已不僅是針對網路，

其危害已經具有社會性。可以這樣說，電腦病毒是電腦犯罪的一種衍化形式，這種形式的犯罪是高技術犯罪，具有瞬時性、動態性和隨機性，同時它不易取證，風險小而破壞性大，從而刺激了犯罪的意識和活動。目前，每天都有10多種新的病毒線上被發現。電腦病毒的種類急遽增多，擴散速度大大加快，對企業及個人使用者的破壞性正在加大，電腦網路病毒問題必須引起人類的足夠重視。

1. 電腦病毒的種類

電腦病毒實際上就是人為編寫的惡性程式，它是編制或者在電腦程式中插入的破壞電腦功能或者毀壞數據，影響電腦使用，並能自我複製的一組電腦指令或者程式代碼。電腦病毒的數量非常多，表現形式也多種多樣，但是透過一定的標準可以把它們分為以下幾種：

①檔案型病毒：

檔案型病毒通常寄生在可執行文件（如 *.com，*.exe 等）中。當這些文件被執行時，病毒的程式就跟著被執行。文件型的病毒按傳染方式的不同又分成非常駐型以及常駐型兩種。

②變形病毒：

這一類病毒使用一個複雜的演算法，使自己每傳播一份都具有不同的內容和長度。它們一般是一段混有無關指令的解碼演算法和被變化過的病毒體。

③開機型病毒：

開機型病毒藏匿在磁碟片或硬碟的第一個磁區。因為 DOS 的架構設計使得病毒可以在每次開機時在作業系統還沒被載入之前就被載入到記憶體中，這個特性使得病毒可以針對 DOS 的各類中斷（Interrupt）得到完全的控制並且擁有更大的能力進行傳染與破壞。

④複合型病毒：

複合型病毒兼具開機型病毒以及檔案型病毒的特性。它們可以傳染 *.com，*.exe 文件，也可以傳染磁碟的開機系統區（Boot Sector）。這個

特性使得這種病毒具有相當程度的傳染力。一旦發作，其破壞的程度將會非常可怕！

⑤巨集病毒：

巨集病毒主要是利用軟體本身所提供的巨集代碼來設計病毒，所以凡是具有寫巨集命令的軟體都有巨集病毒存在的可能，如 Word、Excel、AmiPro 等等。

⑥蠕蟲病毒：

透過電腦網路傳播，不改變文件和資料資訊，利用網路從一台機器的記憶體傳播到其他機器的記憶體，運算網路位址，將自身的病毒透過網路發送。有時它們在系統存在，一般除了記憶體不占用其他資源。

2. 電腦病毒的表現現象

根據電腦病毒感染和發作的階段，可以將電腦病毒的表現現象分為三大類，即：電腦病毒發作前、發作時和發作後的表現現象。

電腦病毒發作前，在這個階段，電腦病毒的行為主要是以潛伏、傳播為主。電腦病毒會以各式各樣的手法來隱藏自己，在不被發現的同時又自我複製，以各種手段進行傳播。常見的表現現象有：經常性無緣無故地當機，作業系統無法正常啟動，運行速度明顯變慢，以前能正常運行的軟體經常發生記憶體不足的錯誤，影印和通訊發生異常，以前能正常運行的應用程式經常發生當機或者非法錯誤，系統文件的時間、日期、大小發生變化，磁碟空間迅速減少，記憶體發生變化，自動連結到一些陌生的網站，等等。一般的系統故障是有別於電腦病毒感染的。系統故障大多只符合上面的一點或兩點現象，而電腦病毒感染所出現的現象會多得多。根據上述幾點，就可以初步判斷電腦和網路是否感染上了電腦病毒。

電腦病毒發作時是指滿足電腦病毒發作的條件，電腦病毒程式開始破壞的階段。電腦病毒發作時的表現大都各不相同，可以說一百個電腦病毒發作有一百種花樣。這與編寫電腦病毒者的心態、所採用的技術手段等都有密切的關係。以下列舉了一些電腦病毒發作時常見的表現現象：提示一些不相干

的話、發出一段的音樂（如「瀏陽河」電腦病毒）、指示燈不斷閃爍、進行遊戲演算法（如彈出對話框，要求使用者做算術題）、電腦突然當機或重啟、自動發送電子郵件、滑鼠自己在動，等等。

當然，有些現象則很難直接判定是電腦病毒的表現現象，比如指示燈不斷閃爍，當同時運行多個記憶體占用大的應用程式，比如 3D MAX，Adobe Premiere 等，而電腦本身性能又相對較弱的情況下，在啟動和切換應用程式的時候也會使硬碟不停地工作，指示燈會不斷閃爍。所以，判斷是否有病毒在運行，是不能僅憑一些簡單的異常就能斷定的。

通常情況下，電腦病毒發作都會給電腦系統帶來破壞性的後果，那種惡作劇式的「良性」電腦病毒只是電腦病毒家族中的很小一部分，大多數電腦病毒都是屬於「惡性」電腦病毒。「惡性」電腦病毒發作後往往會帶來很大的損失，像硬碟無法啟動、數據丟失、系統文件丟失或被破壞、文件目錄發生混亂、使部分可軟體升級的主機板 BIOS 程式混亂甚至主機板被破壞（如 CIH 病毒）、網路癱瘓，無法提供正常的服務等。

3. 電腦病毒的識別與防治

下面主要以最近比較流行的巨集病毒和電子郵件病毒來講解一下病毒的識別和防範。

①巨集病毒的識別和防範

巨集病毒（Macro Virus）傳播依賴於包括 Word、Excel 和 PowerPoint 等應用程式在內的 Office 套裝軟體，只要使用這些應用程式的電腦就都有可能傳染上巨集病毒，並且大多數巨集病毒都有發作日期。輕則影響正常工作，重則破壞硬碟資訊，甚至格式化硬碟，危害極大。目前巨集病毒流行甚廣，已成為電腦病毒的主流，因此使用者應時刻加以防範。

透過以下方法可以判別巨集病毒：

○ 在使用的 Word 中從「工具」欄處打開「巨集」選單，選中 Normal.dot 模板，若發現有 AutoOpen、AutoNew、AutoClose 等自動巨集以及

FileSave、FileSaveAs、FileExit 等文件操作巨集或一些怪名字的巨集，就極可能是感染了巨集病毒了，因為 Normal 模板中是不包含這些巨集的。

○ 在使用的 Word「工具」選單中看不到「巨集」這個字，或看到「巨集」但光標移到「巨集」，滑鼠點擊無反應，這種情況肯定有巨集病毒。

○ 打開一個文檔，不進行任何操作，退出 Word，如提示存檔，這極可能是 Word 中的 Normal.dot 模板中帶巨集病毒。

○ 打開以 .doc 為副檔名的文檔文件在另存選單中只能以模板方式存檔，也可能帶有 Word 巨集病毒。

○ 在運行 Word 過程中經常出現記憶體不足，影印不正常，也可能有巨集病毒。

○ 在運行 Word 時，打開 DOC 文檔出現是否啟動「巨集」的提示，該文檔極可能帶有巨集病毒。

下面以 Word2000 為例簡單介紹一下如何進行巨集病毒的防治。

選擇「工具」選單中的「巨集」命令，單擊「安全性」命令，打開「安全性」對話框，只需選擇其中一種保護方式即可。如選擇「高，除了經數位簽章的巨集外，停用所有巨集（H）」，請單擊「可靠來源」標籤，設置可靠來源。

考慮到大部分 Word 使用者使用的是普通的文字處理功能，很少使用巨集編程，即對 Normal.dot 模板很少修改。因此，使用者可以選擇「工具→選項→保存」頁面，選中「提示保存 Normal 模板」項，這樣，一旦巨集病毒感染了 Word 文檔後使用者從 Word 退出時，Word 會提示「更改的內容會影響到公用模板 Normal，是否保存這些修改內容？」，這說明 Word 已感染巨集病毒，選擇「否」，退出後再採用殺毒軟體進行殺毒。對於 Normal.dot 文件，將文件屬性改成「只讀」也是很有必要的。

當使用外來可能有巨集病毒的 Word 文檔時，如果沒有保留原來文檔排版格式的必要，可先使用 Windows 自帶的記事本來打開，將其轉換為記事本格式的文件保存後，再用 Word 打開。因為記事本不調用、不記錄、不保

存任何巨集，文檔經此轉換，所有附帶其上的巨集（包括巨集病毒）都將丟失。

做了防護工作後，打開提示有是否啟用巨集時，除非能夠完全確信文檔中只包含明確沒有破壞意圖的巨集，否則都不執行巨集；而退出時提示保存除文檔以外的文件，如 Normal.dot 模板等，一律不予保存。

②電子郵件病毒的識別和防範

驚動全球的「梅麗莎」（Melissa）、Papa 和 HAPPY99 等電腦病毒正是透過電子郵件的方式進行傳播、擴散，其結果導致郵件伺服器癱瘓，使用者資訊和重要文檔洩密，無法收發 E-mail，給個人、企業和政府部門造成嚴重的損失。

電子郵件病毒實際上並不是一類單獨的電腦病毒，嚴格來說它應該劃入檔案型病毒及巨集病毒，只不過由於這些電腦病毒採用了獨特的電子郵件傳播方式（其中不少種類還專門針對電子郵件的傳播方式進行了優化），因此我們習慣於將它們稱為電子郵件病毒。

所謂電子郵件病毒就是以電子郵件作為傳播途徑的電腦病毒，實際上該類電腦病毒和普通的電腦病毒一樣，只不過是傳播方式改變而已。該類電腦病毒的特點：

○ 電子郵件本身是無毒的，但由於電子郵件可以夾帶任何類型的文件作為附件（Attachment），附件文件可能帶有電腦病毒。

○ 利用某些電子郵件收發器特有的擴充功能，比如 Outlook/OutlookExpress 能夠執行 VBA 指令編寫的巨集，等等，在電子郵件中夾帶有針對性的代碼，利用電子郵件進行傳染、擴散。

○ 利用某些作業系統所特有的功能，比如利用 Windows98 下的 Windows Scripting Host，利用 *.SHS 文件來進行破壞。

○ 超大的電子郵件、電子郵件炸彈也可以認為是一種電子郵件病毒，它能夠影響郵件伺服器的正常服務功能。

第四節　網路安全技術

　　通常對付電子郵件病毒，只要刪除攜帶電子郵件病毒的信件就能夠刪除它。但是大多數的電子郵件病毒在一被接收到使用者端時就開始發作了，基本上沒有潛伏期。所以預防電子郵件病毒是至關重要的。以下是一些常用的預防電子郵件病毒的方法：

　　○ 不要輕易執行附件中的 exe 和 com 等可執行程式。這些附件極有可能帶有電腦病毒或是駭客程式，輕易運行，很可能帶來不可預測的結果。對於認識的朋友和陌生人發過來的電子郵件中的可執行程式附件都必須檢查，確定無異後才可使用。

　　○ 不要輕易打開附件中的文檔文件。對方發送過來的電子郵件及相關附件的文檔，首先要用「另存為…」命令（「Save As…」）保存到本地硬碟，等到用查殺電腦病毒軟體檢查無毒後才可以打開使用。如果用滑鼠直接點擊兩下 DOC、XLS 等附件文檔，會自動啟用 Word 或 Excel，如附件中有電腦病毒則會立刻傳染，如有「是否啟用巨集」的提示，那絕對不要輕易打開，否則極有可能傳染上電子郵件病毒。

　　○ 對於文件副檔名很怪的附件，或者是帶有腳本文件如 *.VBS、*.SHS 等的附件，千萬不要直接打開，一般可以刪除包含這些附件的電子郵件，以保證電腦系統不受電腦病毒的侵害。

　　○ 如果是使用 Outlook 作為收發電子郵件軟體的話，應當進行一些必要的設置。選擇「工具」選單中的「選項」命令，在「安全」中設置「附件的安全性」為「高」；在「其他」中按「高級選項」按鈕，按「載入項管理器」按鈕，不選中「伺服器腳本運行」。最後按「確定」按鈕保存設置。

　　○ 如果是使用 Outlook Express 作為收發電子郵件軟體的話，也應當進行一些必要的設置。選擇「工具」選單中的「選項」命令，在「閱讀」中不選中「在預覽視窗中自動顯示新聞郵件」和「自動顯示新聞郵件中的圖片附件」。這樣可以防止有些電子郵件病毒利用 Outlook Express 的缺省設置自動運行，破壞系統。

○對於自己往外傳送的附件，也一定要仔細檢查，確定無毒後，才可發送，雖然電子郵件病毒相當可怕，只要防護得當，還是完全可以避免傳染上電腦病毒的。

對付電子郵件病毒，還可以在電腦上安裝有電子郵件即時監控功能的防、殺電腦病毒軟體。有條件的還可以在電子郵件伺服器上安裝伺服器版電子郵件病毒防護軟體，從外部切斷電子郵件病毒的入侵途徑，確保整個網路的安全。

三、網路攻擊

網路攻擊是利用網路存在的漏洞和安全缺陷對網路系統的硬體、軟體及其系統中的數據進行的攻擊。根據對資訊的攻擊形式不同，可以將攻擊分為主動攻擊和被動攻擊兩種。

主動攻擊是指攻擊者透過有選擇的修改、刪除、時延、亂序、複製、插入資料流或資料流的一部分以達到其非法目的。主動攻擊可以歸納為中斷、篡改、偽造三種。中斷是指阻斷由發送方到接收方的資訊流，使接收方無法得到該資訊，這是針對資訊可用性的攻擊。篡改是指攻擊者修改、破壞由發送方到接收方的資訊流，使接收方得到錯誤的資訊，從而破壞資訊的完整性。偽造是針對資訊的真實性的攻擊，攻擊者或者是首先記錄一段發送方與接收方之間的資訊流，然後在適當時間向接收方或發送方重放這段資訊，或者是完全偽造一段資訊流，冒充接收方可信任的第三方，向接收方發送。

被動攻擊主要是指攻擊者監聽網路上傳遞的資訊流，從而獲取資訊的內容，或僅僅希望得到資訊流的長度、傳輸頻率等數據，稱為流量分析。這兩種攻擊方法是互補的，也就是說，被動攻擊往往很難檢測出來但很容易預防，而主動攻擊很難預防卻很容易檢測出來。

常見的攻擊方式有：阻斷服務攻擊、口令攻擊、欺騙攻擊、連線劫持攻擊、緩衝區溢位攻擊、特洛伊木馬攻擊。

1. 阻斷服務攻擊

阻斷服務攻擊（denial-of-service attack，DoS）是一種最悠久也是最常見的攻擊形式。嚴格來說，阻斷服務攻擊並不是某一種具體的攻擊方式，而是攻擊所表現出來的結果，最終使得目標系統因遭受某種程度的破壞而不能繼續提供正常的服務，甚至導致物理上的癱瘓或崩潰。具體的操作方法可以是多種多樣的，可以是單一的手段，也可以是多種方式的組合利用，其結果都是一樣的，即合法的使用者無法訪問所需資訊。第一種是使一個系統或網路癱瘓。如果攻擊者發送一些非法的數據或封包，就可以使得系統當機或重新啟動。第二種攻擊是向系統或網路發送大量資訊，使系統或網路不能響應。例如，如果一個系統無法在一分鐘之內處理 100 個封包，攻擊者卻每分鐘向他發送 1000 個封包，這時，當合法使用者要連接系統時，使用者將得不到訪問權，因為系統資源已經不足。

目前幾種常見的阻斷服務攻擊有：

○ 死亡之 ping（ping of death）：利用早期路由器對封包的最大尺寸的限制，導致 TCP/IP 堆疊崩潰，致使接收方當機。

○ 淚滴攻擊（teardrop）：利用捏造在 TCP/IP 堆疊中信任 IP 封包的位移資訊來實現自己的攻擊。

○ UDP 洪水（User Datagram Protocol floods）：利用簡單的 TCP/IP 服務，生成在兩台主機之間的足夠多的無用資料流，而這些足夠多的資料流就會導致頻寬的服務攻擊。

○ 電子郵件炸彈：電子郵件炸彈是古老的匿名攻擊之一，透過設置一台機器不斷地大量地向同一位址發送電子郵件，攻擊者能夠耗盡接收者網路的頻寬。

2. 口令攻擊

攻擊者攻擊目標時常常把破譯使用者的口令作為攻擊的開始。只要攻擊者能猜測或者確定使用者的口令，他就能獲得機器或者網路的訪問權，並能訪問到使用者能訪問到的任何資源。如果這個使用者有系統管理員或 root 使

用者權限，這是極其危險的。這種方法的前提是必須先得到該主機上的某個合法使用者的帳號，然後再進行合法使用者口令的破譯。

口令攻擊類型有：

（1）字典攻擊

因為多數人使用普通字典中的單詞作為口令，發起字典攻擊通常是較好的開端。字典攻擊使用一個包含大多數字典單詞的文件，用這些單詞猜測使用者口令。使用一部 1 萬個單詞的字典一般能猜測出系統中 70% 的口令。在多數系統中，和嘗試所有的組合相比，字典攻擊能在很短的時間內完成。

（2）蠻力攻擊

許多人認為如果使用足夠長的口令，或者使用足夠完善的加密模式，就能有一個攻不破的口令。事實上沒有攻不破的口令，這只是個時間問題。如果有速度足夠快的電腦能嘗試字母、數字、特殊字符所有的組合，將最終能破解所有的口令。這種類型的攻擊方式叫蠻力攻擊。使用蠻力攻擊，先從字母 a 開始，嘗試 aa、ab、ac 等等，然後嘗試 aaa、aab、aac……

攻擊者也可以利用分散式攻擊。如果攻擊者希望在盡量短的時間內破解口令，他不必購買大量昂貴的電腦。他會闖入幾個有大批電腦的公司並利用它們的資源破解口令。

（3）組合攻擊

字典攻擊只能發現字典單詞口令，但是速度快。蠻力攻擊能發現所有的口令，但是破解時間很長。鑑於很多管理員要求使用者使用字母和數位，使用者的對策是在口令後面添加幾個數位。如把口令 rghgolf 變成 rghgolf59。錯誤的看法是認為攻擊者不得不使用蠻力攻擊，這會很費時間，而實際上口令很弱。有一種攻擊使用字典單詞但是在單詞尾部串接幾個字母和數位。這就是組合攻擊。基本上，它介於字典攻擊和蠻力攻擊之間。

（4）其他攻擊類型：偷窺（觀察別人輸入口令）、搜尋資源回收桶。

3. 欺騙攻擊

欺騙攻擊一般包含 IP 位址欺騙、電子信件欺騙、Web 欺騙。

（1）IP 位址欺騙攻擊

IP 位址欺騙由若干步驟組成，這裡簡要地描述一下。先做以下假定：首先，目標主機已經選定。其次，信任模式已被發現，並找到了一個被目標主機信任的主機。駭客為了進行 IP 位址欺騙，進行以下工作：使得被信任的主機喪失工作能力，同時取樣目標主機發出的 TCP 序列號，猜測出它的數據序列號。然後，偽裝成被信任的主機，同時建立起與目標主機基於位址驗證的應用連接。如果成功，駭客可以使用一種簡單的命令放置一個系統後門，以進行非授權操作。

（2）電子郵件欺騙攻擊

攻擊者使用電子郵件欺騙有三個目的：第一，隱藏自己的身分。第二，如果攻擊者想冒充別人，他能假冒那個人的電子郵件。使用這種方法，無論誰得到這封郵件，他會認為它是攻擊者冒充的那個人發的。第三，電子郵件欺騙能被看作社會工程的一種表現形式。例如，如果攻擊者想讓使用者發給他一份敏感文件，攻擊者偽裝他的郵件位址，使使用者認為這是上級的要求，使用者可能會發給他這封郵件。

執行電子郵件欺騙有三種基本方法：相似的電子郵件位址、修改郵件客戶、遠端登錄到郵件伺服器連接埠 25。

（3）Web 欺騙攻擊

攻擊者會利用現在註冊一個域名沒有任何限制的現狀，搶先或特別設計註冊一個非常類似的有欺騙性的站點。當一個使用者瀏覽了這個假冒位址，並與站點做了一些資訊交流，如填寫了一些表單，站點會給出一些響應的提示和回答，同時記錄下使用者的資訊，並給這個使用者一個 Cookie，以便能隨時追蹤這個使用者。典型的例子是假冒金融機構，偷盜客戶的信用卡資訊。

還有一種 URL 重寫攻擊。攻擊者把自己插入到通訊流中，唯一不同的是，在攻擊中，當流量透過網際網路時，攻擊者利用軟體和硬體截取它，並改寫 URL。在 URL 重寫中，攻擊者能夠把網路流量轉到攻擊者控制的另一個站點上。

4. 連線劫持攻擊

連線劫持（Session Hijack）是一種結合了封包分析器以及欺騙技術在內的攻擊手段。廣義上說，連線劫持就是在一次正常的通訊過程中，駭客作為第三方參與其中，或者是在資料流裡「注射」額外的資訊，或者是將雙方的通訊模式暗中改變，即從直接聯繫變成有駭客聯繫。

連線劫持利用了 TCP/IP 工作原理來設計攻擊。其攻擊方式可以對基於 TCP 的任何應用發起攻擊，如 HTTP、FTP、Telnet 等。TCP 連線劫持攻擊方式的好處在於使攻擊者避開了被攻擊主機對訪問者的身分驗證和安全認證，從而使攻擊者直接進入對被攻擊主機的訪問狀態，因此對系統安全構成的威脅比較嚴重。

5. 緩衝區溢位攻擊

幾十年來，緩衝區溢位一直引起許多嚴重的安全性問題。其中最著名的例子是：1988 年，網際網路蠕蟲程式在 finger 中利用緩衝區溢位感染了網際網路中的數萬台機器。但是，緩衝區溢位問題並非已成古老的歷史，緩衝區溢位（又稱堆疊溢出）攻擊已成為常用的駭客技術之一。

引起緩衝區溢位問題的根本原因是 C（與其後代 C++）本質就是不安全的。C 標準函式庫中存在許多非安全字串操作；沒有邊界來檢查數組和指針的引用，也就是開發人員必須檢查邊界（而這一行為往往會被忽視），否則有遇到問題的風險。

當程式寫入超過緩衝區的邊界時，這就是所謂的「緩衝區溢位」。發生緩衝區溢位時，會覆蓋下一個相鄰的記憶體塊。由於 C 語言本質上的不安全性，所以它允許程式隨意（或者更準確地說是完全出於偶然）溢出緩衝區。一般情況下，覆蓋其他數據區的數據是沒有意義的，最多造成應用程式錯誤，

但是，如果輸入的數據是經過「駭客」精心設計的，覆蓋緩衝區的數據恰恰是駭客的入侵程式代碼，駭客就獲取了程式的控制權。

6. 特洛伊木馬攻擊

特洛伊木馬是一個包含在一個合法程式中的非法的程式。該非法程式被使用者在不知情的情況下執行。其名稱源於古希臘的特洛伊木馬神話，傳說希臘人圍攻特洛伊城，久久不能得手，後來想出了一個木馬計，讓士兵藏匿於巨大的木馬中。大部隊假裝撤退而將木馬摒棄於特洛伊城，讓敵人將其作為戰利品拖入城內。木馬內的士兵則乘夜晚敵人慶祝勝利、放鬆警惕的時候從木馬中爬出來，與城外的部隊裡應外合而攻下了特洛伊城。

一般的木馬都有使用者端和伺服器端兩個執行程式，其中使用者端是用於攻擊者遠端控制植入木馬的機器，伺服器端程式即木馬程式。攻擊者要透過木馬攻擊你的系統，他所做的第一步是要把木馬的伺服器端程式植入你的電腦裡面。特洛伊木馬程式的功能非常強大，幾乎可以做任何事情，比如進行攻擊、刪除硬體設備、建立後門等，所以一旦木馬安裝成功並取得管理員權限，安裝此程式的人就可以直接遠端控制目標系統。

四、防火牆

防火牆是設置在被保護網路和外部網路之間的一道屏障，以防止發生不可預測的、潛在破壞性的侵入。它可透過監測、限制、更改跨越防火牆的資料流，盡可能地對外部封鎖網路內部的資訊、結構和運行狀況，以此來實現網路的安全保護。

防火牆包含著一對矛盾：一方面它限制資料流通，另一方面它又允許資料流通。由於網路的管理機制及安全政策不同，因此這對矛盾呈現出不同的表現形式。存在兩種極端的情形：第一種是除了非允許不可的都被禁止，第二種是除了非禁止不可的都被允許。第一種的特點是安全但不好用，第二種是好用但不安全，而多數防火牆在兩種之間採取折衷。在確保防火牆安全或比較安全的前提下提高訪問效率是當前防火牆技術研究和實現的焦點。

根據防範的方式和側重點的不同，防火牆可分為三大類：

1. 網路層防火牆

網路層技術是在網路層對封包進行選擇，選擇的依據是系統內設置的過濾邏輯，被稱為訪問控制表。透過檢查資料流中每個封包的來源位址、目的位址、所用的連接埠號、協定狀態等因素，或它們的組合來確定是否允許該封包透過。

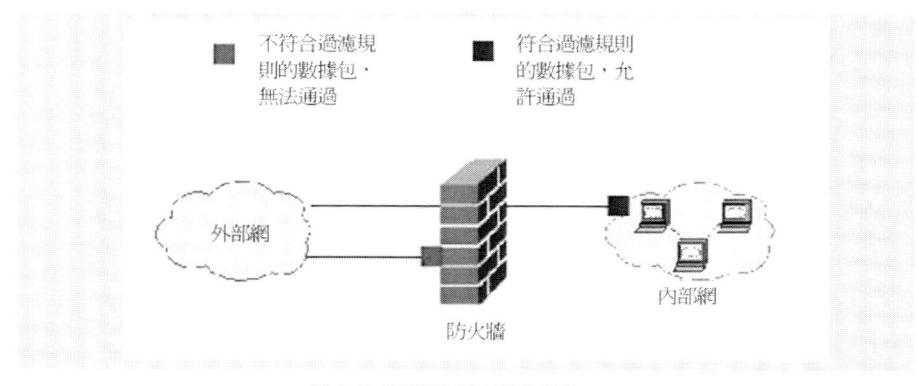

圖 3-21 網路層的防火牆示意圖

封包過濾軟體通常整合到路由器上，允許使用者根據某種安全策略進行設置，允許特定的封包穿越防火牆。路由器對每個封包進行分析，並為封包選擇一條最佳的路徑。普通路由器只執行兩種操作：如果它知道封包的目的位址的路由，就轉發該封包；否則丟棄或者退回封包。增加了網路層功能的路由器則檢查更多的內容。接入網際網路的每台主機都有一個 IP 位址，並且內部網的應用一般都與特定的連接埠號有關，例如：遠端登錄（Telnet）的 TCP 連接埠號的默認值為 23。提供封包過濾功能的路由器可以透過分析 IP 位址和連接埠號來決定是否轉發一個封包。例如：可以建立一個對應連接埠號為 23 的防火牆過濾器來阻止向內部電腦上發送遠端登錄封包；建立一個對應連接埠號為 21 的防火牆過濾器來阻止外部使用者向內部電腦發送文件傳輸封包（FTP）等。基於網路層的防火牆的安全性依賴於使用者制定的安全策略，如圖 3-21 所示。

網路層防火牆邏輯簡單，價格便宜，易於安裝和使用，網路性能和透明性好。由於它通常安裝在路由器上，而路由器是內部網路與 Internet 連接必

不可少的設備，因此在原有網路上增加這樣的防火牆幾乎不需要任何額外的費用。

網路層防火牆有三個方面的缺點：一是非法訪問一旦突破防火牆，即可對主機上的軟體和配置漏洞進行攻擊；二是封包的來源位址、目的位址以及IP的連接埠號都在封包的頭部，很有可能被竊聽或假冒；三是只能在網路層和運輸層實現。

2. 應用層閘道

應用層閘道（Application Level Gateways）是在網路應用層上建立協定過濾和轉發功能。應用層閘道能夠檢查進出的封包，透過閘道器複製傳遞數據，防止在受信任伺服器和使用者機與不受信任的主機間直接建立聯繫。應用層閘道能夠理解應用層上的協定，能夠做一些複雜的訪問控制，並在過濾的同時，對封包進行必要的分析、登記和統計，形成報告。但每一種協定需要相應的代理軟體，使用時工作量大，效率不如網路層級防火牆。實際中的應用閘道器通常安裝在專用工作站系統上。

應用層閘道有較好的訪問控制，是目前最安全的防火牆技術，但實現困難，而且有的應用層閘道缺乏「透明度」。在實際使用中，使用者在受信任的網路上透過防火牆訪問 Internet 時，經常會發現存在時延並且必須進行多次登錄（Login）才能訪問 Internet 或 Intranet。

3. 代理伺服式防火牆

代理伺服（Proxy Service）也稱鏈路級閘道器或 TCP 通道，它通常是一個軟體模組，運行在一台主機上。它是針對網路層和應用閘道器技術存在的缺點而引入的防火牆技術，其特點是將所有跨越防火牆的網路資料鏈路分為兩段。防火牆內外電腦系統間應用層的「連結」，由兩個終止代理伺服器上的「連結」來實現，外部電腦的網路鏈路只能到達代理伺服器，從而造成了隔離防火牆內外電腦系統的作用。此外，代理伺服也對過往的封包進行分析、註冊登記，形成報告，同時當發現被攻擊跡象時會向網路管理員發出警報，並保留攻擊痕跡。

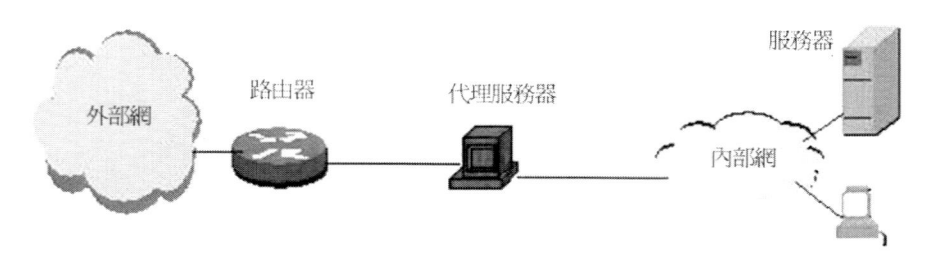

圖 3-22 代理服務式防火牆示意圖

代理伺服的實質是中介作用，它不允許內部網和外部網之間進行直接的通訊。其工作過程如圖 3-22 所示。

①當外部網的使用者希望訪問內部網某個應用伺服器時，實際上是向運行在防火牆上的代理伺服軟體提出請求，建立連接。

②由代理伺服器代表它向要訪問的應用系統提出請求，建立連接。

③應用系統給予代理伺服器響應。

④代理伺服器給予外部網使用者以響應。

外部網使用者與應用伺服器之間的資料傳輸全部由代理伺服器中轉，外部網使用者無法直接與應用伺服器交互，避免了來自外部使用者的攻擊。

通常代理伺服是針對特定的應用服務而言的，不同的應用服務可以設置不同的代理伺服器，如 FTP 代理伺服器、Telnet 代理伺服器等。目前，很多內部網路都同時使用封包過濾路由器和代理伺服器來保證內部網路的安全性，並且取得了較好的效果。

【知識回顧】

網際網路已經成為基本生活需求，重要程度猶如空氣食物水。新媒體藉助網際網路技術進行資訊傳輸，不僅有利於使資訊傳播突破時間、空間的限制，實現資訊即時傳播，而且有利於拓寬資訊傳播管道、豐富資訊服務方式，同時還有利於提高閱聽人參與度，實現新媒體與閱聽人的互動。電腦網路是

第四節　網路安全技術

電腦技術與通訊技術緊密結合的產物，理解資料通訊系統、資料傳輸和交換技術等是理解電腦網路資訊傳輸技術的基礎。回顧電腦網路的發展歷程，瞭解電腦網路的類型、組成、拓撲結構以及體系結構等能讓我們從巨集觀上對電腦網路有一個基本的認識。而在電腦網路中，我們主要面向的是遍布全世界的 Internet。Internet 作為一種電腦網路系統和一個龐大的技術實體促使了人類社會從工業化社會向資訊社會的發展。IP 位址和域名是 Internet 中的重要資源，也是 Internet 的運行基礎。在全球網際網路高度發展的今天，IPv4 位址資源已經枯竭，網際網路正在經歷從 IPv4 網路向 IPv6（下一代 Internet）網路的過渡。Internet 上豐富的資源吸引著每個人，若要想利用這些資源，需首先將使用者的電腦連入 Internet。由於使用者的環境不同、要求不同，所以採用不同的接入方法。伴隨著網際網路的發展，也產生了各種各樣的問題，這其中安全問題尤為突出。瞭解網路面臨的各種威脅，防範和消除這些威脅，實現真正的網路安全已經成了網路發展中最重要的事情。

【思考題】

1. 如何理解封包交換？封包交換對於網際網路的出現的意義有哪些？

2. IPv6 對於網際網路的發展有何意義？展望 IPv6 的後網際網路時代媒體的變革。

3. 你認為哪些 Internet 接入方式最具有發展和應用前景？為什麼？

4. 電腦網路面臨著哪些方面的安全威脅？如何防範、減少和清除這些威脅？

新媒體技術
第四章 行動新媒體技術基礎——行動網路

第四章 行動新媒體技術基礎——行動網路

【知識目標】

☆行動網路的概念及特徵。

☆不同無線通訊技術標準。

☆行動新媒體的終端設備及作業系統。

【能力目標】

1. 瞭解不同無線通訊技術的特點。

2. 熟悉行動新媒體技術的應用。

【案例導入】

智慧型手機正在成為我們「身體的一部分」

美國馬里蘭大學不久前對來自世界上 10 個國家的 1000 名學生進行了一次 24 小時的「無手機」體驗，要求體驗者在一天內不使用手機（包括 Pad、筆記本、智慧手環等智慧終端）。結果大部分學生表示，失去手機讓他們「坐立難安」、「極度焦慮」，有超過 450 名學生甚至中途退出測試體驗。事實上，「手機控」無分國界，其症狀大同小異，一樣令人瞠目結舌。

行動網路時代論：你有幸經歷的偉大變革

如果讓我來劃分時代，那麼我會說，農業時代、工業時代、資訊時代和行動網路時代。不要提網際網路時代，網際網路還算不上一個時代只是資訊時代的一個部分，我想以此來證明行動網路有多重要。農業時代主要改變了生產關係，人們擺脫了對狩獵的依賴。工業時代則是對能量資源的大肆開發和利用。工業時代後期我們進入了電氣時代，而電腦的發明使我們進入了資訊時代。這時的表現為資訊量，資訊傳播、資訊處理的速度等都呈幾何倍增，

乃至形成資訊爆炸。而行動網路時代則完成了最後一步，讓人與資訊相連，還記得阿凡達嗎？裡面的每個人身上都長了一個介面可以隨時和星球乃至動物相連傳遞資訊，是的，行動裝置就是這麼一個介面。

當然，說這個時代重要不是要討論學術，而是告訴大家最喜歡聽的一些東西，每逢這種大時代的變革，就會出現大量的顛覆性的機遇，比如行動電話出現後，創造了中國移動連通這樣的巨無霸。而行動網路也帶來了同樣的機會和挑戰，和以前不一樣的是，行動網路呈現的碎片化趨勢，讓壟斷變得很難，這也給了很多創業公司機會，而在網際網路時代，你被三巨頭擠死的機會是99.9%，而現在，它們很難擠死一個小公司，而只能收購做大的公司，抄襲都不行。

行動網路之所以可以稱之為一個時代，並不是因為它創造了更多的資訊，而是因為它改變了資訊和人的二元關係，讓人成為資訊的一部分，由此改變了人類社會的各種關係和結構，也因此會引起整個社會商業模式的變遷。而在目前的混沌迷茫期中，很多企業喪失了安全感，才使得大量傳授網際網路思維的人可以大行其道。而在之前的網際網路時代，傳統廠家其實是根本不「關心」網際網路公司的。

在前一個時代，資訊和人是二元分化的，資訊有其載體，報紙電視廣播網路等等，人需要從各種載體上獲取資訊，而在獲取資訊的時候，基本上是需要拿出專門的時間的。而在現在這個時代，資訊和人是結合在一起的，人透過手機等行動裝置獲取新聞影片等各種資訊，同時透過微博和朋友圈進行分享和傳播。人最終成為資訊的一部分，在前一個時代，掌控和傳播資訊管道是最重要的，而在這個時代，你會發現管道已經碎片化，你越來越難掌控（公關的同學感受尤其深刻），所以，你能掌握的只有人，這時候，你會發現粉絲經濟誕生並普及的理論基礎。

第一節　行動新媒體技術概述

行動新媒體成為近年來全球範圍內傳媒產業發展最為迅速的領域，行動網路的建設、行動設備的豐富和普及、基於行動平台的內容開發等，成為近

第一節　行動新媒體技術概述

年來傳媒產業格局中最為引人注目的部分。行動新媒體將設備、行動網路，以及大量的資訊內容入口疊合，從而產生了新的價值。行動新媒體作為人的延伸，開始滲入生活的方方面面。如今的行動通訊設備輕盈精緻，而如果回到僅僅十年前，難以想像手機無須可按鍵，用手指輕鬆觸控。而智慧型手機、ipad、智慧手環等行動設備的形體縮小趨勢，只是發展帶來的眾多便利之一。科技的發展伴隨著無數的躍進，將人類帶入了行動新時代。行動新媒體的每一步奇妙發展，都將影響難以預想的未來。

　　行動新媒體以行動網路為基礎，在各種行動裝置上透過行動網路的資料傳輸為人類提供形形色色的應用服務，在人們的生活中扮演著越來越重要的角色。行動新媒體對社會生活服務滲透不斷增加，成為手機網友常態的生活方式。各行各業也在大力搶灘行動新媒體，行動網路領域也成為各行業的重要發展模式。作為行動新媒體重要技術基礎的行動網路將是未來十年內最有創新活力和最具市場潛力的新領域，21世紀將成為行動網路的時代。

一、行動網路的概念

　　行動網路是指行動通訊終端與網際網路相結合成為一體，是使用者使用手機、PDA、平板電腦或其他無線終端設備，透過2G、3G（WCDMA、CDMA2000、TD-SCDMA）、4G（TD-LTE、FDD-LTE）或者WLAN等行動網路，在行動狀態下隨時、隨地訪問Internet以獲取資訊，使用商務、娛樂等各種網路服務。相對傳統網際網路而言，行動網路強調可以隨時隨地，並且可以在高速行動的狀態中接入網際網路並使用應用服務。

```
┌─────────────────┐    ┌─────────────────┐    ┌─────────────────┐
│  行動網路終端設備  │    │     行動網路     │    │   行動網路應用   │
└─────────────────┘    └─────────────────┘    └─────────────────┘
┌─────────────────┐    ┌─────────────────┐    ┌───────┐ ┌───────┐
│     智慧型手機    │    │    各大電信業者   │    │ 線上遊戲│ │ 即時通訊│
└─────────────────┘    └─────────────────┘    └───────┘ └───────┘
┌─────────────────┐    ┌─────────────────┐    ┌───────┐ ┌───────┐
│     平板電腦     │    │    3G/4G/Wi-Fi   │    │ 網頁瀏覽│ │ 移動搜尋│
└─────────────────┘    └─────────────────┘    └───────┘ └───────┘
       ……                     ……                    ……
┌─────────────────┐    ┌─────────────────┐    ┌─────────────────┐
│     終端技術     │    │     通訊技術     │    │     應用技術     │
└─────────────────┘    └─────────────────┘    └─────────────────┘
            ┌───────────────────────────────────────┐
            │           行動網路相關技術              │
            └───────────────────────────────────────┘
```

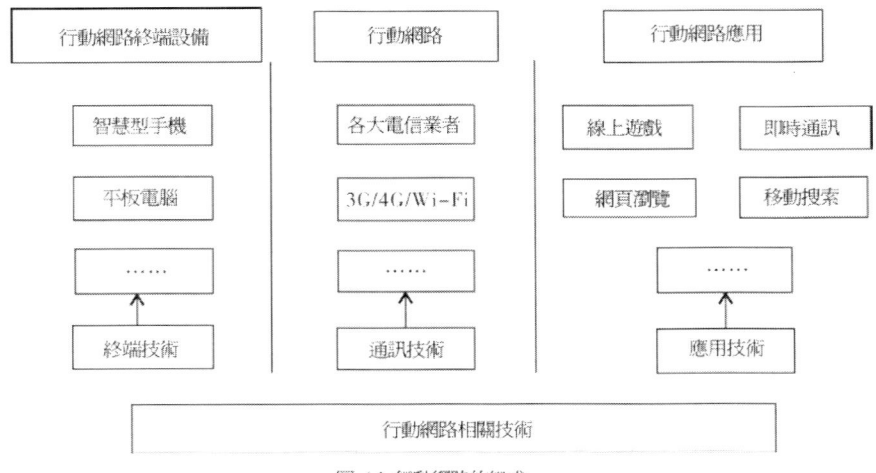

圖 4-1 行動網路的組成

行動網路是網際網路技術、平台、商業模式和應用與行動通訊技術結合併實踐的活動的總稱，它包括行動網路終端設備、行動通訊網路和行動網路應用和行動網路相關技術四個部分（如圖 4-1 所示）。行動通訊網路無須連接各終端、節點所需的網路，透過無線電波將網路訊號涵蓋延伸到每個角落，讓使用者能隨時隨地接入所需的行動應用服務。行動網路終端是指透過無線通訊技術接入網際網路的終端設備。

二、行動網路的特徵

行動網路是以行動通訊網作為接入網的網際網路。行動通訊技術、終端技術與網際網路技術的聚合，使得行動網路不是固定網際網路在行動線上的複製，而是一種新能力、新思想和新模式的體現，並將不斷催生出新的產業形態和業務形態。行動網路有別於網際網路：網際網路是一個對等的、沒有管理系統的網路；行動網路基於電信網路，是具有管理系統的層次網，具有完整的計費和管理系統；行動網路的行動裝置具有不同於網際網路終端的行動特性、個性化特徵，使用者的體驗也不盡相同。行動網路的特徵總體上可以歸結為以下幾個方面：

1. 行動性

相對於固定網際網路，行動網路的最主要特徵就是行動性。行動網路包含行動設備，各個行動設備的相對位置關係隨時可能發生變化，節點隨時可能以可變的速率行動。使用者透過行動裝置隨時隨地與 Internet 實現連接，在行動狀態下接入和使用行動網路中的各類應用和服務。行動性帶來接入便捷、無所不在的連接以及精確的位置資訊，而位置資訊與其他資訊的結合蘊藏著巨大的業務潛力。

2. 無線性

行動網路的各個行動設備之間使用無線電磁波作為資訊傳輸載體，採用無線鏈路的傳輸方式。相對有線網路而言，無線通道頻寬較小，容易受到無線干擾，使得無線通訊服務品質控制成為行動網路所面臨的重要挑戰。同時，無線通道容易受到干擾和監聽，為行動網路的安全保障機制帶來了很大的挑戰。

3. 攜帶性

行動網路終端可隨身攜帶，受時間、空間限制較小，可實現隨時隨地的行動網路訪問。在朝著良好性能和攜帶性平衡的方向發展同時，行動網路為基礎的行動新媒體正在不斷取代傳統媒體在生活中所占的位置。人群擁擠的地鐵上的手機閱讀、平板播放影音，以打發交通工具上的閒暇時光，已經成為生活常態。行動新媒體已經逐漸變更了傳統媒體的閱聽方式，因為它更便於攜帶，觸手可及。

網際網路新平台開始了更為輕量化便捷使用的研發和後期運營，並以更為便攜的設備為載體，使掌上應用成為潮流。行動新媒體的發展趨勢中，設備日趨輕量化是重要特徵。而行動新媒體本身憑藉其與生俱來的傳播快速、行動便攜等特點，彌補報紙、電視、期刊等傳統媒體和網路媒體的不足，為閱聽人提供便捷化體驗。

4. 應用豐富性及免費性

行動市場研究公司 AppFigures 近期發布的一項報告顯示，到 2014 年底，GooglePlay 擁有 143 萬款應用，而 Apple iOS App Store 有 121 萬款應用，各種各樣的行動應用層出不窮，而且行動網路中多數下載和安裝是全免費的，透過智慧型手機和平板電腦等行動設備，在對應系統的專屬應用商店或應用網頁上查找並下載即可，並不直接收取使用者費用。各類行動應用，包括聊天交友類的微信或微博；生活實用類，如墨跡天氣、百度地圖；新聞資訊類，如新浪新聞、央視新聞；交通導航類，比如攜程、12306 等，提供新聞、應徵求職、影音、文學、天氣、公交線路、房屋租售、折扣等內容豐富的資訊發布欄目在內的免費資訊，為使用者提供資訊推送、聊天交友、本地生活等服務。作為行動網路下的資訊綜合應用平台，提供內容和基本服務應用雖為免費，但打開入口後續行銷模式可能透過購買商品，以及頁面頂部或底端廣告展示收費。

5. 互動性

行動網路中的互動性更提升了閱聽人參與方式的多樣化，交互的過程使之資訊需求與獲知方式相契合，以突破傳統媒體的單一形式，深化新聞資訊的價值。行動使用者端的整體構架裡整合了網頁的原本的資訊和數據，並提供便於閱聽人理解和使用的參與模式和發展空間，讓閱聽人在交互模組中獲得更多資訊及體驗。

以 BBC 新聞技術部推出的行動端網路數據新聞專題報導為例，以具有強大視覺性衝突的動態畫面引入，並以豐富的交互點，加強了體驗性。其中有可以自由觀看操作的地圖軌跡，能便捷切換的動態目錄和頁面，在功能上重視閱聽人體驗，將交互圖片、資料資訊等元素融合為一個整體，包含的細枝末節之間緊密相關。從閱聽人參與上，行動端的新聞報導體現深度的互動，並促使這種互動過程產生新的價值，創新了適合行動網路時代的報導方式。

第一節　行動新媒體技術概述

6. 簡化性

行動網路使功能更為簡化，避免煩瑣的操作，因此過度的裝飾性功能在行動端是不必要的。透過最簡潔明了的操作手法，將重點突出在閱聽人易察覺的地方，以免干擾重點功能的使用，影響體驗效果。行動網路依託於觸控螢幕展現，其中操作大多是由點擊和縮放兩種手勢組成。而行動端有自成體系的操作模式，從參照原則來看，應給予相應操作提示，讓閱聽人在參與進來之前就對交互過程有一定的心理預測。而在操作時，過程中有直觀的反饋，能及時響應步驟，在螢幕上清晰出現提示變化，過程隨時由閱聽人來控制。

7. 永遠線上及占用使用者時間碎片化

智慧型手機已經做到了可以 24 小時線上。以前的服務，除了電話和簡訊可以做到永遠線上，沒有一個網際網路的服務可以做到永遠線上，永遠不關電腦，這件事不可能做到。永遠不關手機，這已經成為一種可能。通訊的即時，網際網路再好的即時工具不能做到，行動網路時代，永遠線上正在悄悄改變這一格局。

傳統的資訊傳播是一點對多點的傳播。電視時代，使用的時間非常集中，黃金時間、普通時間、垃圾時間，使用者時間成為電視爭奪的最核心的資源。行動網路時代的使用者隨時隨地攜帶著智慧型手機，也可以隨時隨地使用。曾經早晨第一件事情是打開電視機，而現在早晨第一件事就是看手機，甚至坐在馬桶上，吃飯時間也有很多人在使用智慧型手機，坐公車、地鐵隨處可以看到用智慧型手機在發訊息、玩遊戲、看電子書。甚至學生在課堂上，家庭主婦在洗碗時都會用手機看影片。而凌晨 2 點在網路上不難找到失眠的人。行動網路的使用時間呈現出碎片化的傾向。差不多在任何時間都可以看到使用者在使用。把使用者的閒暇時間都占滿了。

8. 扁平化

在行動新媒體的構建中，基於操作原則對使用者的引導趨向於扁平化，如在視覺設計層面上的自然，重視閱聽人的需求和心理，按照通常的視覺習慣，左上角為最受關注的視覺區域，其後是右上側，行動新媒體介面按照方

235

塊有序規則進行頁面布局，並使用顏色的對比調整，來引導閱聽人的視覺方向。功能上實現與人交互，引導視線，突出關注重點，降低干擾，增強使用者的沉浸式操作體驗。

此外，資訊扁平化操作中出現的版塊安排，也逐漸向人性化方向發展。人機交互應充分考慮使用者的心理感受，多種顏色的組合搭配，比生硬的排序更易使閱聽人產生好感，接受操作規則。在結合行動新媒體主體風格內容的基礎上，恰如其分地應用不同樣式的扁平化設計。

9. 定位準確

透過基於 GPS 或行動電話業者的 LBS 基地台的定位技術，行動裝置的位置資訊將更為詳細準確，並廣泛應用於導航、追蹤資訊查詢、緊急救援服務。現今的交通新媒體，如交通線路規劃、叫計程車應用等，均離不開行動定位技術。而行動手機應用將行動網路技術與定位業務結合，可透過電信商網路獲取位置資訊，對行動通訊數據分析後，查詢使用者所處座標。行動新媒體在應用定位資訊的基礎上，從線上到線下，使得高速發展的行動網路滲入本地化的服務，全方位進入數位城市生活，真正成為人的延伸。

10. 智慧感應

行動新媒體可透過設備的智慧感應，實現自動化功能。如行動設備內建的距離感應器，透過將該變化量換算為距離，來測量從傳感器到對象物的距離位移；加速度傳感器則透過陀螺儀等測量運動加速力，配合重力感應器、亮度感應器等協同作用。如智慧感應計步器等應用，使用者只需攜帶手機便可記錄運動效果，步行速度、時間長度、運動距離等一目瞭然，並透過參數運算統計運動量，以視覺化的方式展現。但不同的置機方式，也將對結果的準確性造成一定的影響。

第二節　無線行動通訊技術

　　無線通訊技術是行動網路最重要的技術推動力。無線通訊是利用電磁波訊號可以在自由空間中傳播的特性進行資訊交換的一種通訊方式。近年來資訊通訊領域中，發展最快、應用最廣的就是無線通訊技術。

　　無線通訊技術的發展經歷了一個多世紀的時間。早在 1901 年，馬可尼發明了無線電報通訊。在 1920 年代，美國等國家開始啟用車載無線電等專用無線通訊系統。1945 年，無線射頻辨識技術（RFID：Radio Frequency Identification）問世。1960 年代，脈衝無線電超寬頻（UWB：Ultra Wideband）技術問世。1971 年，美國夏威夷大學的研究人員創建了第一個基於報文傳輸技術的無線電通訊網路，被稱為 ALOHANET，成為最早的無線區域網路。1973 年，全球首個類比行動電話系統原型建成。1970 年代中期至 1980 年代中期，類比語音系統開始支持行動性。1983 年，全球第一個商用行動電話發布。1980 年代中期，數位無線行動通訊系統開始在世界各地迅速發展。

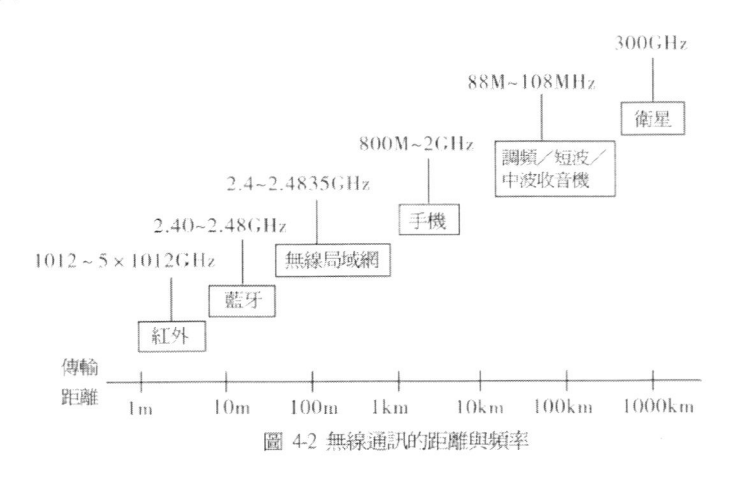

圖 4-2 無線通訊的距離與頻率

　　無線通訊的電磁波訊號的頻率（波長）與距離有著密切的關係（如圖 4-2 所示），無線通訊的電磁波頻率越高，傳輸距離越短，因此對於不同的應用場景，有著不同的無線通訊接入技術。現在，我們往往能在一個產品上看到多種無線技術的綜合，例如在一個智慧型手機上往往就集中了無線通訊

（2G、3G、4G）、紅外傳輸介面、藍牙介面和 Wi-Fi 等多種介面方式，在擁有無線網路的地方，就能根據無線網路條件、費用和速度等來選擇無線網路接入方式。

一、中短距離無線通訊技術

對於中短距離的無線通訊接入，可考慮的接入方式有紅外技術、藍牙技術、無線區域網路標準和 Wi-Fi 等。

1. 紅外線接入技術

紅外線是波長在 750nm 至 1mm 之間的電磁波，它的頻率高於微波而低於可見光，是一種人眼看不到的光線。紅外通訊一般採用紅外波段內的近紅外線，波長在 0.75μm 至 25μm 之間。

IrDA（紅外線數據協會）是 Infrared Data Association 的縮寫，是 1993 年由 100 家以上的電腦周邊產品製造商所組成的一個組織。紅外線不僅成本低而且安全性較高，因此是一項適合於近距離點對點連接的技術，現在 IrDA 已經泛指利用紅外線傳輸資料的裝置，目前常用於筆記型電腦和手機等產品中，它屬於近距離無線連接方式。

紅外線是我們最早接觸到的無線設備，電視機等家用電器的遙控器發送訊號就是透過紅外線方式，但僅限於簡單訊號。而電腦設備等採用的是紅外線數據雙向傳輸，也可以將你的電腦以紅外線方式連接到鄰近的電腦或設備上。微軟從 Windows98 以後便能完全支持「紅外線數據協會」（IrDA）的標準和協定，允許連接諸如影印機、調變與解調器、蜂巢電話及手持式電腦等設備。

當紅外設備與電腦相連接時，系統會提示發現「序列紅外線連接埠」，並自動安裝驅動程式和紅外線協定。使用紅外線進行資料傳輸時首先核查所要連接的設備是否已啟用紅外線功能且工作正常，然後對準設備，使紅外線接發器之間的距離不超出 1.5m，小功率的紅外發射器的距離更短，例如手機之間，距離不超過 25cm，且必須彼此指向對方。一旦對準設備後，任務欄上的暗紅色圖標將被啟動。

紅外線連接方式有其固有缺陷，最明顯的就是通訊距離短，角度限制嚴格（我們使用家用電器遙控器時就已明顯體會這兩點）。另外，某些波長和功率下的紅外線會使眼睛受到傷害，主要是白內障、視網膜和角膜灼傷，角膜對溫度相當敏感，高功率的紅外線會引起眼睛劇烈的疼痛感，當然，我們平時使用的紅外線設備沒有這樣的問題。

2. 藍牙技術

藍牙是一種支持設備短距離通訊（一般 10m 內）的無線通訊技術，能在包括行動電話、PDA、無線耳機、筆記型電腦、相關外設等眾多設備之間進行無線資訊交換。利用藍牙技術，能夠有效地簡化行動通訊終端設備之間的通訊，也能夠成功地簡化設備與網際網路之間的通訊，從而資料傳輸變得更加迅速高效，為無線通訊拓寬道路。

藍牙技術採用分散式網路結構以及快跳頻和短包技術，支持一對一以及一對多傳輸，全球通用的 2.4GHzISM（即工業、科學、醫學）波段，其基本數據速率為 1Mbps，採用時分雙工傳輸方案實現全雙工傳輸。

藍牙的名字來源於 10 世紀丹麥國王 Harald Blatand（英譯為 Harold Bluetooth，因為國王喜歡吃藍莓，牙齦每天都是藍色的，所以叫藍牙）。Blatand 國王將現在的挪威、瑞典和丹麥統一起來，就如同當時這項即將面世的技術，它被定義為允許不同工業領域之間的協調，例如電腦、手機和汽車行業之間的協調工作。在行業協會籌備階段需要一個極具表現力的名字來命名這項高新技術，在經過一夜關於歐洲歷史和未來無限技術發展的討論後，有些人認為用 Blatand 國王的名字命名再合適不過了，名字於是就這麼定下來了。

藍牙技術由 Ericson、IBM 等 5 家公司在 1998 年聯合推出。隨後成立的藍牙技術特殊興趣叢集織（SIG）負責該技術的開發和技術協定的制定，如今全世界已有 1800 多家公司加盟該組織，微軟公司也加盟並成為 SIG 組織的領導成員之一。

無線數據和語音傳輸的開放式標準是藍牙技術的最大特點，它以低成本的近距離無線連接為基礎，為固定與行動設備通訊環境建立一個特別連接，將各種通訊設備、電腦及其終端設備、各種數位數據系統，甚至家用電器採用無線方式連接起來。除此之外，藍牙無線技術還為數位網路和外設提供通用連接埠以組建特別連接設備群。由於它具有很強的移植性，適用於多種場合，加上該技術功耗低、對人體危害小，而且應用簡單，所以易於推廣。

藍牙能方便地使用，得益於 plonk and play 的概念，可以解釋成「即連即用」，類似「即插即用」的概念。任意藍牙技術設備一旦搜尋到另一個藍牙技術設備，馬上就可以建立聯繫，而無須使用者進行任何設置。

另外，所有無線系統都採用開放的波段，因此使用其中的某個波段都會遇到不可預測的干擾源。例如某些家電、無線電話、汽車房開門器、微波爐等，都可能是干擾源。為此，藍牙技術特別設計了快速確認和跳頻方案以確保鏈路穩定。跳頻技術是把頻寬分成若干個跳頻通道，在一次連接中，無線電收發器按一定的碼序列不斷地從一個通道跳到另一個通道，只有收發雙方是按這個規律進行通訊的，而其他的干擾不可能按同樣的規律進行干擾。與其他工作在相同波段的無線系統相比，藍牙跳頻更快，封包更短，這使藍牙技術比其他系統都更穩定。

但是藍牙也有其致命的缺陷，那就是安全。像手機一樣，藍牙處理識別符號（Identifier，稱 PIN）用來保護數據的安全，而它就是潛在的安全弱點。而攻擊藍牙的設備也有非常有趣的名稱，例如「紅獠牙」（Redfang），可讓隱藏式的藍牙裝置無所遁形。又如「Bluestumbling」或「Bluesnarfing」。

駭客利用某些廠牌手機的安全防護漏洞擷取資料。一旦收集到這些資料，有心人士即可竊聽手機通話，在資料與電腦同步化時竊取個人資料，或者把甲裝置傳到乙裝置的訊號加以仿冒，藍牙標準的制定者們當然已經發現了這樣的漏洞，也許等到新一代標準發布時這樣的問題能夠得到解決。

3. 無線區域網路與 IEEE802.11 標準

無線區域網路（Wireless Local Area Networks，WLAN）是一種相當便利的資料傳輸系統，它利用無線電頻（Radio Frequency，RF）技術。無線區域網路的速度幾乎可以與有線區域網路（乙太網路）相當，而且比乙太網路具有更多的優點，它以行動性、靈活性強、易擴展、傳輸速度快、費用低廉等優勢得到了網路使用者的喜愛。

目前國際上無線區域網路有 3 大協議簇（一系列相關標準組成的一組標準）：IEEE802.11、歐洲電信標準協會 ETSI 的高性能區域網路（the High Performance RadioLocal Area Network，HiperLAN）和日本無線工業及商貿聯合會 ARIB 的行動多媒體接入通訊（Multimedia Mobile Access Communication，MMAC）技術。這其中 IEEE802.11 系列標準是無線區域網路的主流標準，為某一區域內的固定工作站或行動工作站之間的無線連接提供一種規範，主要針對網路的實體層（Physical Layer）和媒體訪問控制（Media Access Control，MAC）子層技術進行了標準化。

IEEE802.11 是 IEEE 最初於 1997 年制定的一個無線區域網路標準，主要用於解決辦公室區域網路和校園網中使用者與使用者終端的無線接入，業務主要限於數據存取，速率最高只能達到 2Mbps。由於它在速率和傳輸距離上都不能滿足人們的需要，因此，IEEE 小組又相繼推出了 802.11a 和 802.11b 兩個新標準。IEEE802.11 系列標準經過 20 多年的發展，目前仍在不斷完善之中，以適應完全認證、漫遊和 QoS 等方面的需要。

IEEE802.11 協定簇相應的標準有：

*IEEE802.11，1997 年，原始標準（2Mbit/s，工作在 2.4GHz）。

*IEEE802.11a，1999 年，實體層補充（54Mbit/s，工作在 5GHz）。

*IEEE802.11b，1999 年，實體層補充（11Mbit/s，工作在 2.4GHz）。

*IEEE802.11c，符合 802.1d 的媒體接入控制層橋接（MAC Layer Bridging）。

*IEEE802.11d，根據各國無線電壓規定做的調整。

*IEEE802.11e，對服務等級（Quality of Service，QoS）的支持。

*IEEE802.11f，基地台的互聯性（IAPP，Inter-Access Point Protocol），2006年2月被IEEE批准撤銷。

*IEEE802.11g，2003年，實體層補充（54Mbit/s，工作在2.4GHz）。

*IEEE802.11h，2004年，無線涵蓋半徑的調整，室內（indoor）和室外（outdoor）通道（5GHz波段）。

*IEEE802.11i，2004年，無線網路的安全方面的補充。

*IEEE802.11j，2004年，根據日本規定做的升級。

*IEEE802.11l，預留及準備不使用。

*IEEE802.11m，維護標準；互斥及極限。

*IEEE802.11n，2009年9月透過正式標準，WLAN的傳輸速率由802.11a及802.11g提供的54Mbps、108Mbps，提高至350Mbps，甚至高達475Mbps。

*IEEE802.11p，2010年，這個協定主要用在車用電子的無線通訊上。它設定上是從IEEE802.11來擴充延伸，來符合智慧型運輸系統（Intelligent Transportation Systems，ITS）的相關應用。應用的層面包括高速率的車輛之間以及車輛與5.9kMHz（5.85～5.925kMHz）波段的標準ITS路邊基礎設施之間的資料轉換。

*IEEE802.11k，2008年，該協定規範規定了無線區域網路頻譜測量規範。該規範的制定體現了無線區域網路對頻譜資源智慧化使用的需求。

*IEEE802.11r，2008年，快速基礎服務轉移，主要是用來解決使用者端在不同無線網路AP間切換時的時延問題。

*IEEE802.11s，2007年9月，拓撲發現、路徑選擇與轉發、通道定位、安全、流量管理和網路管理。網狀網路帶來一些新的術語。

*IEEE802.11w，2009 年，針對 802.11 管理訊框的保護。

*IEEE802.11x，包括 802.11a/b/g 等 3 個標準。

*IEEE802.11y，2008 年，針對美國 3650-3700MHz 的規定。

*IEEE802.11ac，802.11n 之後的版本。工作在 5G 波段，理論上可以提供高達每秒 1Gbit 的資料傳輸能力。

除了上面的 IEEE 標準，另外有一個被稱為 IEEE802.11b+ 的技術，透過 PBCC 技術（Packet Binary Convolutional Code）在 IEEE802.11b（2.4GHz 波段）基礎上提供 22Mbit/s 的資料傳輸速率。但這事實上並不是一個 IEEE 的公開標準，而是一項產權私有的技術，產權屬於美國德州儀器公司。

IEEE802.11 工作組所制定的上述協定當中，有五個無線區域網路的主要協定：IEEE802.11、IEEE802.11a、IEEE802.11b、IEEE802.11g、IEEE802.11n。此外，IEEE802.11 工作組還在不斷完善這些協定，推出或即將推出一些新協定。

4.Wi-Fi 聯盟

Wi-Fi（Wireless Fidelity，無線保真）技術是一個基於 IEEE802.11 系列標準的無線網路通訊技術的品牌，由 Wi-Fi 聯盟所持有，目的是改善基於 IEEE802.11 標準的無線網路產品之間的互通性。它可以將個人電腦、手持設備（如 Pad、手機）等終端以無線方式互相連接。

簡單來說 Wi-Fi 就是一種無線聯網的技術，以前透過網線連接電腦，而現在則是透過無線電波來聯網。而 Wi-Fi 聯盟（即無線區域網路標準化的組織 WECA）成立於 1999 年，當時的名稱是 Wireless Ethernet Compatibility Alliance（WECA），在 2002 年 10 月，正式改名為 Wi-Fi Alliance。

與藍牙技術一樣，Wi-Fi 同屬於在辦公室和家庭中使用的短距離無線技術。該技術使用的使 2.4GHz 附近的波段，該波段目前尚屬未許可的無線波

段。其目前可使用的標準有兩個，分別是 IEEE802.11a 和 IEEE802.11b。在訊號較弱或有干擾的情況下，頻寬可調整為 5.5Mbps、2Mbps 和 1Mbps，頻寬的自動調整，有效保障了網路的穩定性和可靠性。該技術由於有著自身的優點，因此受到廠商的青睞。

事實上 Wi-Fi 就是 WLANA（無線區域網路聯盟）的一個商標，該商標僅保障使用該商標的商品互相之間可以合作，與標準本身實際上沒有關係，但因為 Wi-Fi 主要採用 802.11b 協定，因此人們逐漸習慣用 Wi-Fi 來稱呼 802.11b 協定。從包含關係上來說，Wi-Fi 是 WLAN 的一個標準，Wi-Fi 包含於 WLAN 中，屬於採用 WLAN 協定中的一項新技術。Wi-Fi 的涵蓋範圍則可達 300 英呎左右（約合 90m），WLAN 最遠（加天線）可以達到 5km。

二、第一代行動通訊技術

第一代行動通訊技術（1G）是指最初的類比、僅限語音的蜂巢電話標準，制定於 1980 年代，主要用於提供類比語音業務。美國 Motorola 公司的工程師馬丁○庫珀於 1976 年首先將無線電應用於行動電話。同年，國際無線電大會批准了 800/900MHz 波段用於行動電話的頻率分配方案。在此之後一直到 1980 年代中期，許多國家都開始建設基於分頻多重進接技術（FDMA，Frequency Division Multiple Access）和類比調變技術的第一代行動通訊系統（1G，1st Generation）。

1978 年底，美國貝爾試驗室研製成功了全球第一個行動蜂巢電話系統——類比式行動電話系統（AMPS，Advanced Mobile Phone System）。5 年後，這套系統在芝加哥正式投入商用並迅速在全美推廣，獲得了巨大成功。同一時期，歐洲各國也不甘示弱，紛紛建立起自己的第一代行動通訊系統。瑞典等北歐 4 國在 1980 年研製成功了 NMT——450 行動通訊網並投入使用；西德在 1984 年完成了 C 網路（C-Netz）；英國則於 1985 年開發出波段在 900MHz 的全接入通訊系統（TACS，Total Access Communications System）。

在各種 1G 系統中，美國 AMPS 制式的行動通訊系統在全球的應用最為廣泛，它曾經在超過 72 個國家和地區營運，直到 1997 年還在一些地方使用。同時，也有近 30 個國家和地區採用英國 TACS 制式的 1G 系統。這兩個行動通訊系統是世界上最具影響力的 1G 系統。

　　由於採用的是類比技術，1G 系統的容量十分有限。1G 系統的先天不足，使得它無法真正大規模普及和應用，價格更是非常昂貴，成為當時的一種奢侈品和財富的象徵。與此同時，不同國家的各自為政也使得 1G 的技術標準各不相同，即只有「國家標準」，沒有「國際標準」，國際漫遊成為一個突出的問題。此外第一代行動通訊還有很多不足之處，如容量有限、制式太多、互不相容、保密性差、通話品質不高、不能提供數據業務和不能提供自動漫遊等。因此第一代行動通訊技術已經被淘汰。

三、第二代行動通訊技術

　　與第一代類比蜂巢行動通訊相比，第二代行動通訊系統具有保密性強、頻譜利用率高、能提供豐富的業務、標準化程度高等特點，使得行動通訊得到了空前的發展，從過去的對於傳統電信的補充地位，已躍居通訊的主導地位。

　　人類社會已經進入了 4G 行動通訊時代，而越來越多的電信業者也在關閉 GSM 和 CDMA 二代（2G）網路。而據 IDG 新聞社的報導，全球諸多 GSM 網路電信業者，已經將 2017 年確定為關閉 GSM 網路的年份。而之所以關閉 GSM 等 2G 網路，是將無線電頻率資源騰出，用於建設 4G 以及未來的 5G 網路。

1.GSM 技術

　　GSM 是全球行動通訊系統（Global System for Mobile Communications）的簡稱，由歐洲電信標準協會（ETSI）制定的一個數位行動通訊標準。它的空中介面採用時分多重接取技術。自 1990 年代中期投入商用以來，被全球超過 100 個國家採用。GSM 標準的設備占據當前全球蜂巢行動通訊設備市場 80% 以上。

GSM 是應用非常廣泛的行動電話標準。全球超過 200 個國家和地區超過 10 億人使用過 GSM 電話。所有使用者可以在簽署了「漫遊協定」的行動電話電信業者之間自由漫遊。GSM 與第一代行動通訊技術最大的不同是它的信號和語音通道都是數位式的，因此 GSM 被看作第二代（2G）行動電話系統。GSM 資料傳輸速率為 9.6Kbps，使用的波段有 900MHz 和 1800MHz，GSM 手機使用 SIM 卡。

從使用者觀點出發，GSM 的主要優勢在於使用者可以從更高的數位語音品質和低費用的簡訊之間做出選擇。網路電信業者的優勢是他們可以根據不同的客戶客製他們的設備配置，因為 GSM 作為開放標準提供了更容易的互操作性。這樣，標準就允許網路電信業者提供漫遊服務，使用者就可以在全球使用他們的行動電話了。

GSM 作為一個繼續開發的標準，保持向後相容原始的 GSM 電話，例如報文交換能力在 Release'97 版本的標準才被加入進來，也就是 GPRS。高速資料轉換也是在 Release'99 版標準才引入的，主要是 EDGE 和 UMTS 標準。

GSM 是一個蜂巢網路，也就是說行動電話要連接到它能搜尋到的最近的蜂巢單元區域。GSM 網路運行在多個不同的無線電頻率上。GSM 網路一共有 4 種不同的蜂巢單元尺寸：巨蜂巢、微蜂巢、微微蜂巢和傘蜂巢。涵蓋面積因不同的環境而不同。巨蜂巢可以被看作那種基地台天線安裝在電線桿或者建築物頂上。微蜂巢則是天線高度低於平均建築高度的那些，一般用於市區內。微微蜂巢則是那種很小的蜂巢只涵蓋幾十公尺的範圍，主要用於室內。傘蜂巢則是用於涵蓋更小的蜂巢網的盲區，填補蜂巢之間的訊號空白區域。

蜂巢半徑範圍根據天線高度、增益和傳播條件可以從一百公尺以上至數十千公尺。實際使用的最長距離 GSM 規範支持到 35km。還有個擴展蜂巢的概念，蜂巢半徑可以增加一倍甚至更多。

GSM 同樣支持室內涵蓋，透過功率分配器可以把室外天線的功率分配到室內天線分布系統上。這是一種典型的配置方案，用於滿足室內高密度通話要求，在購物中心和機場十分常見。然而這並不是必需的，因為室內涵蓋也

可以透過無線訊號穿越建築物來實現，只是這樣才可以提高訊號品質，減少干擾和回聲。

2.GPRS 技術

GPRS 是通用封包無線服務技術（General Packet Radio Service）的簡稱，它是一種基於 GSM 系統的無線封包交換技術，也是 GSM 行動電話使用者可用的一種行動數據業務，理論最高數據速率為 171.2Kbps。GPRS 可說是 GSM 的延續，因此 GPRS 經常被描述成「2.5G」，也就是說這項技術位於第二代（2G）和第三代（3G）行動通訊技術之間。

GPRS 透過利用 GSM 網路中未使用的 TDMA 通道，提供中速的數據傳遞。GPRS 突破了 GSM 網只能提供電路交換的思維方式，只透過增加相應的功能實體和對現有的基地台系統進行部分改造來實現封包交換，這種改造的投入相對來說並不大，但得到的使用者數據速率卻相當可觀。而且，因為不再需要現行無線應用所需要的中介轉換器，所以連接及傳輸都會更方便容易。GPRS 和以往連續在頻道傳輸的方式不同，是以封包（Packet）式來傳輸的，因此使用者所負擔的費用是以其傳輸資料單位運算的，並非使用其整個頻道，理論上較為便宜。GPRS 資料傳輸速率要達到理論上的最大值 172.2Kbps，就必須只有一個使用者占用所有的 8 個時隙，並且沒有任何防錯保護。電信業者將所有的 8 個時隙都給一個使用者使用顯然是不太可能的。另外，最初的 GPRS 終端預計可能僅支持 1 個、2 個或 3 個時隙，一個 GPRS 使用者的頻寬因此將會受到嚴重的限制，所以，理論上的 GPRS 最大速率將會受到網路和終端現實條件的制約，所以實際的傳輸速度基本在 20～30Kbps。因此 GPRS 的資料傳輸能力相對於 3G 技術和 4G 技術還是相當有限的。

3.EDGE 技術

EDGE 是英文 Enhanced Data Rate for GSM Evolution 的縮寫，即 GSM 增強型數據率演進技術。EDGE 是一種從 GSM 到 3G 的過渡技術，它主要是在 GSM 系統中採用了一種新的調製方法，即最先進的多時隙操作和 8PSK 調製技術。

EDGE 為 GPRS 到第三代行動通訊的過渡性技術方案（GPRS 俗稱 2.5G，EDGE 俗稱 2.75G），主要原因是這種技術能夠充分利用現有的 GSM 資源。因為它除了採用現有的 GSM 頻率外，同時還利用了大部分現有的 GSM 設備，而只需對網路軟體及硬體做一些較小的改動，就能夠使電信業者向行動使用者提供諸如網際網路瀏覽、影片電話會議和電子郵件傳輸等無線多媒體服務，即在第三代行動網路商業化之前提前為使用者提供個人多媒體通訊業務。由於 EDGE 是一種介於現有的第二代行動網路與第三代行動網路之間的過渡技術，比「二代半」技術 GPRS 更加優良，因此也有人稱它為「2.75 代」技術。

EDGE 改進了現有 GSM 應用的性能和效率並且為將來的寬頻服務提供了可能。EDGE 技術有效地提高了 GPRS 通道編碼效率及其高速行動數據標準，它的最高速率可達 384kbit/s。

4. CDMA 技術

CDMA 是分碼多重進接（Code-Division Multiple Access）技術的縮寫，是近年來在數位行動通訊進程中出現的一種先進的無線擴頻通訊技術，它能夠滿足市場對行動通訊容量和品質的高要求，具有頻譜利用率高、話音品質好、保密性強、掉話率低、電磁輻射小、容量大、涵蓋廣等特點，可以大量減少投資和降低運營成本。CDMA 最早由美國高通公司推出，與 GSM 相同，CDMA 也有 2 代、2.5 代和 3 代技術。

CDMA 技術的標準化經歷了幾個階段。IS-95 是 CDMAOne 系列標準中最先發布的標準，真正在全球得到廣泛應用的第一個 CDMA 標準是 IS-95A，這一標準支持 8K 編碼話音服務。其後又分別出版了 13K 話音編碼器的 TSB74 標準，支持 1.9GHz 的 CDMAPCS 系統的 STD-008 標準，其中 13K 編碼話音服務品質已非常接近有線電話的話音品質。隨著行動通訊對數據業務需求的增長，1998 年 2 月，美國高通公司宣布將 IS-95B 標準用於 CDMA 基礎平台上。IS-95B 可提供 CDMA 系統性能，並增加使用者行動通訊設備的資料流量，提供對 64Kbps 數據業務的支持。其後，CDMA2000 成為窄頻 CDMA 系統向第三代系統過渡的標準。

5.WAP 技術

WAP 的全稱是「Wireless Application Protocol」（無線通訊協定），它是在數位行動電話、網際網路或其他個人數位助理機（PDA）、電腦應用之間進行通訊的開放全球標準，目的是為了在手機以及其他無線設備上面傳送和顯示數據，以及提供各種電信服務。WAP 是行動通訊與網際網路結合的第一階段的產物，這項技術讓使用者可以用手機之類的無線裝置瀏覽網頁，而這些網頁也必須以無線標記語言 WML（Wireless Markup Language）編寫。

WAP 最初由 WAP 論壇開發。這項技術將無線行動通訊技術和 Internet 結合起來，透過提供通用的平台，把目前 Internet 上 HTML 描述的資訊轉換成用 WML 描述的資訊，顯示在行動電話的顯示器上。

由於早期行動通訊網路和無線終端在傳輸 Internet 數據方面存在著明顯的侷限性，主要表現在網路時延、網路頻寬、終端處理和顯示能力等方面。為了克服這些障礙，在 1997 年 6 月 26 日由 Nokia、Ericson、Motorola 和無線星球（Unwired Planet）四家公司創立了 WAP 論壇，並於 1997 年 12 月正式成立為擁有眾多成員的行業協會。由於 WAP 論壇的成員擁有當時全球手機市場 90% 以上的份額，並代表著超過 1 億訂戶的電信公司、領先基礎設施供應商、軟體開發商和向無線行業提供解決方案的其他機構。它致力於開發用於數位行動電話和其他無線終端設備的無線資訊與電話服務。所以，WAP 成為當時事實上的全球標準。

WAP 的發展經歷了 WAP1.0、WAP1.1、WAP1.2、WAP2.0 幾個階段。1997 年 7 月，WAP 論壇出版了第一個 WAP 標準架構。1998 年 5 月，WAP1.0 版正式推出。WAP1.1 版本於 1999 年夏推出，這是 1.0 版本的改良版，是對以前的版本進行歸納反饋的結果。2001 年 8 月 WAP2.0 正式發布。

WAP1.0 是基於 WML 語言編寫的，WAP2.0 基於 XHTML 語言，支持 CSS，表現方式比 1.0 更為豐富，包括布局、顏色等各個方面的差異。與 WAP1.x 相比，WAP2.0 協定取消了 WSP、WDP，代之以 HTTP 和 TCP/IP；這種無線資料傳輸技術的改進帶來了傳輸速率及傳輸可靠性的有效提高。

WAP業務為使用者提供行動網路的體驗，包括WAP瀏覽、下載服務以及基於WAPPush的各類服務。但隨著以iphone和android為代表的智慧型手機的功能不斷提供以及HTML5的應用，WAP業務的市場份額逐漸減少，最終有可能會逐漸退出歷史舞台。

四、第三代行動通訊技術

第三代行動通訊技術俗稱3G（3rd-generation），相對第一代類比制式手機（1G）和第二代GSM、CDMA等數位手機（2G），3G一般地講，是指將無線通訊與國際網際網路等多媒體通訊結合的新一代行動通訊系統。3G與2G的主要區別是其在傳輸聲音和數據的速度上的提升，它能夠在全球範圍內更好地實現無線漫遊，並處理圖片、音樂、影片流等多種媒體形式，提供包括網頁瀏覽、電話會議、電子商務等多種資訊服務，同時也要考慮與已有第二代系統的良好相容性。為了提供這種服務，無線網路必須能夠支持不同的資料傳輸速度，也就是說在室內、室外和行車的環境中能夠分別支持至少2Mbps（Tbit/s）、384Kbps（kbit/s）以及144Kbps的傳輸速度（此數值根據網路環境會發生變化）。

國際電信聯盟（ITU）在2000年5月將W-CDMA（寬頻分碼多重進接）、CDMA2000（多載波分複用擴頻調製）和TD-SCDMA（時分同步分碼多重進接接入）確定為3G通訊的三大主流無線介面標準，並寫入了3G技術指導性文件《2000年國際行動通訊計劃》（簡稱IMT-2000）；2007年，WiMAX亦被接受為3G標準之一。

CDMA是Code Division Multiple Access（分碼多重進接）的縮寫，是第三代行動通訊系統的技術基礎。第一代行動通訊系統採用頻分多重接取（FDMA）的類比調變方式，這種系統的主要缺點是頻譜利用率低，信號干擾話音業務。第二代行動通訊系統主要採用時分多重接取（TDMA）的數位調製方式，提高了系統容量，並採用獨立通道傳送信號，使系統性能大大改善，但TDMA的系統容量仍然有限，越區切換性能仍不完善。CDMA系統以其頻率規劃簡單、系統容量大、頻率複用係數高、抗多徑能力強、通訊品質好、軟容量、軟切換等特點顯示出巨大的發展潛力。

第二節 無線行動通訊技術

1.W-CDMA

W-CDMA，全稱為 WidebandCDMA，也稱為 CDMA Direct Spread，意為寬頻分碼多重進接，這是基於 GSM 網發展出來的 3G 技術規範，是歐洲提出的寬頻 CDMA 技術，它與日本提出的寬頻 CDMA 技術基本相同，目前正在進一步融合。W-CDMA 的支持者主要是以 GSM 系統為主的歐洲廠商，日本公司也或多或少參與其中，包括歐美的 Ericson、阿爾卡特、Nokia、Lucent、北電，以及日本的 NTT、富士通、SHARP 等廠商。該標準提出了 GSM（2G）－ GPRS － EDGE － WCDMA（3G）的演進策略。這套系統能夠架設在現有的 GSM 網路上，對於系統供應商而言可以較輕易地過渡。

W-CDMA 有 Release99、Release4、Release5、Release6 等版本。W-CDMA 採用直接序列擴頻分碼多重進接（DS-CDMA）、頻分雙工（FDD）方式，載波頻寬為 5MHz，基於 Release99/Release4 版本，碼片速率 3.84Mcps，可在 5MHz 的頻寬內，提供最高 384Kbps 的使用者資料傳輸速率。

2.CDMA2000

CDMA2000 是由窄頻 CDMA（CDMAIS95）技術發展而來的寬頻 CDMA 技術，也稱為 CDMA Multi-Carrier，它是由美國高通北美公司為主導提出的，Motorola、Lucent 和後來加入的韓國 Samsung 都有參與，韓國成為該標準的主導者。這套系統是從窄頻 CDMAOne 數位標準衍生出來的，可以從原有的 CDMAOne 結構直接升級到 3G，建設成本低廉。但使用 CDMA 的地區只有日、韓和北美，所以 CDMA2000 的支持者不如 W-CDMA 多。不過 CDMA2000 的研發技術卻是目前各標準中進度最快的，許多 3G 手機已經率先面世。該標準提出了從 CDMAIS95（2G）－ CDMA20001x － CDMA20003x（3G）的演進策略。CDMA20001x 被稱為 2.5 代行動通訊技術。CDMA20003x 與 CDMA20001x 的主要區別在於應用了多路載波技術，透過採用三載波使頻寬提高。

3.TD-SCDMA

TD-SCDMA 全稱為 Time Division-Synchronous CDMA（時分同步 CDMA），該標準是由中國獨自制定的 3G 標準，1999 年 6 月 29 日，由中國原郵電部電信科學技術研究院（大唐電信）向 ITU 提出，但技術發明始於 SIEMENS 公司，TD-SCDMA 具有輻射低的特點，被譽為綠色 3G。該標準將智慧無線、同步 CDMA 和軟體無線電等當今國際領先技術融於其中，具有在頻譜利用率，對業務支持具有靈活性、頻率靈活性及成本等方面的獨特優勢。另外，由於中中國地龐大的市場，該標準受到各大主要電信設備廠商的重視，全球一半以上的設備廠商都宣布可以支持 TD-SCDMA 標準。該標準提出不經過 2.5 代的中間環節，直接向 3G 過渡，非常適用於 GSM 系統向 3G 升級。

4.WiMAX

WiMAX 是全球互通微波存取（Worldwide Interoperability for Microwave Access）的簡稱，也叫 802.16 無線都會網路。WiMAX 是一項新興的寬頻無線接入技術，能提供面向網際網路的高速連接，資料傳輸距離最遠可達 50km。WiMAX 還具有 QoS 保障、傳輸速率高、業務豐富多樣等優點。WiMAX 的技術起點較高，採用了代表未來通訊技術發展方向的 OFDM/OFDMA、AAS、MIMO 等先進技術，隨著技術標準的發展，WiMAX 逐步實現寬頻業務的行動化，而 3G 則實現行動業務的寬頻化，兩種網路的融合程度會越來越高。

2007 年 10 月 19 日，在國際電信聯盟 ITU 於日內瓦舉行的無線通訊全體會議上，經過多數國家投票透過，WiMAX 正式被批准成為繼 W-CDMA、CDMA2000 和 TD-SCDMA 之後的第四個全球 3G 標準。

以上各種標準的參數對比見表 4-2

表 4-2 各種3G標準參數對比表

標準	W－CDMA	CDMA2000	TD－SCDMA	WiMAX
工作方式	異步FDD無線傳輸技術 異步CDMA系統 無GPS	FDD無線傳輸技術 同步CDMA系統 有GPS	TDD無線傳輸技術 同步CDMA系統 有GPS	全球微波 互聯接入
頻寬	5MHz	1.25MHz	1.6MHz	1.5～20MHz
碼片速率	3.84Mcps	1.2288Mcps	1.28Mcps	最高接入 速度70Mbps

續表

標準	W－CDMA	CDMA2000	TD－SCDMA	WiMAX
中國頻段	1940～1955MHz(上行) 2130～2145MHz(下行)	1920～1935MHz(上行) 2110～2125MHz(下行)	1880～1920MHz 2010～2025MHz 2300～2400MHz	暫無

註：FDD：頻分雙工；TDD：時分雙工。

　　碼片速率是指使用者數據符號經過擴頻之後的速率。在無線傳輸中，系統透過擴頻把 bit 轉換成碼片，一個數據訊號（如邏輯 1 或 0）通常要用多個編碼訊號來進行編碼，那麼其中的一個編碼訊號就稱為一個碼片。如果每個數據訊號用 10 個碼片傳輸，則碼片速率是數據速率的 10 倍，處理增益等於 10。

五、第四代行動通訊技術

　　由於資訊網路技術發展的日新月異，摩爾定律預示的技術更新換代週期不斷縮短正在印證現實。現今行動環境下，4G 技術已開始進行應用和推廣，而智慧化可穿戴設備、便攜超薄電子紙等也在 5G 技術的前景下逐步發展，帶來資訊傳播新的變革。

　　第四代行動通訊（4G）只是一個通用的名稱，除此之外，還有 B3G、BeyondIMT-2000、IMT-Advanced 技術等名稱。不同組織在對 4G 技術

的設想上存在著很大的差異（如圖 4-3 所示），隨著資料通訊與多媒體業務需求的發展，適應行動數據、行動運算及行動多媒體運作需要，關於 2G/3G/4G 的爭論已經結束，所有的技術均將向著滿足服務需求及統一化的趨勢發展，在使用者對於行動網路頻寬需求不斷提升的背景下，第四代行動通訊開始興起。

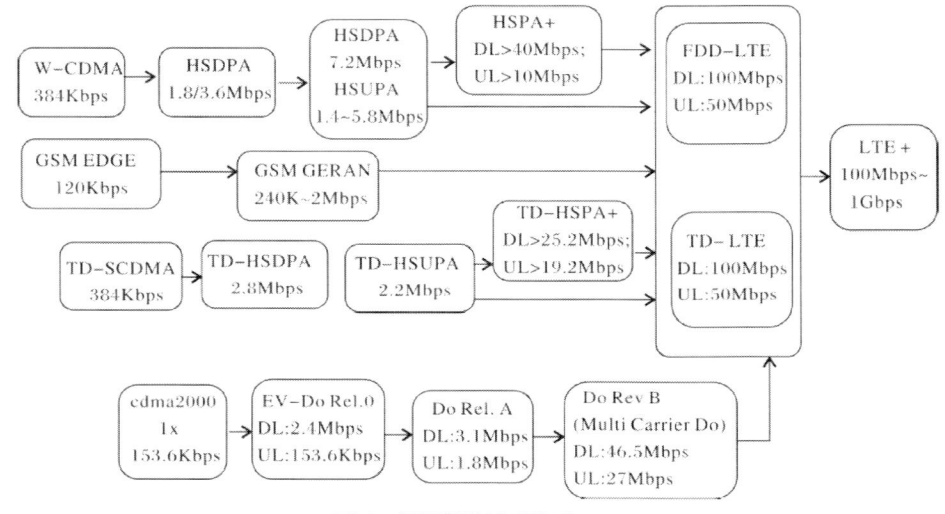

圖 4-3 行動通訊技術的發展

　　第四代行動通訊技術簡稱 4G（the 4th Generation Mobile Communication Technology），該技術包括 TD-LTE 和 FDD-LTE 兩種制式（嚴格意義上來講，LTE 只是 3.9G，儘管被宣傳為 4G 無線標準，但它其實並未被 3GPP 認可為國際電信聯盟所描述的下一代無線通訊標準 IMT-Advanced，因此在嚴格意義上其還未達到 4G 的標準。只有升級版的 LTE Advanced 才滿足國際電信聯盟對 4G 的要求）。4G 是集 3G 與 WLAN 於一體，並能夠快速傳輸數據、高品質音頻、影片和圖片等。4G 能夠以 100Mbps 以上的速度下載，比目前的家用寬頻 ADSL（4M）快 25 倍，並能夠滿足幾乎所有使用者對於無線服務的要求。

　　而 4G 牌照雖然已經發放，但 4G 網路大規模的應用還需要緩衝期來實現價值最大化。從長遠發展策略入眼，3G 已形成良性產業鏈，並占據較有優勢

的網路資源。因此，「3G+4G」的聯合模式將提升涵蓋率和使用者體驗，以豐富的終端產品，開闢更為廣闊的市場。

4G 資費價格本身較 3G 低，但流量消耗更高。另外除了價格因素，4G 時代與 3G 時代的差異也主要體現在以下方面：4G 時代是終端高度同質化，3G 時代終端差異化；4G 時代行動網路將更為普及，3G 時代簡訊業務運用更多；4G 時代是視訊化時代，3G 時代是讀圖文時代；4G 時代是行動網路決定電信業者迎合使用者的時代，3G 時代是電信業者決定行動網路的時代；低成本的終端和豐富的終端品類，正在大幅度降低使用者向 4G 轉化的限制。

在 4G 未來發展的展望上，交通線路將成為電信業者深度涵蓋的重點。行動網路時代，流量消費創新下的融合通訊即將步上正軌。電信業者需要關注使用者的可控性和社交性。

第三節　行動新媒體終端設備及系統平台

近年來，行動裝置的內涵變得越來越寬泛，各類終端的定義邊界越來越模糊，3C（電腦 Computer、通訊 Communication 和消費類電子產品 Consumer Electrics）融合的趨勢愈加明顯，現在的終端設備在功能上日漸交疊，基本上具有這 3 個趨勢：通訊和內容逐漸數位化，處理能力逐漸增強，儲存空間逐漸增大。與此同時，終端設備呈現多網路特性和多重功能特性。多網路特性指個人行動裝置設備除了手機的固有特性（可以接入行動網路）之外，這些終端設備還被要求可以接入 Wi-Fi、WiMAX，接收廣播電台、GPS 訊號，甚至具備可以接收廣播電視的特性。多重功能特性指各類終端基本具有以下多媒體特性：攝像頭（拍照和錄影）、音樂播放、影片播放、GPS 導航、遊戲等娛樂以及通訊功能。因此，行動裝置是行動網路技術與使用者體驗連接最為緊密的環節，是行動網路技術能成功實現的關鍵。

第四章 行動新媒體技術基礎──行動網路

一、行動新媒體終端設備

1. 智慧型手機

智慧型手機由掌上電腦系統的移植與通話功能的結合而生，首要特徵是具有開放性的作業系統，並且能夠接入行動網路。此外，還具有速度快、人性化、擴展性等特徵。國際行動網路大會給智慧型手機定義為「像個人電腦一樣，具有獨立的作業系統，可以由使用者自行安裝軟體、遊戲等第三方服務商提供的程式，透過此類程式來不斷對手機的功能進行擴充，並可以透過行動通訊網路來實現無線網路接入的這樣一類手機的總稱」。在行動網的支持下，智慧型手機的功能日趨強大，成為集合通話簡訊、購物消費、資訊服務為一體的個人手持終端設備。

通常智慧型手機具有以下特點：

①具備無線接入網際網路的能力：即需要支持 GSM 網路下的 GPRS 或者 CDMA 網路的 CDMA1X 或 3G（W-CDMA、CDMA2000、TD-CDMA）網路，甚至 4G（HSPA+、FDD-LTE、TDD-LTE）網路。

②具有 PDA 的功能：包括 PIM（個人資訊管理）、日程記事、任務安排、多媒體應用、瀏覽網頁。

③具有開放性的作業系統：擁有獨立的核心處理器（CPU）和記憶體，可以安裝更多的應用程式，使智慧型手機的功能可以得到無限擴展。

④人性化：可以根據個人需要延伸機器功能。根據個人需要，即時延伸機器內建功能，以及軟體升級，智慧識別軟體相容性，實現了軟體市場同步的人性化功能。

⑤功能強大：延伸性能強，第三方軟體支持多。

⑥運行速度快：隨著半導體業的發展，核心處理器（CPU）發展迅速，使智慧型手機在運行方面越來越快。

目前智慧型手機使用者增長迅速，使用者應用需求被釋放。一方面，技術的不斷進步使手機越來越智慧化；另一方面，智慧型手機需求受到豐富的

第三節　行動新媒體終端設備及系統平台

手機軟體應用刺激。資訊消費成了最強有力的經濟平台。電信業與網際網路業務逐步融合，行動網路擾動原有產業鏈，開放的產業鏈導致產業邊界模糊化，基於平台模式的「終端＋應用」將打穿、涵蓋、顛覆很多傳統行業。行動裝置設備商是使用者使用行動網路的最終實現平台，競爭日益激烈。

2015年6月11日，Google發布消費者網路行為報告顯示，在全球智慧型手機使用率最高的10個市場中亞洲占據了5席，其中包括新加坡（88%）、韓國（83%）、香港（79%）。中國的比例達74%，遠高於美國的57%。而全球智慧型手機使用率高於PC使用率的21個市場中有11個來自亞洲市場，包括泰國、馬來西亞、新加坡、中國等國家和地區。

同時大型行動裝置商和網際網路企業也開始涉足行動網路產業，以各自手機終端平台和技術平台支持，「以服務取勝」，探勘使用者的需求，搶占市場。而這就必須依靠智慧型手機產品與行動應用服務之間的結合，不僅出售智慧型手機，也出售行動產品。在行動網路時代，智慧型手機終端已經化身為一種平台，作為承載行動應用和使用者體驗的載體而存在。

2. 平板電腦

平板電腦是指體形小巧，便攜行動的個人電腦，功能完整，其特徵是以數位板技術作為輸入設備，可識別使用者手勢。目前的平板式電腦集電子商務、行動通訊和行動娛樂為一體，具備手寫識別和無線網路通訊功能，主要用於消費內容。隨著硬體功能的增強，平板電腦功能更具多樣性。

具有代表性的iPad橫空出世後，平板電腦已成為功能豐富、富有個性的行動網路終端。它比筆記型電腦更便攜，比智慧型手機功能更強大，以其簡便的觸控螢幕操作優勢，使使用者能更為便捷地使用行動網路時代的上網功能。賈伯斯稱iPad為「革命性的行動便攜設備」，它是為閱讀、遊戲和媒體消費而設計的，它將改變對電腦的傳統使用方式，不再有文件和文件夾，也不再需要物理鍵盤和滑鼠。同時，提供了一種十分流暢的直觀體驗，與當前行動占據主導、網路連接隨處可見的基調吻合。多點觸控功能的反應非常迅速，所有的應用都可以透過同一個來源下載，簡化了軟體的購買流程和更新流程，並確保了安全性。平板電腦發展了行動網路應用，應用程式商店的

分類中包括眾多的生活服務、新聞、娛樂、社交等程式,為行動新媒體的發展提供了更廣闊的市場和平台。

3. 可穿戴式智慧設備

穿戴式智慧設備是應用穿戴式技術對日常穿戴進行智慧化設計、開發出可以穿戴的設備的總稱,如目前流行的可穿戴式設備包括須和手機配合使用的智慧手環,以及可實現完整功能的智慧頭盔及 Google 眼鏡等。隨著使用者需求的變化和技術的完善,可穿戴式智慧設備的外觀形態與應用功能也在不斷更迭。

由於行動網路的發展,以及高性能低功耗處理晶片的推出,部分穿戴式設備已經從概念化走向商用化。當可穿戴式智慧設備成為個體的一部分,作為媒介連通人與電腦的個性化數據管道時,將更大地改變生活的形式。智慧手環可對使用者的日常活動進行追蹤和記錄,並與行動設備同步,對使用者健康狀況進行判斷和提醒。而 Google 眼鏡則直接透過語音指令,將透過行動網路搜尋到的即時資訊疊加到使用者視野中,利用 AR 技術,加強進行人機互動。智慧頭盔分頭部動作和腦波傳感兩類,從而實現對設備的意念性操控。

隨著手機螢幕的「平板化」與平板電腦螢幕的「手機化」,二者也面臨因融合而消失的可能。智慧穿戴設備的出現和發展所可能引發的人機交互革命,會將繼續引向對資訊數據處理能力的追求。行動設備的發展並非單一追求產品性能的攀升,工具只是幫助人類提高自身能力的途徑。而對於行動產品,使用者對產品體驗的要求更高,在多種不同情況下都能方便快捷地得到自己想要的資訊服務,反映了大眾對於行動裝置設備的未來定位。

智慧穿戴設備的數據交互屬性,內容與運算向雲端轉移將成為未來的發展趨勢,手機、智慧手錶等都將成為雲終端設備。這類設備被定義為具有脫離手機獨立運算、獨立運行、獨立聯網的獨立設備;具備與人更深度交流的獨特傳感能力;使用智慧作業系統;具備不斷升級和擴展的能力。

第三節　行動新媒體終端設備及系統平台

二、行動作業系統

隨著智慧型手機等行動裝置市場的普及，行動裝置作業系統之間的競爭也日趨白熱化。目前應用在手機上的作業系統主要有 Android（Google）、iOS（Apple）、Windows Phone（微軟）、Symbian（Nokia）、BlackBerry OS（黑莓）等，這其中 GoogleAndroid、AppleiOS、微軟 Windows Phone 是現在應用較普遍的三大主流作業系統，這三大主流作業系統目前實力分明，不過 Windows Phone 的實力還暫未完全達到與 Android 和 iOS 抗衡的地步。

1.iOS

iOS 是由 Apple 公司專門為行動操作開發的系統，使用基於 Xcode 的開發工具，可用於 iPhone、iPod touch、iPad 等產品。iOS 的最初版本「iPhone Runs OS X」公布於 2007 年的 Macworld 展覽會，同年發布了首個本地化 iPhone 應用程式開發包（SDK）。之後 Apple 公司發布 iPad，因而重新設計了「iPhoneOS」的系統程式。系統的更新換代也較為頻繁，iOS6 具備超過 200 項新功能，iOS7 將仿實物化風格替代為扁平化設計，而 iOS 系統目前已經更新至 9.0 版本。

iOS 系統非常好地結合了行動設備的使用特點，使用者介面核心關鍵是能夠使用多點觸控直接操作，其中程式建立集中通路的控制中心，及 Siri 語音控制、Safari 行動網路瀏覽器等內建應用，提供了智慧交互和人性化服務。由於 Apple 同時製造多種設備的硬體和作業系統，軟硬體的高度配合使應用得以充分發揮 Multi-Touch 介面、加速感應器、三軸陀螺儀等更多硬體功能。如 FaceTime 可以在使用過程中調用前後兩個攝像頭，與顯示器、麥克風配合進入網路連接。

目前 iOS 是優化程度較好，較快的行動作業系統之一，但與此同時，iOS 仍存在一些不足，如軟體開發協定不允許應用程式後台運行、不支持 Flash 線上播放等問題，而 iPhone 自帶的介面控件也無法滿足使用者日益增長的功能需要，只有透過使用者創新控件來解決相關矛盾。

2.Android

Android 是由 Google 公司和開放手機聯盟開發的行動設備作業系統，研發基於 Linux 的自由開放原始碼，主要運用於智慧型手機和平板電腦。目前在市場份額上大於 iOS 系統，但運營收入有所不及。Android 一詞來源於 140 年前利爾○亞當的科幻小說《未來夏娃》，指「人類外表的機器人」，而 Android 的全身綠色小機器人圖標也具備相應意義。同樣在 2007 年，Google 於 11 月展示 Android 系統及免費開源發放授權，並組建全球性的聯盟組織來共同研發創新。

Android 由 4 大組件構成：用於表現功能的活動（Activity）；後台運行服務（Service）；廣播接收器（Broadcast Receiver）；支持存取數據的內容供應商（Content Provider）。Activity 是所有程式的關鍵和基礎。從 2008 年的 Android1.0 版本，到目前最新的 Android4.4 版本，手機系統與平板系統已經合併，並支持使用者自定義添加第三方服務，整體系統功能更趨向於智慧化和實用化，UI 介面也更具有現代感。而截至現今，Android 系統已經成為智慧型手機領域佔有量最高的系統。

在平台優勢上，Android 具備豐富的資源和其開發性，另外多樣化的功能也能與系統良好相容，便於接合各方服務。但同時由於應用的易開發，導致具有破壞性的程式難以控制，同時 Android 本身穩定性存在的問題也亟待解決。

3.Windows Phone

Windows Phone 是由微軟發布的智慧型手機作業系統，將微軟開發的 Xbox Live 遊戲、Xbox Music 音樂整合至行動設備。Windows Phone 發布於 2010 年 10 月，微軟與 Nokia 達成策略同盟並協定深度合作研發。目前已更新至 Windows Phone 8.1 版本。

由於微軟完全重塑了整套系統的代碼，Windows Phone 7 放棄了 WindowsMobile 的操作介面和程式相容，而 Windows Phone 7.5 則在

第四節　行動新媒體技術應用

大幅度優化中正式加入簡繁體漢字等 17 種語言，走向全球化。Windows Phone 8.0 則宣告 Windows Phone 進入多核時代。

操作體驗上，Windows Phone 的增強觸控螢幕介面，更方便行動化使用。Windows Phone 的簡訊功能整合 MSN，並安裝 Office Mobile 套裝以便於使用者行動辦公，應用程式商店提供個性化的主題服務。微軟在 Windows Phone 介面設計上，基於「平衡易用」的概念而開發動態磁貼展示技術，在視覺效果上強調資訊本身。軟體管理上，Windows Phone 將所有應用按首字母分類，以便於按全螢幕字母表隨時調用。但在系統相容性上，現有的 Windows Phone 7.0 手機仍然存在問題，因為內核將無法升級至新版本。而 Windows Phone 8.1 系統則有向下相容或向上升級的可能。

除了以上三種常用的行動作業系統，另有 Research In Motion（生產黑莓的公司）專用的智慧型作業系統 BlackBerry OS 和歷時 14 年但現已停止更新的 Symbian 系統。Black-Berry OS 具有多任務處理能力（尤其是郵件處理），並支持特定輸入裝置，深受極客喜愛。而 Symbian 系統則因為缺乏新技術支持，最終被 Nokia 放棄，轉而被其他系統所替代。

第四節　行動新媒體技術應用

網際網路行業的發展已經進入一個新階段，行動網路技術的發展和運用日益成熟。隨著行動網路技術的發展，其應用的範圍也越來越廣，從傳播媒體、社交溝通、電子商務到人們日常生活的方方面面，對人們的日常生活、企業的發展等都產生了廣泛而深刻的影響。

行動網路從技術層面來看，是以寬頻 IP 為技術核心，可以同時提供語音、數據、多媒體等業務的開放式基礎電信網路。作為連接網際網路的首選設備，行動設備正在搶走 PC、筆記型電腦及平板電腦的風頭，掀起一場轟轟烈烈的革命。隨著行動裝置技術的不斷發展，智慧型手機、平板電腦越來越成為使用者主要的使用媒體。

從通訊方面來說，隨著網路和技術朝著越來越寬頻化的方向發展，人們從 3G 時代逐漸步入了 4G 時代，行動通訊產業將走向真正的行動資訊時代。行動裝置的處理能力不斷增強，有力地促進了行動裝置正在從簡單的通話工具變為一個綜合資訊處理平台。

在軟體方面，因為可以安裝第三方軟體，所以智慧型手機有豐富的擴展功能。智慧型手機的 APP 應用程式逐漸代替個人電腦成為處理日常事務的主要工具，如個人資訊管理、收發郵件、網頁瀏覽、多媒體應用和線上購物等。

一、傳播媒體：資訊的生產和傳播更加豐富多樣

新媒體技術在促進資訊的生產和傳播中產生了重要的作用，從功能機、塞班時代的 WAP，到 iTunes 和 Google Play，再到現在資訊流的交互方式和大數據分析應用，新媒體技術已經使資訊的生產傳播有了更多的手段。

在資訊的生產方面，大數據的應用可以幫助營運者更為快捷和準確把握焦點，為讀者提供更好的資訊。例如在新聞使用者端方面，早期的 RSS 訂閱，新聞使用者端在如何為使用者選擇合適的內容推送方面不夠精準。而大數據時代的到來，可以透過對使用者行為的數據分析，對使用者所關注的資訊及其關鍵詞進行追蹤，準確把握使用者脈搏，為使用者推送更有針對性的資訊，更符合使用者的資訊需求。

在目前應用比較廣泛的 HTML5 這一技術方面，這項技術不受數據大小的限制，有更好的彈性以及架構，使得資訊的展示更加豐富靈活。HTML5 可以讓定位和導航不再專屬導航軟體，地圖也不用下載非常大的地圖包，可以透過緩存解決。在資訊的展示上，HTML5 可以允許圖片、文字、音頻、影片完全放在一起進行處理，多媒體的形式更加豐富。除去資訊展示優勢明顯之外，HTML5 還提供了很多資訊交互的方式，使得使用者和資訊之間的互動性增強，例如使用者可以拖曳、清除瀏覽紀錄，進行文本選擇還可以實現組建變形等效果。

同時，HTML5 能夠實現資訊的服務差異化，更加符合媒體的定位，還可以為不同使用者在不同的場景下提供無縫對接內容服務，能夠將內容輸出

轉化為流量變現能力和品牌影響力。例如，在這種傳統媒體行動化的大時代背景下，鳳凰網率先推出了全面 HTML5 化的行動門戶首頁（3g.ifeng.com），並開發了多款基於 HTML5 技術的 WebAPP 產品，很好地滿足了使用者的資訊需求。

在行動新媒體時代，新媒體技術的發展也改變了媒體的傳播方式，傳統媒體的傳播能力受到了一定程度的削弱，自媒體不斷崛起，顛覆了新聞既有的傳播模式，也改變了使用者的資訊接收習慣。例如微信訂閱號、微博、手機 APP 等自媒體的興起，使用者本身既成為資訊的生產者，也成為資訊的消費者。形成一種普通大眾主導的資訊傳播活動，由傳統的「點到面」的傳播，轉化為「點到點」的傳播形式。

二、社交溝通：行動社交的多維度發展

行動裝置幫助人們實現多維社交，滿足人們的基本需求，然而社交已經不僅僅侷限在人與人之間的簡訊和語音的溝通手段。隨著新媒體技術的發展，社交逐步進入了行動社交時代，溝通方式也逐漸擴展到了圖文聲像等各種方面。

網路社交工具發展至今，微信等應用軟體由於其行動性等特點迅速在手機使用者中流行起來。行動社交媒體的興起讓溝通、社交、閱讀、分享等行為成為行動新媒體的主要特徵，行動社交平台已逐漸成為使用者關注熱門資訊、獲取新知識、分享資訊的新途徑。

從技術對傳播手段的影響來看，各種資訊呈現方式為使用者提供了全方位的服務。在聲音傳輸方面，VoIP 技術可以將類比聲音訊號數位化，以封包的形式在網路進行即時傳遞。能夠更廣泛地利用全球互聯的環境，提供更好的語音、數據等方面的服務。在影片社交方面，影片電話彌補了單純的圖片和語音的不足，可以為使用者即時地傳送語音和圖片。PushtoTalk 技術實現了手機單向交流，在飯店、保全、企業內部都有比較廣泛的應用，使使用者擺脫了時間地點的限制，實現多人通話。行動社交，同時是一種即時性的社交，彙集了圖文聲像的各種溝通手段，方便人們即時通訊。

社交的手段給使用者提供了多維度的溝通方式，為不同圈層人群的社交提供了多維度的應用，也使「社區」這個概念滲透進人們的生活。例如陌生人之間的社交「陌陌」，職場中的人脈社交「脈脈」，校園社交「人人網」等。這些社交方式都注重打造「行動社交」的社區交流，形成了網路社會中的「部落化」的存在形式。行動社交綜合了行動網路、手機終端和社交網路服務的優勢和特點並互為有益的補充。行動新媒體技術為社交提供各類服務的可能性，比如基於 LBS 的簽到、隨機發送、興趣等多種因素行動社交，為使用者的社交提供了各種場景。

隨著行動新媒體時代需求的多樣化，在多場景、多維度下的行動社交需求激勵下，行動社交新媒體傳播模式在加速興起，作為一種更為迅速直接的互動社交傳播方式，公共資訊的傳播方式和模式將得到全新的變革。

三、電子商務：強勢崛起的不斷「顛覆者」

由於行動網路技術的迅速發展，目前透過網路進行電子商務活動已經越來越普遍，電子商務的效益與優越性已經得到人們的公認。

WAP 手機的出現使網際網路更迅速地走入尋常人的生活。透過 WAP 技術可以將網際網路的大量資訊及各種業務引入手機等行動裝置，這為電子商務的發展提供了技術基礎，使行動電子商務逐漸進入人們的生活當中。GPRS 可以高效地利用無線頻譜，電信業者可將行動網路的速度提高 10 倍到 100 倍。使用者可以接入更多頻寬，實現數據與話音的同步處理，獲得不中斷的穩定連接，幫助使用者在行動的狀態下進行商品瀏覽。

大數據時代的到來為電子商務的發展提供了非常好的發展機遇。網際網路大數據的蒐集和探勘技術，為電子商務的精準行銷產生了巨大的推力。透過對用社交網路、電子郵件、行動數據和線下活動等數據的蒐集，能夠幫助企業瞭解閱聽人的人口統計背景、購買趨勢、興趣、瀏覽和點擊習慣，以及購買歷史。透過對使用者特徵的辨識，企業便可以策劃客製廣告活動，向目標使用者提供相關的產品資訊。

第四節　行動新媒體技術應用

在「IoT」迅速發展的大趨勢下，很多工具和第三方應用可以互相交流，蒐集使用者產生的各種資訊數據。使用者的瀏覽和購買行為都會被電商線上獲得並進行分析，為客戶提供最相關的產品和服務。企業不僅從客戶的智慧型手機、平板電腦等終端上收集數據，也包括其他網際網路產品，如家用電器、可穿戴設備，甚至交通工具。數據技術幫助企業加強了企業和消費者之間的關係，電商企業可以做到精準的流量引入，透過在入口網站這樣的媒體進行精準的廣告投放，以實現精準化的推薦，提供個性化的產品和服務，提高轉化率，也使消費者能夠獲得更需要更滿意的服務。例如在行動推送方面，企業可以在商店、購物中心和機場等地，透過 beacon 技術、地理圍欄技術，精確定位顧客的位置，透過發布個性化的資訊，引導消費者的消費行為，同時提高品牌互動和顧客忠誠度。

在支付手段上，透過行動支付技術的普及和使用，使得消費結算方便快捷，安全可靠，更為重要的是第三方電子支付工具的不斷創新，在傳統支付交易結算的基礎上，發展網際網路金融，開發信用業務和理財產品，增加信貸，刺激消費，加速資金流通，促進經濟增長。

在電子商務技術應用和商務模式雙重顛覆作用下，電子商務強勢崛起，自身角色從鯰魚式攪局的「逆襲者」變成了無孔不入的「顛覆者」，消費、金融、農業、醫療、跨境貿易等各個領域均成為電子商務巨頭新的演武場，例如醫藥電商 B2C 模式顯現雛形，一方面是醫藥企業向電商轉型，另一方面傳統電商天貓、京東等聯合醫藥企業形成一站式醫藥平台；綜合商業地產巨頭萬達集團結合零售業務，建立 O2O 電商模式。正如阿里巴巴副總裁梁春曉說：「電子商務這十多年的發展，就是一個不斷顛覆人們想像的過程，不斷讓你覺得，電子商務原來還能這麼做①。」

四、生活服務：「互聯網＋」對人們生活的重構

隨著終端軟體、硬體水平的不斷提升，行動裝置正在向著智慧化的方向發展。作為推動資訊消費的關鍵領域、應用與服務的重要入口與平台，智慧終端與行動網路已經深刻影響到人們生產與生活的各個方面。從某一行業的贏家通吃到初出茅廬的創業者，從通訊智慧到生活智慧，從技術到產品，圍

新媒體技術
第四章 行動新媒體技術基礎——行動網路

繞「互聯網+」的產品與應用創新不斷湧現，正引領行動網路與智慧終端產業發展的重要變革，「互聯網+」的產業新形態正在形成。在思維方式上，人們越來越強調「網際網路思維」帶來的一種高位文明的視角；在生活方面，對人們的生活進行了重構，產生巨大的影響。

隨著社會節奏的加快，人們的時間呈現出碎片化，對於外送的需求也逐漸增強。LBS技術在網際網路領域的應用，給外送市場的發展提供了基礎。現在你打開手機在安卓市場裡面輸入「外送」，會出來至少幾十個外送APP可供下載，像美團外賣有1146萬次下載，百度外送有410萬次下載。人們在一種快節奏的生活中，越來越能找到滿足這種節奏的服務。而且現在有相當一部分年輕人對於智慧型手機產生了很大的依賴性，希望任何事情都能在手機上面完成，購物、支付、儲值繳費等等。這也許只是其中一個方面，但是推動了網際網路生活服務的發展。

在交通方面，各種叫計程車軟體也逐漸改變了人們的交通習慣，例如滴滴、快滴等很好地聯結了使用者和司機之間的關係，節省了時間，提高了交通的效率。以臺北好行APP為例，它結合了LBS定位技術與GPS，位置的動態路徑規劃，涵蓋了不同的交通資訊，提供便捷的交通資訊查詢。它順應持續增長的智慧型手機使用者及使用者對交通資訊的需求，及各類型的不同的智慧型手機的操作平台。這款應用軟體為使用者提供了綜合的交通資訊，將各種交通工具、道路交通、換乘等資訊彙集到一起，滿足使用者對交通的資訊需求。

除了衣食、交通之外，在住的方面，網際網路技術的應用也影響了人們的租房行為。目前租房類APP市場上主要有安居客推出的「好租租房」、九九房網推出的「掌上租房」以及58同城、趕集等大型分類網站使用者端中的租房資訊。例如手機租房APP，結合了LBS，「出租」功能提供給房客周邊地區的房源資訊，房客可以根據房屋類型進行篩選，也可以在地圖上搜尋所希望居住的區域尋找房源，給使用者提供了精準的服務。「互聯網+」不僅在改造和升級傳統行業，也正在走進千家萬戶，使老百姓的日常生活更加便捷和舒適。

第四節　行動新媒體技術應用

隨著行動網路技術的發展及各種各樣智慧終端的出現，網際網路提供了更多、更貼合使用者需求的應用。行動網路使用者可以透過終端，隨時隨地進入無線網路，實現強大的通訊能力；行動網路充分個性化主要表現在行動裝置的個性化、應用的個性化、網際網路內容的個性化。總體來看，行動網路技術的應用朝著個性化、精準化等方向發展，更能夠體現網際網路時代「以使用者為中心」的服務方式。隨著技術的不斷發展，行動網路應用會越來越廣泛，越來越深入，對人們生活的影響必然滲透到方方面面。

【知識回顧】

行動網路可以稱之為一個時代，並不是因為它創造了更多的資訊，而是因為它改變了資訊和人的二元關係，讓人成為資訊的一部分，由此改變了人類社會的各種關係和結構，也因此會引起整個社會商業模式的變遷。行動新媒體以行動網路為基礎，在各種行動裝置上透過行動網路的資料傳輸為人類提供形形色色的應用服務，在人們的生活中扮演著越來越重要的角色。行動網路是網際網路技術、平台、商業模式和應用與行動通訊技術結合併實踐的活動的總稱，它包括行動網路終端、行動通訊網路和行動網路應用服務和行動網路相關技術四個部分。無線通訊技術是行動網路最重要的技術推動力，它經歷了一個高速發展過程。行動裝置是行動網路技術與使用者體驗連接最為緊密的環節，是行動網路技術能成功實現的關鍵。行動新媒體終端設備包括智慧型手機、平板電腦和可穿戴智慧設備等，行動作業系統主要有 iOS、Android 和 Windows Phone 等。隨著行動網路技術的發展，其應用的範圍也越來越廣，從傳播媒體、社交溝通、電子商務到人們日常生活的方方面面，對人們的日常生活、企業的發展等都產生了廣泛而深刻的影響。

【思考題】

1．你認為行動網路是傳統網際網路的發展還是顛覆？

2．展望 4G 給行動新媒體領域帶來的改變。

3．行動裝置設備和行動作業系統今後會是「百花齊放」還是「一統天下」？

新媒體技術
第五章 新媒體資訊顯示、發布與搜尋技術

第四節　行動新媒體技術應用

第五章 新媒體資訊顯示、發布與搜尋技術

【知識目標】

☆資訊顯示、發布和搜尋的基本原理。

☆電子紙技術最新發展。

【能力目標】

1. 瞭解不同顯示技術的特點以及電子紙發展的制約因素。

2. 熟悉 P2P 和 CDN 的技術原理及構成。

【案例導入】

革命性的 MEMS 顯示技術好在哪裡？

在 CES2014 展會上，MEMS（Micro Electro Mechanical System）全新的螢幕顯示技術亮相 SHARP 展台，這種全新的螢幕現實技術憑藉著超低的功耗，有望取代當前市場上主流的 LCD 和 AMOLED 螢幕，成為智慧型手機和平板電腦的首選。

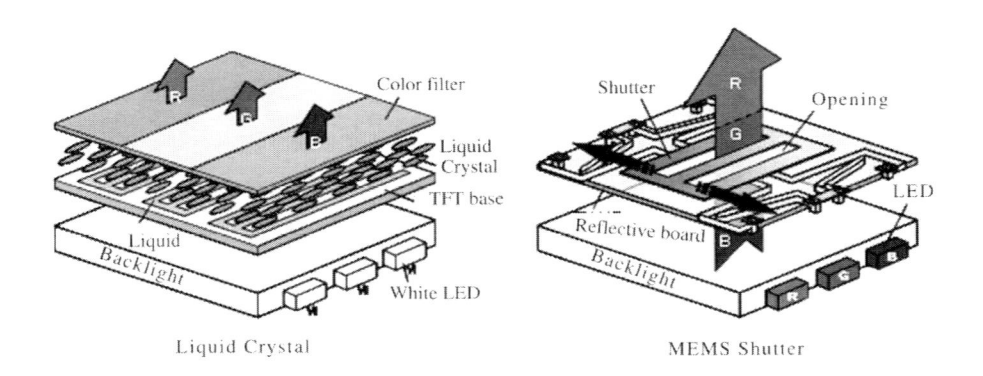

269

在 SHARP 展示的多款產品中，最令人矚目的無疑是 7 英吋的 IGZO+MEMS 螢幕。這種融合了高通、Mirasol 和 SHARP 技術的超低功耗螢幕具有 OLED 螢幕的特性——全黑下螢幕不發光，這種螢幕採用了畫素電子開閉技術，能在黑暗時直接用快門關閉畫素。

MEMS 技術主要以 MEMS（微電機）快門代替 LCD 快門來達到降低功耗的目的，這是一種極其微小的實體快門，可以控制每個畫素的透光量，因此功耗只有傳統液晶面板的 1/6。除此之外，MEMS 還具有有效的 LED 背光系統，LED 背光無須高強度工作。

起初，MEMS 技術由高通和 Mirasol 共同研發，高通發布的 Toq 智慧手錶的顯示技術正是基於 MEMS。儘管很好地控制了功耗，但由於採用反射式結構使得螢幕色彩表現不佳。後來，SHARP 以轉讓股權為代價，接受高通投資，雙方得以強強聯合，高通旗下 Pixtronix 公司的低功耗 MEMS 顯示器與 SHARPIGZO 技術走向融合，最終打造出 IGZO+MEMS 低功耗螢幕。

利用 IGZO 技術可以使顯示器功耗接近 OLED，但成本更低，厚度也只比 OLED 高出 25%，而且分辨率可以達到全高清甚至超高清。目前大多數臺灣面板廠商有能力生產 IGZO 面板，但由於 IGZO 的工序比現有普通非晶矽 TFT-LCD 工藝要複雜得多，致使該面板的良品率仍然不高，目前可以在 SHARP 公司實現量產，其他面板廠商量產有難度。

SHARP 在 CES 接受媒體採訪時表示，SHARP 新一代 IGZO+MEMS 的顯示器如今已經成功搭載在 7 英吋平板上。

第一節　新媒體資訊顯示技術

21 世紀以來，數位技術發展日新月異，各種各樣的新媒體層出不窮，電腦、手機、平板、數位電視、數位電影、觸控媒體等，無不透過螢幕向使用者呈現形態各異的資訊，而這一切都離不開顯示技術。如今，社會對資訊的需求量越來越大，顯示技術在人們的日常生活、工作、娛樂中也變得越來越重要。從笨重的陰極射線管顯示產品到鋪天蓋地的高清平板電視、從最古老

第一節　新媒體資訊顯示技術

的指針手錶到隨處可見的智慧型手機、從原始單一的撥號電話到日新月異的電腦網路、從傳統的報刊到實用便攜的平板電腦等等，顯示產品無時無刻不在滲透到我們的日常生活中，徹底改變了我們的生活方式。

如今，顯示技術已經作為人與資訊社會溝通的主要管道廣泛滲透到娛樂、工業、交通、教育等方面，更是與新媒體有著密不可分的關係。顯示的圖片已成為人機介面進行互動交流的平台，人們可以獲取知識、交流情報、參與社會、享受生活。現代科學研究同樣表明：如果將人們從外界獲取的資訊按照各種感覺器官進行劃分，視覺占 60%，聽覺占 20%，觸覺占 15%，味覺占 3%，嗅覺占 2%。可見，約有三分之二的外部資訊都是透過「人自身的光學儀器」——眼睛進行獲取的。正所謂「眼見為實」，這使得人們利用顯示器圖片來獲取的資訊比任何口頭敘述或者文字描寫都要直觀、清楚。

在近 50 年的科技發展中，技術變革的速度一直遵循著摩爾定律。顯示技術的發展也日新月異，隨著顯示器的大幅度改善和不斷升級，體積、功耗、製造技術和成本等也成為衡量顯示產品性能的重要指標，人們更多地去關注著那些小而精、大而輕薄且能夠實現高分辨率的彩色顯示產品。目前，人們對顯示技術的需求主要體現在以下幾個方面，即微型化、輕而薄、大螢幕、高分辨率、高亮度、立體化等，以替代一直以來占絕對統治地位的質低價高、體積笨重、效果欠佳的傳統顯示產品。

一、常見的顯示技術

自 1897 年德國的布朗發明陰極射線管（CRT）以來，隨著電視媒體和電腦等數位媒體的出現和發展，顯示器產業取得了極大進步。在接下來的一個世紀，CRT 占了光電顯示的絕對統治地位。與此同時平板顯示器也在迅速發展，其中液晶顯示器以極大幅度改善的品質、持續下降的價格、低輻射量等優勢在中小螢幕顯示中代替 CRT。另一種適合大螢幕的顯示器——等離子顯示器（PDP），也逐漸發展並且商品化。

1.CRT 顯示器

CRT 顯示器是一種使用陰極射線管（Cathode Ray Tube，簡稱 CRT）的顯示器，它曾是應用較廣泛的顯示器之一。CRT 純平顯示器具有可視角度大、無壞點、色彩還原度高、色度均勻、可調節的多分辨率模式、響應時間極短等 LCD 顯示器難以超越的優點，而且以前的 CRT 顯示器價格要比 LCD 顯示器便宜不少。但由於 CRT 顯示器體積大、輻射和耗電量較高等缺點以及 LCD 顯示器的性能不斷提高價格不斷下降等原因，CRT 顯示器目前基本上被 LCD 顯示器所取代。

CRT 顯示終端主要由電子槍、偏向線圈、蔭罩、螢光粉層和玻璃面板五部分組成。CRT 顯示終端的工作原理就是當映像管內部的電子槍陰極發出的電子束，經強度控制、聚焦和加速後變成細小的電子流，再經過偏向線圈的作用向正確目標偏離，穿越蔭罩的小孔或柵極，撞擊到螢光粉層。這時螢光粉被啟動，就發出光線來。R、G、B 三色螢光畫素被按不同比例強度的電子流點亮，就會產生各種色彩。

電子槍的工作原理是由鎢絲加熱陰極，陰極發射電子，然後在加速極電場的作用下，經聚焦聚成很細的電子束，在陽極高壓作用下，獲得巨大的能量，以極高的速度去撞擊螢光粉層。這些電子束撞擊的目標就是螢光螢幕上的三原色。為此，電子槍發射的電子束不是一束，而是三束，它們分別受電腦顯卡 R、G、B 三個基色影片訊號電壓的控制，去撞擊各自的螢光粉單元。

受到高速電子束的激發，這些螢光粉單元分別發出強弱不同的紅、綠、藍三種光。從而混合產生不同色彩的畫素，大量的不同色彩的畫素可以組成一張漂亮的畫面，而不斷變換的畫面就成為可動的圖片。很顯然，畫素越多，圖片越清晰、細膩，也就更逼真。

偏向線圈的作用就是幫助電子槍發射的三支電子束，以非常快的速度對所有的畫素進行掃描激發。就可以使映像管內的電子束以一定的順序，週期性地撞擊每個畫素，使每個畫素都發光；而且只要這個週期足夠短，也就是說對某個畫素而言電子束的撞擊頻率足夠高，我們就會看到一幅完整的圖片。

第一節　新媒體資訊顯示技術

　　蔭罩的作用是保證三支電子束在掃描的過程中，準確擊中每一個畫素。蔭罩是厚度約為 0.15mm 的薄金屬擋板，它上面有很多小孔或細槽，它們和同一組的螢光粉單元即畫素相對應。三支電子束經過小孔或細槽後只能擊中同一畫素中的對應螢光粉單元，因此能夠保證彩色的純正和正確的會聚，所以我們才可以看到清晰的圖片。

　　最後，場掃描的速度可決定畫面的連續感，場掃描越快，形成的單一圖片越多，畫面就越流暢。而每秒鐘可以進行多少次場掃描通常是衡量畫面品質的標準，我們通常用影格率或場頻（單位為 Hz，赫茲）來表示，影格率越大，圖片越有連續感。

2. 液晶顯示器（LCD）

　　液晶顯示器 LCD（Liquid Crystal Display），是利用液晶分子的光電特性來控制光線的透過狀態，使顯示圖案的光線能透過或被阻斷，從而獲得顯示的效果。LCD 顯示器的構造是在兩片平行的玻璃基板當中放置液晶盒，下基板玻璃上設置 TF（薄膜電晶體），上基板玻璃上設置彩色濾光片，透過 TFT 上的訊號與電壓改變來控制液晶分子的轉動方向，從而達到控制每個畫素點偏振光射出與否而達到顯示目的。

　　液晶顯示器按照控制方式不同可分為被動矩陣式 LCD 及主動矩陣式 LCD 兩種。被動矩陣式 LCD 在亮度及可視角方面受到較大的限制，反應速度也較慢。由於畫面品質方面的問題，使得這種顯示設備不利於發展為桌面型顯示器，但由於成本低廉的因素，市場上仍有部分的顯示器採用被動矩陣式 LCD。被動矩陣式 LCD 又可分為 TN-LCD（Twisted NematiC-LCD，扭曲向列 LCD）、STN-LCD（Super TN-LCD，超扭曲向列 LCD）和 DSTN-LCD（Double layer STN-LCD，雙層超扭曲向列 LCD）。主動矩陣式 LCD 應用比較廣泛，也稱 TFT-LCD（Thin Film Transistor-LCD，薄膜電晶體 LCD）。TFT 液晶顯示器是在畫面中的每個畫素內建電晶體，可使亮度更明亮、色彩更豐富及具有寬廣的可視面積。與 CRT 顯示器相比，LCD 顯示器的平面顯示技術體現為較少的零件、占據較少的桌面及耗電量較小，但 CRT 技術較為穩定成熟。

新媒體技術

第五章 新媒體資訊顯示、發布與搜尋技術

　　液晶顯示器的基本技術指標主要有可視角度、點距、分辨率和響應時間等。由於液晶的成像原理是透過光的折射而不是像 CRT 顯示器那樣由螢光點直接發光，所以在不同的角度看液晶顯示器必然會有不同的效果。當視線與螢幕中心垂直方向成一定角度時，人們就不能清晰地看到螢幕圖片，而那個能看到清晰圖片的最大角度被稱為可視角度。一般所說的可視角度是指左右兩邊的最大角度相加。一般主流的液晶顯示器的可視角度為流的液晶顯示器的可視角度為 120☒ ～ 160。液晶顯示器的點距是兩個液晶顆粒（光點）之間的距離，一般 0.28 ～ 0.32mm 就能得到較好的顯示效果。分辨率在液晶顯示器中的含義並不和 CRT 中的完全一樣。通常所說的液晶顯示器的分辨率是指其真實分辨率，如：1366×768 的含義就是指液晶顯示器含有 1366×768 個液晶顆粒。液晶顯示器只有在真實分辨率下才能得到最佳的顯示效果，其他較低的分辨率只能透過縮放仿真來顯示，效果並不好，而 CRT 顯示器則在較低的分辨率下也能很好地顯示。液晶顯示器的響應時間反映了各畫素點對輸入訊號反應的速度，即畫素點由暗轉亮或由亮轉暗的速度。液晶顯示器的響應時間越短越好，響應時間越短則使用者在看運動畫面時不會出現尾影拖曳的感覺。現在主流的液晶顯示器的響應時間已經從 25ms、16ms、12ms 降到 8ms、6ms。

　　液晶顯示器具有眾多的優勢：

　　（1）低電壓、微功耗；

　　（2）平板式結構，機身薄，節省空間；

　　（3）被動顯示，液晶本身不發光，靠調製外界光達到顯示目的；

　　（4）顯示資訊量大；

　　（5）易於彩色化；

　　（6）壽命長；

　　（7）無輻射、無汙染。但是，液晶顯示器也存在以下幾方面缺點：顯示視角小、響應速度慢、怕高溫以及由於是非主動發光暗時會看不清。

3. 電漿顯示器（PDP）

電漿顯示板 PDP（Plasma Display Panel）是一種利用稀有氣體放電（形成電漿）原理顯示的輸出設備，它屬於冷陰極放電管，其利用加在陰極和陽極間一定的電壓，使氣體產生輝光放電。彩色 PDP 是透過氣體放電發射的真空紫外線（VUV），照射紅、綠、藍三原色螢光粉，使螢光粉發光來實現彩色顯示。其放電氣體一般選擇含氙的稀有混合氣體，如氦氙混合氣（He－Xe）。PDP 按其工作方式可分為電極與氣體直接接觸的直流電（DC-PDP）和電極上覆蓋介質層的交流電（AC-PDP）兩大類。對於彩色 PDP 而言，主要有三種，即單基板式 AC-PDP 或表面放電式 AC-PDP，雙基板式 AC-PDP 或對向放電式 ACPDP 以及脈衝儲存式 DC-PDP。

PDP 面世以來，引起了全球各大廠商的特別關注。SONY、NEC、FUJITSU、PANASONIC 等廠商紛紛開發了自己的 PDP 產品。如今 PDP 主要應用於電腦終端、家用電視、展示會場、企業研討、學術會議、飛機場等。

PDP 有以下特點：

（1）PDP 為自發光型顯示，發光效率和亮度高；

（2）顯示單元具有很高的非線性；

（3）儲存特性，使製造高分辨率的 PDP 成為可能；

（4）響應速度快；

（5）合適的阻電特性。相對應的，PDP 也存在功耗較大、發熱量大、價格較高等問題。

隨著 LCD 顯示技術的快速發展，特別是其亮度、對比度和響應時間等性能的不斷提升，以及超大尺寸顯示面積的突破，PDP 的優勢正在淡化，而 LCD 逐步成為顯示器領域的主導技術。LCD 比 PDP 更具競爭優勢的主要原因是同等尺寸大小的 LCD 比 PDP 清晰度更高，而且機身輕薄許多，耗電少。

二、立體顯示技術

現實世界是一個立體空間，物體都存在 3D 尺寸和空間位置關係，而傳統的圖片是一種 2D 資訊載體，只能表現出景物的內容而忽略了物體的遠近位置等深度資訊，因而是不完整的。利用立體顯示技術，可以表現出圖片的深度感、層次感、真實感以及圖片的現實分布情況。

1. 立體顯示技術的發展歷史

早在 1838 年，英國人 Wheatstone 在他的一篇科學論文中第一次提出了立體顯示技術，文中提出的體視觀片器標誌著立體顯示技術正式開始發展。隨後，Brewster 和 Horus 分別對這種體視觀片器做了改進，改進後的立體鏡可以使觀看者觀看到具有立體感的圖片。1861 年，美國人 Scovill 設計出第一台雙鏡頭立體相機。1891 年，Anderton 提出可利用光的偏振特性製作 3D 投影機。進入 20 世紀，立體顯示技術快速發展。1903 年，美國人 Ives 提出了一種雙鏡立體成像技術，又被稱為視差立體照相，由狹縫光柵和特製的圖片組合構成。1908 年，法國科學家 Lippmann 提出了基於微透鏡陣列的整合照相術，即積分成像技術。1939 年，第一家大型立體電影院在紐約舉行的世界博覽會內建立，當時播放的是黑白影片，且觀看者需要戴偏振光眼鏡。1950 年代，基於紅青互補色的分色立體顯示技術被提出並運用到電影上，紅青眼鏡立體電影風行一時。此時，彩色電視技術已經發展到實用階段，於是，出現了互補色立體分像電視技術。1948 年，匈牙利物理學家 Gabor 提出了全像投影術並發表了相關論文。直至 1960 年雷射的發明為全像投影術提供了相干光源，全像投影術隨之迅速發展，同時在全像投影顯示領域也得到應用。1930 年代，由整合照相術中的微透鏡陣列簡化成圓柱透鏡光柵，從而出現了圓柱透鏡光柵立體顯示技術。在這之後，隨著圓柱透鏡光柵的研製，圓柱透鏡光柵立體畫迅速發展。1970～1980 年代，基於液晶光開關的時分式立體電視和投影機研製成功。1990 年代，隨著液晶顯示技術的發展，基於狹縫光柵和圓柱透鏡光柵的立體顯示技術取得很大突破。1996 年，在 Science 上發表的一篇論文介紹了基於轉換螢光雷射掃描的容積式顯示。進

入 21 世紀，立體顯示技術成為非常引人注目的前瞻科技，其中裸眼立體顯示更是成為研究的重點。

2. 立體顯示技術的分類

隨著現代科學技術的發展，新的立體顯示技術層出不窮。根據立體再現的顯示效果，可以將立體顯示技術分為視差立體顯示技術和真立體顯示技術。根據是否需要輔助器件，可以將立體顯示技術分為助視立體顯示技術和裸眼立體顯示技術。

（1）視差立體顯示技術視差立體顯示技術是根據人的雙眼觀察 3D 物體的原理而實現的一種立體顯示技術。人具有立體視覺能力，是由於人的雙眼之間存在一定間距，它們從不同的方位獲取同一景物的資訊，各自得到關於景物的 2D 圖片，這種區別就是視差。人的大腦透過對左右兩幅圖片以及兩幅圖片的視差進行分析和處理後，可以得到關於景物的光亮度、形狀、色彩、空間分布等資訊。

○ 助視立體顯示技術，即眼鏡式立體顯示技術，其原理結構主要由記錄和顯示兩部分組成：在記錄過程中利用圖片記錄設備對同一空間場景的兩個不同視點的資訊進行記錄，得到立體圖片對（兩幅略有差異的平面圖片）。在顯示過程中將立體圖片對透過同一顯示器顯示，並採用各種技術手段使立體圖片對中左視圖進入視者左眼，右視圖進入視者右眼，從而實現具有深度感的空間立體圖片的觀看。

目前眼鏡式立體顯示技術按其分離左右視圖的技術手段主要分為四類：彩色眼鏡、偏光眼鏡、波長多路式眼鏡和頭戴式眼鏡（如圖 5-1 所示）。彩色眼鏡是基於波長的視圖分離技術，採用互補色立體眼鏡對左右眼視圖進行分離實現 3D 顯示。偏光眼鏡是基於偏振光的左右眼視圖分離技術，顯示器上左右眼視圖為互相正交的偏振光，觀看者戴上對應的偏振光眼鏡透過控制偏振光線方向將左右眼視圖分別送入對應的人眼中，從而實現立體顯示。波長多路式眼鏡是基於時分技術的視圖分離技術，其顯示器分時顯示左右視圖，並透過同步訊號發射器及同步訊號接收器控制觀看者戴的液晶快門立體眼鏡，透過時分技術實現左右眼視圖的分離；頭戴式眼鏡，把兩個眼視顯示器

新媒體技術
第五章 新媒體資訊顯示、發布與搜尋技術

分別放置在觀看者左右眼前，使觀看者的左右眼分別觀看對應顯示器上的左右視差圖，從而實現 3D 顯示。

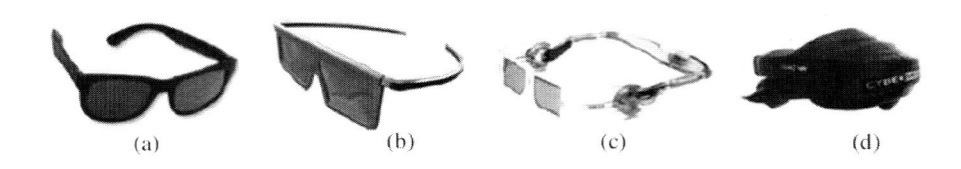

圖 5-1 助視立體顯示技術
（a）彩色眼鏡；（b）偏光眼鏡；（c）波長多路式眼鏡；（d）頭戴式眼鏡

目前市面上比較成熟的商用產品多採用該技術實現 3D 顯示，雖然其技術成熟、成本低，但是還存在其固有缺點：視角有限、視角不連續、極易引發視疲勞和暈眩等不適感，難以實現人眼舒適觀看。

○ 裸眼立體顯示

裸眼立體顯示技術是指不需戴上諸如立體眼鏡等附屬設備的 3D 立體顯示技術。基於視差的裸眼立體顯示技術主要有液晶裸眼立體顯示系統與投影式裸眼立體顯示系統兩種。利用裸眼立體顯示技術，人眼擺脫了限制，所以該技術能夠應用到更多的場合。以美國、日本、德國為代表的國家從 1980 年代開始著手該技術的基礎研究，並於隨後的 1990 年代陸續獲得成果。

裸眼立體顯示技術主要利用以下兩種技術：

①視差障礙技術，其實現方法是在普通平面液晶顯示器前增加一個開關液晶螢幕（實現 2D 和 3D 顯示之間的切換）。這種開關液晶螢幕在通電情況下形成具有直直條紋的狹縫光柵板，透過對狹縫光柵柵距及狹縫光柵到畫素平面距離等參數的精確控制，使偶（奇）畫素列的光線進入觀察者的左（右）眼，即左右眼將分別看到兩幅不同的視差圖片，從而產生立體效果，如圖 5-2 所示。

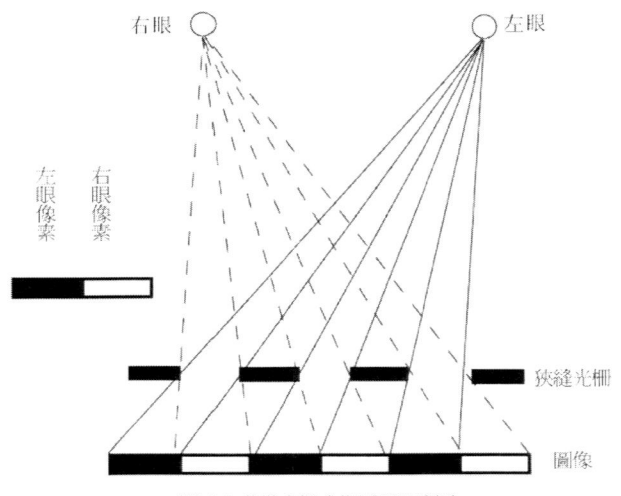

圖 5-2 狹縫光柵成像原理示意圖

②圓柱透鏡光柵技術，主要是基於傳統的圓柱透鏡光柵立體成像方法，在液晶顯示器前面加上一塊透明圓柱透鏡光柵板，液晶畫素平面位於圓柱透鏡光柵的焦平面上。像面上的任意一點經圓柱透鏡折射後成平行光束，以圓柱透鏡的光軸為對稱中心，光軸左側的光線經折射後形成一束平行光向右側折射，形成左視圖，光軸右側的光線經折射後形成一束平行光向左側折射，形成右視圖，這兩束光相互獨立，互不干擾，形成左右視圖分別進入左右眼睛，產生立體視覺，如圖 5-3 所示。

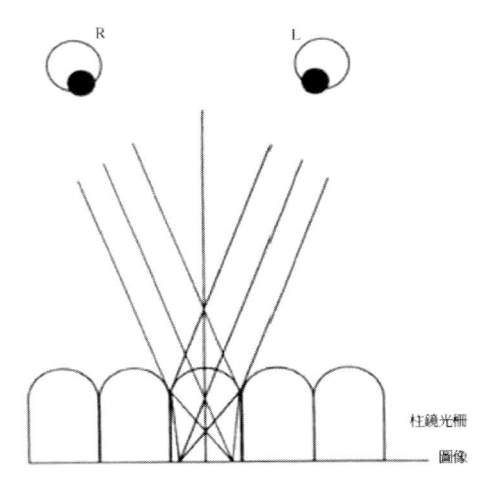

新媒體技術
第五章 新媒體資訊顯示、發布與搜尋技術

圖 5-3 圓柱透鏡光柵成像原理示意圖

(2) 真立體顯示技術

由於基於視差的立體顯示技術存在諸多缺陷，真立體顯示技術越來越受到廣泛的關注。目前已有的真立體顯示技術中比較主流的有全像投影、容積式和積分成像三種。

〇 全像投影顯示技術

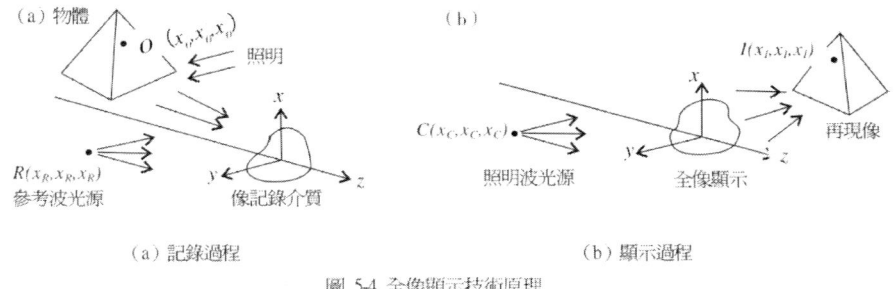

圖 5-4 全像顯示技術原理

全像投影顯示技術是 1947 年由 Dennis Gabor 發明的，迄今已有 60 多年歷史。從早期的水銀燈記錄全像投影資訊的基本全像投影術，已經發展成為目前的離軸全像投影術、彩虹全像投影術等光學全像投影顯示技術，以及

第一節　新媒體資訊顯示技術

基於電腦的數位全像投影顯示技術。全像投影顯示技術是利用相干光的干涉和衍射原理記錄並再現物體真實3D圖片的一種3D記錄和再現技術。如圖5-4（a）所示，被記錄物體在相干光照射下形成漫射式的物光束，另一束同頻相干光作為參考光束照射到全像投影底片上，參考光和物光束產生干涉形成的干涉條紋，從而將物光波上各點的位相和振幅資訊轉換成在空間上變化的強度，從而利用干涉條紋間的反差和間隔將物光波的全部資訊記錄下來成為全像投影圖。其再現過程如圖5-4（b）所示，是利用光的衍射原理，用參考光去照射全像投影圖從而再現出物光波的資訊。全像投影3D顯示技術具有3D立體性、可分割性、資訊容量大等優點。

目前全像投影顯示技術隨著雷射技術和相關器件的大力發展有了極大的進步，已經廣泛應用在社會生活的方方面面，例如在商業、藝術、醫學、防偽、測量、軍事等領域。但是全像投影顯示技術系統結構複雜且需要相干光源，而且目前已有的全像投影顯示技術僅能實現2s/次的動態刷新，無法達到即時全像投影顯示技術的要求。

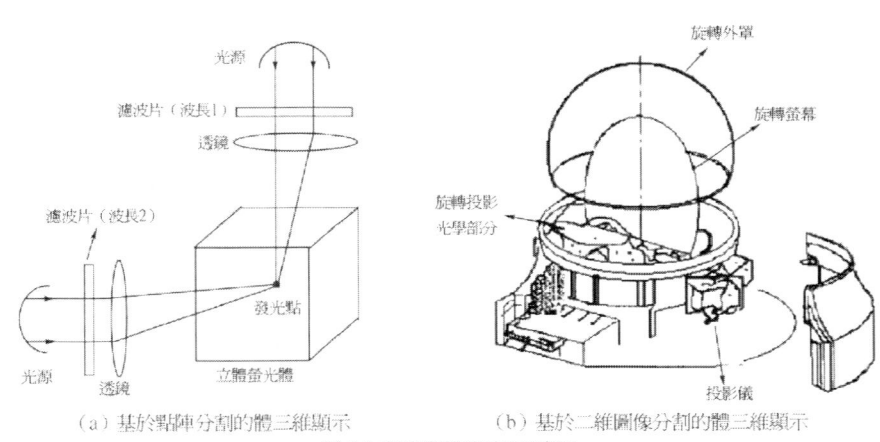

（a）基於點陣分割的體三維顯示　　（b）基於二維圖像分割的體三維顯示

圖 5-5　體三維顯示原理示意圖

○ 容積式顯示技術

容積式顯示技術產生於1940年代，是一種能夠360° 再現3D物體的顯示技術。1990年代以後，容積式顯示技術在電腦軟硬體技術、光學技術和控制技術的快速發展下得到了新的發展機會。容積顯示通常是將3D物體分

281

割為點陣或一系列 2D 圖片，再依次掃描，利用人眼的視覺暫留效應形成立體圖片。圖 5-5（a）中是把 3D 物體分割為點陣再依次掃描，圖中所示立方體是添加了發光物質的透明螢光體，兩束不可見波長的光聚焦到同一點進行激發，從而發出可見光。對立方體中每點依次掃描即可形成立體圖片。圖 5-5（b）中是把 3D 物體分割為 2D 圖片再依次掃描，以半圓形顯示器作為投影面，將它高速旋轉在空間形成一個半球形成像區域，在旋轉的過程中將半圓形顯示器畫素有規律地點亮，由於人眼視覺暫留效應從而觀看到空間連續的 3D 圖片。

容積式顯示技術具有全形度、支持多人同時觀看等優點，但是由於其原理的侷限性，先期準備工作極其煩瑣，系統製備難度很大，成本極高，短期內難以實現大尺度、高分辨率的 3D 顯示；同時容積式顯示技術受其影片源的限制，實現即時成像與顯示存在較大的技術難度，在應用上具有較大的侷限性。容積式技術主要應用在醫學上顯示人體模型、立體空間中顯示物體空間位置、工業上顯示複雜機械模型等。

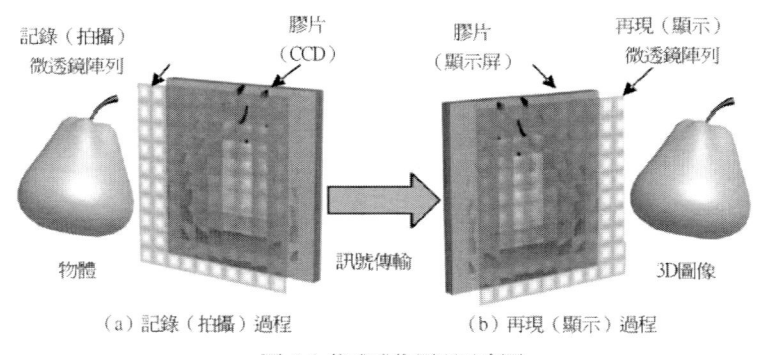

圖 5-6 集成成像原理示意圖

積分成像的概念最早是 G.Lippmann 於 1908 年提出的，是一種利用微透鏡陣列來記錄和再現 3D 空間場景的真 3D 顯示技術。傳統的積分成像技術包含元素圖片陣列的記錄和 3D 圖片的再現兩個部分。如圖 5-6 所示，在記錄過程中，採用由許多單元透鏡在水平和垂直方向上平行排列組成的微透鏡陣列獲取 3D 場景的立體資訊，並把立體資訊記錄到位於微透鏡陣列焦平

面的記錄介質上，得到 2D 圖片陣列（單元圖片陣列）。在再現過程中採用的微透鏡陣列與記錄時採用的微透鏡陣列具有同樣的參數，2D 圖片陣列顯示於圖片顯示設備上，圖片顯示設備放置在微透鏡陣列的焦平面上，根據光路可逆原理，微透鏡陣列將來自單元圖片陣列的光線折射疊加還原，從而在微透鏡陣列的附近重建出 3D 場景的立體圖片。

較之其他 3D 顯示技術，積分成像技術有以下優點：

（1）不需任何助視設備；

（2）記錄和顯示過程相對比較簡單，不需相干光源；

（3）在記錄和顯示過程中都是 3D 場景點到點的立體空間資訊對應，可以產生包含全真色彩和連續視差資訊的逼真 3D 圖片；

（4）在一定的視角範圍內具有準連續的視點，可供多人在任意方向上同時觀看；

（5）既適於靜態 3D 場景的記錄和再現，又可用於 3D 影片通訊等領域的動態物體的擷取和顯示。由於積分成像具有能顯示全真色彩、全視差的即時 3D 立體影像等諸多優點，它被認為是實現 3DTV 有潛力的技術之一，被廣泛應用於 3DTV、3D 多媒體、交互式購物、宣傳廣告、教學娛樂、電腦輔助設計、醫學成像、立體印刷、科學視覺化等許多領域。

三、OLED 顯示技術

OLED，即有機發光二極管（Organic Light-Emitting Diode），又稱為有機電雷射顯示（Organic Electro Luminesence Display，OELD），是基於有機材料的一種電流型半導體發光器件，它是主動發光器件。OLED 是一種不同於 CRT、LED 的全新發光原理，目前成為較具優勢的新一代顯示媒體，成為超薄、大面積平板顯示器研究的熱門。

OLED 的基本結構類似夾心麵包，中間為發光層，上面為陰極，下面為 ITO 陽極，在兩級加上電壓後，電子和空穴分別經由陰極和陽極注入，然後電子經過電子注入層和電子傳輸層到達發光材料的 LUMO 軌道，空穴經過

新媒體技術
第五章 新媒體資訊顯示、發布與搜尋技術

空穴注入層和空穴傳輸層最後到達發光材料的 HOMO 軌道。這時的空穴和電子很快結合形成激子，激子很不穩定，放出光和熱重新回到基態，這裡的發光波長由發光材料的能隙決定，因此可以選擇不同的發光材料來調節發光波長，形成單色或者全彩色的 OLED 器件，透過分子設計選擇理想的發光材料並應用 OLED 顯示。

1.OLED 發展歷史

基於 OLED 發光原理的有關物理現象，早在 1950 年代即被觀察到，但真正具有里程碑意義的事件是在 1979 年晚上，在柯達公司從事科學研究工作的華裔科學家鄧青雲博士在回家的路上忽然想起有東西忘在實驗室裡，回去後發現黑暗中有個亮亮的東西，是一塊做實驗的有機蓄電池在發光，由此展開了對 OLED 的研究。最初，OLED 產品主要是在實驗室中，目前已經逐漸走向了市場，從 1997 年到 1999 年，OLED 顯示器的唯一市場是在車用面板上，2000 年以後，OLED 的應用範圍已經逐漸擴大到手機顯示器。從誕生到現在，幾十年間 OLED 正已驚人的速度開始步入產業化階段。

2.OLED 的驅動方式

OLED 顯示器依照驅動方式分為被動式（Passive Matrix，即 PM-OLED）與主動式（Activem Matrix，即 AM-OLED）兩類。

① PM-OLED

PM-OLED 具有陰極帶、有機層以及陽極帶，陽極帶與陰極帶相互垂直。陰極與陽極的交叉點形成畫素，也就是發光的部位。外部電路向選取的陰極帶與陽極帶施加電流，從而決定哪些畫素發光，哪些不發光。此外，每個畫素的亮度與施加電流的大小成正比。PM-OLED 易於製造，但其耗電量大於其他類型的 OLED，這主要是因為它需要外部電路的緣故。PM-OLED 用來顯示文本和圖標時效率最高，適於製作小螢幕（對角線 2－3 英吋），例如人們在行動電話、掌上型電腦以及 MP3 播放器上經常能見到的那種。

② AM-OLED

AM-OLED 具有完整的陰極層、有機分子層以及陽極層，但陽極層覆蓋著一個薄膜電晶體（TFT）陣列，形成一個矩陣。TFT 陣列本身就是一個電路，能決定哪些畫素發光，進而決定圖片的構成。AM-OLED 耗電量低於 PM-OLED，因而適合用於大型顯示器。AM-OLED 還具有更高的刷新率，適於顯示影片。其最佳用途是電腦顯示器、大螢幕電視以及電子告示板或看板。

3.OLED 的特點及應用

OLED 的優勢主要體現在：

(1) 厚度可以小於 1mm，僅為 LCD 螢幕的 1/3，並且重量也更輕；

(2) 固態機構，沒有液體物質，因此抗震性能更好，不怕摔；

(3) 幾乎沒有可視角度的問題，即使在很大的視角下觀看，畫面仍然不失真；

(4) 響應時間是 LCD 的千分之一，顯示運動畫面絕對不會有拖影的現象；

(5) 低溫特性好，在 -40°C 仍能正常顯示，而 LCD 則無法做到；

(6) 製造工藝簡單，成本更低；

(7) 發光效率更高，能耗比 LCD 要低；

(8) 能夠在不同材質的基板上製造，可以做成能彎曲的柔軟顯示器。與此同時 OLED 也存在壽命相對較短、生產成本高以及難以大規模生產等缺點。

目前 OLED 已經掀起了顯示技術的革命，首先，OLED 電視承載著無限可能，業界廣泛將 2013 年定為 OLED 電視元年，而 2014 年 OLED 電視已經全面「開花」，2014 年被譽為全球消費電子行業「風向標」的國際消費電子展 CES 上，彩電企業長虹、TCL、海信、創維、海爾、康佳等均推出了各具特色的高端 OLED。在手機領域，目前智慧型手機一些已經或將採用 AM-

OLED 顯示器，AM-OLED 顯示器可望成為未來智慧型手機主流顯示器，並已開始應用於 MP3、數位相機、數位相框等中小尺寸螢幕。OLED 應用在頭戴顯示器領域也有非常大的優勢：清晰鮮亮的全彩顯示、超低的功耗等，是頭戴顯示器發展的一大推動力。

四、觸控螢幕技術

由於科技的飛速發展，越來越多的機器與現場操作都趨向於使用人機介面，PLC（Programmable Logic Controller，可程式化邏輯控制器）強大的功能及複雜的數據處理也呼喚一種功能與之匹配而操作又簡便的人機交互介面的出現。觸控螢幕的應運而生無疑是 21 世紀自動化領域裡的一個巨大的革新。

1. 觸控螢幕技術簡介

觸控螢幕技術是一種新型的人機交互輸入方式，與傳統的鍵盤和滑鼠輸入方式相比，觸控螢幕輸入更直觀。配合識別軟體，觸控螢幕還可以實現手寫輸入。觸控螢幕是一種附加在顯示器表面的透明介質，透過使用者的手指觸摸該介質來實現對電腦的操作定位，最終實現對電腦的查詢和輸入，從而大大簡化了電腦的輸入方式，真正實現零距離操作。可以說觸控螢幕是使用者和各種設備終端之間實現互動的最簡單最直接的方式。利用觸控螢幕，使用者只要用手指輕輕觸碰電腦顯示器上的圖符或文字，就能實現對電腦的操作定位，擺脫了鍵盤和滑鼠操作，從而簡化了電腦輸入方式。而在手機方面，觸控螢幕帶來的不僅僅是所觸及所得的操作便捷，同時也幫助實現了一些非觸控螢幕不可能實現的功能。

觸控螢幕的本質就是傳感器。觸控螢幕系統一般包括兩個部分：觸摸檢測裝置和觸控螢幕控制器。觸摸檢測裝置安裝在顯示器螢幕前面，用於檢測使用者觸摸位置，接收後傳送到觸控螢幕控制器；觸控螢幕控制器的主要作用，是從觸摸點檢測裝置上接收觸摸資訊，並將其轉化成觸點座標，再送給 CPU，同時能接收 CPU 發來的命令並加以執行。

2. 觸控螢幕的分類

隨著技術的進步，觸控螢幕技術也經歷了從低檔向高檔逐步升級和發展的過程。根據其工作原理和傳輸資訊的介質，觸控螢幕可分為四大類：電阻式觸控螢幕、電容式觸控螢幕、紅外線式觸控螢幕和聲波式觸控螢幕。

①電阻式觸控螢幕

電阻式觸控螢幕是一種多層的複合薄膜，由一層玻璃作為基層，表面塗有一層 ITO 透明導電層，上面蓋有一層光滑防刮的塑膠層作為保護層，在保護層的內表面塗有一層導電層（ITO 或鎳金）。在兩導電層之間，有許多細小的透明隔離點絕緣，並在兩層 ITO 工作面的邊線上各塗有一條銀膠，一端加 5V 電壓，另一端接地，從而在工作面的一個方向上形成均勻連續的平行電壓分布。當手指觸摸螢幕時，壓力使兩層導電層在接觸點位置有了一個接觸，控制器偵測到這個接觸，立刻進行 A/D 轉換，測量接觸點的類比量電壓值，根據它和 5V 電壓的比例公式，就能運算出觸摸點的 x 軸和 y 軸的座標，這就是電阻式觸控螢幕的基本原理。

②電容式觸控螢幕

電容式觸控螢幕利用人體的電流感應進行工作。電容式觸控螢幕是一塊四層複合玻璃螢幕。玻璃螢幕的內表面和夾層各塗有一層 ITO，最外層是一薄層矽土玻璃保護層，夾層 ITO 塗層作為工作面，四個角上引出四個電極，內層 ITO 為封鎖層，以保證良好的工作環境。

當手指觸摸在玻璃保護層上時，在使用者和觸控螢幕表面形成一個耦合電容，於是手指從接觸點吸走一個很小的電流。這個電流分別從觸控螢幕的四角上的電極中流出，並且流經這四個電極的電流與手指到四角的距離成正比，控制器透過對這四個電流比例的精確運算，得出觸摸點的位置。最後，控制器將數位化的觸摸位置數據傳送給主機，以實現人機交互。

③紅外線式觸控螢幕

紅外觸控螢幕的四邊排布了紅外發射管和紅外接收管，它們一一對應形成橫直交叉的紅外線矩陣。使用者在觸摸螢幕時，手指會擋住經過該位置的

新媒體技術

第五章 新媒體資訊顯示、發布與搜尋技術

横直兩條紅外線，控制器透過運算即可判斷出觸摸點的位置。任何觸摸物體都可改變觸點上的紅外線而實現觸控螢幕操作。紅外觸控螢幕不受電流、電壓和靜電干擾，適宜惡劣的環境條件，此外，由於沒有電容充放電過程，響應速度比電容式快，但分辨率較低。紅外線技術是觸控螢幕產品最終的發展趨勢。

④聲波式觸控螢幕

表面聲波是超聲波的一種，它是在介質表面進行淺層傳播的機械能量波。聲波式觸控螢幕的觸控螢幕部分可以是一塊平面、球面或柱面的玻璃平板，安裝在 CRT、LED、LCD 或是電漿顯示器，螢幕的前面。玻璃螢幕的左上角和右下角各固定了直和水平方向的超聲波發射換能器，右上角則固定了兩個相應的超聲波接收換能器。除了一般觸控螢幕都能響應的 x、y 座標外，聲波式觸控螢幕還響應第三軸 z 軸座標，也就是能感知使用者觸摸壓力的大小值，其原理是由接收訊號衰減處的衰減量運算得到。三軸一旦確定，控制器就把它們傳給主機。聲波式觸控螢幕的清晰度較高、抗刮傷良好、反應靈敏、不受溫度和濕度等環境因素影響、分辨率高、壽命長。

由於需求不斷增長，而顯示器價格持續下降，如今將觸控螢幕配置到系統設計中已經是順理成章。從最初的工業級用途的 ATM 機、資訊查閱機等，到消費級的筆記型電腦觸控螢幕，再到 MP3、MP4、手機、平板等攜帶式電子，觸控螢幕技術應用得越來越廣泛。如今觸控螢幕技術不僅廣泛應用於新媒體領域，同時也用於醫療、金融、工業自動化、公共場所服務等生活的方方面面，可以說觸控螢幕已經從引人好奇的稀罕之物變成日常生活中的「家常菜」。

五、捲軸顯示器技術

捲軸顯示器（Flexible Display，FD）是指在塑膠、金屬薄片、玻璃薄片等柔性基材上，製備的具有可撓曲性的平板顯示器。根據 Display bank 發布的《軟性顯示技術動向及市場展望》，捲軸顯示器市場規模將從 2015

年的 11 億美金增長到 2020 年的 420 億美金，約占平板顯示市場的 16%。目前主要的捲軸顯示器技術主要有以下幾種。

OLED 捲軸顯示器，前面介紹過 OLED 有主動發光、低功耗、無視角問題等特點，OLED 應用於捲軸顯示器具有畫面品質高、響應速度快、加工工藝簡單、抗撓曲性優良、驅動電壓低等優點，目前 OLED 捲軸顯示器已初步實現了產品的量產化。

電泳顯示技術（Electro Phoretic Display，EPD），是類紙式顯示器較早發展的顯示技術，是利用有顏色的帶電球，透過外加電場，在液態環境中行動，呈現不同顏色的顯示效果。EPD 主要包括各種微膠囊化電泳顯示、扭轉球型電泳顯示、微杯型電泳顯示以及逆乳膠電泳顯示等多種顯示模式。電泳顯示器具有易讀性、柔軟性、雙穩態特性和低功耗等優點，與平板顯示器相比具有以下特點：

（1）使用柔性導電高分子薄膜電晶體作為電極，物理機械性能類似傳統紙張，可以捲曲甚至折疊，便於攜帶；

（2）主要是反射型顯示，對光線的反射符合朗伯反射定律，擁有大視角；

（3）對圖片的顯示呈雙穩態，即在施加電場的條件下實現顯示，當電場撤去以後，顯示仍然保持，因而，具備資訊儲存功能，而且節能。

TFT-LCD 顯示技術，柔性 TFT 液晶顯示（Thin Film Transistor-Liquid Crystal Display，TFT-LCD）主要有雙穩態液晶顯示、鐵電液晶顯示、固態液晶膜液晶顯示 [如聚合物分散液晶（Polymer Dispersed Liquid Crystal，PDLC）、向列曲線排列相（Nematic Curvilinear Aligned Phase，NCAP）液晶顯示、單穩態液晶顯示、反鐵電液晶顯示等多種顯示模式。

電致發光顯示器，即 Electroluminescent Display，ELD，是指主要利用無機半導體螢光體材料在外加電場作用下自發光現象的現實技術。其結構原理是，絕緣層與發光層介面的隧穿電子及發光層雜質 / 缺陷電離的部分電子在電場作用下加速碰撞發光中心，使之發生激發或電離化，從而實現可見

光的發射及顯示。目前，柔性電致發光顯示器技術的研發機構主要有：日本 TAZMO 公司、韓國 Samsung、清華大學等。

電子粉流體顯示技術（Liquid Powder Display，LPD），是普利司通公司在 2004 年提出的顯示技術，與電泳顯示相類似，它是利用奈米級樹脂微粒在電場中的運動實現圖片和文字顯示的顯示模式。2009 年，普利司通進一步呈現了超薄、柔性的電子粉流體電子紙（8.1inch，4096 色，480×384 畫素）。2009 年 5 月，美國辛辛那提大學與 SunChemical、Polymer Vision 和 Gamma-Dynamics 也合作開發此技術，並在《自然○光電子學》上報導了基於該顯示技術的研究成果。

此外，還有干涉調製現實技術、電致變色顯示技術、等離子管陣列顯示技術、光子晶體顯示技術等可以運用於捲軸顯示器。

第二節　新媒體資訊顯示技術的發展——電子紙

在人類歷史中，紙的發明曾經極大地推動了文明的進步，至今仍然是社會生活中不可或缺的重要傳播載體。長期以來，紙張一直用作資訊交換的主要媒介，但圖文內容一旦印在紙張上後就不能改變，不能滿足現代社會資訊快速更新的要求。同時，書籍和雜誌報紙等各種各樣的印刷品正在實現數位化，而如何使閱覽數位內容的感官體驗與使用自然紙張相接近，也成為很多人關心的問題。隨著電子時代的到來以及技術的進步，一種新的發明——電子紙誕生了。

一、電子紙概述

電子紙（Electronic paper），又稱為數位紙（Digital paper），是一種超輕超薄的顯示器，即「像紙一樣薄、柔軟、可擦寫的顯示器」，由印有電極並可彎曲的底板和面板以及電子墨水組成。也可以理解為電子紙就是一張印有電極的薄膠片，在膠片上塗一層帶電的電子墨水，對它予以適當的電擊，即可使數以億計的油墨顆粒變幻出不同的顏色，從而能夠根據人們的設

定不斷改變顯示的圖案和文字。由於它具有紙的柔軟性，且對比度好、可視角度大、不需背景光源，所以被形象地稱為「電子紙」。

1. 電子紙的特點

電子紙顯示所用的材質——電子墨水，是一種墨水狀的懸浮物，在這種液態材料中懸浮著成百上千個與人類髮絲直徑差不多大小的微囊體，每個微囊體由正電荷粒子和負電荷粒子組成。針對每個畫素構造一個簡單的控制電路，就能使電子墨水顯示我們需要的圖片和文字。電子墨水在外電場作用下可以實現可逆、雙穩態、捲軸顯示器，具有良好的可視性、製造成本低廉等優點。它具有以下的特徵：

（1）內容的重寫。可以任意對文字或圖片進行重寫、更新，並可瀏覽到大量內容；

（2）適合肉眼閱讀。由於對比度較高，所以文字、圖片清晰，並且無論從哪個方向看都沒有變化，閱讀舒適；

（3）攜帶性。因薄膜重量輕，方便攜帶，可適度折疊、捲曲；

（4）即使在斷電的情況下，也可以長時間地保持顯示，並且使用時非常省電。

上述特點使得電子紙同時具有了自然紙張和電子顯示器兩者的優點。與普通紙相比，電子紙的內容具有可變性，可以實現內容更新，循環利用，而且更加環保。與液晶顯示器相比，電子紙採用反射式顯示方式，不需要背光，可視角度好，閱讀體驗更加舒適。

另外，電子紙顯示技術與液晶顯示、等離子顯示、有機發光二極管等常見平板顯示技術相比有一個很重要的特點，就是電子紙具有雙穩定性（Bi-stability）。雙穩定性意味著，一旦調出一個顯示畫面，就不需要不斷刷新來維持內容。由於電子紙的雙穩態介質螢幕在關掉電源後也能保持圖片，因此具有卓越的節電能力。基於電子紙的閱讀器充一次電可以用上幾個星期，遠遠超過普通電子紙的幾小時。

2. 電子紙的發展歷史

電子紙技術的發展歷程經歷了兩個階段，經過第一代電子紙技術的探索嘗試，第二代電子紙已經具備相對成熟的技術。

（1）第一代電子紙技術

第一代電子紙技術由美國施樂（Xerox）公司的研究人員 N.Sheridon 發明。1975 年，N.Sheridon 率先提出電子墨（Electronic ink 或 E-ink）的概念。1976 年，美國麻省理工學院（MIT）成功地製作了電子紙的初期樣品。但是，普通電泳由於存在顯示壽命短、不穩定、彩色化困難等諸多缺點，至此實驗一度中斷。

此時所提出的電子紙技術是基於旋轉球技術，最早是美國 Gyricon Media Corp 的獨家技術，基本原理是利用外加電場來轉動一個直徑小於 100μm 的塑膠球。這個球是由兩個顏色不同的半球組成，一半是黑色一半是白色（圖 5-7）。黑色部分帶有正電，而白色部分帶有負電。將這些小球填入存在上下兩個透明電極的充滿液體的凹槽中（圖 5-8），當上下電極不同時，小球在電場的作用下會進行旋轉，來達到黑白顯示的功能。如果改進工藝，讓小球不同部位有不同顏色，就是說小球有黑、白、紅、綠、藍等顏色，那麼利用傾斜與垂直的電場相互配合，讓小球不同部分朝向面板，就可以實現多彩色顯示。如果小球中心部位是透明的，兩側有顏色，那麼我們就可以實現透明的顯示，用於設計室內裝飾，如電子窗簾等。同樣道理，透過改進小球設計，加上不同方向的電場驅動，可以實現加法色全色顯示，或減法色全色顯示等功能。可以看出透過改進實現彩色顯示已經不是問題，其主要缺點是顯示的亮度偏低，同時，也不能實現高分辨率。

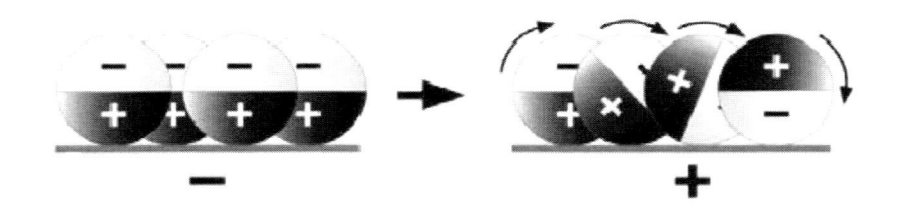

圖 5-7 旋轉球技術原理

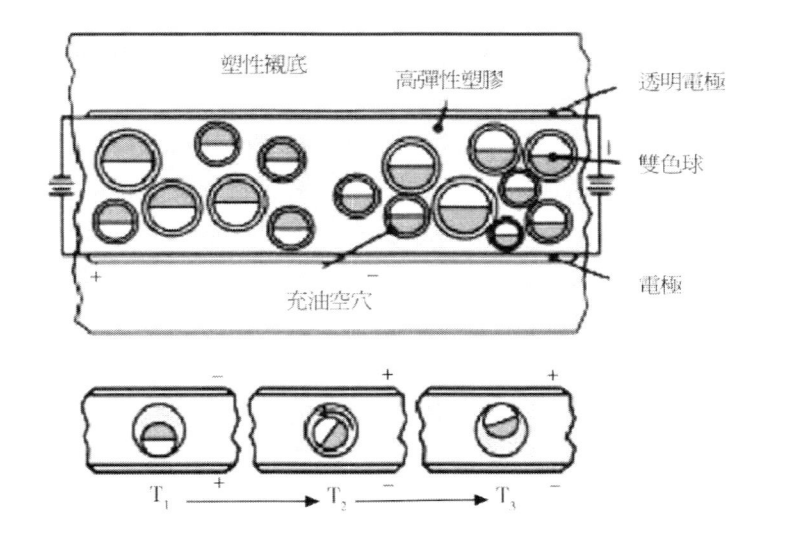

圖 5-8 旋轉球技術原理

(2) 第二代電子紙技術

第二代電子紙技術是由 Joseph Jacobson 在 1990 年代所發展的。1996 年 4 月，距第一代電子紙出現 20 年後，MIT 的貝爾實驗室再次成功製造出電子紙的「原型」。1997 年 4 月，由 Lucent 公司、Motorola 公司以及數家風險投資公司聯合成立了 E-Ink 公司，利用電泳技術發明了「電子墨」，並拿出了初期電子紙，極大地促進了該技術的進一步發展。

其特色是以微膠囊代替傳統的小球，並且在膠囊內填充彩色的油與帶電荷的白色顆粒，並且經由外在電場的控制將白色顆粒往上或往下行動，其中當白色顆粒往上（接近閱讀者時），則顯色出白色的畫素；當白色顆粒往下（遠離閱讀者時），則顯色出油墨的顏色。

2001年5月，E-Ink公司又製出了有色電子紙樣品。同時，美國一家大型百貨公司宣布，店內的廣告牌採用了電子智慧紙（Smart paper）。

（3）彩色化電子紙的發展

2002年3月，在日本東京召開的國際書展上，展出了第一張商用彩色電子紙。

2007年，Amazon Kindle的出現在全球掀起了電子紙的熱潮，黑白電子紙顯示技術正在不斷完善。隨著電子紙市場需求的增加，研製新型彩色電子紙顯示技術成為眾多科學研究人員關注的焦點。

電子紙技術在最近兩年取得了不小的進步，以2010年作為分界點，各類電子紙技術競相突破，推動整個產業從單色黑白顯示向柔性、彩色等方向邁進，除了電子紙外，越來越多的新產品、新應用將呈現在我們面前。

2010年11月，E-Ink公司推出了第一塊彩色螢幕Triton。Triton螢幕使用了濾色片覆蓋層，為避免影響螢幕亮度，E-Ink採用了一種更明亮的反射基底作為補償手段。全新的彩色電子紙螢幕支持更加寬廣的視角，對基於電子紙的電子紙來說，無異於邁出了一大步。

3. 電子紙的發展

近年來，由於資訊數位化技術的高速發展，需要人們處理的資訊流量飛速增長，傳統的紙張早已不能滿足資訊表達和處理的要求，傳統的運算和顯示技術也無法實現資訊利用的便利性（如在行動中），這就為具備兩者優點的電子紙技術奠定了需求的基礎。

然而，電子紙技術現存的缺陷影響了其進一步的推廣。其中最關鍵的問題是價格居高不下，嚴重影響了市場的快速擴展和應用領域的延伸。雖然電

子紙相較於傳統紙、普通電子顯示器而言優勢明顯，但要進一步擴大市場份額仍然任重而道遠。電子紙今後如果要獲得更大的發展，需要解決彩色化、刷新速度、量產能力和生產成本控制等問題。

第一，目前電子紙主要還是黑白兩色，彩色顯示解決方案尚未完全成熟。雖然採用雙穩態向列液晶顯示技術的電子紙依靠濾光片技術實現了彩色顯示，不過這是以大大降低電子紙的分辨率和反射能力為代價的。而 EPD 電子紙雖然能夠依靠改變內部顆粒的顏色實現彩色顯示，但其電子墨水的塗抹與均勻分布仍是目前難以解決的問題。而目前電子紙雖然已經可以達到 16 灰階顯示，但是彩色顯示的量產進度緩慢，而且與 TFT-LCD（薄膜電晶體液晶顯示器）比較起來也不甚理想。電子紙固然可以有雙穩態、能待機數週的優勢，但其僅能以黑白灰階顯色，不利於多媒體視覺呈現。如何實現電子紙彩色化是目前各電子紙技術廠商的共同課題，然而各廠目前都處於研發階段。尚未達到彩色化量產的目標，彩色化是電子紙當前需加緊腳步努力研發的課題。

第二，解決 E-Ink 電子紙的刷新過慢問題。因為它的顯示不需要電子維持，使其耗電量極低，所以在翻頁時需要進行全螢幕更新。這樣一來，就造成了翻頁時刷新速度過慢，進一步制約了電子紙的應用（如影片、動畫、網頁都需要頻繁刷新）。

第三，還必須能提高電子紙的產能，降低成本，有效解決電子紙的價格問題。目前，除電泳技術、膽固醇液晶與微機電技術擁有量產經驗外，其餘電子紙技術都尚處於試產階段，成本更加高昂。即使是擁有量產能力的電子紙技術廠商，與主流顯示技術相較起來量產規模仍很小。現在同尺寸的模組價格，可能是 TFT（薄膜場效應電晶體）的數倍且不具有彩色效果，相較於黑白 STN（超扭曲向列型）價差更大。而且目前電子紙閱讀器的價格本來就偏高，若採用彩色電子紙技術，其價格將超出現有的單 / 雙色電子紙產品一倍以上。因此，如何降低成本促進應用的普及，是電子紙發展的一大課題。

目前，全球電子紙行業已經形成歐美企業領軍、日韓企業緊隨其後的產業大軍。它們在不斷進行技術突破的同時，加緊在技術專利權方面「跑馬圈

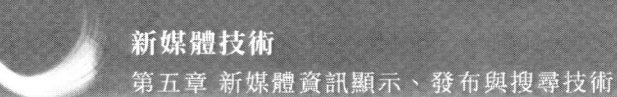

地」。以公認技術最領先的 E-Ink 公司為例，在 2006 年一年中，就已經在電子紙方面獲得了 26 項新專利，是 2005 年的兩倍，並有超過 100 項已提出申請尚未獲批的專利。E-Ink 公司在其他許多國家申請了相關的專利，並估計以後將加快獲得專利的速度。與此同時，隨著電子紙產業化進一步加快，其實現技術規範越來越符合大規模批量生產的要求，成本也越來越低，越來越多的企業開始加緊電子紙業務的策略布局。

二、電子紙的基本原理

實現電子紙技術的途徑主要包括電泳顯示技術（EPD）、膽固醇液晶顯示技術、微機電系統（MEMS）以及電濕潤顯示技術等。目前市場上運用最多的電子顯示技術主要以微膠囊電子墨水（E-Ink）為主。

1. 電泳顯示技術（EPD）

電泳顯示技術是最有前途的技術途徑，也是類紙式顯示器較早發展的顯示技術。電泳顯示，即「在一定的電壓下可泳動」，其顯示的工作原理是靠浸在透明或彩色液體之中的電離子行動，透過翻轉或流動的微粒子來使畫素變亮或變暗，並可以被製作在玻璃、金屬或塑膠襯底上。不同顏色帶電粒子在電場作用下向上或向下行動，在外界光線的照射下顯示出文字和圖片。電泳顯示技術使用大量帶正電的有色顆粒散布在絕緣懸浮液中，當在兩塊導電板之間提供電壓時，帶電粒子會遷移到帶有相反電荷的薄板上。這一技術的代表廠商包括 E-Ink 與 SiPix。這種技術最早為美國的 E-Ink 公司所掌握，但實際上多家國際巨頭對這項技術有過貢獻，包括施樂、Lucent、PHILIPS、愛普生等。

電泳顯示技術包括 E-Ink 公司的微膠囊（Micro-capsule）技術、SiPix 公司的微杯（Micro-cup）技術、Bridgestone 公司的電子液態粉末技術（Electronic Liquid Power，ELP）。

（1）E-Ink 微膠囊。目前由 E-Ink 公司提供的微膠囊式（icro-capsules）電泳技術是電子紙市場的主流技術。該技術的具體原理是將帶電的白色氧化鈦顆粒和黑色炭粉粒子封裝在微膠囊中，並將微膠囊和電解液封裝在兩塊間

第二節　新媒體資訊顯示技術的發展——電子紙

距為 10—100mm 的平行導電板之間，利用帶電顆粒在電場作用下向著與其電性相反的電極行動的特性，繪製出黑白圖片。如圖 5-9 所示。

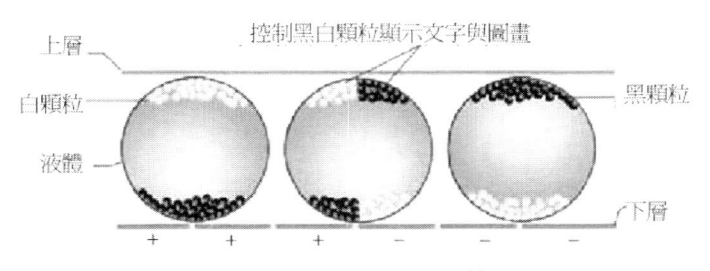

圖 5-9 E-Ink 微膠囊電泳顯示技術

　　E-Ink 公司的電泳顯示技術採用的是微膠囊型電泳顯示技術。該技術的優點是光反射率最佳，閱讀時的感覺更貼近真正的紙張。E-Ink 技術大大推動了電子紙技術的發展，目前市面上的多款流行的電子書產品都是採用了 E-Ink 的技術。這項技術研發及商用也給其他基於電泳原理的電子紙技術很大的啟發。E-Ink 公司近年來的研發主要集中在彩色電泳顯示技術。

　　(2) SiPix 微杯。微杯型電泳顯示技術與前面所講的電子墨水電子紙技術有些類似，只是將微膠囊換成了微杯結構，這樣會帶來更簡單的工藝過程。其原理是在尺寸相同的微杯中填充白色顆粒和著色液體，透過切換貼在微杯上的驅動電極的電荷正負來上下行動顆粒，使顆粒顏色和液體顏色交替顯現（圖 5-10）。比起 E-Ink 的微膠囊技術，SiPix 技術的反射率和對比度更高、價格更便宜，且能顯示彩色內容。

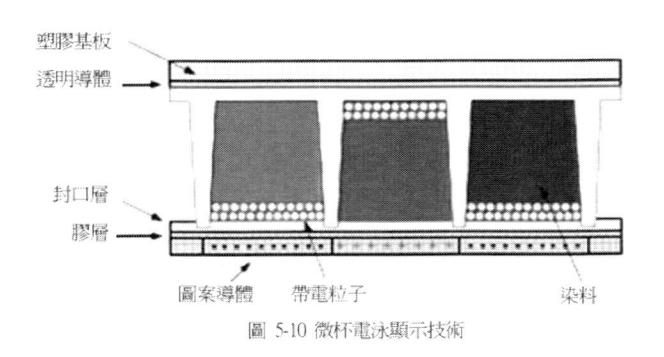

圖 5-10 微杯電泳顯示技術

（3）電子粉流。普利司通採用獨創的電子液態粉末（ELP）技術，其特殊之處在於：不再使用微膠囊結構，而是使用所謂的支架（rib）；包覆黑白帶電粒子的不是液體而是氣體，所以行動時阻力最小，反應時間可以到0.2ms，但其他兩者則要達到 200ms 以上。其原理是將樹脂經過奈米級粉碎處理後，形成帶不同電荷的黑、白兩色粉體，再將這兩種粉體填充進使用空氣介質的微杯封閉結構中，利用上下電極電場使黑白粉體在空氣中發生電泳現象。由於 QR-LPD 電子紙螢幕需要使用高壓驅動電子粉流體，因此耗電量比 E-Ink 的微膠囊技術和 SiPix 的微杯技術更大。

2. 膽固醇液晶顯示技術

膽固醇液晶顯示（Cholesteric Liquid Crystal Display，CLCD）技術，是一種非傳統顯示技術，因使用的材料結構類似於膽固醇分子而得名。膽固醇液晶是一種呈螺旋狀排列的特殊液晶模式，是有機材料顯示技術的一種，該技術可以透過添加不同旋轉螺距的旋光劑，調配出紅、綠、藍等顏色，以滿足彩色化顯示的需求。該技術的原理是將膽固醇液晶放置在兩片水平基板中，在不施加電場的情況下，膽固醇液晶會傾向呈平面螺旋形排列，在符合特定光波長的反射情況下，即可反射出具有色彩的光線。

由於膽固醇液晶與電泳技術類似，都具有雙穩態顯示的特性，亦即在畫面靜止時，幾乎不需要用電，與電泳技術一樣具備省電特性。膽固醇液晶跟電泳技術一樣，都是屬於反射式顯示技術，因此需要藉助外在光源照明進行顯示，同時也具備強光下可視的特性，不會有強光下反白的問題。膽固醇液晶在反應速度上，與電泳技術差不多或略佳，用在文字閱讀上，反應速度問題不大，不過在支持手寫辨識方面，則有趕不上畫面顯示的缺點。膽固醇液晶在白色畫面的表現上，依然遠不及電泳。不過以彩色化發展來說，以 E-Ink 為主流的電泳技術，必須透過彩色濾光片實現彩色，不僅增加成本，更降低反射率表現，未來進入軟性顯示的門檻更高；與電泳相比，膽固醇液晶目前開發彩色面板的進度更快，效果也相對較佳。

這一技術的代表企業為美國的 Kent Display 與日本的富士通，另外還有研發中心設在以色列與英國的 Magink 及總部設在香港的 Varitronix。富

士通公司在 2005 年就開發出了基於膽固醇液晶的彩色電子紙技術。近年來，它在膽固醇液晶顯示領域的研究主要集中在液晶顯示器的結構、製造技術等方面。

3. 微機電系統（MEMS）

微機電系統（MEMS，Micro-Electro-Mechanical System），也稱微電子機械系統、微系統、微機械等，是在微電子技術（半導體製造技術）基礎上發展起來的，融合了光刻、腐蝕、薄膜、LIGA、矽微加工、非矽微加工和精密機械加工等技術製作的高科技電子機械器件。微機電系統工作原理是反射周圍環境中的自然光，透過控制照射到顯示器中的光線，使其一個畫素一個畫素地反映出所需的顏色，實現彩色顯示。採用微機電系統技術的 Mirasol 電子紙比電泳式電子紙色彩飽和度更高、反應速度更快，還比液晶螢幕更加省電。該技術的代表企業為美國的 Aveso 與愛爾蘭的 Ntera。

4. 電濕潤（Electro wetting）

電濕潤是指透過電場改變（一般為疏水的）表面的濕潤性質的現象。電濕潤技術透過外加電壓改變染料油墨位置來產生影像顏色的變化，它藉助控制電壓來控制被包圍的液體的表層，透過液體張力的變化，導致畫素的變化。採用電濕潤技術製造的電子紙畫素轉換非常迅速，同時具有結構簡單、省電、可用於捲軸顯示器等特點，其亮度和對比度遠超過現有的其他電子紙顯示技術。目前研究的廠商有 PHILIPS 子公司 Liquavista。

以上四種電子紙顯示技術在彩色化、反應速度、耗電程度等方面各有優劣，如下表所示：

表 5-1 電子紙顯示技術比較

	電泳微膠囊	電泳微杯	電泳電子粉流	膽固醇液晶	微機電系統	電濕潤
主要技術商	E-Ink	SiPix	Bridgestone	富士通 Kent Display	高通	Liquavista
主要優勢	廣視角，高對比，較早推出市場	廣視角，高對比，可撓式領先，能顯示彩色內容	反應速度快（0.2ms），廣視角，被動式驅動	廣視角，被動式驅動，不需偏光板、彩色濾光片，採用軟性基板，安全性高，能耗低	反應速度快（10ms），廣視角，不須偏光板、彩色濾光片，色彩飽和度高，省電	反應速度快（12ms），廣視角，彩色技術對比佳，不需偏光板、彩色濾光片，亮度和對比度最高，省電

續表

	電泳微膠囊	電泳微杯	電泳電子粉流	膽固醇液晶	微機電系統	電濕潤
缺點	TFT製作成本高，反應速度慢	TFT製作成本高，反應速度慢	TFT製作成本高，耗電量大	對比較差，反應速度慢	彩色化複雜、無法彎曲、TFT製作成本高	比電泳螢幕厚

在多種電子紙技術中，由於電泳顯示技術結合了普通紙張和電子顯示器的優點，因而是最易實現電子紙產業化的技術。基於以下幾點優勢，電泳型電子紙被看作電子紙的主流：

（1）能耗低，由於具有雙穩性，在電源被關閉之後，在顯示器上仍然可保持所顯示的圖片。

（2）屬於反射型顯示，不需要背光源，具有良好的日光可讀性，因此更符合人們的閱讀習慣。

（3）微粒子製備成本低，電子紙製造工藝簡單，所以具有低生產成本的潛力。

（4）電泳顯示器的形狀多樣化，可以在塑膠、金屬或玻璃表面上製成，是捲軸顯示器技術的最佳選擇。

（5）具有環保特點，將來可以製成電子書、電子報紙、電子期刊等，可以節省大量木材。

然而，就顯示性能來說，電子紙將來的發展必將是向現有的液晶顯示器的性能靠近，即將向大尺寸、高分辨率、全彩色、動態影片顯示方向發展；就機械性能上來看，也會向類似紙張的輕薄柔性發展。最終，電子紙必將擁有目前紙張的柔韌特性和視覺效果，同時也會擁有至少像目前液晶顯示器的顯示性能。

三、電子紙的應用

電子紙的用途相當廣泛，當今市面上的電子紙產品可分為兩種基本類型：一類用於面向個人使用者的行動設備；而另一類的使用者定位則是為某種特殊場合設計的廣域資訊系統。

1. 面向個人使用者的行動設備

在這一類型方面，電子紙技術應用的領域包括基於電子紙的電子閱讀器、智慧型手機、可穿戴設備等。

①電子閱讀器

電子閱讀器（E-Book 或 E-Reader）是目前電子紙顯示技術應用最成熟也最廣泛的產品，它是採用電子紙作為顯示器的閱讀器，也是將該項技術引入行動設備的標誌性產物。經過多年的發展，目前，電子閱讀器已經取得了巨大的進步，較好地解決了顯示清晰度、刷新頻率等電子紙的固有問題，具有很好的閱讀舒適度。

2004 年 5 月，SONY 公司推出第一台以電子紙為顯示器的電子紙，取名 LIBRIé（義大利文中的「書」），讓消費者第一次感受到了電子紙產品的魅力。2004 年 Panasonic、Toshiba 及 Sony 等陸續推出採用電子紙（E-Paper）顯示技術的電子書（E-Book）等終端產品。

新媒體技術

第五章 新媒體資訊顯示、發布與搜尋技術

2006年8月,荷蘭iRex科技推出一款iLiad的專門閱讀設備,仍然採用了E-Ink公司提供的顯示模組。作為一個基本的設計功能,使用者可以透過網際網路,把所需的最新報紙資訊下載到它上面瀏覽。

隨後加入電子書生產行列的是Amazon公司,2007年11月,它推出了一種新型的無線閱讀設備Kindle。這款產品同樣使用了電子墨水技術。美國亞馬遜書店推出的Kindle結束了電子書市場長期摸索的時代,掀起美國電子書的熱潮。

雖然目前電子紙技術已經投入商業應用,但是技術革命的腳步始終是緩慢的,和成熟的平板顯示技術相比它還有很多需要提升的地方:

首先就是電子紙的顯示響應速度慢。由於電泳顯示技術依賴於粒子的運動,用於顯示的轉換時間長達幾百毫秒,這個響應速度對播放動態影片圖片是遠遠不夠的(目前主流的LCD顯示器的響應速度都在5ms以內)。其次是顯示的色彩性能不佳。電子紙需要用彩色濾光片來達到色彩顯示的要求,但是由於技術上的限制這種只顯示幾種顏色的能力相對於動輒支持全色域的LCD顯示器就顯得落後了許多。

來勢洶洶的電子紙掀起了電子閱讀革命,讓傳統「油墨」顯示方式在IT時代獲得了新生。不過在智慧型手機和平板電腦的興起之後,電子墨水螢幕的風頭被IPS、視網膜螢幕搶走了不少。但亞馬遜Kindle的熱銷表明,這種能提供更好閱讀體驗而且價格低廉、低功耗的電子書依然受到使用者的歡迎。不管是性能的改進、功能的豐富還是電子墨水產品形態的改變,說明電子墨水螢幕仍有繼續改進的潛力,只要能夠解決色彩飽和度和彩色的密度問題,其應用的範圍肯定不會侷限在電子書領域,電子紙的重新崛起指日可待。

②智慧型手機

電子紙和手機的結合也是電子紙應用於行動裝置的一項嘗試。2011年,加拿大皇后大學發布了一款名為「Paper Phone(紙手機)」的概念設備(如圖5-11所示),將捲軸顯示器器和捲軸式主機板組合而成的手機變成現實,

這款手機可以像一張紙頁一樣進行互動，可以透過模擬翻頁進行各種操作，或者直接用鋼筆在上面寫字。

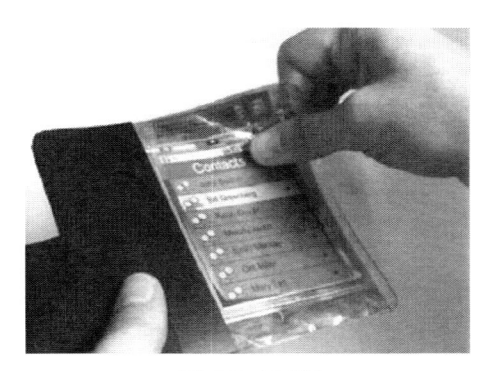

圖 5-11 紙手機

③可穿戴設備

由於可穿戴設備極為注重體積與功耗的考量，因此相較於一般玻璃電極板的液晶（LCD）螢幕，具備輕薄省電優勢的電子紙顯示技術將更適合用於智慧手錶等可穿戴設備。電子紙的優勢除了輕薄省電之外，日光下可視性也是其一大優勢。

和傳統手錶相比，智慧手錶的電力續航仍然顯得力不從心。全世界第一款智慧手錶 Pebble 目前只能達到一週一充的電力續航水平，電子紙顯示器的節電和強光可見特性正是在目前技術條件下智慧手錶最需要的。

2. 廣域資訊系統的應用

第二類應用產品種類繁多，主要集中在戶外廣告、標牌、標籤、卡片等方面。

①廣告與標牌

大量的電子紙廣告與標牌正在應用於商場、餐廳、旅館、展覽會場、車站等公共場所，顯示內容從簡單的文字指示、資訊告示到複雜的圖片裝飾或

静態廣告均可提供。因為公告牌多為靜態圖文,且通常處於強光環境下,因此,輕薄節能、高反射率的電子紙比 LCD 更適合這些應用。

②標籤、卡片

除了廣告牌之外,大量的電子紙貨架標籤和 IC 卡也在商場、超市以及倉儲、運輸企業中得到應用。

標籤的應用相對比較常見,幾乎所有電子紙顯示技術都展示過對應的標籤牌。如電子貨架標籤系統,是一種放置在貨架上、可替代傳統紙質價格標籤的電子顯示裝置,每一個電子貨架標籤透過有線或者無線網路與商場電腦資料庫相連,並將最新的商品價格透過電子貨架標籤上的螢幕顯示出來(如圖 5-12 所示)。

圖 5-12 電子貨架價格標籤

太平洋可視卡是集 IC 簽帳金融卡功能、電子紙顯示技術與安全認證(動態令牌)功能於一體的創新銀行卡產品。卡片的電子紙螢幕可離線即時顯示電子現金帳戶餘額。使用者只需輕輕一按,即可顯示當前餘額(如圖 5-13 所示)。

第三節　新媒體資訊發布技術

圖 5-13　電子紙智慧卡

在最近 RFID（無線電頻辨識技術，俗稱電子標籤）應用中，電子紙也扮演了一個活躍的角色。例如電子門票就是兩者結合的產物。此外，電子紙與 RFID 的結合還能在醫療中推出電子病歷卡以及與之配套的用電子紙包裝的藥片。透過在紙片上事先「印刷」服藥時間、服藥劑量等資訊，使藏於「紙片」中的蜂鳴器會定時提醒病人或者護士。

總之，電子紙的應用範圍相當廣闊。電子紙開發的實用化和商業化，將會展示極其燦爛的美好前景。儘管電子紙顯示技術還有不完美之處，但未來還是值得期待的。

第三節　新媒體資訊發布技術

基於網際網路的資訊發布使得新媒體的大眾傳播功能得以實現。新媒體的資訊發布相當於傳統媒體的發行方式，隨著新媒體使用者數量的不斷增加，新媒體資訊發布技術也在不斷地更新完善，以滿足大量使用者訪問的需求。

一、資訊發布技術的發展概況

1980 年代末，全球資訊網的產生改變了網際網路的面貌，使網際網路得到飛速的發展，從此在全世界範圍內共享和發送資訊成為可能。到現在，雖然全球資訊網的誕生也不過短短二十餘年，但是在網際網路平台上的資訊發布技術卻已經進行多次更新換代。從傳統的 C/S 模式到 B/S 模式，然後是如今的 CDN 數據分享網路以及 P2P 網路。

第五章 新媒體資訊顯示、發布與搜尋技術

1. 傳統的資訊發布技術

C/S 模式

C/S（Client/Server）模式，即大家熟知的使用者機和伺服器模式，其工作分別由伺服器和使用者機完成，可以充分利用兩端硬體環境的優勢。伺服器負責管理資料庫的訪問，為多個使用者程式管理數據，並對資料庫進行檢索和排序，此外還要對使用者機/伺服器網路結構中的資料庫安全層加鎖，進行保護。使用者機負責與使用者的交互，收集使用者資訊，透過網路向伺服器請求對諸如資料庫、電子表格或文檔等資訊的處理工作。

最簡單的 C/S 模式資料庫應用由兩部分組成，即使用者應用程式和資料庫伺服器程式。兩者可分別稱為櫃檯程式與後台程式。運行資料庫伺服器程式的機器，稱為應用伺服器，伺服器程式啟動後，就隨時等待響應客戶程式發來的請求；使用者程式在使用者使用的電腦上運行，客戶使用的電腦稱為使用者機。當需要對資料庫中的數據進行訪問時，使用者程式就自動尋找伺服器程式，並向其發出請求，伺服器程式根據預定的規則進行應答，送回結果。

C/S 模式是一種「胖使用者機」或「瘦伺服器」的結構，其優點是：

（1）C/S 模式具有強大的數據操作和事務處理能力，且開發模型簡單，易於理解和接受。系統的客戶應用程式和伺服器構件分別運行在不同的電腦上，易於擴充和壓縮。

（2）在 C/S 模式中，各功能構件充分隔離，使用者應用程式的開發集中於數據的查詢瀏覽，而資料庫伺服器的開發則集中於數據的管理，分工具體，且利於系統的安全性。由於使用者端與伺服器的直接相連，因此即時性較好。

（3）能充分發揮使用者端 PC 的處理能力，使用者端響應速度快，而且應用伺服器運行數據負荷較輕。

然而，由於在 C/S 模式中，表現層和事務層都放在使用者端，而數據邏輯層和數據儲存層則置於伺服器端，這種組織安排帶來諸多限制：

第三節　新媒體資訊發布技術

（1）維護和升級成本非常高。

（2）C/S 結構的軟體需要針對不同的作業系統開發不同版本的軟體，很難適應百台電腦以上區域網路使用者同時使用，而且代價高、效率低。

（3）C/S 組織結構不支持 Internet，只適用於區域網路，而隨著網際網路的飛速發展，行動辦公和分散式辦公越來越普及，C/S 模式顯然無法滿足這些需求②。

B/S 模式

隨著 Internet 的普及，安裝有 Web 瀏覽程式的個人電腦可以查詢星羅棋布的 Web 伺服器中的各種資訊內容。企業資訊系統中綜合 C/S 體系結構和 Web 的資訊發布與檢索技術，使得資訊系統的網路體系結構跨入 B/S 模式階段。

B/S（Browser/Server）模式，即瀏覽器和伺服器模式。B/S 模式主要是利用 WWW 瀏覽器技術，結合瀏覽器的多種手稿語言，用通用瀏覽器就實現了原來需要複雜的專用軟體才能實現的強大功能。B/S 模式是一種典型的 3 層結構模式：使用者介面層、運算邏輯層和資料服務層。使用者介面層為瀏覽器，瀏覽器僅承擔網頁資訊的瀏覽功能，以超文字格式實現資訊的瀏覽和輸入，沒有任何業務處理能力；運算邏輯層由伺服器承擔業務處理邏輯和頁面的儲存管理，接收客戶瀏覽器的任務請求，並根據任務請求類型執行相應的事務處理程式；資料服務層由資料庫伺服器承擔數據處理邏輯，其任務是接受伺服器對資料庫伺服器提出的數據操作的請求，由資料庫伺服器完成數據的查詢、修改、統計、更新等工作，並把對數據的處理結果提交給伺服器。

相比 C/S 模式，完全基於 Internet 的 B/S 模式具備很多優點。

（1）簡化的使用者端，同傳統的 C/S 模式相比，B/S 模式無須安裝特定的使用者端程式而只需要一個瀏覽器即可，這使得使用者在不同的地點可以以不同的方式使用應用。

（2）在傳統的 C/S 方式下，當需要添加新的功能或者升級系統時，必須將所有的使用者端程式進行統一升級，而這往往會帶來巨大的不便。而對於 B/S 來講則沒有這樣的問題，只需要在伺服器端進行一次升級即可。

（3）B/S 模式更加適合線上資訊發布。最後因為使用者使用的是統一的瀏覽器使用者端，非常方便使用者對新應用的學習與使用。

在網際網路技術的不斷發展的背景下，傳統的 B/S 模式技術已經不能完全滿足現有的要求，其存在著很多問題。

（1）受限於傳統 HTML，B/S 模式無法提供豐富的使用者端體驗。隨著人們對於 B/S 應用的要求的提高，對使用者體驗提出了新的要求。

（2）在傳統 B/S 模式設計中，採用了一種線性的方式，即請求—響應—返回，然而這種方式存在著很多弊端，使用者在請求過程中無法進行其他操作，只能等待伺服器進行響應。

（3）過重的伺服器端負擔，在傳統 B/S 中，大部分運算都是在服務端進行的，使用者端的運算能力並沒有得到利用，服務端收到請求處理後返回整個頁面數據，顯然這種方式造成伺服器負擔過重，對網路頻寬等硬體資源的消耗也比較大。

（4）由於 B/S 應用程式的複雜性不斷提高，傳統的 B/S 技術已經無法滿足應用對其複雜性、功能性的要求。

2. 新媒體資訊發布

新媒體在不同的時期有不同的含義，媒體的內容和形式都隨著時間的推移不斷推陳出新，新媒體的內容發布技術也在不斷更新。

①新媒體資訊發布特點

諸如報紙、廣播、電視等傳統媒體呈現的是單一形式的內容，而新媒體在內容形式和內容介質等方面產生了融合，從而具有全新的特點。首先，新媒體發布的內容由原來靜態的圖片和文字向多媒體業務發展。其次，新媒體承載了數據、文字、圖片、影片、語音、廣播電視等多種媒體內容，即在遞

送廣播電視節目的同時要能插播文字消息或者切換至影片通訊，並且在通訊結束後恢復到切換之前的狀態，或者是在進行影片會議的同時自動分享會議材料以及和會議相關的數據資訊。另一方面，除了媒體形式的相互融合以外，媒體的介質也正在逐步實現融合。例如，正在透過電視（機上盒）收看的電視節目，可以即時切換到手機上繼續收看以滿足行動性的需求；個人電腦、手機、平板等多種類的終端可以同時參加同一個影片會議。

②新媒體資訊發布技術

隨著網際網路技術不斷發展，網路上的資訊越來越多，網際網路使用者數量也持續增多。使用者的增多意味著內容請求頻率也隨之增加，再加上內容形式與介質方面的變化，這些都給內容分享帶來了新的挑戰，傳統的 C/S 模式和 B/S 模式已經不能滿足各方面的需求。新形勢下用以解決以上問題的主流技術包括內容傳遞網路（CDN）和對等網路（P2P）技術。

CDN 是一種基於 C/S 結構的分散式媒體服務技術平台，是在現有網際網路基礎之上的一層智慧虛擬網路。一方面，它把來源伺服器上的內容，透過一定的策略，將其傳送到離使用者較近的代理伺服器上。另一方面，它根據各個代理伺服器的負載情況、內容請求使用者距代理伺服器的位置和網路流量等資訊，選定一個合適的代理伺服器為使用者提供服務。CDN 的最終目的是解決網際網路的擁擠問題，提高使用者體驗度。

但是 CDN 本質上仍然是一種基於 C/S 模式的服務模式，不可避免地繼承 C/S 架構的成本高、可擴展性差的缺點。P2P 網路技術的出現便是為了克服傳統 C/S 模式，在傳統的 C/S 模式中，所有使用者都是從伺服器獲取內容，然而在 P2P 網路中，各個設備沒有主從之分，網路上任意節點的電腦既可以作為網路伺服器，為其他電腦提供資源，也可以作為一般使用者端，從其他電腦獲取資源。

二、內容傳遞網路技術

1. 內容傳遞網路的概念

　　CDN（Content Delivery Network），也即內容傳遞網路。簡單地說，CDN 就是透過在不同地點緩存內容，透過負載均衡技術將使用者請求定向到最近的緩存伺服器上獲取內容，提高使用者訪問網站的響應速度。CDN 系統主要由數據內容的分散式保存、服務節點的負載均衡、使用者請求的重定向以及數據內容的有效管理 4 個部分構成。服務請求重定向以及整體的網路流量的控制是 CDN 的關鍵所在。透過使用者的地域就近原則以及邊緣節點的當前負載來選擇服務節點，CDN 能夠為請求服務的使用者提供一種非常有效的服務。一般來講，CDN 提供具體服務的是邊緣節點，它位於主幹網路的邊緣，與使用者的間隔較近，有時候可能只有「一跳」的距離，但是邊緣節點卻是作為中心服務節點的一個透明鏡像而存在的，使用者並不知道現在為它提供服務的是邊緣節點。

　　如下圖 5-14 所示，當有使用者向 CDN 系統請求數據時，首先使用者將連接到網路的中心節點，中心服務節點根據使用者的相關資訊等獲取離使用者「最近」的當前連接最少的邊緣節點，並將使用者的請求導向該邊緣節點。這樣就成功避開了主幹網路，減輕了主幹網路的負載，中心節點則將負載分攤到了各個邊緣節點，使得中心節點能夠處理更多的使用者請求，成功地緩解了中心節點的壓力。

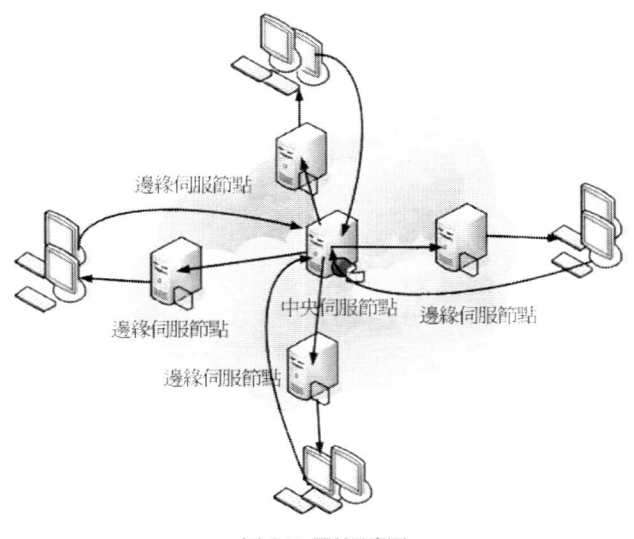

圖 5-14 CDN示意圖

2. 內容傳遞網路的發展歷史

1995 年，麻省理工學院教授、網際網路發明者之一 TimBerners-Lee 預見到在不久的將來網路擁塞將成為網際網路發展的最大障礙，於是他提出了一個學術難題，要發明一種全新的、從根本上解決問題的方法來實現網際網路內容的無擁塞分享，這個學術難題最終孕育出了一種新型的網際網路服務——CDN。

CDN 是為網際網路上的應用服務的，它伴隨著網際網路的發展而逐步成長，其發展過程中的高峰低谷、起起落落與整個網際網路的發展軌跡基本保持一致。回顧 CDN 的發展歷史，大致可以分為三個階段（如圖 5-15 所示）。第一階段（1998-2000 年），即 CDN 隨著網際網路業務快速發展而發展，1999 年全球第一家 CDN 網路電信業者 Akamai 公司開始供應商業服務，這個階段的 CDN 主要服務於 Web，硬體以專用硬體為主。第二階段（2000-2007 年），這個階段由於經歷了網際網路泡沫破裂以及復甦、Web2.0 興起，所以 CDN 的發展是起起伏伏。第三階段（2007 年至今），在此期間市場需

求的膨脹與 CDN 自身的技術成熟、設備價格下降等因素，使 CDN 得到了第二次大發展。

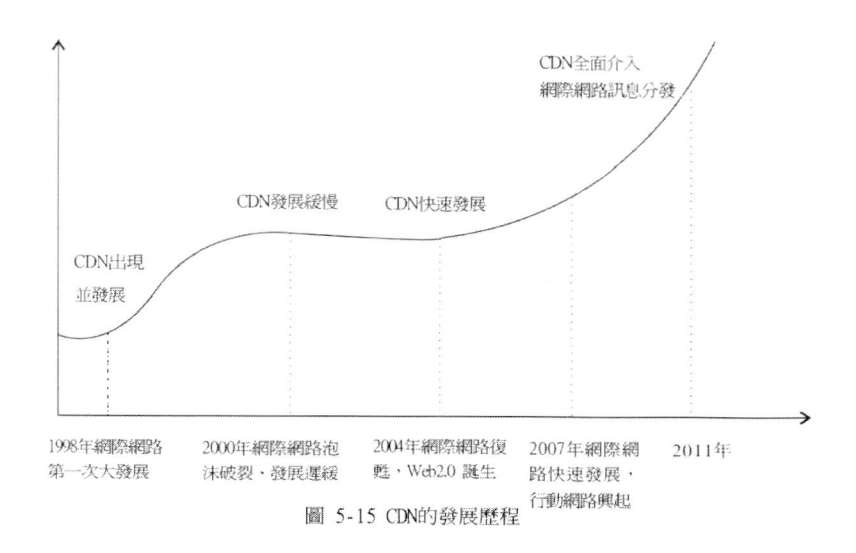

圖 5-15 CDN的發展歷程

3. 內容分享的基本原理

CDN 的內容分享機制是 CDN 的核心技術，如何高效地把內容由中心節點分享傳送給使用者是各大 CDN 廠商研究的重點內容。CDN 的高效分享，指的是在有限的資源下，能實現使用者就近服務最大化、網路消耗最小化。目前內容分享的機制主要有三種：pull 方式、push 方式和混合分享方式。

①基於 pull 的分享機制

基於 pull（拉）的 CDN 分享機制基本原理主要是，透過使用者服務請求調度到合適的邊緣節點，如果發生內容未命中，則該邊緣節點向上 pull（拉）內容，如果其上級也沒有，則逐級向上下拉。基於 pull 的分享機制是一種被動的分享技術，是由使用者請求驅動的。

②基於 push 的分享機制

基於 push（推）的 CDN 分享機制基本原理主要是，把使用者服務請求調度到有內容的 CDN 最接近使用者的節點。通常，push 的方式是由資源擁

有者發起,將內容從來源或者中心媒體資源庫分享到各個資源請求者。對於 push 分享機制需要考慮的主要問題是分享策略,即在什麼時候分享什麼內容。一般來說,內容分享策略主要分為靜態策略和動態策略。靜態策略是指分享內容可以由內容擁有者或者管理員人工確定,而動態策略是指透過智慧的方式決定,即所謂的智慧分享,它根據使用者訪問的統計資訊,以及預定義的內容分享的規則,確定內容分享的過程①。

③混合分享機制

混合分享機制就是 push 與 pull 分享機制結合的一種機制。在實際情況中,push 方式和 pull 方式都存在著或多或少的缺點,故而採取混合分享機制。混合分享機制有多種方案,最常見是利用 push 機制進行內容預推,後續的 CDN 內容分享機制則使用 pull 機制。

需要支持智慧分享(push 或 pull)方式,支持根據當前內容分享系統中的內容服務狀況,採用推拉的方式動態地調整內容在內容分享系統中的分布,對於熱門內容自動智慧地將其緩存在邊緣節點。

4. 內容傳遞網路的關鍵技術

①內容分享技術

內容分享技術是內容從數據內容儲存的源節點分享到 CDN 系統的邊緣節點的過程。主要包括兩種技術:push 和 pull。

在實際的 CDN 系統中,一般兩種分享方式都支持,但是根據內容的類型和業務模式的不同,在選擇主要的內容分享方式時會有所不同。通常,push 的方式適合內容訪問比較集中的情況,如熱門的影視串流媒體內容;pull 方式比較適合內容訪問分散的情況。

②內容路由

CDN 的內容路由功能具體由負載均衡技術來實現。負載均衡是指處理節點的負載資訊透過某代理軟體傳遞給均衡器,由均衡器做出決策並對負載進行動態分配,從而使集群中各處理節點的負載相對趨於平衡。簡單說,內容

路由主要負責的是根據請求內容的客戶資訊，判斷並找出 CDN 邊緣伺服器中最合適的節點。負載均衡是整個 CDN 系統最為核心的部分，負載均衡的性能優劣，往往是 CDN 系統綜合性能的瓶頸所在。CDN 系統的負載均衡包括全球負載均衡（GSLB）和本地負載均衡（LDB）。

○ 全球負載均衡

全球負載均衡的主要目的是在整個網路範圍內，實現將使用者的請求定向到最佳的節點（或者區域），即其主要功能是實現就近性判斷。在整個 CDN 系統中，最關鍵的技術就是全球負載均衡技術。

全球負載均衡技術採用的實現方法主要有：

（1）基於 DNS，使用者對加入了 CDN 的服務節點的訪問，將由 DNS 伺服器解析到全球負載均衡設備。

（2）基於 HTTP 重定向，首先需在 DNS 伺服器對所訪問的網站的域名解析指向 GSLB 設備上，使用者訪問網站時，將首先將訪問請求發送到 GSLB 設備，而 GSLB 設備透過 HTTP 重定向技術，將使用者請求重定向到最佳的伺服器節點上。

（3）基於 IP 位址欺騙，使用者訪問的基本流程如下：

①使用者的訪問請求將首先發送到 GSLB 設備上；

② GSLB 設備根據其收集到的本地 SLB 設備的狀況，將使用者的服務請求發送到最佳的本地 SLB 上；

③本地 SLB 將返回給客戶的封包的來源位址改為 GSLB 的位址。

○ 本地負載均衡

本地負載均衡指對本地的伺服器群作負載均衡，其可用於本地 Cache 服務集群。當使用者請求到達本地負載均衡設備時，其將根據一定的策略，選擇集群中合適的 Cache 節點提供服務。本地負載均衡根據其收集到的服務節點狀況資訊（如負載、頻寬、運行狀況等資訊）根據一定的負載均衡策略，選擇最佳的服務節點提供服務。

第三節　新媒體資訊發布技術

　　本地負載均衡可以採用四到七層網路交換器（L4-7Switch）來實現，使用者所有的請求透過網路交換器路由傳到服務節點。其優點是實現簡單；缺點是 Cache 節點的吞吐量很大時，對 L4-7 網路交換器的性能要求較高。重定向技術是本地負載均衡的另一種實現方式，本地負載均衡設備將使用者請求重定向到合適的 CDNCache 服務節點。服務節點後續返回的內容將不需要再經過本地負載均衡設備而返回給使用者端，即服務節點和使用者端之間建立直接的連接服務。

　　○ 內容儲存技術

　　對 CDN 系統而言，需要考慮兩個方面的內容儲存問題。一個是在中心節點中儲存數據，一個是在邊緣服務節點中儲存數據。對於中心節點來說，由於內容的規模比較大（通常可以達到幾個甚至幾十個 TB），而且內容的吞吐量較大，因此，通常採用大量儲存架構，如較為流行的 NAS（網路附加儲存）和 SAN（儲存區域網路）。對於邊緣節點中的數據儲存，是邊緣服務實現時需要考慮的一個重點。需要考慮的因素包括功能和性能兩個方面：功能上，需要提供對各種格式的文件的支持以及支持數據的部分緩存；在性能上，包括容量大小、數據保存的可靠穩定性以及磁碟 I/O 吞吐效率。

　　○ 內容管理技術

　　內容管理技術主要是指數據分布到了邊緣節點後的本地內容管理，這樣可以提高邊緣節點的工作效率。由以下三大塊來實現該技術：

　　（1）本地內容索引，即將本地擁有的數據的資訊緩存起來，方便文件的快速查找。

　　（2）本地內容複製，為了節約儲存空間，通常將內容只緩存在一個邊緣節點上，但是當該邊緣節點負載較重時，則在本地將內容發送到其他邊緣節點上，提高整體訪問效率。

　　（3）本地內容相關資訊統計，目的在於即時掌控邊緣節點上內容被使用者訪問的一些資訊，以及邊緣節點上數據內容變化的相關情況，CDN 中心節點根據這些資訊及時做出相應的對策。

5. 媒體服務

目前 CDN 服務的類型根據其服務的內容主要分為網頁加速、串流媒體服務、文件傳輸加速等。

①網頁加速

網際網路有一項著名的 8 秒原則，即使用者在訪問網頁時，如果時間超過 8 秒就會感到不耐煩，如果下載需要太長時間，他們就會放棄。如今網友數量不斷增加，加上網頁服務和網路固有的時延，都給網路寬頻形成了巨大的壓力，大大影響了使用者的體驗度。而 CDN 的出現，及時解決了網路響應速度的問題。

網頁加速是最早出現的 CDN 服務類型。最初，網頁的內容主要以文字、圖片、動畫等形式為主，支持文本方式的電子郵件交換，因此 CDN 技術最初的應用重點就是用來對這些網頁的靜態內容進行加速。網頁加速服務主要面向各類入口網站、新聞發布類網站、訪問量較大的行業網站、政府機構網站和企業入口網站等。隨著網際網路應用的發展，網頁加速也逐漸從靜態內容加速向動態內容加速擴展，支持股票行情、電子商務、線上遊戲等網站的動態內容加速。

②串流媒體服務

隨著網際網路業務的發展，大量影片網站的湧現，串流媒體流量隨之迅速攀升，從而驅動 CDN 技術的應用轉向為串流媒體加速服務。傳統的影片點播系統，一般採用 C/S 模式，其明顯弊端是伺服器的處理能力與頻寬是有限的，在客戶數量達到一定程度下，伺服器將無法負荷，而且客戶需要從遠端伺服器中獲取數據，客戶的點播時延過大，無法支撐大規模、大範圍的商業應用。CDN 作為一種新型的覆蓋網路架構，在目前的 Internet 網路上增加一層為寬頻業務優化的覆蓋網路，比較好地解決了串流媒體內容加速和骨幹網路負載壓力問題。CDN 把串流媒體數據主動分享到離使用者最近的網路邊緣，使使用者可以就近獲取數據，減少使用者的網路時延和分散伺服器的負載壓力。

③文件傳輸加速

透過使用 CDN 節點提供下載服務，可大大緩解文件下載帶來的性能壓力和頻寬壓力，提高使用者的下載速度。目前 CDN 技術可以支持 HTTP 下載、FTP 下載和 P2P 下載等多種下載方式，主要用於修補程式發布、病毒庫更新、遊戲使用者端下載以及其他提供文件下載服務的網站，比如影片和音樂網站等。

文件傳輸加速的技術原理與網頁加速和串流媒體加速原理類似，將來源網站大量的文件內容數據注入 CDN 中，根據分發策略將文件內容分享至各 CDN 邊緣節點，以支持使用者端的下載應用，從而減少了來源站伺服器的下載壓力，滿足了終端使用者就近迅速高效地下載需求。

6. 典型應用：IPTV

IPTV 系統對於使用者的服務品質有很高的要求，而且要保證播放的流暢。在 Internet 中，從使用者的使用者端到串流媒體伺服器之間經過了一個很複雜的路由以後，就很難保證播放的流暢了。為了克服網路複雜路線帶來的制約，在 IPTV 中必須透過邊緣服務來實現最終使用者的點播服務，所以要把內容從中心伺服器有效地分享到邊緣伺服器，就可以透過 CDN 把內容從中心儲存伺服器分享到邊緣伺服器。

（1）IPTV 簡介

IPTV（Internet Protocol Based Television），即網路協定電視，是利用電信寬頻網路為傳輸通道、以電視機為主要終端設備，集網際網路、多媒體、通訊等多種技術於一體，向家庭使用者提供包括電視內容在內的多種交互式服務的嶄新技術。使用者可以透過「網路機上盒＋普通電視機」享受個性化、交互化、可客製的 TV 視聽服務和增值資訊、應用服務。

IPTV 的系統主要由以下幾部分組成：

① IPTV 終端，主要有三種形式：PC、機上盒＋普通電視機和手機。

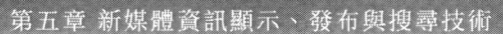

②接入系統，主要為 IPTV 終端提供接入功能，使 IPTV 終端能夠順利接入 IP 承載網。

③ IP 承載網路，用於傳送 IPTV 的承載網路，是基於 TCP/IP 協定的，可以是公網，也可以是專網。

④內容媒體服務系統，該部分主要完成節目的數位化。

⑤節目來源，可以是攝影機、電視台、VCD 光碟、衛星輸入訊號等。

(2) CDN 在 IPTV 中的應用

IPTV 的 CDN 架構主要包含內容庫、緩存、媒體服務、使用者請求路由、運營管理及適配、統一運營管理等功能。

內容庫部件主要提供 CDN 中的內容儲存功能，主要包括內容接入、內容儲存、內容管理、內容定位和內容分享等模組。

①內容接入：根據內容管理系統（CMS）的內容注入指令獲取內容並進行預處理。

②內容儲存：根據內容管理模組中的策略存放預處理後內容。

③內容管理：負責內容在 CDN 內各項屬性的資訊登記與管理。

④內容定位：接收下級 CDN 節點的內容定位與請求，根據負載均衡策略分配合適的設備提供服務。

⑤內容分享：根據下級 CDN 節點請求進行內容分享傳送。

緩存部件主要提供 CDN 中的分級內容緩存功能，主要包括內容接入、內容緩存、內容定位和內容分享等模組。

①內容接入：根據本地錄製要求錄製內容或者回源接入內容來源。

②內容緩存：根據緩存策略存放、更新媒體內容。

③內容定位：接收下級 CDN 節點的內容定位與請求，根據負載均衡策略分配合適的設備提供服務。

④內容分享：根據下級 CDN 節點請求進行內容的分享傳送。

媒體服務部件主要提供 CDN 中面向使用者的媒體服務功能，主要包括媒體路由、媒體控制和媒體服務等模組。

①媒體路由：接受媒體控制查詢請求進行媒體服務節點的查找。

②媒體控制：根據媒體路由結果和節點狀態、負載均衡策略等控制媒體伺服器向終端提供媒體服務。

③媒體服務：為各業務終端提供媒體服務。

使用者請求路由主要提供使用者服務調度功能，負責根據調度策略對使用者服務請求進行路由。

運營管理及適配主要提供廠家內部 CDN 的網路管理，並提供接收並適配統一運營管理指令轉換成廠家內部的網路管理操作。

統一運營管理主要提供 CDN 的統一管理，包括網路管理、業務管理和服務統計功能。

①網路管理：負責對廠家 CDN 網路性能、警告、拓撲等資訊進行管理。

②業務管理：負責對廠家 CDN 業務配置，如內容注入、CDN 服務、內容路由、調度策略等進行管理。

③服務統計：提供對 CDN 服務數據進行統計。

三、對等網路 P2P 技術

1.P2P 的概念

P2P 是「Peer-to-Peer」的縮寫，因此 P2P 通常被稱為對等網，網路中的各個節點被稱為對等體。與傳統的 C/S 模式中服務都由幾台 Server 提供不同的是，在 P2P 網路中，每個節點的地位是對等的，具備使用者端和伺服器雙重特性，可以同時作為服務使用者和服務提供者。P2P 網路利用使用者端的處理能力，實現了通訊與服務端的無關性，改變了網際網路以伺服器為中心的狀態，重返「非中心化」。P2P 網路的本質思想實質上打破了網際網

路中傳統的 C/S 結構，令各對等體具有自由、平等通訊的能力，體現了網際網路自由、平等的本質。

與 C/S 結構相比，P2P 的優勢體現在以下幾個方面：

（1）非中心化：網路中的資源和服務分散在所有節點上，資訊的傳輸和服務的實現都直接在節點之間進行，可以無須中間環節和伺服器介入，避免了可能的瓶頸。P2P 的非中心化的基本特點，帶來了其在可擴展性、健壯性等方面的優勢。

（2）可擴展性：在 P2P 網路中，節點在獲取其他節點資源的同時也為其他節點服務。隨著使用者的加入，不僅服務的需求增加了，系統整體的資源和服務能力也在同步擴充，始終能較滿意地滿足使用者的需求。整個體系是全分布的，不存在瓶頸。

（3）健壯性：P2P 網路通常都是以自組織的方式建立起來的，並允許節點自由地加入和離開。P2P 架構天生具有耐攻擊、高容錯的優點。由於服務是分散在各個結點之間進行的，部分結點或網路遭到破壞對其他部分的影響很小。P2P 網路一般在部分結點失效時能夠自動調整整體拓撲，保持其他結點的連通性。P2P 網路還能夠根據網路頻寬、結點數、負載等變化不斷地做自適應式的調整。

（4）高性能/價格比：性能優勢是 P2P 被廣泛關注的一個重要原因。採用 P2P 架構可以有效地利用網際網路中散布的大量普通結點，將運算任務或儲存資料分布到所有結點上。利用其中閒置的運算能力或儲存空間，達到高性能運算和大量儲存的目的。透過利用網路中的大量空閒資源，可以用更低的成本提供更高的運算和儲存能力。

（5）隱私保護：在 P2P 網路中，由於資訊的傳輸分散在各節點之間進行而無須經過某個集中環節，使用者的隱私資訊被竊聽和洩露的可能性大大縮小。此外，在 P2P 中，所有參與者都可以提供中繼轉發的功能，因而大大提高了匿名通訊的靈活性和可靠性，能夠為用戶提供更好的隱私保護。

(6)負載均衡：P2P網路環境下由於每個節點既是伺服器又是使用者機，減少了對傳統 C/S 結構伺服器運算能力、儲存能力的要求，同時因為資源分布在多個節點，更好地實現了整個網路的負載均衡。

2.P2P 的發展歷史

實際上，P2P 並不是一項新的技術，P2P 的概念在很早之前就已經提出。1960 年代後期的 APRAnet 和 1980 年代出現的 USEnet 都具有 P2P 網路的性質：它們都是分布的、分散的使用者之間文件傳輸和共享的系統。另一個早期 P2P 的典型應用 FidoNet 是由 Jennings 在 1984 年開發的，該軟體用來在不同的電子布告欄系統（BBS）或電子消息中心的使用者之間進行資訊交換，通常服務於一些興趣叢集並透過解調器進行訪問。

隨後全球資訊網誕生，其作為一種新興的分散式系統逐漸代替了早期的 P2P 系統，使網際網路逐步形成了以少數伺服器為中心的 C/S 結構。隨著網際網路的逐漸普及，普通使用者產生了更全面地參與到網際網路的資訊交流中的需求，在此背景下 P2P 再一次受到了廣泛關注。

然而 P2P 真正流行起來並得到大規模應用，則歸功於 1999 年推出的 Napster。Napster 允許對等的使用者不受任何干涉地進行上傳和下載。透過 Napster 提供的軟體，樂迷可以共享自己硬碟上的音樂文件，同時可以搜尋並下載其他使用者共享出來的音樂文件。

Napster 的成功也使人們意識到 P2P 拓展到整個網際網路領域的可能性。

3.P2P 網路體系結構

P2P 網路按照體系結構可以劃分為三類：特殊式，一般式和混合式。

①特殊式 P2P 網路

特殊式 P2P 是最早出現的 P2P 應用模式，是以目錄伺服器為中心形成星狀拓撲結構。目錄伺服器主要負責對節點的查找和資源的搜尋；各對等節點則自己維護自己的資源。如果某個節點想加入 P2P 網路，節點首先要在目

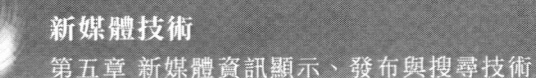

錄伺服器上註冊，並將自己的資源和位置等資訊上傳到目錄伺服器以完成加入網路的過程。如果節點已經加入 P2P 網路且想請求某個內容，這個節點首先向目錄伺服器發出請求，目錄伺服器根據節點請求的內容查找目標節點，目錄伺服器隨後把目標節點的資訊告訴請求節點，節點根據收到的資訊直接與目標節點進行通訊。特殊式網路結構非常簡單，但是它顯示了 P2P 系統資訊量巨大的優勢和吸引力，同時也解釋了 P2P 系統本質上所不可避免的兩個問題：法律版權和資源浪費的問題。當系統的中心伺服器出現故障而癱瘓時，整個系統將會停止運行。而且當網路中的使用者和資源增加時，中心伺服器的維護、更新和查詢的壓力將隨之增加，成本相應增加。而且因為中心目錄索引伺服器為使用者提供的相關資源資訊是透過「自由」方式共享的，當涉及版權或知識產權時，中心伺服器將負有法律責任。

P2P 網路的先驅，世界上第一個應用性 P2P 網路——Napster 是特殊式 P2P 體系最傑出的代表，獲得了巨大的成功。由於侵犯版權而惹得官司纏身，最終 Napster 不得不申請破產，這也體現出了特殊式 P2P 的版權問題。

②一般式 P2P 網路

一般式 P2P 網路又可以分為非結構化和結構化兩種類型。

○ 一般式非結構化 P2P 網路

非結構化 P2P 網路沒有中心伺服器，也沒有嚴格的網路拓撲。每個使用者隨機接入網路，並與自己相鄰的一組鄰居節點透過端到端連接構成一個邏輯覆蓋的網路。非結構化 P2P 網路中的節點不僅要保存自己的資源和資源的索引，而且要輔助網路中其他節點查找資源。因此，在非結構化 P2P 網路中，節點和資源之間有嚴格的映射關係。網路中對於節點的查找和對資源的搜尋一般採用盲目搜尋演算法或者洪泛查詢。由於這樣的方式不加節制的話會造成消息泛濫，因此一般透過 TTL (Time To Live) 的減值來控制搜尋消息的傳輸，當 TTL 值為 0 時，將不再繼續發送。非結構化 P2P 網路結構鬆散，適用於波動較大的系統；網路也沒有單點失效和性能瓶頸問題。但是使用搜尋演算法所帶來的網路開銷非常大，導致網路的可擴展性差。

Gnutella 模型是應用最廣泛的分散式非結構化拓撲結構，它解決了網路結構中心化的問題，擴展性和容錯性較好，但是 Gnutella 網路中的搜尋演算法以洪泛的方式進行，控制資訊的泛濫消耗了大量頻寬並很快造成網路擁塞甚至網路的不穩定。

○ 一般式結構化 P2P 網路

一般式結構化網路基於分散式雜湊表技術，其基本思想是將網路中所有資源整理成一張巨大的表，表內包含資源的關鍵字和所存放節點的位址，然後將這張表分割後分別儲存到網格中的每一節點中去。當使用者在網路中搜尋相應的資源時，它將能發現儲存與關鍵詞對應的雜湊表內容所存放的節點，在該節點中儲存了包含所需資源的節點位址，然後發起搜尋的節點根據這些位址資訊，與對應節點連接並傳輸資源。分散式結構化網路具有擴展性、穩定性、動態適應性、自組織好等特點，並能夠提供精確的查詢。

結構化 P2P 網路可以分為環狀結構、樹狀結構、超立方體結構、蝴蝶結構、網狀結構等。結構化 P2P 網路相比於非結構化 P2P 網路，它很好地解決了資源的位置問題，利用特定的演算法，節點可以在有限的轉發次數下找到所需資源。但結構化 P2P 網路不能解決非傳遞性的連通問題，也不能避免「焦點」問題。Chord、Tapstery、Pastry 和 Kademlia 等都屬於結構化 P2P 網路。

③混合式 P2P 網路

混合式 P2P 網路是指在局部上呈現特殊式的體系架構，但是在整體上表現為一般式的結構。在局部特殊式組網結構中，依據節點的資源和性能選擇中心節點組成局部星狀結構，在整體一般式組網中，則將局部網路按照分布技術進行組網。混合式結構描述的只是一種組網特徵，並不特指某一種組網技術。混合式 P2P 網路的最大特點在於綜合了分一般和特殊架構的優勢，能夠根據節點能力和資源狀況合理決定節點的地位，具有對異構網路的高度適應性。

KaZaA 模型是混合式 P2P 網路的典型代表，其節點分為兩類：超級節點和普通節點，它在一般式非結構化 P2P 網路的基礎上引入了超級節點的概念，綜合了結構式 P2P 快速查找和一般式 P2P 去中心化的優勢。

4.P2P 網路的關鍵技術

①覆蓋網路

覆蓋網路是搭建在物理網路之上的邏輯網路，其主要功能是提供資源發現與定位服務。覆蓋網路的存在，使得我們可以封鎖底層細節，我們面對的不再是一個個的物理電腦，而是節點 ID 和已綁定通訊方式的通訊管道。這就意味著我們可以在覆蓋網路上按照既有的規則發現節點、在任意的兩個或多個節點間發送資訊。覆蓋網的優劣直接影響查詢效率。

②資源搜尋方法

資源定位是節點透過一定方式找到資源在網路中的存放位置，P2P 網路的資源定位主要有 3 種演算法。由於 P2P 系統的資源儲存在各個節點中，因此需要為各個節點提供一種從其他節點中找到所需資源的方法。

○ 集中索引演算法

集中索引演算法，對應於結構式 P2P 網路，代表系統為 Napster。在 Napster 系統中，使用者都與一個中央伺服器相連接，中央伺服器上保存了共享文件的索引，由中央伺服器對收到的使用者請求進行匹配查找，直到找到保存了所需文件的目的使用者。然後，由發起請求的使用者與目的使用者直接進行文件交換。其不足在於依賴一個特殊式的結構，將會影響系統的可擴展性。

○ 洪泛消息演算法

洪泛消息演算法，對應於分散式 P2P 網路，代表系統為 Gnutella，每一個使用者消息都將被廣播至該使用者直接相連的若干其他使用者，這些使用者收到消息後也同樣地將消息廣播給各自連接的使用者，以此類推，直到

請求被應答,消息的 TTL 值減少為 0,或超過了最大的廣播次數(通常為 5～9)。這種演算法的不足在於占用的網路頻寬較大,因此也會影響可擴展性。

○ 文件路由演算法

文件路由演算法,代表系統為 Freenet,演算法的特點是採用基於雜湊函數的映射。這種演算法的優勢在於可擴展性較好,不足在於可能導致整個網路分裂成若干彼此不相連的子網路,形成所謂的孤島,其查詢也要比洪泛消息演算法麻煩些。

③系統自適應

P2P 網路具有很強的動態性。動態性體現在不斷地有新節點加入、舊節點離開、節點失效等情況發生。系統自適應主要是解決當網路中節點增加以及失效時,確保服務能夠正常運行。

非結構式 P2P 網路的自適應所要做的工作主要是檢驗自己的鄰居是否還線上,因此只需要簡單的 PING 消息探測就可以維持節點狀態的更新,具有較強自適應性。混合式 P2P 網路的自適應基本上依靠伺服器的監控,使用者之間的協作建立在伺服器監控之上,因此只要伺服器正常工作,網路和節點資訊就能得到有效的維護。

④容錯性

容錯性是指 P2P 網路中發生錯誤時的避免方法或補救措施,其包含的內容有節點失效問題、節點引發的焦點問題、安全問題、信譽問題等。

非結構式 P2P 網路符合一定的規律——小世界模型或者冪律模型,由於冪律模型的一大特點是對於隨機節點失效的高容錯性,因此非結構式 P2P 網路是高容錯的。結構化 P2P 網路的容錯性較差。而混合式 P2P 網路的容錯性只在於伺服器的故障機率,如果使用多台伺服器組成機群,並且提供冗餘、替代機制使得一台伺服器發生故障時它的任務可以被其他伺服器所分擔,那麼這樣的系統容錯性將會非常高。

⑤激勵機制

激勵機制是指如何讓 P2P 節點更「積極有效」地工作，提供更多的內容而採取的相關措施。P2P 網路中的大多數是針對 P2P 文件系統中的搭便車問題提出的，針對搭便車問題，學者研究和發展了不同的激勵機制：從是否需要中央伺服器來看，可分為基於微支付的模型和基於互惠的模型；從激勵機制的可靠性和複雜度方面而言，可以將基於互惠的模型進一步分為基於直接互惠和基於簡介互惠（信譽）的模型。

5. 媒體應用

①文件共享

作為 P2P 最初的應用和功能之一，可以說是文件共享的需求直接引發了 P2P 技術熱潮。傳統的文件共享應用以 FTP 系統為主，它與 P2P 文件共享系統的主要差別在於參與文件共享的主機角色不同。FTP 系統通常只有一台主機擔當伺服器角色，其他主機僅作為使用者端角色，這也就是 C/S 模式；P2P 系統中，每台主機都稱為節點，它們的角色是一樣的，同時作為伺服器的使用者端存在（圖 5-16）。

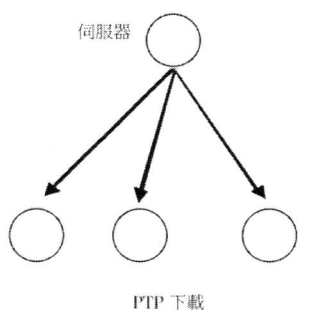

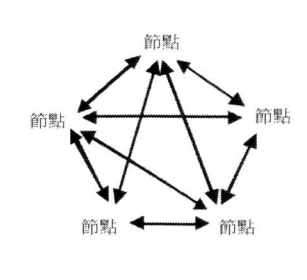

圖 5-16 傳統 FTP 文件共享系統和 P2P 文件共享系統

與 P2P 網路拓撲結構相對應，P2P 文件共享系統也可分為三類：特殊式、一般式以及前兩種系統的折衷。目前，在 P2P 文件共享系統中，使用者規模處於絕對領先地位的是 BT 和 eMule。

P2P 文件共享系統提供了快速、高效的文件交換方式，與此同時也帶來了相應的問題，其中最受關注的就是版權問題，在使用者之間交換的資料中，有許多是受到版權保護的歌曲、電影以及軟體等。此外還有頻寬占用以及安全、隱私等問題。

②串流媒體應用

之前一般的串流媒體系統採用 C/S 模式，伺服器以單播的方式和每個使用者建立連接，隨著使用者數目的快速增長，伺服器的資源將很快被消耗完，形成系統瓶頸。隨著 P2P 技術的誕生，基於 P2P 的串流媒體系統被提出用以解決 C/S 模式的系統瓶頸問題。在 P2P 串流媒體系統中，沒有集中的中央串流媒體伺服器，每個節點既是服務的提供者，又是服務的享用者。任一節點都可以作為種子節點進行廣播，每個節點在作為客戶從別的節點接收媒體數據進行播放的同時，也要作為伺服器向其他節點提供服務。

根據來源數據提供的方式，P2P 串流媒體系統可以分為單源和多源兩種。單源 P2P 串流媒體系統，由一個節點向多個節點以多播方式發送數據，接受者有且只有一個數據來源，所有節點組成最短路徑樹，最短路徑樹中間節點接受來自父節點的媒體數據，同時以多播方式將數據傳送給其子節點。單源 P2P 串流媒體系統中比較有代表的是 Peercast。多源的 P2P 串流媒體系統，則是由多個節點以單播方式同時向一個接受者發送媒體數據。在這種方式下，單個發送者提供的上行頻寬不足以支持一個完整的串流媒體回放時所需的頻寬 R，將多個發送者的能力聚合在一起，使其上行頻寬總和大於 R，就能夠提供正常的串流媒體服務。Gnu Stream 以及 PROMISE 就是比較有代表的多源 P2P 串流媒體原型。

6. 典型應用：即時通訊 Skype

Skype 是 P2P 技術演進到混合模式後的典型應用，它結合了集中式和分散式的特點，在網路的邊緣節點採用集中式的網路結構，而在超級節點之間採用分散式的網路結構。

（1）Skype 簡介

Skype 是於 2003 年開發的一款基於 P2P 技術的 VoIP 通訊軟體。VoIP（Voice over Internet Protocol）是一種運行在 IP 網路層上的語音通訊應用，也可以簡單理解為一種用網際網路系統代替傳統電話通訊系統進行語音通話的技術。

Skype 最大的意義在於，它開創了將 P2P 技術引入語音通訊的先河。也就是說，採用了網路中的所有節點都動態參與到路由、資訊處理和頻寬增強等工作中的機制，而不是單純依靠伺服器來完成這些工作，因此其管理成本大大降低，同時又保證了語音品質。從具體技術的角度來看，Skype 主要有以下幾方面優勢：

①較強的 NAT 和防火牆穿越能力。首先識別 NAT 和防火牆類型，然後透過動態的選擇信號和媒體代理，從而輕鬆實現 NAT 和防火牆的穿越。

②快速路由機制，Skype 採用了全球索引（Global Index）技術提供快速路由，其使用者路由資訊分散式儲存於網路節點中。

③結合網際網路特點的語音編解碼演算法。Skype 透過與 Global IP Sound 公司合作，引入語音品質增強軟體，專門針對網際網路的特點，從而降低了業務對頻寬的要求。

④很低的運行成本。很顯然，Skype 將很多工作下放給網路節點去完成，大大地降低了中心伺服器的負擔，進而減少了維護和管理的成本。

⑤開放性。Skype 採取開放的機制，鼓勵網際網路使用者自己開發插件，目前此類開發如雨後春筍，在網際網路上遍地開花。

（2）Skype 系統結構

與常規的電信業務網路不同，Skype 網路中除了登錄註冊伺服器，沒有其他任何集中的伺服器。一般 Skype 網路主要存在三種類型的組件：登錄註冊伺服器（Login server）、超級節點（SN）和普通節點（ON）。註冊伺服器是 Skype 唯一需要維護的設備，它負責完成使用者端的註冊，儲存並管

理使用者名和密碼資訊,當使用者登錄系統時,對使用者進行身分認證。註冊伺服器還需要檢驗並保證使用者名的全球唯一性。ON 是指安裝了 Skype 使用者端程式、可透過 Skype 協定進行語音和文本等通訊的主機。SN 不僅具有 ON 所具有的功能,在 CPU、儲存或網路頻寬等方面相對於 ON 更具優勢且具有一些特殊功能。

除了上述三類系統節點外,Skype 系統還有一些重要的組成部分:

①連接埠,Skype 客戶在安裝時隨機選擇一個連接埠配置到它的連接對話框中。

②主機緩存,包含一系列超級節點的 IP 位址和連接埠號。

③語音編解碼器,Skype 使用了 iLBC、iSAC 和 iPCM 編解碼器。

④好友列表,儲存在本地電腦中,從 Skype1.2 開始,好友列表同時保存在一個中央伺服器(212.72.49.142)中。

⑤加密,Skype 使用 AES 加密標準。

⑥ NAT 與防火牆,使用了 SYUN 和 TURN 協定的某種變形來確定 Skype 使用者所在網路的 NAT 和防火牆類型,並定期維護這些資訊。

第四節　新媒體資訊搜尋技術

回顧整個人類文明的發展歷程,從石器時代、青銅時代到蒸汽時代、電氣時代,如今我們正身處一個全新的時代——資訊時代。在人們的生產生活以及互相交流等活動中會產生大量的資訊而且伴隨著社會和技術的不斷進步,資訊產生的速度在不斷加快。隨著網際網路技術的蓬勃發展,使得資訊的產生、傳播的速度和規模達到空前的水平,在全球範圍內實現了資訊的共享和傳遞。人們從以往資訊匱乏的困境,轉變成為如今被資訊的海洋包圍。可是隨之也引出了新的問題:人們面對如海潮般湧現的資訊通常會無所適從。要從這些大量的資訊中迅速準確找到適合自己需要的資訊,就需要藉助資訊搜尋技術。

新媒體技術
第五章 新媒體資訊顯示、發布與搜尋技術

一、新媒體資訊搜尋概述

1. 搜尋的相關概念

網際網路從誕生、發展並演變至今,已經成為有史以來資源數量最多、資源種類齊全、資源規模最大的一個綜合資訊庫。來源豐富的各種各樣的資訊廣泛、異構地分布在網路空間中,而如何準確有效地從網際網路上獲取有價值的資訊成了一項艱巨的任務,為瞭解決這一現象,搜尋引擎技術應運而生。

搜尋引擎是一個資訊處理系統,以一定的策略在網際網路中蒐集、發現資訊,對資訊進行理解、提取、組織和處理,並為使用者提供檢索服務,從而造成資訊導航的作用。從使用者角度看,搜尋引擎提供一個包含搜尋框的頁面,在搜尋框輸入關鍵詞,透過瀏覽器提交給搜尋引擎後,搜尋引擎就會返回跟使用者輸入的內容相關的資訊列表。網際網路上的資訊浩瀚如海,並且毫無秩序,如果將所有的資訊比喻成汪洋上的一個個小島,那麼網頁連結是這些小島之間縱橫交錯的橋樑,而搜尋引擎則是為使用者繪製了一幅一目瞭然的資訊地圖,可以隨時查閱。

2. 搜尋引擎的發展歷程

1990 年,加拿大麥基爾大學(University of McGill)電腦學院的師生開發出 Archie。當時,全球資訊網(World Wide Web)還沒有出現,人們透過 FTP 來共享交流資源。Archie 能定期蒐集並分析 FTP 伺服器上的文件名資訊,提供查找分別在各個 FTP 主機中的文件。使用者必須輸入精確的文件名進行搜尋,Archie 告訴使用者哪個 FTP 伺服器能下載該文件。雖然 Archie 蒐集的資訊資源不是網頁(HTML 文件),但和搜尋引擎的基本工作方式是一樣的:自動蒐集資訊資源、建立索引、提供檢索服務。所以,Archie 被公認為現代搜尋引擎的鼻祖。然而搜尋引擎技術是伴隨著全球資訊網的發展而越來越引人注目的,從誕生至今,搜尋引擎大致經歷了三代的更新發展:

第一代搜尋引擎，即目錄式搜尋引擎，出現於 1890 年代。以 Altavista，Yahoo 和 Infoseek 為代表，以「求全」為主要特徵，注重搜尋結果的數量。它主要依靠人工分揀的分類目錄搜尋，通常由網頁製作人自行建立網站名稱、網站內容的文字摘要，並將其加入到搜尋引擎的資料庫中。搜尋引擎根據使用者鍵入的資訊，根據預先設定的規則進行簡單的匹配、排序和顯示。這種方法只能進行簡單的字串匹配，無法進行全文搜尋。

第二代搜尋引擎，利用超連結分析為基礎的機器抓取技術，由搜尋引擎使用一個程式在網路上擷取資料，並自動將得到的結果存入索引庫中。搜尋引擎根據使用者鍵入的資訊進行匹配、排序和顯示。這些引擎的主要特點是提高了查準率，可以用「求精」來描述它的優點，即不需要網站製作人單獨鍵入供搜尋的資訊，並且從理論上講，可將任意網站的所有網頁加入到它的資料庫中。第二代搜尋引擎的大多數查詢都會返回成千上萬條資訊，查詢結果中無關資訊太多，而且查詢結果顯示比較混亂，使用者仍然難以找到真正想要的資料。

第三代搜尋引擎是對第二代搜尋引擎的改進，相對於前兩代，其更注重智慧化和使用者使用的個性化，主要增加了互動性和個性化等高級的技術，採用了中文自動分類、自動群集等人工智慧技術，而且使用了中文內容分析技術以及區域智慧識別技術，增強了搜尋引擎的查詢能力。同時，搜尋技術將更加智慧化，可搜尋資源將更加廣泛，搜尋方式也將更加便捷有效，使用者使用搜尋引擎獲取資訊可獲得更好的體驗。

不過人們在進行資訊檢索時，總希望找到所有與興趣相關的文檔，可是在 Internet 這個開放的資訊空間裡實現這個目標非常困難。這就需要能夠真正考慮使用者的特點、動機和需求，以使用者為中心來構建搜尋的方法、技術、結果與過程。在這樣的背景下，個性化搜尋引擎又被提出來，成為未來搜尋引擎發展的一大趨勢之一。

3. 搜尋引擎技術與媒體

搜尋引擎起源於為資訊檢索提供服務的網路資訊科技應用，搜尋引擎是伴隨著網際網路的誕生而受到注目，網際網路也為搜尋引擎插上了翅膀，使

新媒體技術
第五章 新媒體資訊顯示、發布與搜尋技術

搜尋引擎迅速發展成為一種交互式資訊平台。在網際網路發展初期，其一直被視為「公共傳輸模式」的媒介，在這樣的數位化網路環境下，搜尋引擎作為一個網際網路資訊科技應用工具的意義在於，出於資訊方面的原因而尋求特定的媒體內容，它使使用者接觸到更多的資訊內容，並將這些內容視為真實的。工具性的使用是積極的、有目的的，它意味著媒體使用的功利性、目的性、選擇性和參與度；工具性的傾向導致態度和行為方面產生更強的效果，包含著對資訊更為強烈的使用和參與動機。搜尋引擎逐漸由技術工具演化成為一種新型的、有影響力的媒介。

在如今生產內容的時代，人們透過搜尋引擎這一網路媒體，從大量資訊中搜尋並揀選出真正需要的內容，從而滿足節約資訊成本的本能需求，並緩解過量資訊帶來的資訊焦慮。根據媒介效果研究中的「使用與依賴模式」所描述的個人的傳播需求與傳播動機、資訊尋求策略、媒介使用情況、功能性替代品和媒介依賴之間的關係，如果某些需求和動機限制了人們對資訊尋求策略的選擇，它們就有可能導致人們對某些傳播管道的依賴，相對的，人們對特定傳播管道的依賴也會產生其他一些效果，如態度和行為的改變等，反作用於其他的社會關係，使之發生變化。搜尋引擎技術的功能特點使其媒介功能替代品極其有限，搜尋引擎成為閱聽人獲得有意圖、有目的和有動機的選擇內容的唯一策略。另外，德瑞德在媒介經濟研究中提出的集中的三個區分層次中的關於閱聽人集中，指的是閱聽人市場份額集中的情況，在搜尋引擎發展歷程中所反映的按照搜尋引擎使用者比例數定義的市場份額數據證實了這一點。以上兩點說明閱聽人對搜尋引擎的媒介依賴，預示著搜尋引擎作為媒體所具有的巨大影響力。

搜尋引擎所蘊藏的巨大商業價值逐漸被探勘，也極大成就了專業運作搜尋引擎的企業組織，典型代表如全球最大的搜尋引擎 Google、全球最大的中文搜尋引擎百度等，越來越發揮著舉足輕重的作用。多項研究表明，閱聽人對搜尋的依賴已經遠遠高於對任何一個入口網站的依賴，正是因為搜尋引擎公信力的日益增強，主流媒體的注意力經濟效益逐漸在搜尋引擎領域顯現出來。當搜尋引擎對資訊的控制力足夠大時，其媒體特性逐漸顯現，相應所承擔的媒體責任也亟待明確，正如麥奎爾所說：媒體不同於其他企業，要挑

起公共責任的重擔,無論它們喜不喜歡。而搜尋引擎這一新型傳媒的公信力,與它們的資訊甄選機制的獨立性和公正性有著密切的聯繫。

4. 搜尋引擎的分類

搜尋引擎有多種分類方法,按照不同的劃分標準有不同的結果。

①基於內容的分類

根據檢索內容,可以將搜尋引擎劃分為三類:基於文本的搜尋、基於圖片的搜尋以及基於多媒體的搜尋。

基於文本的搜尋,是透過輸入諸如關鍵詞、標題、字幕、作者等文本描述詞來搜尋圖片、聲音或影片資訊,目前基於文本的搜尋引擎已經很普及。

基於圖片的搜尋,也即圖片搜尋引擎,是按照一定的方式識別網際網路中的圖片,並按照一定的方式對圖片進行分析,對圖片進行註釋,為網際網路中的圖片建立資料庫。目前應用比較廣泛的圖片搜尋引擎技術有以下兩種:一類是採用傳統的基於關鍵詞的精確匹配檢索,搜尋引擎系統將為整個圖片資料庫中的圖片數據添加標識,以關鍵詞作為標識,使用者透過關鍵詞對圖片進行搜尋。另一類採用的是基於內容的圖片搜尋引擎技術,是透過對圖片顏色、紋理等特徵進行分析後對圖片進行索引,使用者透過圖片搜尋相似圖片和與圖片相關的資訊。①目前常用的圖片搜尋引擎有:EeFind、VIRAGE、Excalibur、QBIC 等。

基於多媒體的搜尋,這類搜尋引擎查詢時針對的是對象而不是標識,例如根據任何一個圖片或聲音的片段,分解出諸如色彩、形狀、紋理、旋律、頻率、音高等,作為檢索入口來實施操作。如今已經出現了專門搜尋聲音的聲音搜尋引擎。多媒體搜尋比純文本搜尋要複雜許多,一般多媒體搜尋包含 4 個主要步驟:多媒體特徵提取、多媒體資料流分割、多媒體數據分類和多媒體數據搜尋引擎。

②基於技術的搜尋分類

按照搜尋引擎的工作方式劃分,主要有四類搜尋引擎。

目錄式搜尋引擎，也即第一代搜尋引擎，使用網站分類技術，把網站進行樹狀的歸類，登錄的網站屬於至少一個類別，對每個站點都有簡略的描述。主要依靠人工分揀的分類目錄搜尋，這種方式是被動的搜尋，更新慢，搜尋能力不足，人工維護成本較高。

全文搜尋引擎，也即基於網路機器人的搜尋引擎，採用全文檢索技術。全文檢索技術處理的對象是文本，它能夠對大量文檔建立由字（詞）到文檔的倒排索引，在此基礎上，使用者使用關鍵詞來對文檔進行查詢時，系統將給使用者返回含該關鍵詞的網頁，大大地提高了資訊檢索的速度。

元件搜尋引擎，是一種調用其他獨立搜尋引擎的引擎。元件搜尋引擎在接受使用者查詢請求時，同時在其他多個引擎上進行搜尋，並將結果返回給使用者。

智慧化搜尋引擎是指以自然語言理解技術為基礎的新一代搜尋引擎，由於它將資訊檢索從目前基於關鍵詞層面提高到基於知識層面，對知識有一定的理解與處理能力，能夠實現分詞技術、同義詞技術、概念搜尋、短語識別以及機器翻譯技術等。

③基於搜尋引擎檢索的內容所處領域大小分類

按照搜尋引擎檢索的內容所處的領域大小分類，搜尋引擎可分為通用搜尋引擎和垂直搜尋引擎兩種。通用搜尋引擎檢索內容面向整個網際網路的所有門類，涵蓋的資訊包羅萬象，沒有明確的針對性和指向性，通常搜尋時間較長而搜尋結果的相關性較低，有價值的資訊非常有限，不能滿足網際網路使用者日益增長的需求，不具備「專、精、深」的特點。垂直搜尋引擎作為通用搜尋引擎的一個細化和分支，面向某一個資訊門類，具有明確的針對性和指向性，搜尋結果的相關性較高，精確度高，具備「專、精、深」的特點，基於特定的需求更好地滿足了使用者的需要，提高了使用者體驗。

此外，按照使用者的應用還可以將搜尋引擎分為群集搜尋、整合搜尋、個性化搜尋、自然語言搜尋、音樂搜尋、影片搜尋、社會化搜尋、跨語言搜尋等。

二、搜尋引擎基本工作原理

搜尋引擎的基本工作原理包括如下三個過程：首先在網際網路中發現、蒐集網頁資訊；同時對資訊進行提取和組織建立索引庫；再由檢索器根據使用者輸入的查詢關鍵字，在索引庫中快速檢出文檔，進行文檔與查詢的相關度評價，對將要輸出的結果進行排序，並將查詢結果返回給使用者。

首先抓取網頁，每個獨立的搜尋引擎都有自己的網頁抓取網路爬蟲（Spider，也稱網路蜘蛛）。爬蟲順著網頁中的超連結，從這個網站爬到另一個網站，透過超連結分析連續訪問抓取更多網頁。被抓取的網頁被稱為網頁快照。由於網際網路中超連結的應用很普遍，理論上，從一定範圍的網頁出發，就能蒐集到絕大多數的網頁。

其次處理網頁，搜尋引擎抓到網頁後，還要做大量的預處理工作，才能提供檢索服務。其中，最重要的就是提取關鍵詞，建立索引庫和索引。其他還包括去除重複網頁、分詞（中文）、判斷網頁類型、分析超連結、運算網頁的重要度／豐富度等。

最後提供檢索服務，使用者輸入關鍵詞進行檢索，搜尋引擎從資料庫索引中找到匹配該關鍵詞的網頁；為了使用者便於判斷，除了網頁標題和 URL 外，還會提供一段來自網頁的摘要以及其他資訊。

三、未來搜尋引擎發展趨勢

隨著搜尋技術的不斷發展，而人們對搜尋內容的要求越來越多樣化，未來搜尋引擎技術會逐漸彌補現有的補足，更好地滿足人們對資訊搜尋的需求。搜尋引擎未來的發展趨勢主要體現在以下幾個方面。

1. 個性化

個性化搜尋主要是指按照使用者個性化需求，將 Web 網路上獲得的相關資訊與使用者檢索的資訊進行匹配，把相似度高的資訊排列在前面供使用者查詢。個性化搜尋首先應該對使用者的個性化特徵進行識別，得到使用者的個性化模式，然後利用已有的 Web 資訊資源進行匹配，最後提供給使用

者滿足其個性化需求的資訊內容。個性化意味著提高搜尋引擎的智慧化，使搜尋引擎更加熟悉自然語言，使使用者感覺更加易於使用，使用者與搜尋引擎的互動更加人性化與簡單化。搜尋引擎能更深刻地理解使用者的請求，提高查詢的準確度和滿意度。充分整合搜尋結果，整合搜尋結果，能夠參考不同人的不同主觀和客觀特性，在搜尋結果中體現差異性，生成個性的搜尋結果。個性化搜尋引擎用到的相關技術有：資訊抽取技術、使用者行為分析、自動群集、網路爬蟲、中文分詞技術等。

2. 智慧化

搜尋引擎的智慧化是其發展的根本趨勢之一，只有開發出智慧化的搜尋引擎才能真正實現為使用者提供更好的資訊服務的目的。智慧化搜尋引擎是基於人工智慧（Artificial Intelligence，AI），融合專家系統、自然語言理解、使用者模型、模式識別、資料探勘及資訊檢索領域的知識和先進技術發展起來的。如今，許多搜尋引擎開始重視開發基於自然語言的檢索形式，檢索者可將自己的檢索提問以所習慣的詞組、短語等自然語言的形式輸入，智慧化的檢索軟體將自動分析，而後形成檢索策略進行檢索，使用者無須再考慮煩瑣的檢索規則、語法規則等，從而提高搜尋引擎的易檢率。

3. 社會化

自Facebook之後，各種各樣的社交媒體平台成為網際網路的主流，改變了人們的社交方式，也對傳統的搜尋技術帶來了新的挑戰。傳統的搜尋技術強調搜尋結果和使用者需求的相關性，而社會化搜尋除了相關性外，還額外增加了一個維度——搜尋結果的可信賴性。傳統搜尋結果數量繁多，但使用者社交網路發布的資訊、點評或驗證過的資訊從使用者心理角度來說更加值得信賴。

社會化搜尋主要有下列特點：

（1）知識共享，社會化搜尋是依靠「集體智慧」打造的搜尋，因此倡導使用者之間的資訊共享；

（2）搜尋的人性化，使用者面對的不再是一個一成不變的搜尋介面，而是可以按照自己的意願打造自己的搜尋介面甚至搜尋興趣；

（3）使用者影響網頁排名，傳統的搜尋引擎是依靠某種網頁排序演算法來決定網頁排名，而社會化搜尋的網頁排名除了演算法之外，還與使用者對某一網頁感興趣的程度有關；

（4）提供全面和精確的檢索，社會化搜尋倡導的是全民搜尋，其資料庫中擁有使用者提供的各類資訊，因而資訊也更加全面、更加豐富。

4. 行動化

行動化是搜尋技術發展的必然結果，透過手機或行動裝置，將搜尋無線化、行動化，提供兼具 WAP、WEB 等多樣性的搜尋產品。根據工信部網站的數據，截至 2014 年 1 月，行動網路使用者規模達到 8.38 億，行動網路可以說是網際網路發展的大勢所趨。基於手機的行動化搜尋可以說是未來搜尋引擎發展的一大趨勢，行動搜尋的出現順應了人們隨時、隨地、便捷有效地獲取資訊的潮流。

5. 地理位置感知搜尋

地理位置感知搜尋主要是基於行動端，目前的手機、平板等都已經有 GPS 應用，可以為使用者提供準確的地理位置服務以及相關搜尋服務。地理位置感知搜尋這一趨勢與行動化趨勢可以說是相輔相成的，新媒體領域比較熱門的概念「SOLOMO」即 social、local、mobile，其中的 local，也即本地化趨勢，就是地理位置感知搜尋帶來的。地理位置感知搜尋可以為人們提供涵蓋生活資訊、消費購物、交通指南和公共服務等搜尋內容，涉及範圍包括吃、喝、玩、樂、行等五大範疇。

6. 跨語言搜尋

跨語言資訊檢索指的是使用者以一種語言（通常是自己的母語）提問，檢索另一種或幾種語言描述的資訊資源的檢索技術和方法。如今國外多數主流的搜尋引擎一般具有跨語言搜尋的功能，如 Google、Yahoo、Ask 等。對

檢索結果的翻譯功能是跨語言資訊檢索技術的一個有機組成部分，是檢驗跨語言資訊檢索技術是否成熟以及是否具有實用性的重要指標①。

7. 情境搜尋

情境搜尋是融合了多項技術的產品，上面介紹的社會化搜尋、個性化搜尋、地理位置感知搜尋等都是支持情境搜尋的。所謂情境搜尋，就是能夠感知人與人所處的環境，針對「此時此地此人」來建立模型，試圖理解使用者查詢的目的，根本目標還是要理解人的資訊需求。比如某個使用者在 Apple 專賣店附近發出「Apple」這個搜尋請求，基於地點感知及使用者的個性化模型，搜尋引擎就有可能認為這個查詢是針對 Apple 公司的產品，而非對 Apple 的需求。

四、典型應用：百度搜尋

1. 百度搜尋簡介

百度是全球最大的中文搜尋引擎，也是中國最大的商業化全文搜尋引擎。它致力於向人們提供「簡單、可信賴」的資訊獲取方式。百度搜尋引擎由四部分組成：蜘蛛程式、監控程式、資料庫索引、檢索程式。百度搜尋引擎使用了高性能的「網路蜘蛛」程式自動地在網際網路中搜尋資訊，可客製、高擴展性的調度演算法使得搜尋器能在極短的時間內收集到最大數量的網際網路資訊。百度在中國各地和美國均設有伺服器，搜尋範圍涵蓋了中國、香港、臺灣、澳門及新加坡等漢語國家或地區以及北美、歐洲的部分站點。

百度搜尋提供簡單檢索和高級檢索兩種檢索方式，主要檢索頁面有百度網頁、圖片、新聞、地圖、影片等，每種檢索頁面各有特點。百度搜尋引擎主要具有以下的特點和功能：

（1）基於字詞結合的資訊處理方式；

（2）支持主流的中文編碼標準；

（3）智慧相關度演算法；

（4）檢索結果能標示豐富的網頁屬性（如標題、網址、時間、大小、編碼、摘要等），並突出使用者的查詢串，便於使用者判斷是否閱讀原文；

（5）百度搜尋支持二次檢索；

（6）相關檢索詞智慧推薦技術；

（7）運用多執行緒 技術、高效的搜尋演算法、穩定的 UNIX 平台和本地化的伺服器，保證了最快的響應速度。

（8）可提供 1 週，2 週，4 週等多種服務方式，可以在 7 天之內完成網頁的更新，是目前更新時間最快，數據量最大的中文搜尋引擎；

（9）檢索結果輸出支持內容類聚、網站類聚、內容類聚＋網站類聚等多種方式

（10）智慧性，可擴展的搜尋技術保證最快最多地收集網際網路資訊；

（11）分散式結構，精心設計的優化演算法，容錯設計保證系統在大訪問量下的高可用性、高擴展性、高性能和高穩定性；

（12）高可配置性使得搜尋服務能夠滿足不同使用者的需求；

（13）先進的網頁動態摘要顯示技術；

（14）獨有百度快照；

（15）支持多種高級檢索語法，使使用者查詢效率更高，結果更準。

2. 百度框運算

「框運算」（Box Computing）是百度的核心軟體技術支撐，是 2009 年 8 月 18 日百度董事長兼執行長李彥巨集在百度技術創新大會上所提出的全新技術概念。使用者只要在「框」中輸入服務需求，系統就能明確識別這種需求，並將該需求分配給最優的內容資源或應用供應商處理，最終精準高效地返回給使用者相匹配的結果。

如圖 5-17 所示，框運算的實現過程為：

（1）使用者的任意一個需求被提交到「框」裡；

（2）「框運算」經過一系列複雜的需求分析，包括語義分析、行為分析、智慧人機交互技術分析和大量運算，將使用者的需求分享給「框運算」後台單個或多個對應的數據／應用所響應；

（3）「框運算」背後的資源平台是開放的，框運算平台提供了大量即插即用的連接埠，各種數據和應用可以主動與框運算平台對接，使自己有機會來響應框所收集到的需求；

（4）最後使用者「即搜即得、即搜即用」地獲得精準、可靠、穩定的資訊或應用需求結果。

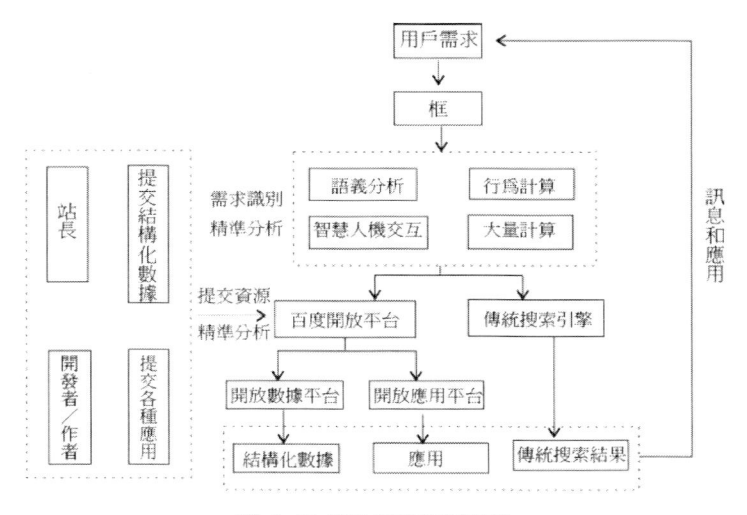

圖 5-17 框計算的技術架構

【知識回顧】

新媒體資訊顯示、發布與搜尋技術是使人們獲取數位資訊的重要手段。顯示技術作為人與資訊社會溝通的主要管道廣泛滲透到娛樂、工業、交通、教育等方面，更是與新媒體有著密不可分的關係。螢幕顯示已成為人機介面

第四節　新媒體資訊搜尋技術

進行互動交流的重要平台。常見的顯示技術有 CRT、LCD 和 PDP，這其中隨著 LCD 顯示技術的快速發展，特別是其亮度、對比度和響應時間等性能的不斷提升，以及超大尺寸顯示面積的突破，LCD 逐步成為顯示器領域的主導技術。現實世界是真正的 3D 立體世界，而現有的顯示設備絕大多數都只能顯示 2D 資訊，並不能給人以深度感覺。為了使顯示的場景和物體具有深度感覺（也就是 3D），人們在各方面進行了嘗試。3D 顯示技術的研究經歷了十幾年的發展，取得了十分豐碩的成果。由於科技的飛速發展，越來越多的機器與現場操作都趨向於使用人機介面，PLC 強大的功能及複雜的數據處理也呼喚一種功能與之匹配而操作又簡便的人機交互介面的出現。觸控螢幕的應運而生無疑是 21 世紀自動化領域裡的一個巨大的革新。隨著電子時代的到來以及技術的進步，如何使閱覽數位內容的感官體驗與使用自然紙張相接近，也成為很多人關心的問題，在這種需求的驅動下，電子紙的研究和發展進程也在不斷提速。

　　基於網際網路的資訊發布使得新媒體的大眾傳播功能得以實現。新媒體的資訊發布相當於傳統媒體的發行方式，隨著新媒體使用者數量的不斷增加，新媒體資訊發布技術也在不斷地更新完善，以滿足大量使用者訪問的需求。到現在，雖然全球資訊網的誕生也不過短短二十餘年，但是在網際網路平台上的資訊發布技術卻已經進行多次更新換代。從傳統的 C/S 模式到 B/S 模式，然後是如今的 CDN 數據分享網路以及 P2P 網路。

　　隨著網際網路技術的蓬勃發展，使得資訊的產生、傳播的速度和規模達到空前的水平，在全球範圍內實現了資訊的共享和傳遞。人們從以往資訊匱乏的困境，轉變成為如今被資訊的海洋包圍。可是隨之也引出了新的問題：人們面對如海潮般湧現的資訊通常會無所適從。要從這些大量的資訊中迅速準確地找到適合自己需要的資訊，就需要藉助資訊搜尋技術。搜尋引擎起源於為資訊檢索提供服務的網路資訊科技應用，搜尋引擎伴隨著網際網路的誕生而受到注目，網際網路也為搜尋引擎插上了翅膀，使搜尋引擎迅速發展成為一種交互式資訊平台。

新媒體技術

第五章 新媒體資訊顯示、發布與搜尋技術

【思考題】

1．為什麼說電子紙是顯示技術的革命？

2．為什麼說 CDN+P2P 是串流媒體資訊發布的最佳解決方案？

3．如何提高搜尋效率？

第六章 新媒體數位版權管理技術

【知識目標】

☆新媒體數位版權管理的技術構成。

☆不同數位版權管理技術的實現。

【能力目標】

1. 瞭解新媒體數位版權管理技術的發展情況。
2. 瞭解不同數位版權管理的原理，能結合現實應用進行分析。

第一節　新媒體數位版權管理概述

伴隨著人類文明的不斷進步和科學技術的飛速發展，尊重並保護知識產權已成為全世界普遍遵守的價值準則。人類透過立法途徑或行政管理手段對知識產權進行保護逐漸成為世界範圍的普遍做法，其必要性與重要性也得到普遍的認可。電腦技術、通訊技術、訊號處理技術推動了數位新媒體產業的迅速擴大。各種以數位形式出現的文字、圖形、圖片、影片、音頻、遊戲、動畫、教育培訓等媒體內容空前繁榮，數位媒體產業在國民經濟中的比重日益加大。同時 Web 技術、串流媒體技術、網際網路技術、數位訊號處理技術、儲存技術的發展使得媒體內容的非法交換、複製、分享也變得極為容易，新媒體產品和內容的侵權、盜版、非法使用日益猖獗，使版權所有者蒙受巨大的經濟損失。據不完全統計，全世界每年因盜版而造成的經濟損失高達 50 億美元。

新媒體內容的侵權與盜版嚴重危及版權所有者的權益，而同時過度的版權保護則嚴重損害了作為新媒體發展基礎的廣大使用者的權益，進而阻礙了新媒體產業的迅速擴大與發展。因此，從技術手段、市場運作、法律法規等方面，就新媒體產業的各方權益的管理與均衡進行研究與探索，將有助於新媒體產業健康、有序、快速發展。

一、數位版權管理的基本概念

數位版權管理（Digital Rights Management，DRM）是利用先進的資訊科技，在提供數位化和網路化資訊服務的同時，有效地阻止對這些資訊的非法使用和複製，以達到保護數位媒體版權的目的。其核心思想是透過各種技術手段，透過使用者許可證等方式控制使用者對文件的訪問、變更、共享、複製、影印、保存等操作，從而實現在媒體內容的整個生命週期內對其進行永久保護的目的，保護著作權人及內容供應商的版權利益。

數位版權管理（DRM）廣義上可以理解為用於定義、管理、追蹤媒體使用等一切手段在內的全部技術，它涵蓋有形資產和無形資產之上的各種權利使用，包括內容描述、標識、交易、保護、監控、追蹤等，也包括版權持有人之間的關係管理。

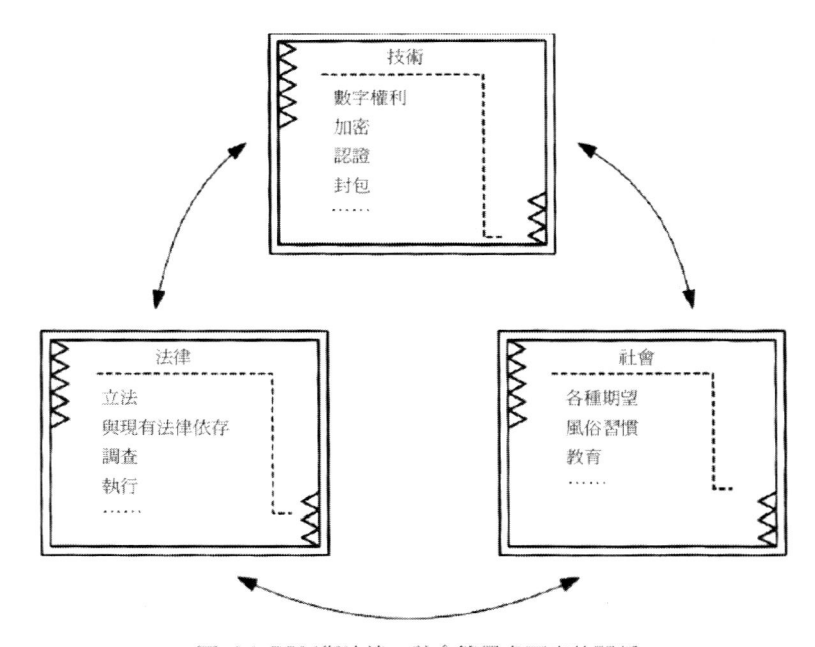

圖 6-1 DRM與法律、社會等眾多因素的關係

事實上，DRM 更多的是一種管理系統，而不是一項單純的技術，它與法律、社會習慣等密切相關，如圖 6-1 所示，技術的發展與應用受到法律法

規制度、社會習慣、價值觀等眾多成分的制約與作用，DRM 技術的更新與市場應用必須綜合考慮社會傳統、使用者認可度、國家經濟發展等一系列複雜因素。

實際上數位版權管理強調的是一種系統化概念，即數位版權管理不僅包括對版權保護方面的應用，還包括對數位內容的訪問和控制。數位版權管理的目的不僅僅是在合法的、具有權限的使用者對數位媒體內容（如數點陣圖片、音頻、影片等）正常使用的同時，保護數字媒體創作者和擁有者的版權，而且還要保護整個數位產業鏈中所有參與者的權限和利益。

美國安全分析師大衛〇 湯普森在一項聲明中指出：「事實上，DRM 將扮演一個類似於基礎設施的角色，而不是一個獨立的技術解決方案。」而國外諸如 IBM、Apple、微軟、Google 等優秀的技術型公司，更是早就盯準了這塊市場。DRM 的解決思路其實就是許可證管理。即先對原始的文件進行加密、添加文件標頭，再將打包後的數位文件存放在網站的伺服器上，也可壓製成光碟來發行。然後對合法的使用者進行身分和權限的校驗。在這種新形式的銷售體系中，由於生產者也是技術的擁有者，因此往往不能中立地營造一個公平的平台。

數位版權管理的自定義特徵很強，它可以根據使用者的不同需求提供不同程度的數位版權服務。數位版權管理技術可以應用在很多領域，如電子書、軟體、音樂、影視、手機內容等。

二、數位版權管理的技術發展狀況

在數位時代甚至是電子時代到來之前，內容創建人、版權持有人、發行商即對作品的複製及複製技術持反對態度，而電腦技術、微電子技術的發展則使得人們對作品的版權保護不得不給予更多的關注。數位與網路時代的數位化作品的版權保護問題向人們提出了新的和更嚴峻的挑戰，單純透過加強執法力度、打擊盜版行為或者完善監管制度等來保護數位作品的版權已明顯讓人感覺到力不從心，人們根據數位媒體的特點開始在技術上尋求相應的數位作品的保護方法與方案。

實際上早在 DRM 這一術語出現以前，人們就已經開始有意識地嘗試用技術手段對電腦應用中的軟體或資料庫進行技術保護。1983 年日本工程師森良一（Ryoichi Mori）開發的軟體服務系統（Software Service System，SSS）就是一個典型的例子。該系統基於加密技術，採用特殊的硬體來控制文件的解密並允許文件使用人向版權擁有人支付版權。SSS 的理念在於加密文件的分享不應該受到限制而應該加以鼓勵，這就是後來 DRM 技術裡廣泛支持的所謂超級分享（Super-distribution）。這種分享方式允許媒體內容的複製，但複製得到的複製必須經過授權方可使用。

DRM 方案的正式出現與流行始於唱片及電影發行業。1996 年前後，DVD 論壇（DVDForum）在 DVD 電影發行中採用內容擾亂系統（Content Scrambling System，CSS）來控制 DVD 影片的盜版與非法使用。CSS 由美國八大影業公司發起並組織開發，採用簡單的加密演算法對內容進行加密，並要求設備生產商簽署許可協定，DVD 影片的影像必須經過「解碼授權」，也就是用合法的解碼程式才能播放。

DRM 早期應用的另一個例子是唱片發行業的 SDMI。1998 年底，由美國唱片業協會（RIAA）、美國主要五大唱片公司（UMG、BMG、EMI、WMG、SME）、音樂設備製造商、ISP 等共同發起並成立了安全數位音樂促進協會（Secure Digital Music Initiative，SDMI），其目的在於開發用於數位音樂播放、儲存、發行的技術標準，特別是為消費者提供線上音樂或其他分享管道的方便快捷的訪問方式，以期保護音樂人的作品版權，促進新的市場和技術的形成。SDMI 的技術策略分為兩個部分。首先是實施一項安全的數位浮水印嵌入，即音樂作品嵌入無法去除的浮水印標記，浮水印的去除將造成音樂文件的徹底損毀而無法播放。其次是確保 SDMI 相容的播放器無法播放不含浮水印標記、未經授權的音樂單曲。這種情況下即使使用者透過其他管道獲得了音樂曲目，但因沒有授權的播放設備仍然是無法播放的。

DRM 早期應用方案主要透過加密手段來提高數據安全性，防止非法複製，保護內容創建人及發行商利益。如果將早期的數位版權管理技術稱為第一代 DRM 技術，那麼隨著數位版權管理技術應用範圍的不斷擴大以及數位

版權管理技術的不斷進步，現今的 DRM 技術已經全面介入媒體文件的內容描述、標識、交易、保護、監控、追蹤、版權持有人之間的關係管理等每一個過程和環節。換言之，DRM 技術已經演變成為一個「通訊管理系統」，即第二代 DRM。

目前，DRM 技術研發與應用以北美和歐洲為主，出現了一些較為成熟的產品應用方案以及專門從事 DRM 服務的資訊機構，如 DigiMac、ContentGuard 等。

三、新媒體數位版權保護的內容

隨著新媒體技術的發展，在網際網路中傳播的電子書、音樂、電影、圖片等數位內容越來越多。由於數位內容很容易複製、修改，網際網路中傳播的數位內容存在大肆的盜版和侵權問題。因此，針對數位內容的版權保護越來越重要。新媒體中需要數位版權保護的內容主要有六種形式。

1. 電子書籍

電子書籍現已相當普遍，尤其是網路文學大量湧現的今天，隨處可見手持電子設備看小說的人。DRM 成了網路出版中的主流技術，特別是在 eBook 網路出版領域，DRM 已經成為必需的技術。DRM 技術的研究內容涉及資料加密、DRM 系統的體系結構、數位版權描述等多個方面，其中與 eBook 緊密相關的是 EBX 技術。基於 EBX 技術框架的 eBookDRM 系統，在保護 eBook 的版權方面較完整，包括 eBook 的計數、二次傳播等版權的控制。eBook 的 DRM 技術相對比較成熟，國外的應用也較多。國外的 eBookDRM 系統有 Microsoft DAS、Adobe Content Server（原 Glassbook Content Server）等。

在電子書籍的 DRM 技術流程中，涉及作者、出版社、發行者、圖書館、書店以及讀者等很多角色。DRM 技術需要在 eBook 的流透過程中，保護這些角色的合法權益，至少要在四個方面體現 eBook 的版權控制：

（1）DRM 技術要保證 eBook 不能被複製，eBook 與閱讀的機器是綁定的，電腦文件複製到別的機器無法閱讀。

（2）DRM 技術要保證 eBook 不能被篡改，包括 eBook 的內容、eBook 的定價、出版社名稱等資訊。

（3）DRM 技術要保證 eBook 可以計數。可計數包括兩個含義：

①讀者買 eBook，按「本」購買，網路電子書店賣書按「本」賣，數點陣圖書館按「本」買 eBook，一本本借給讀者。

②出版社能知道網路書店賣了幾本書、圖書館買了幾本書，該統計數據透過技術保證其公正和不可篡改。

（4）DRM 技術可以控制 eBook 的二次傳播。

想要在這四個方面實現對 eBook 的版權保護，必須要在對稱加密技術、公開金鑰基礎建設 （PKI）、資料通訊安全技術、版式文件的資料加密以及 XML 等多種技術的基礎上，才能構成完整的 eBook DRM 系統。

2. 音頻

Apple 公司在很早的時候就開展了對於音樂唱片的版權保護，進展了一段時間由於版權保護的技術問題並未產生應有的作用，產生了諸如：

①數位版權保護技術不能足以涵蓋全部的音樂格式。

②播放的載體不是全部具備數位版權保護的功能。

③數位版權保護還存在標準統一的問題。沒有很好的方案能夠整合音樂、播放器、中間傳輸、數位形式等幾個環節的標準問題，因此很多使用者根本沒有辦法下載到受到版權保護的音樂。

④原有的受到版權保護的音樂格式被破解。因此，雖然版權保護對於唱片公司很有必要但也被迫暫停了，但是數位版權保護是避免盜版的有效途徑，相信這項技術會被發揚光大的。

將音頻文件進行加密處理，是在不改變原有文件格式的情況下進行的，對資源進行加密。音頻文件可以透過設置時間分割點劃分為若干個模組，每一個模組被稱為一個資源。加密時，針對不同的資源設置不同的密碼，這種

方式可以讓使用者免費收聽一個音頻文件的部分內容，如果使用者想繼續收聽內容需要購買許可證。系統透過許可證金鑰來進行內容的加密，無論內容被多麼廣地傳播，每個電腦在播放文件時都需要獲取獨立的金鑰，保護內容不被用於非法用途。這種方法既能保證內容供應商的內容不受非法侵害，同時也提供給消費者方便的獲取數位媒體的途徑。

3. 影片

從 2008 年至今，影片網站的版權紛爭仍未止息。目前，不管是專業的影片網站還是各大門戶的影片頻道都採取了多種辦法遠離「盜版嫌疑」，其中包括媒體合作、購買影視劇版權、使用者原創，或是與相聲、話劇等領域名家結盟，試水網上直播等，甚至還有網站決定轉型以「正版加收費」的模式維持發展。網路影片正版化從 2009 年開始成為整個市場的主流。加大對影片內容的投入、版權保護力度和行業監管已經成為一種共識。為瞭解決版權問題，影片網站現在最需要的就是時間，用時間來建立與版權方分成的行規，用時間來開發新的基於正版的收入模式。在最關鍵的年份，如何用最快的速度和版權方達成共識，最終度過版權紛爭的必然階段，這需要突出的商業智慧。

4. 圖片

隨著數位相機和智慧型手機的普及，在網際網路上分享圖片已經成為網路應用的重要組成部分，但圖片的分享導致圖片的盜用現象也非常多，因此圖片的版權保護也凸顯其重要性。知曉這一技術是保護自己合法權益不被侵害的重要手段之一。目前已有的圖片保護方法是數位浮水印技術。數位浮水印技術是透過一些演算法，把重要的資訊隱藏在圖片中，同時使圖片基本保持原狀（肉眼很難察覺變化）。把版權資訊透過數位浮水印技術加入圖片後，如果發現有人未經許可而使用該圖片，可以透過軟體檢測圖片中隱藏的版權資訊，來證明該圖片的版權。

隨著網際網路的推廣與普及，在網際網路上也有專門為處置圖片數據而開發的版權管理軟體，如日本 NEC 及美國的 Fraunhofer 電腦圖形研究中

心（CRCG）所開發的軟體。前者使用 NEC 研究院開發的數位浮水印技術，後者可以使用三種不同的 ID 資訊以提高安全性。

5. 串流媒體

串流媒體就是指採用串流式傳輸技術在網路上連續即時播放的媒體格式，如音頻、影片或多媒體文件，它是把連續的影像和聲音資訊經過壓縮處理後放上網頁伺服器，由影片伺服器向使用者電腦順序或即時地傳送各個壓縮檔，讓使用者一邊下載一邊觀看、收聽，而不要等整個壓縮文件下載到自己的電腦上才可以觀看的網路傳輸技術。網際網路頻寬的不斷提升，為網路串流媒體中音樂影片文件的傳播提供了便利，但也為串流媒體資訊源的獲取再傳播的行為提供了便利。因此，串流媒體的版權保護極為重要。

（1）內容分享。採用內容上傳至媒體伺服器的發布方式，使用者端能夠自動發現媒體伺服器上的新增內容和相關資訊，並按照一定的計費方式（文件大小、流量）下載內容。如果個人發布串流媒體，可以將金鑰和許可證文件透過其他方式（如電子郵件等）發送給授權使用者，授權方式包括按內容使用次數或享有某些特殊操作的權限授權。

（2）影片播放。播放串流媒體文件時，支持播放版權保護的播放器提示使用者使用金鑰解開打包文件，如果使用者不能提供與版權伺服器相一致的許可證文件資訊，則必須向認證伺服器（CA）註冊辦理相關手續，並按照一定的計費方式（文件大小、流量）獲取許可之後才能收看相應的影片直播。

採取線上播放方式，許可證資訊限制了使用者的播放時間，過期則許可證無效；在影片點播中，限制了使用者的播放次數，即使使用者將串流媒體下載到了本機中，也必須擁有新的許可證。

6. 遊戲

遊戲從策劃設計到製作完成，不論是遊戲的開發公司還是技術人員都付出了很大的心血，由於盜版的盛行更顯得遊戲的版權保護尤為重要。以前的技術主要是透過限制註冊、啟動次數或者安裝次數的方式進入煩瑣版權管理模式，但保護的效果不是很好，基本上是道高一尺魔高一丈的狀態，新的版

權保護措施不久便被破解。因此，很多遊戲開發公司甚至想放棄數位版權保護，他們認為版權保護是防君子不防小人的行為，反而給真正購買正版遊戲的玩家增添麻煩，因此他們寧願賺錢也不願談及版權保護問題。所以遊戲的版權保護處於一個尷尬的境地。

四、數位版權管理的技術框架

數位版權保護的過程是個系統工程，所用的技術體系非常複雜。張曉林教授曾撰文對 DRM 的各項技術基礎進行層次化劃分，給出了 DRM 的技術體系並詳細介紹了各層的作用，如圖 6-2 所示。

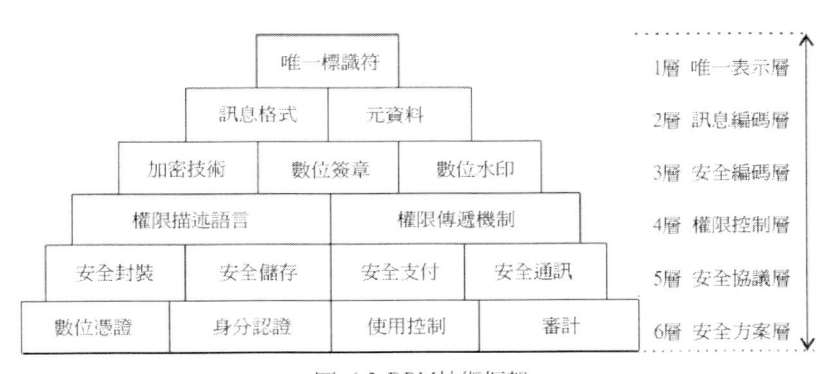

圖 6-2 DRM技術框架

（1）唯一表示層。用於在網路環境下唯一確認 DRM 的三個核心實體：主體、內容、權限。

（2）資訊編碼層。包括資訊（編碼）格式和詮釋資料格式。資訊格式是數位內容的開放格式，如 XML、PDF、JPEG、CSS、XSL、PNG 等，用來表示數位內容。詮釋資料是指 DRM 中對各實體的定義和描述數據。該層主要是根據 DRM 系統具體要求對數位內容選擇某種格式編碼以便傳輸。

（3）安全編碼層。包括加密技術、數位簽章和數位浮水印。加密技術用來實現對數位作品的加密保護；數位簽章用於身分認證和完整性驗證；數位浮水印用於身分認證、完整性驗證、追蹤等。該層主要是為數位內容選擇合適的安全演算法。

(4) 權限控制層。權限描述語言和權限傳遞機制對數位作品創建、傳播和使用流程中設計的實體之間的權限進行定義、描述，以電腦可識別的方式標記、傳遞和檢驗。

(5) 安全協定層。包括安全封裝、安全儲存、安全支付和安全通訊協定。安全封裝協定將數位內容及其詮釋資料封裝在數位文件內以便於傳遞；安全儲存協定把數位內容儲存到物理載體上；安全支付、安全通訊協定用來保障數位資訊作品的可靠交易和安全傳遞。

(6) 安全方案層。包括數位憑證、身分認證、使用控制和審計。數位憑證及身分認證技術透過 PKI 體系和 CA 認證控制數位作品交易的發生、驗證交易雙方的身分、保障交易或資訊傳播的不可否認性；使用控制與審計技術則在身分驗證、權利與義務規定的基礎上實施交易或發布授權並統計交易和發布的情況。

如果從數位作品應用的角度分析，數位版權管理技術又大致可以分為如下三類。

(1) 數位作品的加密、簽章、浮水印、打包、封裝等技術，主要用於訪問控制和安全性保護，是對作品使用與訪問權利的執行，國外相關文獻稱其為 Rights Enforcement。

(2) 詮釋資料、數位對象標識、權限描述語言、權限數據字典等，這些技術用於作品權利資訊的表示與管理，是為了實現權限管理而附著在媒體作品之上的附加資訊。

(3) 可信運算、PKI 自己認證等安全技術，這類技術主要負責作品及許可證等的安全傳輸，是 DRM 應用系統必需的技術性安全基礎設施，以便為 DRM 提供安全可靠的運算環境。

第二節　詮釋資料與數位物件識別碼

詮釋資料在數位版權管理系統乃至媒體資產管理系統中的作用都是至關重要的。正是因為詮釋資料的存在，DRM 及資產管理系統才能夠實現一系列的目標。

一、詮釋資料

詮釋資料（Metadata）是描述媒體文件背景、內容、結構及其整個管理過程，並可為電腦及其網路系統自動辨析、分解、提取和分析歸納的數據；詮釋資料是一種關於媒體資訊對象的結構化描述，或者簡言之，詮釋資料是關於數據的數據。其中資訊對象即各種數位媒體文件，如電子書、期刊文章、word 文檔、學生註冊資訊、圖片、影片錄影、網路課程等。而結構化描述就是指按照一定的規則對上述對象給予具體說明，如文檔標題、文檔類型、創建人、出版機構、創建日期、數據格式等。

詮釋資料在數位版權管理系統乃至媒體資產管理系統中的作用都是至關重要的。正是因為詮釋資料的存在，DRM 及資產管理系統才能夠實現一系列的目標，如：完成媒體資產在員工或使用者之間的分享與有效使用；實現媒體資產的可靠儲存與訪問；透過數位簽章、公鑰加密系統確保數位內容的認證，控制媒體資產的授權訪問，保護數位產權，維護數位資產在資訊科技快速發展的形式下的生命週期等。

詮釋資料按照其本身的描述方法和結構內容，可以分為描述性、結構性和管理性三種類型。

描述性詮釋資料透過給出媒體文件的標題、作者、訪問條件、訪問位置等內容完成媒體資源的性質說明。這種詮釋資料對實現系統之間的互操作性非常有用。

結構性詮釋資料用於資訊對象的快速瀏覽，它可給出媒體內容的章節、圖示、影片段落等，因而對媒體資產特定結構的識別與訪問具有很大幫助作

用。隨著運算能力的增強，結構性詮釋資料資訊可以用來實現媒體內容的自動查找、關聯等操作。

管理性詮釋資料用以支持媒體資產的短期或長期管理，其內容包括媒體資產的數據格式、壓縮率、認證與安全、維護等相關說明。管理性詮釋資料可以用來對媒體資產整個生命週期內的使用、功能、歷史、產權保護等進行具體說明。

二、數位物件識別碼

數位物件識別碼（Digital Object Identifier，DOI）是由美國出版商協會下屬的技術委員會於1994年設計的一種在數位環境下保護知識產權和版權所有者商業利益的系統。

DOI系統首先是要引進一種出版業標準的數位資訊識別碼，以支持出版商與使用者之間各種系統的相互轉換，為版權與使用權之間的協調管理提供基礎。DOI是一種唯一的、永久性的邏輯標識符。它的主要功能是能夠對數位資源的內容作唯一的命名與辨識。它能唯一地標識網路環境下的任何數位對象（如文本、圖片、聲音、影像、軟體等），它一經產生和分配就永久不變，不隨其所標識對象屬性（版權所有者、儲存位址等）的改變而改變，因而被業內人士形象地比喻成網際網路上的條碼（Universal Product Code，UPC）。

DOI 的結構式為

<DOI>=<DIR>.<REG>/<DSS>

分為前綴和副檔名兩部分，前綴和副檔名之間用一斜槓分開。前綴中又以小圓點分為兩部分，<DIR>（Directory，Code）為DOI的特定代碼，其值為10，用以將DOI與其他應用句柄系統（Handle System）技術的系統區別開。<REG>（Registrant's Code）是DOI註冊代理機構的代碼，由DOI的管理機構IDF負責分配，由4位阿拉伯數位組成。副檔名<DSS>（DOISuffix String）由DOI註冊代理機構（目前主要是學術出版商）自行給出，規則不限，只要在該出版商的所有產品中具有唯一性即可，是對數位

對象定義的本地標識符。一般 DOI 的註冊都透過在副檔名中融入現有的唯一標識符如 ISSN、ISBN 或其他標識符來達到向下相容。

DOI 的命名結構使每個數位資源在全球具有唯一的標識。它是資訊的數位標籤和身分證。有了它就使資訊具有了唯一性和可追蹤性。

目前，DOI 的發展已經比較成熟。多數外文出版社和全文資料庫均採用 DOI 作為文章的唯一標識，DOI 系統已經在許多領域中得到實際應用。同時，DOI 所標識的數位對象類型也越來越多，包括期刊、會議記錄、圖書等各種資源，並且其他類型的數位對象也將逐步納入 DOI 的標識範圍內。

DOI 的發展與應用為眾多數位內容產業帶來了行業共贏。對於出版商業說，數位出版商使用唯一標識符首先是可以實現持久連結其次是透過 DOI 系統實現引文到全文的連結，實現一站式服務，從而提高整個行業的服務數量和服務品質，提升整個行業的產品競爭力。對於圖書館來說，透過在本地導入 DOI 並與 OpenURL 結合，圖書館為它的使用者提供了訪問更多的圖書館未能收藏的全文文獻的機會，並可以更加有效地管理現在資源，開發更為高效的檢索和館藏功能。DOI 實現了二次文獻資料庫與全文資料庫的連結，如 SCI、EI、CSA、CABI 等都透過 DOI 建立了與全文的連結。對於搜尋服務，在學術搜尋中引入 DOI 可以提高搜尋品質。而對於政府機構來說，相關政府機構透過 DOI 的推廣和應用可以更有效地管理學術資訊資源，從標識體系的建立和應用上實現包括科技文獻和數據在內的資源整合，從而有助於建立一個基於分布環境下的一站式的科技基礎資訊服務平台。

第三節　資料加密技術

資料加密技術是網路安全技術的基石。資料加密技術要求只有在指定的使用者或網路下，才能解除密碼而獲得原來的數據，這就需要給數據發送方和接受方一些特殊的資訊用於加解密，這就是所謂的金鑰。其金鑰的值是從大量的隨機數中選取的。按加密演算法分為專用金鑰和公開金鑰兩種。

一、資料加密技術概述

密碼學理論和密碼技術是版權保護的重要基礎，以密碼學為基礎的資料加密、數位簽章、身分認證、消息認證以及 PKI 安全技術都是版權保護的關鍵核心技術。與此同時，數位浮水印和數位指紋技術在數位版權保護中實現的完整性驗證、所有權驗證、內容認證和複製控制等，也都使用了密碼學的概念和原理。

所謂資料加密（Data Encryption）技術是指將一個資訊（或稱明文，Plaintext）經過金鑰（Encryption key）及加密函數轉換，變成無意義的密文（Cipher text），而接收方則將此密文經過解密函數、解密金鑰（Decryption key）還原成明文。加密技術是網路安全技術的基石。資料加密的基本思想是透過變換資訊的表示形式來偽裝需要保護的敏感資訊，使非授權者不能瞭解被保護的內容。基本過程是對原文件或數據按某種演算法進行處理，使其成為不可讀的一段代碼，通常稱為「密文」，只有輸入相應的金鑰才能顯示出本來內容，透過這樣的途徑來保護數據不被非法竊取或使用。

採用密碼方法可以隱藏和保護需要保密的消息，使未授權者不能提取。被隱藏的原始消息稱作明文，明文加密變換成另外一種隱蔽的形式，稱為密文。明文到密文這個變換過程稱為加密，由密文恢復原始明文的過程稱為解密。對明文進行加密操作的一方稱為發送方，發送方對明文進行加密時採用的一組規則稱作加密演算法（Encryption algorithm）。傳送消息的預定對象稱作接收方，接收方對密文進行解密時所採用的一組規則稱作解密演算法（Encryption algorithm）。加密和解密演算法的操作通常是在一組金鑰（Key）的控制下進行的，分別稱作加密金鑰和解密金鑰。

二、資料加密技術的分類

現有的密碼體制（Crypto System）可以分為單鑰密碼體制（One-Key System）（又稱為對稱密碼體制或私鑰金鑰體制）和雙鑰金鑰體制（Two-Key System）（又稱為非對稱密碼體制或公鑰密碼體制）。現在的加密演算法可分為對稱加密和非對稱加密兩種主要方式。

1. 對稱密碼

對稱密碼體制採用了對稱加密演算法。對稱加密演算法是指加密金鑰和解密金鑰相同，或由一個金鑰很容易推導得到另一個金鑰。對稱密碼體制的優點是使用簡單快捷、金鑰較短且破譯困難，通常情況下，對於對稱加密演算法的加／解密速度非常快因此適用於大批量資料加密的場合。對稱密碼體制的缺點在於它的金鑰必須透過安全可靠的途徑傳輸，金鑰管理（Key Management）往往成為影響系統安全性關鍵因素（即使加密演算法再好，若金鑰管理問題處理不好，也很難保證系統的安全性）。

對稱加密演算法是應用較早的加密演算法，技術成熟。在對稱加密演算法中，數據發送方將明文（原始數據）和加密金鑰一起經過特殊加密演算法處理後，使其變成複雜的加密文件發送出去。接收方收到密文後則需要使用加密用過的金鑰及相同演算法的逆演算法對密文進行解密，才能使其恢復成可讀明文。利用對稱密碼體製為數據提供加密保護的流程，其中加解密雙方使用的金鑰完全相同。

對稱加密演算法的特點是演算法公開、運算量小、加密速度快、加密效率高。不足之處是交易雙方都使用同樣鑰匙，安全性得不到保證。此外，每對使用者每次使用對稱加密演算法時，都需要使用其他人不知道的唯一金鑰，這就使得收發雙方所擁有的金鑰數量呈幾何級增長，金鑰管理成為使用者的沉重負擔。對稱加密演算法在分散式網路系統上全用較為困難，主要是因為金鑰管理困難，使用成本高。

2. 非對稱密碼

非對稱金鑰密碼體制，即公開金鑰密碼體制，指使用者有兩個金鑰：一個公開金鑰，一個私有金鑰（因此也稱雙鑰）。非對稱密碼體制採用的演算法思路是運用一種特殊的數學函數（單向限門函數），即從一個方向求值是容易的，而其逆向運算卻極其困難，從公鑰推出私鑰是幾乎不可能的。

非對稱密碼體制的最大特點是採用兩個不同金鑰分別進行加密和解密。一個公開的作為加密金鑰，另一個為使用者專用作為解密金鑰，通訊雙方無

須事先交換金鑰就可以進行保密通訊。這大大解決了對稱密碼體制中的金鑰管理難度，滿足了開放系統中的安全性要求；缺點在於演算法加密和解密花費時間長、速度慢，因此它不太適合對於文件等大量數據的加密，一般僅適用於金鑰分配、數位簽章以及一些少量數據的加密。公鑰加密演算法雖然在運行速度方面無法和對稱加密演算法相媲美，但這一思想很好地解決了對稱密碼的分享與管理問題，同時對於數位簽章問題也給出了完美的解答，並正在繼續產生許多新的、優秀的思想和方案。

三、資料加密技術在通訊中的三個層次

密碼技術是網路安全較有效的技術之一。一個加密網路，不但可以防止非授權使用者的搭線竊聽和入網，而且也是對付惡意軟體的有效方法之一。

一般的資料加密可以在通訊的三個層次來實現：鏈路加密、節點加密和端到端加密。

1. 鏈路加密

對於在兩個網路節點間的某一次資料鏈路，鏈路加密能為線上傳輸的數據提供安全保證。對於鏈路加密（又稱線上加密），所有消息在被傳輸之前進行加密，在每一個節點對接收到的消息進行解密，然後先使用下一個鏈路的金鑰對消息進行加密，再進行傳輸。在到達目的地之前，一條消息可能要經過許多資料鏈路的傳輸。

由於在每一個中間傳輸節點消息均被解密後重新進行加密，因此，包括路由資訊在內的鏈路上的所有數據均以密文形式出現。這樣，鏈路加密就掩蓋了被傳輸消息的原點與終點。由於填充技術的使用以及填充字符在不需要傳輸數據的情況下就可以進行加密，這使得消息的頻率和長度特性得以掩蓋，從而可以防止對通訊業務進行分析。

儘管鏈路加密在電腦網路環境中使用得相當普遍，但它並非沒有問題。鏈路加密通常用在點對點的同步或非同步線路上，它要求先對在鏈路兩端的加密設備進行同步，然後使用一種鏈模式對鏈路上傳輸的數據進行加密。這就給網路的性能和可管理性帶來了副作用。

線上路／訊號經常不通的海外或衛星網路中，鏈路上的加密設備需要頻繁地進行同步，帶來的後果是數據丟失或重傳。另一方面，即使僅一小部分數據需要進行加密，也會使得所有傳輸數據被加密。

在一個網路節點，鏈路加密僅在資料鏈路上提供安全性，消息以明文形式存在，因此所有節點在物理上必須是安全的，否則就會洩露明文內容。然而保證每一個節點的安全性需要較高的費用，為每一個節點提供加密硬體設備和一個安全的物理環境所需要的費用由以下幾部分組成：保護節點物理安全的僱員開銷，為確保安全策略和程式的正確執行而進行審計時的費用，以及為防止安全性被破壞時帶來損失而參加保險的費用。

2. 節點加密

儘管節點加密能給網路數據提供較高的安全性，但它在操作方式上與鏈路加密是類似的：兩者均在資料鏈路上為傳輸的消息提供安全性；都在中間節點先對消息進行解密，然後進行加密。因為要對所有傳輸的數據進行加密，所以加密過程對使用者是透明的。

然而，與鏈路加密不同，節點加密不允許消息在網路節點以明文形式存在，它先把收到的消息進行解密，然後採用另一個不同的金鑰進行加密，這一過程是在節點上的一個安全模組中進行的。

節點加密要求標頭和路由資訊以明文形式傳輸，以便中間節點能得到如何處理消息的資訊。因此這種方法對於防止攻擊者分析通訊業務是脆弱的。

3. 端到端加密

端到端加密允許數據在從原點到終點的傳輸過程中始終以密文形式存在。採用端到端加密（又稱脫線加密或包加密），消息在被傳輸時到達終點之前不進行解密，因為消息在整個傳輸過程中均受到保護，所以即使有節點被損壞也不會使消息洩露。

端到端加密系統的價格便宜些，並且與鏈路加密和節點加密相比更可靠，更容易設計、實現和維護。端到端加密還避免了其他加密系統所固有的同步問題，因為每個報文包均是獨立被加密的，所以一個報文包所發生的傳輸錯

誤不會影響後續的報文包。此外，從使用者對安全需求的直覺上講，端到端加密更自然些。單個使用者可能會選用這種加密方法，以便不影響網路上的其他使用者，此方法只需要源和目的節點是保密的即可。

端到端加密系統通常不允許對消息的目的位址進行加密，這是因為每一個消息所經過的節點都要用此位址來確定如何傳輸消息。由於這種加密方法不能掩蓋被傳輸消息的原點與終點，因此它對於防止攻擊者分析通訊業務是脆弱的。

第四節　公鑰基礎設施（PKI）安全技術

為解決 Internet 中的安全問題，世界各國對其進行了多年的研究，初步形成了一套完整的 Internet 安全解決方案，即時下被廣泛採用的 PKI 技術。PKI 的應用非常廣泛，其為線上金融、線上銀行、線上證券、電子商務、電子政務等網路中的資料轉換提供了安全服務功能。

一、PKI 的基本概念

隨著 Internet 的普及，人們透過網際網路進行溝通越來越多，相應的透過網路進行商務活動即電子商務也得到了廣泛的發展。電子商務為企業開拓國際與國內市場、利用國外各種資源提供了一個千載難逢的良機。電子商務對企業來說真正體現了平等競爭、高效率、低成本、高品質的優勢，能讓企業在激烈的市場競爭中把握商機、脫穎而出。已開發國家已經把電子商務作為 21 世紀國家經濟的增長重點，然而隨著電子商務的飛速發展也相應引發出一些 Internet 安全問題。

概括起來，進行電子交易的網際網路使用者所面臨的安全問題有：

（1）保密性：如何保證電子商務中涉及的大量保密資訊在公開網路的傳輸過程中不被竊取；

（2）完整性：如何保證電子商務中所傳輸的交易資訊不被中途篡改及透過重複發送進行虛假交易；

（3）身分認證與授權：在電子商務的交易過程中，如何對雙方進行認證，以保證交易雙方身分的正確性；

（4）不可否認性：在電子商務的交易完成後，如何保證交易的任何一方無法否認已發生的交易。這些安全問題將在很大程度上限制電子商務的進一步發展，因此如何保證 Internet 線上資訊傳輸的安全，已成為發展電子商務的重要環節。

為解決這些 Internet 的安全問題，世界各國對其進行了多年的研究，初步形成了一套完整的 Internet 安全解決方案，即時下被廣泛採用的 PKI 技術（Public Key Infrastructure，公鑰基礎設施），PKI 技術採用憑證管理公鑰，透過第三方的可信任機構——數位憑證認證機構（Certificate Authority），把使用者的公鑰和使用者的其他標識資訊（如名稱、E-mail、身分證號等）捆綁在一起，在 Internet 線上驗證使用者的身分。眼下，通用的辦法是採用基於 PKI 結構結合數位憑證，透過把要傳輸的數位資訊進行加密，保證資訊傳輸的保密性、完整性，簽章保證身分的真實性和不可否認性。

公鑰基礎設施是一個利用公鑰概念和加密技術提供安全服務的具有通用性的安全基礎設施，它是在網路協定層上實施安全機制的網路安全平台。從工程的角度來說，PKI 是創建、頒發、管理、撤銷公鑰憑證所涉及的所有軟硬體的集合體。

PKI 的應用非常廣泛，其為線上金融、線上銀行、線上證券、電子商務、電子政務等網路中的資料轉換提供了安全服務功能。PKI 作為安全基礎設施，能夠提供身分認證、數據完整性、數據保密性、數據公正性、不可否認性和時間戳六種安全服務。

二、PKI 的組成

PKI 公鑰基礎設施是提供公鑰加密和數位簽章服務的系統或平台，目的是為了管理金鑰和憑證。一個機構透過採用 PKI 框架管理金鑰和憑證可以建立一個安全的網路環境。PKI 主要包括四個部分：X.509 格式的憑證（X.509V3）和憑證廢止列表 CRL（X.509V2）；CA 操作協定；CA 管理協定；

CA 政策制定。一個典型、完整、有效的 PKI 應用系統至少應具有以下五個部分：

（1）數位憑證認證機構（Certificate Authority）。CA 是 PKI 的核心，CA 負責管理 PKI 結構下的所有使用者（包括各種應用程式）的憑證，把使用者的公鑰和使用者的其他資訊捆綁在一起，線上驗證使用者的身分，CA 還要負責使用者憑證的黑名單登記和黑名單發布。

（2）X.500 目錄伺服器。X.500 目錄伺服器用於發布使用者的憑證和黑名單資訊，使用者可透過標準的 LDAP 協定查詢自己或其他人的憑證和下載黑名單資訊。

（3）具有高強度密碼演算法（SSL）的安全 WWW 伺服器。Secure Socket Layer（SSL）協定最初由 Netscape 企業發展，現已成為網路用來鑑別網站和網頁瀏覽者身分，以及在瀏覽器使用者及網頁伺服器之間進行加密通訊的全球化標準。

（4）Web（安全通訊平台）。Web 有 Web Client 端和 Web Server 端兩部分，分別安裝在使用者端和伺服器端，透過具有高強度密碼演算法的 SSL 協定保證使用者端和伺服器端數據的機密性、完整性、身分驗證。

（5）自開發安全應用系統。自開發安全應用系統是指各行業自開發的各種具體應用系統，例如銀行、證券的應用系統等。完整的 PKI 包括認證政策的制定（包括遵循的技術標準、各 CA 之間的上下級或同級關係、安全策略、安全程度、服務對象、管理原則和框架等），認證規則、運作制度的制定，所涉及的各法律關係內容以及技術的實現等。

三、PKI 的核心——數位憑證認證機構

數位憑證認證機構作為 PKI 的核心部分，CA 實現了 PKI 中一些很重要的功能，概括地說，認證中心（CA）的功能有：憑證發放、憑證更新、憑證撤銷和憑證驗證。CA 的核心功能就是發放和管理數位憑證，具體描述如下：

（1）接收驗證最終使用者數位憑證的申請。

（2）確定是否接受最終使用者數位憑證的申請──憑證的審批。

（3）向申請者頒發、拒絕頒發數位憑證──憑證的發放。

（4）接收、處理最終使用者的數位憑證更新請求──憑證的更新。

（5）接收最終使用者數位憑證的查詢、撤銷。

（6）產生和發布憑證廢止列表（CRL）。

（7）數位憑證的歸檔。

（8）金鑰歸檔。

（9）歷史數據歸檔。

數位憑證認證機構為了實現其功能，主要由以下三部分組成：

（1）註冊伺服器：透過 Web Server 建立的站點，可為客戶提供 24 小時 ×7 天不間斷的服務。客戶線上提出憑證申請和填寫相應的憑證申請表。

（2）憑證申請受理和審核機構：負責憑證的申請和審核。它的主要功能是接受客戶憑證申請並進行審核。

（3）認證中心伺服器：是數位憑證生成、發放的運行實體，同時提供發放憑證的管理、憑證廢止列表（CRL）的生成和處理等服務。

在具體實施時，CA 必須做到以下幾點：

（1）驗證並標識憑證申請者的身分。

（2）確保 CA 用於簽章憑證的非對稱金鑰的品質。

（3）確保整個簽章憑證過程的安全性，確保簽章私鑰的安全性。

（4）憑證資料資訊（包括公鑰憑證序列號，CA 標識等）的管理。

（5）確定並檢查憑證的有效期限。

（6）確保憑證主體標識的唯一性，防止重名。

（7）發布並維護作廢憑證列表。

(8)對整個憑證簽發過程做日誌記錄。

(9)向申請人發出通知。

在這其中最重要的是 CA 自己對金鑰的管理，它必須確保其高度的機密性，防止他方偽造憑證。CA 的公鑰線上公開，因此整個網路系統必須保證完整性。CA 的數位簽章保證了憑證（實質是持有者的公鑰）的合法性和權威性。

使用者的公鑰有兩種產生的方式：

(1)使用者自己生成金鑰對，然後將公鑰以安全的方式傳送給 CA，該過程必須保證使用者公鑰的驗證性和完整性。

(2)CA 替使用者生成金鑰對，然後將其以安全的方式傳送給使用者，該過程必須確保金鑰對的機密性、完整性和可驗證性。該方式下由於使用者的私鑰為 CA 所產生，所以對 CA 的可信性有更高的要求。CA 必須在事後銷毀使用者的私鑰。

一般而言公鑰有兩大類用途，就像本文前面所述，一個是用於驗證數位簽章，一個是用於加密資訊。相應的在 CA 系統中也需要配置用於數位簽章/驗證簽章的金鑰對和用於資料加密/脫密的金鑰對，分別稱為簽章金鑰對和加密金鑰對。由於兩種金鑰對的功能不同，管理起來也不大相同，所以在 CA 中為一個使用者配置兩對金鑰、兩張憑證。

CA 中比較重要的幾個概念點有：憑證庫。憑證庫是 CA 頒發憑證和撤銷憑證的集中存放地，它像線上的「白頁」一樣，是線上的一種公共資訊庫，供廣大公眾進行開放式查詢。這是非常關鍵的一點，因為我們構建 CA 的最根本目的就是獲得他人的公鑰。時下通常的做法是將憑證和憑證撤銷資訊發布到一個資料庫中，成為目錄伺服器，它採用 LDAP 目錄訪問協定，其標準格式採用 X.500 系列。隨著該資料庫的增大，可以採用分散式存放，即採用資料庫鏡像技術，將其中一部分與本組織有關的憑證和憑證撤銷列表存放到本地，以提高憑證的查詢效率。這一點是任何一個大規模的 PKI 系統成功實施的基本需求，也是創建一個有效的認證機構 CA 的關鍵技術之一。

另一個重要的概念是憑證的撤銷。由於現實生活中的一些原因，比如說私鑰的洩露，當事人的失蹤死亡等情況的發生，應當對其憑證進行撤銷。這種撤銷應該是及時的，因為如果撤銷時延的話，會使得不再有效的憑證仍被使用，將造成一定的損失。在 CA 中，憑證的撤銷使用的手段是憑證撤銷列表（或稱為 CRL）。即將作廢的憑證放入 CRL 中，並及時的公布於眾，根據實際情況不同可以採取週期性發布機制和線上查詢機制兩種方式。

金鑰的備份和恢復也是很重要的一個環節。如果使用者由於某種原因丟失瞭解密數據的金鑰，那麼被加密的密文將無法解開，這將造成數據丟失。為了避免這種情況的發生，PKI 提供了金鑰備份用於解密金鑰的恢復機制。這一工作也是應該由可信的機構 CA 來完成的，而且，金鑰的備份與恢復只能針對解密金鑰，而簽章金鑰不能做備份，因為簽章金鑰用於具有不可否認性的證明，如果存有備份的話，將會不利於保證不可否認性。

還有，一個憑證的有效期是有限的，這樣的規定既有理論上的原因，又有實際操作的因素。在理論上諸如關於當前非對稱演算法和金鑰長度的可破譯性分析，同時在實際應用中，證明金鑰必須有一定的更換頻率，才能得到金鑰使用的安全性。因此一個已頒發的憑證需要有過期的措施，以便更換新的憑證。為瞭解決金鑰更新的複雜性和人工干預的麻煩，應由 PKI 本身自動完成金鑰或憑證的更新，完全不需要使用者的干預。它的指導思想是：無論使用者的憑證用於何種目的，在認證時，都會線上自動檢查有效期，當失效日期到來之前的某時間間隔內，自動啟動更新程式，生成一個新的憑證來替代舊憑證。

四、PKI 的應用

1.PKI 的應用領域

作為一種基礎設施，PKI 的應用範圍非常廣泛，並且在不斷發展之中，下面給出幾個應用實例。

(1) 虛擬私人網路（VPN）

VPN 是一種架構在公用通訊基礎設施上的專用資料通訊網路，利用網路層安全協定（尤其是 IPSec）和建立在 PKI 上的加密與簽章技術來獲得機密性保護。基於 PKI 技術的 IPSec 協定現在已經成為架構 VPN 的基礎，它可以為路由器之間、防火牆之間或者路由器和防火牆之間提供經過加密和認證的通訊。雖然它的實現會複雜一些，但其安全性比其他協定都完善得多。

(2) 安全電子郵件

作為 Internet 上最有效的應用，電子郵件憑藉其易用、低成本和高效已經成為現代商業中的一種標準資訊交換工具。隨著 Internet 的持續增長，商業機構或政府機構都開始用電子郵件交換一些祕密的或是有商業價值的資訊，這就引出了一些安全方面的問題，包括：消息和附件可以在不為通訊雙方所知的情況下被讀取、篡改或攔截；發信人的身分無法確認。電子郵件的安全需求也是機密、完整認證和不可否認性，而這些都可以利用 PKI 技術來獲得。目前發展很快的安全電子郵件協定是 S/MIME（The Secure Multipurpose Internet Mail Extension），這是一個允許發送加密和有簽章郵件的協定。該協定的實現需要依賴於 PKI 技術。

(3) Web 安全

瀏覽 Web 頁面是人們最常用的訪問 Internet 的方式。如果要透過 Web 進行一些商業交易，該如何保證交易的安全呢？為了透明地解決 Web 的安全問題，在兩個實體進行通訊之前，先要建立 SSL 連接，以此實現對應用層透明的安全通訊。利用 PKI 技術，SSL 協定允許在瀏覽器和伺服器之間進行加密通訊。此外伺服器和瀏覽器通訊時雙方可以透過數位憑證確認對方的身分。結合 SSL 協定和數位憑證，PKI 技術可以保證 Web 交易多方面的安全需求，使 Web 上的交易和面對面的交易一樣安全。

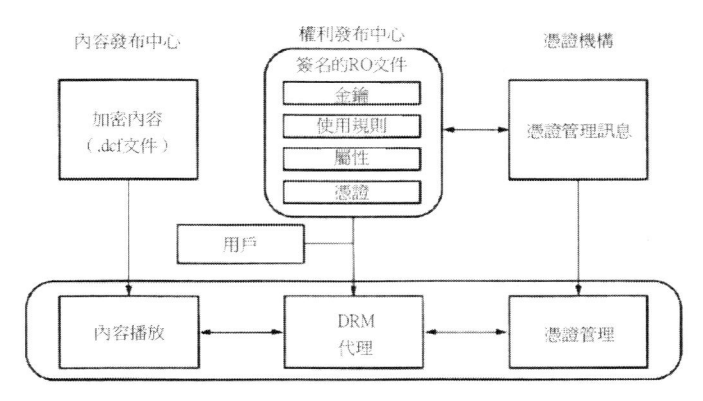

圖 6-3 OMA DRM2.0 的內容下載及使用過程

2006 年發布的 OMADRM2.0 規範即採用了 PKI 來進行權利對象的數位簽章和傳輸，以保證權利安全、可靠和完整。OMADRM2.0 內容下載及使用過程如圖 6-3 所示。

內容發布中心採用對稱加密演算法，例如 AES，對原始數位內容進行加密。加密後的內容以 DCF 格式打包成內容對（ContentObject，CO）發送至內容使用者。內容對象中不包含加密金鑰 CEK。

使用者的 DRM 代理訪問權利發布中心（Rights Issuer，RI）獲得權利對象（Right Object，RO），RO 的產生與管理由 RI 負責。商業應用方式下這個過程是以繳費的方式進行的。憑證機構 CA 負責數位憑證的發放、驗證，並協同 RI 和使用者相互認證以建立信任關係。RI 使用者的公鑰對 RO 加密；然後利用資訊摘要的方法獲得 RO 的雜湊值並用 RI 自身私鑰對 RO 進行簽章。使用者接收到 RO 後，使用 RI 的公鑰驗證 RI 的簽章並利用使用者的公鑰對 RO 解密。

使用者從 RO 中獲得內容的資訊摘要及對稱加密金鑰。然後利用該對稱加密金鑰解密內容對象，並將內容資訊摘要與接收的內容進行比較以保證內容沒有被更改。DRM 代理記錄 RO 中的權利約束並控制內容的使用。

需要說明的是，採用了 PKI 的 OMA DRM2.0 在增強安全性的同時，也增大了 DRM 系統部署的複雜度。因此，目前支持 DRM1.0 的手機終端較多，而支持 DRM2.0 的設備卻不多見。

第五節　數位簽章技術

數位簽章是用於鑑別數位資訊的方法。目前，數位簽章技術大多基於雜湊摘要和非對稱金鑰加密體制來實現。

一、數位簽章概述

數位簽章（又稱公鑰數位簽章、電子簽章）是一種類似寫在紙上的普通的物理簽章，但是使用了公鑰加密領域的技術實現，用於鑑別數位資訊的方法。一套數位簽章通常定義兩種互補的運算，一個用於簽章，另一個用於驗證。數位簽章的具體實現是透過發送方透過某種密碼運算生成一系列資訊附在原文一起發送，這段資訊類似現實中的簽章或印章，接收方對其驗證來判斷原文的真偽。

簡單地說，所謂數位簽章就是附加在數據單元上的一些數據，或是對數據單元所做的密碼變換。這種數據或變換允許數據單元的接收者用以確認數據單元的來源和數據單元的完整性並保護數據，防止被人（例如接收者）進行偽造。它是對電子形式的消息進行簽章的一種方法，一個簽章消息能在一個通訊網路中傳輸。基於公鑰密碼體制和私鑰密碼體制都可以獲得數位簽章，主要是基於公鑰密碼體制的數位簽章。包括普通數位簽章和特殊數位簽章。普通數位簽章演算法有 RSA、El Gamal、Fiat-Shamir、Guillou-Quisquarter、Schnorr、Ong-Schnorr-Shamir 數位簽章演算法、Des/DSA，橢圓曲線數位簽章演算法，和有限自動機數位簽章演算法等。特殊數位簽章有盲簽章、代理簽章、群簽章、不可否認性簽章、公平盲簽章、門限簽章、具有消息恢復功能的簽章等，它與具體應用環境密切相關。鑒於數位簽章的應用涉及法律問題，美國聯邦政府基於有限域上的離散對數問題制定了自己的數位簽章標準（DSS）。

數位簽章的主要功能是：

（1）保證資訊傳輸的完整性；

（2）進行身分認證；

（3）防止交易中的抵賴發生。在通訊中使用數位簽章一般基於以下原因：

1. 身分驗證

公鑰加密系統允許任何人在發送資訊時使用公鑰進行加密，數位簽章能夠讓資訊接收者確認發送者的身分。當然，接收者不可能百分之百確信發送者的真實身分，而只能在密碼系統未被破譯的情況下才有理由確信。

2. 完整性

傳輸數據的雙方都希望確認消息在傳輸的過程中未被修改。加密使得第三方想要讀取數據十分困難，然而第三方仍然能採取可行的方法在傳輸的過程中修改數據。

3. 不可抵賴

在密文背景下，抵賴這個詞指的是不承認與消息有關的舉動（即聲稱消息來自第三方）。消息的接收方可以透過數位簽章來防止所有後續的抵賴行為，因為接收方可以出示簽章給別人來證明資訊的來源。

每個人都有一對「鑰匙」（數位身分），其中一個只有她／他本人知道（金鑰），另一個是公開的（公鑰）。簽章的時候用金鑰，驗證簽章的時候用公鑰。又因為任何人都可以落款聲稱她／他就是你，因此公鑰必須以接受者信任的人（身分認證機構）來註冊。註冊後身分認證機構給你發一數位憑證。對文件簽章後，你把此數位憑證連同文件及簽章一起發給接受者，接受者向身分認證機構求證是否真是用你的金鑰簽發的文件。

二、數位簽章的實現方式

目前，數位簽章技術大多基於雜湊摘要和非對稱金鑰加密體制來實現。如果簽章者想要對某個文件進行數位簽章，他必須首先從可信的第三方機構（數位憑證認證機構）取得私鑰和公鑰，這需要用到 PKI 技術。

1. 有雜湊演算法的數位簽章與驗證

雜湊函數是一種「壓縮函數」，利用雜湊函數可以把任意長度的輸入經由散列函數演算法變換成固定長度的輸出，該輸出的雜湊值就是消息摘要，也稱數位摘要。

在正式的數位簽章中，發送方首先對發送文件採用雜湊演算法，得到一個固定長度的消息摘要（Message Digest）；再用自己的私鑰（Secret Key，SK）對消息摘要進行簽章，形成發送方的數位簽章。數位簽章將作為對件和原文一起發送給接收方；接收方首先用發送方的公鑰對數位簽章進行解密得到發送方的數位摘要，然後用相同的雜湊函數對原文進行雜湊運算，得到一個新的消息摘要，最後將消息摘要與收到的消息摘要做比較。具體過程如圖 6-4 所示。

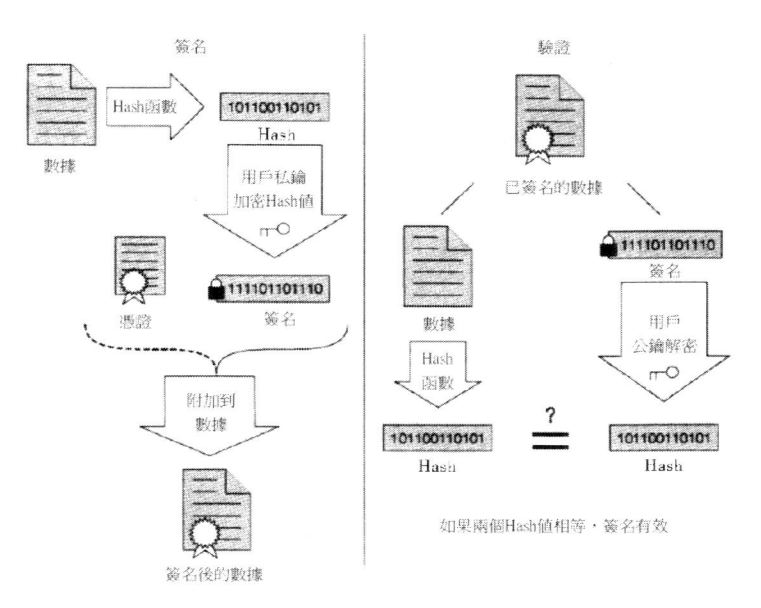

圖 6-4 數字簽名及其驗證

2. 基於非對稱金鑰加密體制的數位簽章與驗證

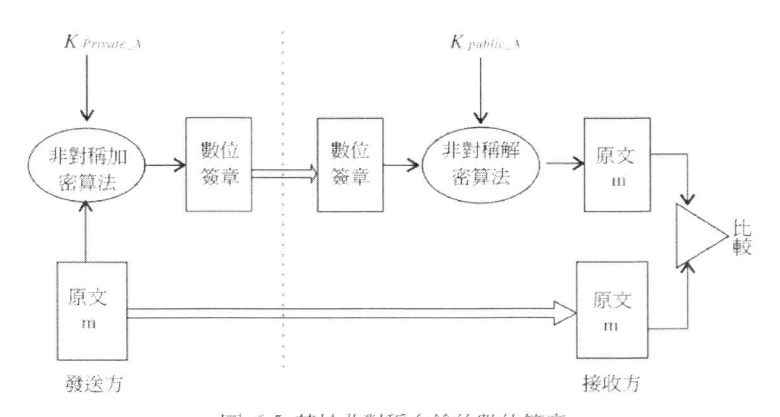

圖 6-5 基於非對稱金鑰的數位簽章

　　發送方首先將原文用自己的私鑰加密得到數位簽章，然後將原文和數位簽章一起發送給接收方。接收方用發送方的公鑰對數位簽章進行解密，最後與原文進行比較，如圖 6-5 所示。

新媒體技術
第六章 新媒體數位版權管理技術

數位簽章是目前電子商務、電子政務中應用普遍、技術成熟、可操作性強的一種電子簽章方法。它採用了規範化的程式和科學化的方法，用於鑒定簽章人的身分以及對一項電子數據內容的認可。使用數位簽章技術能夠驗證文件的原文在傳輸過程中有無變動，確保傳輸電子文件的完整性、真實性和不可否認性。

第六節　數位浮水印技術

數位浮水印是一個嶄新的資訊隱藏技術，是數位媒體知識版權保護的重要技術手段之一，目前在圖片的版權保護等方面已經得到了廣泛的應用。

一、數位浮水印技術的基本概念

數位浮水印（Digital Watermark）技術是在圖片、聲音等內容數據中植入某種資訊，使其具有版權宣稱、使用追蹤、控制媒體訪問等作用，它是數位媒體知識版權保護的重要技術手段之一。數位浮水印技術並不能阻止盜版活動的發生，但它可以判斷對象是否受到保護，監視被保護數據的傳播、真偽鑑別和非法複製、解決版權糾紛並為法庭提供證據。

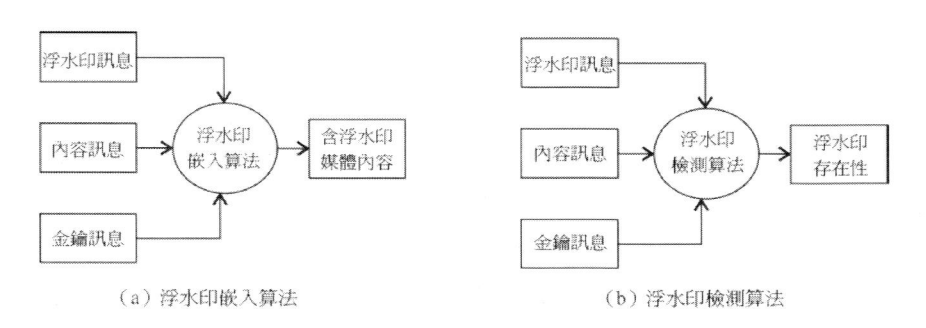

(a) 浮水印嵌入算法　　　　　(b) 浮水印檢測算法

圖 6-6 典型的數位浮水印系統模式

典型的數位浮水印系統模型如圖 6-6 所示。圖 6-6a 為通用浮水印訊號嵌入模型，其功能是完成將浮水印訊號加入原始數據中；圖 6-6b 是通用的浮水印訊號檢測模型，用以判斷某一數據中是否含有指定的浮水印訊號。

二、數位浮水印技術的基本特點

數位浮水印技術有以下四個方面的基本特點：

1. 安全性

數位浮水印的資訊應是安全的，難以篡改或偽造，同時，應當有較低的誤檢率，當原內容發生變化時，數位浮水印應當隨之發生變化，從而可以檢測原始數據的變更；當然數位浮水印同樣對重複添加有較強的抵抗性。

2. 隱蔽性

數位浮水印應是不可知覺的，而且不影響被保護數據的正常使用；不會降質。

3. 強健性

強健性是指經歷多種無意或有意的訊號處理過程後，數位浮水印仍能保持部分完整性並能被準確鑑別。可能的訊號處理過程包括通道噪聲、濾波、類比數位轉換、重取樣、剪切、位移、尺度變化以及有損壓縮編碼等。主要用於版權保護的易損浮水印（Fragile Watermarking），用於完整性保護，這種浮水印同樣是在內容數據中嵌入不可見的資訊。當內容發生改變時，這些浮水印資訊會發生相應的改變，從而可以鑒定原始數據是否被篡改。

4. 浮水印容量

浮水印容量是指載體在不發生形變的前提下嵌入的浮水印資訊量。嵌入的浮水印資訊必須足以表示多媒體內容的創建者或所有者的標示資訊，或購買者的序列號，這樣有利於解決版權糾紛，保護數位產權合法擁有者的利益。尤其是隱藏通訊領域的特殊性，對浮水印的容量需求很大。

三、數位浮水印的類型

數位浮水印可以從不同的角度進行分類。

1. 按特性劃分

按浮水印的特性可以將數位浮水印分為強健數位浮水印和脆弱數位浮水印兩類。強健數位浮水印主要用於在數位作品中標識著作權資訊，如作者、作品序號等，它要求嵌入的浮水印經受各種常用的編輯手段處理；脆弱數位浮水印主要用於完整性保護，與強健浮水印的要求相反，脆弱浮水印必須對訊號的改動很敏感，人們根據脆弱浮水印的狀態就可以判斷數據是否被篡改過。

2. 按浮水印的附載的媒體劃分

按浮水印所附載的媒體，可以將數位浮水印劃分為圖片浮水印、音頻浮水印、文本浮水印以及用於 3D 網格模型的網格浮水印等。隨著數位技術的發展，會有更多種類的數位媒體出現，同時也會產生相應的浮水印。

3. 按檢測過程劃分

按浮水印的檢測過程可以將數位浮水印劃分為明文浮水印和盲浮水印。明文浮水印在檢測過程中需要原始數據，而盲浮水印的檢測只需要金鑰，不需要原始數據。一般來說，明文浮水印的強健性比較強，但其應用受到儲存成本的限制。目前學術界研究的數位浮水印大多數是盲浮水印。

4. 按內容劃分

按數位浮水印的內容可以將浮水印劃分為有意義浮水印和無意義浮水印。有意義浮水印是指浮水印本身也是某個數點陣圖片（如商標圖片）或數位音頻片段的編碼；無意義浮水印則只對應於一個序列號。有意義浮水印的優勢在於，如果由於受到攻擊或其他原因致使解碼後的浮水印破損，人們仍然可以透過視覺觀察確認是否有浮水印。但對於無意義浮水印來說，如果解碼後的浮水印序列有若干碼元錯誤，則只能透過統計決策來確定訊號中是否含有浮水印。

5. 按用途劃分

不同的應用需求造就了不同的浮水印技術。按浮水印的用途可以將數位浮水印劃分為票據防偽浮水印、版權標識浮水印、篡改提示浮水印和隱蔽標識浮水印。

票據防偽浮水印是一類比較特殊的浮水印，主要用於影印票據和電子票據的防偽。

版權標識浮水印是目前研究最多的一類數位浮水印。數位作品既是商品又是知識作品，這種雙重性決定了版權標識浮水印主要強調隱蔽性和強健性，而對數據量的要求相對較小。

篡改提示浮水印是一種脆弱浮水印，其目的是標識宿主的完整性、真實性。

隱蔽標識浮水印是將保密數據的重要標註隱藏起來，限制非法使用者對保密數據的使用。

6. 按浮水印的隱藏位置劃分

按數位浮水印的隱藏位置不同可以劃分為時（空）域數位浮水印、頻域數位浮水印、時／頻域數位浮水印和時間／尺度域數位浮水印。

時（空）域數位浮水印直接在訊號空間上疊加浮水印資訊，而頻域數位浮水印、時／頻域數位浮水印和時間／尺度域數位浮水印則分別是在 DCT 變換域、時／頻變換域和小波變換域上隱藏浮水印。

四、典型數位浮水印演算法

1. 空域演算法

該類演算法中典型的浮水印演算法是將資訊嵌入隨機選擇的圖點中的最低有效位（Least Significant bits，LSB）上，這可保證嵌入的浮水印是不可見的。但是由於使用了圖片的最低有效位，演算法的強健性差，浮水印資

訊很容易為濾波、圖片量化、幾何變形的操作破壞。另外一個常用方法是利用畫素的統計特徵將資訊嵌入畫素的高度值中。

2.Patchwork 演算法

方法是隨機選擇 N 對象素點（ai，bi），然後將每個 ai 的亮度增加 1，每個 bi 點的亮度值減 1，這樣整個圖片的平均亮度保持不變。適當地調整參數，Patchwork 方法對 JPEG 壓縮、FIR 濾波以及圖片裁剪有一定的抵抗力，但該方法嵌入的資訊量有限。為了嵌入更多的浮水印資訊，可以將圖片分塊，然後對每一個圖片塊進行嵌入操作。

3.變換域演算法

該類演算法中，大部分浮水印演算法採用了展頻通訊（Spread Spectrum Communication）技術。該類演算法的隱藏和提取資訊操作複雜，隱藏資訊量不能很大，但抗攻擊能力強，很適合於數位作品版權保護的數位浮水印技術。

4.壓縮域演算法

基於 JPEG、MPEG 標準的壓縮域數位浮水印系統不僅節省了大量的完全解碼和重新編碼過程，而且在數位電視廣播及 VOD（Video on Demand）中有很大的實用價值。相應地，浮水印檢測與提取也可直接在壓縮數據中進行。

5.NEC 演算法

該演算法由 NEC 實驗室的 Cox 等人提出，在數位浮水印演算法中佔有重要地位，具有較強的強健性、安全性和透明性等。該演算法還提出了增強浮水印強健性的抗攻擊演算法的重要原則，即浮水印訊號應該嵌入源數據中對人感覺最重要的部分。

6.生理模型演算法

人的生理模型包括人類視覺系統 HVS 和人類聽覺系統 HAS。該模型不僅被多媒體數據壓縮系統利用，同樣可以被數位浮水印系統利用。利用

視覺模型的基本思想均是從視覺模型導出的最小可覺差（Just Noticeable Difference，JND）描述來確定在圖片的各個部分所能容忍的數位浮水印訊號的最大強度，從而能避免破壞視覺品質。也就是說，利用視覺模型來確定與圖片相關的調製光罩，然後再利用其插入浮水印。這一方法還具有較好的透明性和強健性。

五、數位浮水印的應用

1990 年代末國際上開始出現一些浮水印產品。美國的 Digimarc 公司率先推出了第一個用於靜止圖片版權保護的數位浮水印軟體，而後又以插件形式將該軟體整合到 Adobe Photoshop 和 Corel Draw 圖片處理軟體中。Alp Vision 公司推出的 LavelIt 軟體，能夠在任何掃描的圖片中隱藏若干字符，用於文檔的保護與追蹤。MediaSec 公司的 SysCop 用浮水印技術來保護多媒體內容，欲杜絕非法複製、傳播和編輯。

美國版權保護技術組織（CPTWG）成立了專門的數據隱藏小組（DHSG）來制定版權保護浮水印的技術標準。他們提出了一個 5C 系統，用於 DVD 的版權保護。IBM 公司將數位浮水印用於數點陣圖書館的版權保護系統中。許多國際知名的商業集團，如韓國的 Samsung、日本的 NEC 等，也都設立了 DRM 技術開發項目。另外，當前還有一些潛在的應用需求，例如軟體的搜尋和下載數量的統計、網頁安全預警、數位電視節目的保護和機密文檔的防遺失等。

一些國際標準中已結合了數位浮水印或者為其預留了空間。已經頒布的 JEPG2000 國際標準中，為數位浮水印預留空間。數位影片壓縮標準 MPEG-4（ISO/IEC14496），提供了一個知識產權管理和保護的介面，允許結合包括浮水印在內的版權保護技術。

儘管數位浮水印發展迅速，但離實際應用還有一段距離要走。許多項目和研究還處於起步和實驗階段，已出現的浮水印產品還不能完全滿足使用需求。如今浮水印技術正在向縱深發展，一些基本的技術和法律問題正逐個得

到解決。相信不久的將來，浮水印與其他 DRM 技術的結合，將有可能徹底解決數位內容的版權管理和保護問題。

第七節　身分認證技術

作為防護網路資產的第一道關口，有著舉足輕重的作用。目前常用的身分認證技術大致可分為基於使用者名／口令的身分認證技術、基於數位憑證的身分認證技術、基於硬體綁定的身分認證技術和基於生物特徵識別的身分認證技術等。

一、身分認證技術概述

身分認證技術是在電腦網路中確認操作者身分的過程而產生的有效解決方法。電腦網路世界中一切資訊包括使用者的身分資訊都是用一組特定的數據來表示的，電腦只能識別使用者的數位身分，所有對使用者的授權也是針對使用者數位身分的授權。如何保證以數位身分進行操作的操作者就是這個數位身分合法擁有者，也就是說保證操作者的物理身分與數位身分相對應，身分認證技術就是為瞭解決這個問題，作為防護網路資產的第一道關口，身分認證有著舉足輕重的作用。

資訊系統中，對使用者的身分認證手段僅透過一個條件的符合來證明一個人的身分稱為單因子認證，由於僅使用一種條件判斷使用者的身分容易被仿冒，可以透過組合兩種不同條件來證明一個人的身分，稱為雙重認證。

身分認證技術從是否使用硬體可以分為軟體認證和硬體認證；從認證需要驗證的條件來看，可以分為單因子認證和雙重認證；從認證資訊來看，可以分為靜態認證和動態認證。微分段認證技術的發展，經歷了從軟體認證到硬體認證，從單因子認證到動態認證的過程。

二、基於使用者名／口令的認證技術

使用者名／口令是如今最簡單最廣泛使用的微分段認證方式。如果使用者提供的使用者名與系統資料庫中所儲存的資訊一致，那麼使用者就要以其

所擁有的去訪問系統。明文口令是最簡單的資料傳輸方式，但在實際的安全系統中，還要考慮和規定口令的選擇方法、使用期限、字符長度、管理分配以及在電腦系統中的安全保護等因素，並且在不同安全水平的電腦系統要求也不相同。

在一般非保密的系統中，多個使用者可共用一個口令，這樣的安全性很低，可能透過給每個使用者分配不同的口令以加強安全性，但不管使用上面哪個方法，其簡單的口令傳輸認證系統安全性始終是不高的。在安全性要求較高的系統中，可以要求口令隨著時間而變化，每次輸入的都是一個新的口令，即動態口令，這樣可以有效地防止重放攻擊；另外還將明文的口令採取密文的形式，即口令的傳輸和儲存都要加密，以提供更高的安全性。為保護口令不被洩露，終端將使用者的口令使用身分認證系統的公鑰加密後傳輸給身分認證系統，身分認證系統利用自己的私鑰對口令官方進行解密得到明文口令後，對口令數據做 Hash 並將這一結果與資料庫中的值做對比。若數據比對成功則為合法使用者，否則不是。

三、基於 IC 卡的認證技術

IC 卡又稱智慧卡，是由一個或多個積體電路晶片組成並封裝在便於人們攜帶的卡片上，已經在電信、交通、銀行、醫療等部門廣泛應用，按照其組成結構，大致可以分為如下四類。

1. 非加密記憶卡（Memory Card）

這種卡內容晶片相當於普通序列 E2PROM 記憶卡，有些晶片還增加了特定區域的寫保護功能。這類卡資訊儲存方便、使用簡單、價格便宜，在很多場合可以替代磁卡，但是由於其本身不具備資訊保密功能，因此只能用於安全性要求不是很高的場合。

2. 加密記憶卡（Security Card）

這種卡內部晶片在儲存區外增加了可程式化邏輯控制器，在訪問儲存空間之前需要核對密碼，只有密碼正確，才能進行存取操作。這類卡使用起來方便且安全性較好。

3.CPU 卡（Smart Card）

這種卡內部晶片相當於一個特殊類型的單晶片，內部除了帶有控制器、儲存器、時序可程式化邏輯控制器等，還帶有演算法單元和作業系統。內部晶片鑲嵌在一張明信片大小的塑膠卡片上，外部可以透過讀卡器設備進行訪問。CPU 卡具有儲存容量大、處理能力強的特點，廣泛應用於安全性要求較高的場合。

4. 超級 IC 卡

這種卡具有 MPU 和儲存器並裝有鍵盤、液晶顯示器和電源，甚至還具有指紋識別等高科技外設裝置。

隨著超大規模積體電路技術、電腦技術和資訊安全技術的發展，IC 卡技術發展得越來越成熟，在個人身分識別方面有著得天獨厚的優勢。目前，在眾多用於身分識別的 IC 卡系統中，SecureID 系統，已經被普遍應用於安全性要求較高的系統中。

四、基於 U-Key 的認證技術

U-Key（USBKey）是一種 USB 連接埠的硬體儲存設備。USBKey 的形狀跟普通的隨身碟差不多，不同的是它裡面存放了單晶片或 IC 卡晶片，USBKey 內建的公鑰演算法晶片可以自動產生公私金鑰對，實現對使用者身分的認證。

基於 USB Key 的身分認證技術是近幾年發展起來的一種方便、安全、經濟的身分認證技術，它採用軟硬體相結合的一次一密的強雙重認證模式，很好地解決了安全性與易用性之間的矛盾。

五、基於生物特徵識別的認證技術

生物統計學正在成為個人身分認證技術中最簡單且安全的方法，它利用個人的生理特徵來實現對個人身分的認證。由於個人生理特徵具有唯一性、攜帶性、難丟失、難偽造的特點，因此非常適合用於個人身分認證。目前，

第七節 身分認證技術

基於生物特徵識別的身分認證技術主要有指紋識別技術、語音識別技術、視網膜圖樣識別技術、虹膜圖樣識別技術以及臉型識別技術等。

1. 指紋識別技術

由於在世界上沒有兩個人的皮膚紋路圖樣完全相同（相同機率≤ 10-10），而且指紋的形狀不隨時間而變化，提取指紋作為永久記錄存檔又極為方便，因此指紋成為個人身分認證準確而又可靠的手段。目前，很多國家都在研究電腦自動識別指紋，並且開發了很多實用的指紋識別系統。

2. 語音聲紋識別技術

由於在世界上每個人都有自己的特點，人們對語音的識別能力是特別強的，例如在有很強干擾的情況下也能分辨出某個人的聲音，因此在商業和軍事等安全性要求較高的系統中常常要靠人的語音來實現個人身分的驗證。透過開發機器識別語音的系統可以大大提高系統安全並在個人的身分驗證方面有廣泛的應用。目前，美德等國已經開發出基於語音的識別系統，用於防止駭客進入語音函件和電話服務系統。

3. 視網膜圖樣識別技術

人的視網膜血管的圖樣具有良好的個人特徵，基於人眼視網膜開發的識別系統在個人身分驗證上有著獨特的優勢，而且視網膜識別的驗證效果相當好。其基本方法是用光學和電子儀器將視網膜血管圖樣記錄下來，一個視網膜血管的圖樣可壓縮為小於 35 位元的數位資訊。可根據對圖樣的節點和分值的檢測結果進行分類識別。當然要被識別人予以合作，允許進行視網膜特徵的取樣。不過，這項技術成本較高，只是在軍事或者銀行系統中被採用。

4. 虹膜圖樣識別技術

虹膜是眼睛鞏膜的延長部分，是眼球角膜和水晶體之間的環狀薄膜，其圖樣具有個人特徵，可以提供比指紋更為細緻的資訊，因此成為進行個人身分識別的重要依據。我們可以在 35～40cm 的距離內取樣，比採集視網膜圖樣來得更方便。儲存一個虹膜圖樣需要 256 個位元，所需的運算時間為

100ms。開發基於虹膜圖樣識別技術的系統可用於安全入口、介入控制、信用卡、POS、ATM 等應用系統中，能有效進行身分識別。

5. 臉型識別技術

首先由哈蒙（Harmon）等人設計了一個照片識別人臉輪廓的驗證系統，但是這種技術出現差錯的可能性比較大。現在從事臉型自動驗證新產品的研製和開發的公司很多，在金融、接入控制、電話會議、安全監控等系統中得到了一定的應用。

【知識回顧】

技術的發展使得媒體內容的非法交換、複製、分享也變得極為容易，新媒體產品和內容的侵權、盜版、非法使用日益猖獗，使版權所有者蒙受巨大的經濟損失，從技術手段、市場運作、法律法規等方面，就新媒體產業的各方權益的管理與均衡進行研究與探索，將有助於新媒體產業健康、有序、快速發展。數位版權管理是透過各種技術手段，透過使用者許可證等方式控制使用者對文件的訪問、變更、共享、複製、影印、保存等操作，從而實現在媒體內容的整個生命週期內對其進行永久保護的目的，保護著作權人及內容供應商的版權利益。數位版權保護的過程是個系統工程，所用的技術體系非常複雜。詮釋資料在數位版權管理系統乃至媒體資產管理系統中的作用都是至關重要的。正是因為詮釋資料的存在，DRM 及資產管理系統才能夠實現一系列的目標。為解決 Internet 中的安全問題，世界各國對其進行了多年的研究，初步形成了一套完整的 Internet 安全解決方案，即時下被廣泛採用的 PKI 技術。在數位版權管理技術中，資料加密技術是網路安全技術的基石，數位簽章是用於鑑別數位資訊的方法，數位浮水印是一個嶄新的資訊隱藏技術，身分認證技術可作為防護網路資產的第一道關口。

【思考題】

1．實現新媒體數位版權管理的難點和關鍵在哪？

2．列舉不同數位版權管理技術的應用領域及現狀。

第七章 應用中的新媒體傳播新技術

【知識目標】

☆雲端運算、IoT、虛擬實境、LBS 和大數據的基本概念及其原理。

☆不同傳播新技術與新聞傳播的結合。

【能力目標】

1. 瞭解不同的新媒體傳播新技術的技術本質。
2. 熟悉各種傳播新技術在新聞傳播中的應用。

【案例導入】

2015 年資訊科技發展的五個趨勢

不久前，澳洲電信首席技術官維斯○ 南德拉爾（Vish Nandlall）發表了他對 2015 年全球技術發展趨勢的預測。他表示，以大數據這一理論引擎為基礎，行動互聯和 IoT 世界的終點在雲端。他認為，大數據、雲端運算等新的概念將成為未來每一個應用的基礎。

作為資深的電信專家，維斯先生曾在北電網路任職，開發出業界第一個針對電信應用的分散式處理系統，並率先倡導共享磁碟運算的高可用性技術。維斯還曾擔任 Ericson 北美首席技術官，負責制定 Ericson 在虛擬網路方面的策略和技術，以及室內互聯解決方案，在業界有著廣泛的影響力。

1. 機器視覺將重新迸發活力

維斯認為，曾一度停滯不前的機器視覺技術將重新迸發活力，並應用到人們的智慧型手機中。他舉例說，如果你打算帶一瓶酒去參加聖誕節的百樂餐，拿出手機就可以捕捉到這瓶酒的圖片，然後透過視覺搜尋就能夠得到關於這瓶酒的所有資訊，它比文本搜尋的準確率高出 30%，這將是一個美妙的體驗。

維斯表示，智慧型手機的機器視覺將能夠比人類更好地識別圖片。

2. 語音將再度流行

維斯認為，語音將再度流行。他表示，首席技術官通常會思考「世界上有哪些事情是我相信但其他人都不相信的？」他指出，儘管從業務角度來看語音一直在下滑，但人們仍然在大量交談。而語音正是我們跟家庭進行線上互動的最完美途徑。

維斯說：「想像一個場景，你問你的雨傘今天是否可能下雨，是否應該帶它出門，而你的雨傘回答道，『當然應該帶上我，今天會下雨！』這是一件多麼酷的事情。」

維斯認為，這一技術有希望成為2015年引人注目的一線新技術之一。

3. 可以相互交流溝通的雲端

談到雲端，維斯認為，當今的雲端更像是由提供給消費者的應用組成的一座座孤島，而人們需要的是可以相互交流溝通的雲端。

維斯表示，應用正變得越來越複雜。如果你在運行一個遊戲應用，而遊戲對手是你的隔壁鄰居，這個過程可能會用到好幾個不同的雲端。因此，如果數據需要在不同雲端之間行動，用不同語言交流，使用者在即時感知上就會有一點時間時延，而人們需要的是無縫體驗。

因此，維斯認為，今年人們將會看到的很多技術進步都會圍繞著「我怎樣才能建立雲端的動態連接」以及「我應該怎樣創造一種能夠互操作的語言，使不同雲端之間可以無縫地交流」這些問題展開。

4. 把數據從應用中釋放出來

關於數據，維斯表示，當今的數據是鎖在各個應用之中的，而人們希望將這些數據聯合起來，或者放到一個大的平台上，這樣就可以提取並使用這些數據，從而為消費者創造新的、有意義的、便利的產品。

維斯認為，在這方面最好的例子就是 Propeller Health。Propeller Health 是美國一家致力於採用全新方式來改善慢性呼吸系統疾病的管理公

司，其特別之處在於它有一個可聯網的藥物吸入器，這個聯網的吸入器能夠在患者吸入藥物時獲得患者的服藥數據，並使用患者的諸如 Fitbit 等可穿戴設備上獲得的數據來瞭解患者的健康情況，它還能夠透過從網路上獲得的天氣數據瞭解室外條件，如空氣中是否有過多的過敏源或汙染物。把這些資訊彙集到一起，就能夠告訴患者今天他的哮喘問題是會加劇還是緩和。

維斯表示，對於未來的健康管理來說，以上這些都是非常重要的問題。透過將數據聯合起來，將它們從應用中釋放出來，人們能夠得到可以用來服務客戶的新收穫。

5. 如何成為自己數據的主人

關於安全，維斯表示，假設 IoT 世界中有 500 億個末端，那麼真正的問題並不是保護從這些末端流出的資訊，而是封閉這些末端。

對此，維斯舉例說，對於你房子裡的東西，你可以想怎樣保護就怎樣保護，在有些國家，你甚至可以開動裝甲車來保衛你房子裡的這些東西，但如果有人能從你家的前門進來，這還是不夠安全的。

因此，數據完整性將使你成為自己數據的主人。它使你能夠在你的數據上罩上一張網，當你不希望這些數據曝光時可以收網，而在希望這些數據曝光時可以授權使用。維斯認為，這將為 2015 年的安全和隱私保護設定新的議題。

第一節　雲端運算

雲端運算是近年來非常熱門的一個概念，其含義已經跨越了學術和科技界，融入社會的各個行業。但是很多人都會有這樣的困惑：究竟雲端運算是什麼？雲端運算與新聞傳播領域又有著什麼樣的關聯？

第七章 應用中的新媒體傳播新技術

一、雲端運算概述

1. 雲端運算的概念及特點

雲端運算（Cloud computing）是整合了電腦叢集、網格運算、虛擬化、平行處理和分散式運算的新一代資訊科技，它是基於網際網路的相關服務的增加、使用和交付模式，通常涉及透過網際網路來提供動態易擴展且經常是虛擬化的資源。對雲端運算的定義有多種說法，例如：

國家標準暨技術研究院（NIST）對雲端運算的定義是：雲端運算是一種按使用量付費的模式，這種模式提供可用的、便捷的、按需的網路訪問，進入可配置的運算共享資源池（資源包括網路、伺服器、儲存、應用軟體、服務），這些資源能夠被快速提供，只需投入很少的管理工作，或與服務供應商進行很少的交互。

IBM 在其技術白皮書中指出：雲端運算一詞描述了一個系統平台或一類應用程式；該平台可以根據使用者的需求動態部署、配置等；雲端運算是一種可以透過網際網路進行訪問的可以擴展的應用程式。

為了更好地理解雲端運算，可以打個比方：進入雲端運算時代，就好比是從古老的單台發電機模式轉向了電廠集中供電模式，運算資源可以像普通的水、電和煤氣一樣作為一種商品流通，隨用隨取，按需付費，唯一不同於傳統資源的是，雲端運算是透過網際網路進行傳輸的。基於此，我們可以給雲端運算下一個簡單而通俗的定義，雲端運算是新一代的資訊科技，是把所有的運算資源集結起來形成一個整體（也是雲端），人們只要能夠接入網際網路，就能夠訪問雲端的各種應用和資訊，並根據自己使用的資源支付一定的費用，相當於如今的水費、電費等。再直白一點理解，就是雲端運算發展到一定程度之後，人們只要擁有顯示器、滑鼠和鍵盤和網際網路就夠了，如今的主機被放到了一個集中的被稱為「雲端」的地方，人們透過網際網路去訪問雲端、獲取資訊。

雲端運算不僅能使企業使用者受益，同時也能使個人使用者受益。首先，在使用者體驗方面，對個人使用者來說，在雲端運算時代會出現越來越多的

第一節　雲端運算

基於網際網路的服務，這些服務豐富多樣、功能強大、隨時隨地接入，無須購買、下載和安裝任何使用者端，只需要使用瀏覽器就能輕鬆訪問，也無須為軟體的升級和病毒的感染操心。對企業使用者而言，則可以利用雲端技術優化其現有的 IT 服務，使現有的 IT 服務更可靠、更自動化，更可以將企業的 IT 服務整體遷移到雲端上，使企業卸下維護 IT 服務的重擔，從而更專注於其主營業務。此外，雲端運算更是可以幫助使用者節省成本，個人利用雲端運算可以免去購買昂貴的硬體設施或者是不斷升級電腦配置，而企業使用者則是可以省去一大筆 IT 基礎設施的購買成本和維護成本。

雲端運算是透過使運算分布在大量的分散式電腦上，而非本地電腦或遠端伺服器中，企業數據中心的運行將與網際網路更相似。這使得企業能夠將資源切換到需要的應用上，根據需求訪問電腦和儲存系統。因此，被普遍接受的雲端運算具有如下特點：

①超大規模。雲端運算通常需要數量眾多的伺服器等設備作為基礎設施，例如 Google 就擁有 100 多萬台伺服器，亞馬遜、IBM 和微軟等公司的雲端運算也都有數十萬台伺服器。

②虛擬化。虛擬化是雲端運算的底層技術之一，使用者所請求的資源都是來自雲端，而非某些固定的有形實體。

③高可靠性。雲端運算中心在軟硬體層面採用了諸如數據多副本容錯、心跳檢測和運算節點同構可互換等措施來保障服務的高可靠性，使用雲端運算比使用本地運算更加可靠。

④伸縮性。雲端運算的設計架構可以使得電腦節點在無須停止服務的情況下隨時加入或退出整個集群，從而實現了伸縮性。

⑤按需服務。「雲端」相當於一個龐大的資源池，使用者根據自己的需要使用資源，並像水、電一樣按照使用量計費。

⑥多租戶。雲端運算採用多租戶技術，使得大量租戶能夠共享同一堆疊的軟硬體資源，每個租戶按需使用資源並且不影響其他使用者。

⑦規模化經濟。由於雲端運算通常擁有較大規模，雲端運算服務供應商可使用多種資源調度技術來提高系統資源利用率，從而能夠降低使用成本，實現規模化經濟。

2. 雲端運算的由來

雲端運算雖然是一個全新的概念，但是正如很多偉大的發明和技術都不是一蹴而就，而是透過一代人或幾代人的努力才逐漸演變而來，雲端運算也是有著深刻的歷史淵源。

1960年代，John McCarthy就提出了把運算能力作為一種像水和電一樣的公用事業提供給使用者的理念，這成為雲端運算思想上的起源。從大型電腦邁進到雲端運算，這個過程也是運算邏輯不斷演變的過程，雲端運算可以看成網際網路服務供應商的擴展。網際網路服務供應商，從最初為組織和個人提供網際網路接入服務（ISP1.0），然後隨著網際網路接入商品模式化，網際網路服務供應商紛紛尋找其他額外服務，例如透過其設施提供電子郵件應用以及對伺服器的訪問（ISP2.0）。這種形式很快衍生出為使用者的主機伺服器特別客製的設施，以及用以提供支持的基礎設施和在上面運行的應用程式，這些特別客製的設施稱為託管設施（ISP3.0）。隨著託管設施的激增以及商品化，接下來演化到應用服務供應商形式（ISP4.0），再然後逐漸演變到如今的雲端運算，也就是ISP5.0。

雲端運算的根源與很多概念都有聯繫，例如效用運算、分散式運算、網路電腦、網格運算等等，雲端運算可以看成網格思想的一種延伸。網格是1990年代中期發展起來的下一代網際網路核心技術，其靈感來源於電力網，希望給最終的使用者提供與地理位置無關、與具體的運算設施無關的通用的運算能力。簡單地說，網格就是把整個網際網路整合成一台巨大的超級電腦，實現運算資源、儲存資源、數據資源、資訊資源、專家資源等的全面共享。可以看出雲端運算的思想和網格運算有很多類似之處，因此如今很多人將雲端運算和網格運算混淆。其實雲端運算與網格運算的關係，就像是OSI（國際標準化組織制定的開放系統網際網路標準）與TCP/IP之間的關係，後者是前者的簡化版，前者是學院派，而後者是現實派，在前者的推動上產生了後

者，雲端運算也可以看成網格運算的一種簡化實用版。雖然兩者有千絲萬縷的聯繫，但是也有著明顯的區別：網格運算關注於提供運算能力和儲存能力，而雲端運算側重於在此基礎上提供抽象的資源和服務；資源調度模式不同，雲端運算採用集群來儲存和管理數據資源，運行的任務以數據為中心，即調度運算任務到數據儲存節點運行，而網格運算則以運算為中心，運算資源和儲存資源分布在網際網路的各個角落此外，在作業系統、管理方式和付費方式上，雲端運算和網格運算都有顯著不同。為了更清楚地理解二者區別，可以看下面的表 7-1。

表 7-1 網格計算與雲端運算的主要區別

區別	網格計算	雲端運算
發起者	學術界	工業界
標準化	是（OGSA）	否
開源	是	否
網際網路	網際網路，高延時低頻寬	高速網路，低延時高頻寬
關注點	計算密集型	數據密集型
節點	分散的PC或伺服器	集群
獲取的對象	共享的資源	提供的服務
安全保證	公私鑰技術，帳戶技術	每個任務一個虛擬機，保證隔離性
節點作業系統	相同的系統（UNIX）	多種作業系統上的虛擬機
虛擬化	虛擬資料和計算資源	虛擬軟硬體平臺
節點管理方式	分散式管理	集中式管理
易用性	難以管理、使用	用戶友好
付費方式	/	按需付費
失敗管理	失敗的任務重啟	虛擬機遷移到其他節點繼續執行
對第三方外掛的兼容性	難以兼容	易於相容，透過提供不同的服務來相容
自我管理方式	重新配置	重新配置，自我修復

3. 雲端運算的產生

　　Google 公司執行長艾立克・史密特在 1993 年就預言道：「當網路的速度與微處理器一樣快時，電腦就會虛擬化並透過網路傳播。」在 1990 年代，Sun Microsystems 公司也提出了「網路就是電腦」的行銷口號。當其提出這個預言式口號時，艾立克・史密特用了一個不同的術語來稱呼萬維電腦，稱它是「雲中的電腦」。可見 Google 在 2006 年提出「雲端運算」這個概念並不是偶然，「雲端」的思想早已存在。

　　當高高在上的大型電腦時代過去，個人電腦時代產生，再然後隨著全球資訊網和 Web2.0 的產生使人類進入了前所未有的資訊爆炸時代。面對這樣的一個時代，摩爾定律也束手無策，無論是技術上還是經濟上都沒辦法依靠硬體解決資訊無限增長的趨勢，面對如何低成本地、高效快速地解決無限增長的資訊的儲存和運算這一問題，雲端運算也就應運而生。雲端運算這個概念的直接起源來自戴爾的數據中心解決方案、亞馬遜 EC2 產品和 Google-IBM 分散式運算項目。戴爾是從企業層次提出雲端運算。亞馬遜 2006 年 3 月推出的 EC2 產品是現在公認的最早的雲端運算產品，當時被命名為「Elastic computing cloud」，即彈性雲端運算。但是亞馬遜由於自身影響力有限，難以使雲端運算這個概念普及起來，其正式普及則是 2006 年 8 月 9 日，Google 執行長艾立克・史密特在搜尋引擎大會上提出「雲端運算」（Cloud Computing）的概念。2007 年 10 月，Google 與 IBM 開始在美國大學校園內推行關於雲端運算的計劃，透過該計劃期望能減少分散式運算在學術探索所用各項資源的百分比，參與的高校有：卡內基美隆大學、史丹佛大學等。

二、雲端運算的分類

　　關於雲端運算的分類，目前主要有兩種分類方法，即：按服務類型分和按服務方式分。

1. 按服務類型分

雲端運算架構按照服務類型自底向上可被劃分為基礎設施即服務（Infrastructure as a Service，IaaS）、平台即服務（Platform as a Service，PaaS）、軟體即服務（SoftwareasaService，SaaS）三種，如圖 7-1 所示。

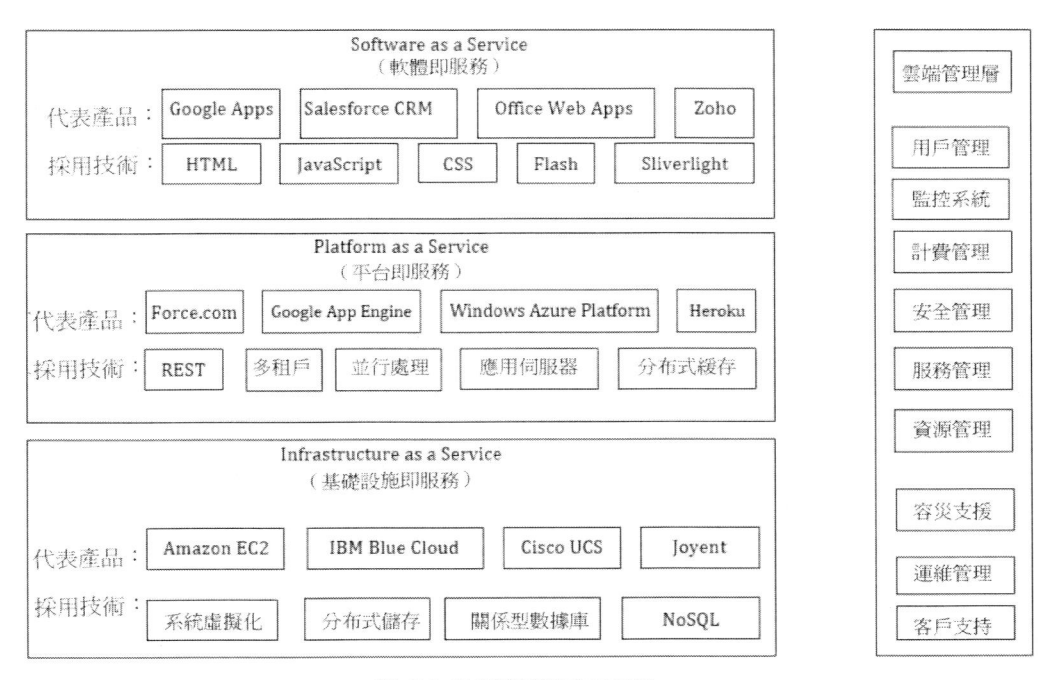

圖 7-1 雲端運算服務示意圖

(1) IaaS

IaaS 是指將底層網路連接起來以及伺服器等物理設備作為基礎設施來提供資源租用與管理服務。通常來說是利用虛擬化技術來組織現有系統中的 CPU、記憶體和儲存空間等 IT 資源。在運算和儲存方面做到可客製、易擴展和健壯性。IaaS 透過對底層物理設備的抽象向使用者提供資訊處理、儲存以及網路資源。使用者能夠透過租用這些資源來部署相關作業系統以及各種應用軟體。使用者不需要對這些物理資源進行管理，該工作由系統管理員來

新媒體技術
第七章 應用中的新媒體傳播新技術

完成，使用者只需要控制作業系統、儲存和部署的應用軟體，同時也可能控制有限的網路組件，例如防火牆等。

（2）PaaS

PaaS 是指一種向使用者提供在雲端基礎設施之上部署客製軟體的系統軟體平台，該平台允許使用者使用若干種平台支持的程式語言進行軟體的開發，並提供相應的庫、服務以及由服務提供者支持的工具。使用者無須管理或控制包括網路、伺服器、作業系統和儲存等底層雲端基礎設施，可能只需要控制所部署的應用軟體並可能配置支撐該應用軟體的環境參數。PaaS 通常建立在 IaaS 之上，其面對的對象是廣大網際網路應用開發者，把端對端的分散式軟體開發、測試、部署、運行環境以及複雜的應用程式託管當作服務，透過網際網路提供給使用者，核心技術是分散式平行運算。使用者不需要管理或控制底層的雲端基礎設施，但能夠控制部署的應用程式，也可能控制應用的託管環境的配置。

（3）SaaS

SaaS 是指向使用者提供使用運行在雲端基礎設施之上的某些應用軟體的能力。使用者可以透過各種使用者端設備商搭載的精簡使用者端介面（例如網路瀏覽器等等）或者程式介面來訪問這些應用軟體。使用者不需要管理或控制底層的雲端運算基礎設施，包括網路、伺服器、作業系統、儲存，甚至包括單個應用程式的功能，可能的例外就是需要設置一些有限的客戶可客製的配置。SaaS 是目前最成熟、應用最廣泛的一種雲端運算，也是我們生活中經常接觸的，大多是透過網頁瀏覽器來接入。

2. 按服務方式分

在 NIST（美國國家標準技術研究院）的一篇名為〈The NIST Definition of Cloud Computing〉的關於雲端運算概念的著名文章中，共定義了雲端的 4 種模式，分別是：公有雲、私有雲、混合雲和行業雲。

①公有雲

公有雲也稱外部雲。這種模式的特點是，由外部或者第三方供應商採用細粒度（細粒度直觀地說就是劃分出很多對象）、自服務的方式在 Internet 上透過網路應用程式或者 Web 服務動態提供資源，而這些外部或者第三方供應商基於細粒度和效用運算方式分享資源和費用。

②私有雲

私有雲是雲端基礎設施由一個單一的組織部署和獨占使用，適用於多個使用者（比如事業部）。私有雲對數據、安全性和服務品質的控制較為有效，相應地，企業必須購買、建造以及管理自己的雲端運算環境。在私有雲內部，企業或組織成員擁有相關權限可以訪問並共享該雲端運算環境所提供的資源，而外部使用者則不具有相關權限而無法訪問該服務。

③混合雲

顧名思義，混合雲就是將公有雲和私有雲結合到一起，使用者可以在私有雲的私密性和公有雲的靈活性和價格高低之間自己做出一定的權衡。在混合雲中，每種雲仍然保持獨立，但是用標準的或專有的技術將它們組合起來，可以讓它們具有數據和應用程式的可移植性。

④行業雲

行業雲主要指的是專門為某個行業的業務設計的雲，並且開放給多個同屬這個行業的企業。行業雲可以由某個行業的領導企業自主創建一個行業雲，並與其他同行業的公司分享，也可以由多個同類型的企業聯合創建和共享一個雲端運算中心。

三、雲端運算相關技術和原理

1. 雲端運算關鍵技術

雲端運算是以數據為中心的一種數據密集型的超級運算。在數據儲存、數據管理、編程模式、系統管理等方面具有自身獨特的技術。

①虛擬化技術

　　虛擬化技術是雲端運算的核心技術之一。虛擬化是一種調配運算資源的方法，它將應用系統的不同層面——硬體、軟體、數據、網路、儲存等一一隔離開，從而打破了數據中心、伺服器、儲存、網路、數據和應用中的物理設備之間的劃分，實現了架構動態化，並達到集中管理和動態使用物理資源及虛擬資源，以提高系統結構的彈性和靈活性，降低成本，改進服務，減少管理風險等目的。虛擬化是雲端運算的核心特徵，而雲端運算也是虛擬化技術的最高應用境界。在雲端運算系統中，雲端運算將每一個層次的功能模組化並且封裝成為抽象實體，構建一個動態數據中心，實現軟體應用與底層硬體相隔離。雲端運算要想對使用者提供各層次的雲端服務，就需要依靠雲端運算系統的虛擬化。虛擬化技術能夠提供一系列虛擬伺服器，該伺服器中的應用程式、網路資源和數據處理、運算、儲存的關係可根據使用要求動態變化，從而能夠迅速、有效地為使用者提供各種雲端服務。

　　虛擬化技術根據對象可分成儲存虛擬化、運算虛擬化、網路虛擬化等，運算虛擬化又分為系統級虛擬化、應用級虛擬化和桌面虛擬化。在雲端運算實現中，運算系統虛擬化是一切建立在「雲端」上的服務與應用的基礎。虛擬化技術目前主要應用在 CPU、作業系統、伺服器等多個方面，是提高服務效率的最佳解決方案。

②編程模式

　　為了高效地利用雲端運算的資源，使使用者能更輕鬆地享受雲端運算帶來的服務，雲端運算的編程模型必須保證後台複雜的平行執行和任務調度向使用者和編程人員透明，雲端運算中的編程模式也應該盡量方便簡單。Google 開發的 MapReduce 的編程模式是如今最流行的雲端運算編程模式，MapReduce 的思想是透過「Map」映射將任務進行分解並分配，透過「Reduce」映射將結果歸約彙總輸出，後來的 Hadoop 是 MapReduce 的開源實現，目前已經得到 Yahoo、Facebook 和 IBM 等公司的支持。

③數據儲存和管理技術

運算的一大優勢就是能夠快速、高效地處理大量數據。在數據爆炸的當今時代，這一點至關重要。為了保證數據的高可靠性，雲端運算通常會採用分散式檔案系統，將數據儲存在不同的物理設備中。分散式儲存與傳統的網路儲存並不完全一樣，傳統的網路儲存系統採用集中的儲存伺服器存放所有數據，儲存伺服器成為系統性能的瓶頸，不能滿足大規模儲存應用的需要。分散式網路儲存系統採用可擴展的系統結構，利用多台儲存伺服器分擔儲存負荷，利用位置伺服器定位儲存資訊，它不但提高了系統的可靠性、可用性和存取效率，還易於擴展。與此同時與一般的數據儲存安全保證方法類似，雲端運算也採用冗餘儲存的方式來保證儲存數據的可靠性。目前，雲端運算的數據儲存技術主要有 Google 的非開源 GFS（Google File System）和 Hadoop 團隊開發的開源 HDFS（Hadoop Distributed File System）。

雲端運算系統需要對大數據集進行處理、分析，向使用者提供高效的服務，因此數據管理技術也必須能夠對大量數據進行高效的管理。在現有的數據管理技術中，Google 的 Big-Table 數據管理技術和 Hadoop 團隊開發的開源數據管理模組 HBase 是業界比較典型的大規模數據管理技術。BigTable 是非關係的資料庫，是一個分散式的、持久化儲存的多維度排序 Map。BigTable 建立在 GFS，Scheduler，Lock Service 和 MapReduce 之上，與傳統的關係資料庫不同，它把所有數據都作為對象來處理，形成一個巨大的表格，用來分布儲存大規模結構化數據。Bigtable 的設計目的是產生可靠的處理 PB 級別的數據，並且能夠部署到上千台機器上。而開源數據管理模組 HBase 是 Apache 的 Hadoop 項目的子項目，定位於分散式、面向列的開源資料庫。HBase 不同於一般的關係資料庫，它是一個適合於非結構化數據儲存的資料庫。另一個不同的是 HBase 基於列的而不是基於行的模式。作為高可靠性分散式儲存系統，HBase 在性能和可伸縮方面都有比較好的表現。利用 HBase 技術可在廉價 PC Server 上搭建起大規模結構化儲存集群。

④雲端運算資源的管理與調度技術

採用了分散式儲存技術儲存數據，雲端運算自然也要引入分散式資源管理技術。在多點並發執行環境中，分散式資源管理系統是保證系統狀態正確性的關鍵技術。系統狀態需要在多個節點之間同步，並且在單個節點出現故障時，系統需要有效的機制保證其他節點不受影響。而分散式資源管理系統恰是這樣的技術，它是保證系統狀態的關鍵。Google 的 Chubby 是最著名的分散式資源管理系統。

雲端運算區別於單機虛擬化技術的重要特徵是透過整合分散式物理資源形成統一的資源池，並透過資源管理層管理中介軟體實現對資源池中虛擬資源的調度。

2. 雲端運算原理

端簡單來說，雲端運算的基本原理是把運算任務部署在「超大規模」的數據中心，而不是本地的電腦或遠端伺服器上，使用者根據需求訪問數據中心，雲端運算自動將資源分配到所需的應用上。雲端運算的常用的服務方式是：使用者利用多種終端設備（如 PC 電腦、筆記型電腦、智慧型手機或者其他智慧終端）連接到網路，透過使用者端介面連接到「雲端」；「雲端」接受請求後對數據中心的資源進行優化及調度，透過網路為「端」提供服務。「端」即使用者端，指的是使用者接入「雲端」的終端設備，可以是電腦、筆記本、手機或其他能夠完成資訊交互的設備；「雲端」指的是在雲端運算基地把大量的電腦和伺服器連在一起形成的基礎設施中心、平台和應用伺服器等。雲端運算的服務類型包括軟體和硬體基礎設施、平台運行環境和應用程式。

四、代表性雲端運算平台

1.Google

雲端運算的概念最早是由 Google 明確提出來的，在雲端運算領域，Google 算得上是業界巨頭，Google 與雲端運算發展有著緊密的關係，不僅

研發出了很多典型的雲端運算產品，而且還發表了許多關於雲端運算技術的論文。

① Google 的雲端運算產品

在雲端運算領域，Google 幾乎所有的雲端運算產品都可以被視為典型。Google 在全球有 30 多個數據中心，伺服器總數超過 100 萬台，所以 Google 本身也可以看成世界上最大的雲。Google 的雲端運算產品布局遍及 SaaS、PaaS、IaaS 三個層次。

○ SaaS 層雲端運算產品

在 SaaS 層，Google 的雲端服務主要可分為兩大部分：一部分面對公司和機構的企業級 SaaS 服務，第二部分是面向個人使用者的普通 SaaS 服務。企業級 SaaS 服務統稱為 Google Apps，主要包括 6 大組件：企業版 Gmail、Google 日曆、Google 文件、Google 線上論壇、Google 協作平台以及 Google 影片。而普通的 SaaS 服務可以透過表 7-2 進行瞭解。

表 7-2 普通 SaaS 服務列表

類別	產品
搜索類	網頁搜索、圖片搜索、影片搜索和學術搜索等
地圖產品	Google 地圖、Google Earth 和 Google Sky 等
影片播放	YouTube
照片共享	Picasa
社交網站	Orkut

續表

類別	產品
協作工具	Gmail、Google 日曆和 Google 文件等

在 PaaS 層，Google 主打的產品是 Google App Engine，該產品也是 PaaS 服務的典型代表之一。Google App Engine 是 Google 2008 年推出的基於 Google 數據中心的開發、託管網路應用程式的平台，允許開發人

員編寫應用程式，然後把應用構建在 Google 的基礎架構上。Google App Engine 應用程式易於構建和維護，可根據訪問量和數據儲存需求的增長彈性擴展。使用 Google App Engine，企業不再需要伺服器，只需要上傳應用程式，就可以立即為企業的使用者提供服務。

○ IaaS 層雲端運算產品

Google Storage 和 Google Computing Engine 都屬於 IaaS 層上的業務。

Google Storage 是 Google 推出的類似 AmazonS3 的雲端儲存服務，開發者可以非常容易地使用其基於 REST 模式的 API，將他們的應用程式和 Google Storage 連接起來。Google Storage 支持數據的強一致性，同時每個請求都可以調用數百 GB 的對象。開發者可以透過 Web 管理介面或者 gsulti 這個開源的命令列工具來管理他們的儲存內容，比如新建儲存庫（Bucket）、新建文件夾、批量上傳、批量刪除和共享文件等。

而 Google Compute Engine 是 Google2012 年 6 月推出的在雲端提供了可擴展、靈活的虛擬機運算功能的雲端運算伺服器，簡稱 GCE。作為一個 IaaS 產品，其架構與驅動 Google 服務的架構一樣，開發者可以在這個平台上運行 Linux 虛擬機，獲得雲端運算資源、高效的本地儲存。

② Google 的核心技術

Google 使用的雲端運算基礎架構模式主要包括 3 個相互獨立又緊密結合在一起的系統，也稱之為雲端運算三大法寶，包括：Google 建立在集群之上的文件系統 Google File System，針對 Google 開發的模型簡化的大規模分散式資料庫 BigTable，由 Google 應用程式的特點提出的 MapReduce 編程模式。

○ Google File System 文件系統

為了滿足 Google 迅速增長的數據處理需求，Google 設計並實現了 Google 文件系統 Google File System（簡稱 GFS）。GFS 除了與過去的分散式文件系統擁有許多相同的目標，如性能、可伸縮性、可靠性以及可用性，

還受到 Google 應用負載和技術環境的影響，主要體現在以下四個方面：集群中的節點失效是一種常態，而不是一種異常；Google 系統中的文件大小與通常文件系統中的文件大小概念不一樣，文件大小通常以 G 位元計；Google 文件系統中的文件讀寫模式和傳統的文件系統不同；文件系統的某些具體操作不再透明，而且需要應用程式的協助完成，應用程式和文件系統 API 的協同設計提高了整個系統的靈活性。圖 7-2 是 GFS 的系統架構。

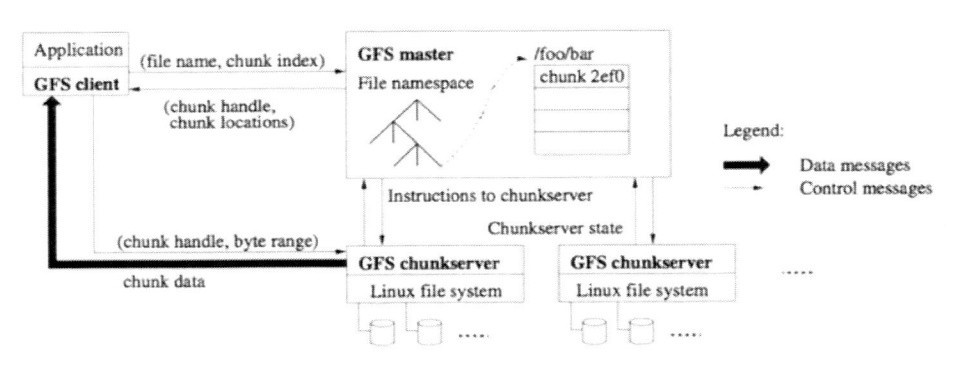

圖 7-2 Google File System 系統架構

GFS 主要由一個 master 節點和很多個 chunkserver 組成。master 主要儲存與數據文件相關的詮釋資料，而不是 chunk（數據塊）詮釋資料包括一個能將 64 位標籤映射到數據塊的位置及其組成文件的表格、數據塊副本的位置和哪個進程正在讀寫特定的數據塊等。另外，master 節點會週期性地接受來自每個 chunkserver 的更新，讓詮釋資料保持最新狀態。chunkserver 主要用於儲存數據，在每個 chunkserver 上，數據文件會以每個 chunk 的默認大小為 64MB 的方式儲存，而且每個 chunk 都有唯一一個 64 位標籤，都會在整個分散式系統中被複製多次，默認次數為 3。

○ 大規模分散式資料庫 BigTable

Google 的數據中心儲存了 PB 級別以上的非關係型數據，為了處理這些數據，Google 構建了弱一致性要求的大規模資料庫系統 BigTable。現在有很多 Google 的應用程式建立在 BigTable 之上，例如 Search History、

Maps、Orkut 和 RSS 閱讀器等。圖 7-3 給出了 BigTable 的數據模型。數據模型包括行列以及相應的時間戳，所有的數據都存放在表格中的單元裡。BigTable 的內容按照行來劃分，將多個行組成一個小表，保存到某一個伺服器節點中。這一個小表就被稱為 Tablet。

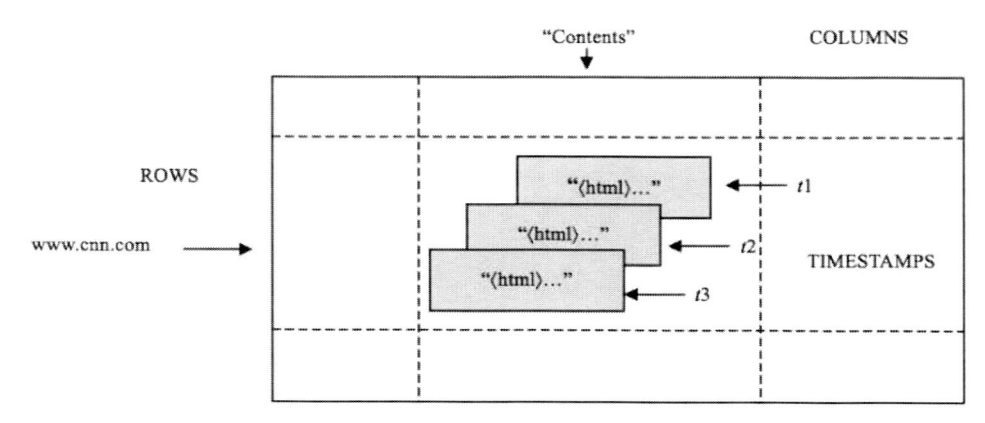

圖 7-3 Google BigTable 的數據模型

　　BigTable 也是使用者端和伺服器端的聯合設計，圖 7-4 給出了 BigTable 系統的儲存服務體系結構。BigTable 系統依賴於集群系統的底層結構，一個分散式的集群任務調度器，一個 GFS 文件系統伺服器和一個分散式的鎖服務。BigTable 使用鎖服務保存根數據表格的指針從而獲得表的位置，進而對數據進行訪問。BigTable 使用一台伺服器作為主伺服器，用來保存詮釋資料。主伺服器除了管理詮釋資料之外，還負責對 Tablet 伺服器進行遠端管理與負載調配，使用者端透過編程連接埠於主伺服器進行詮釋資料通訊，與 Table 伺服器進行資料通訊。

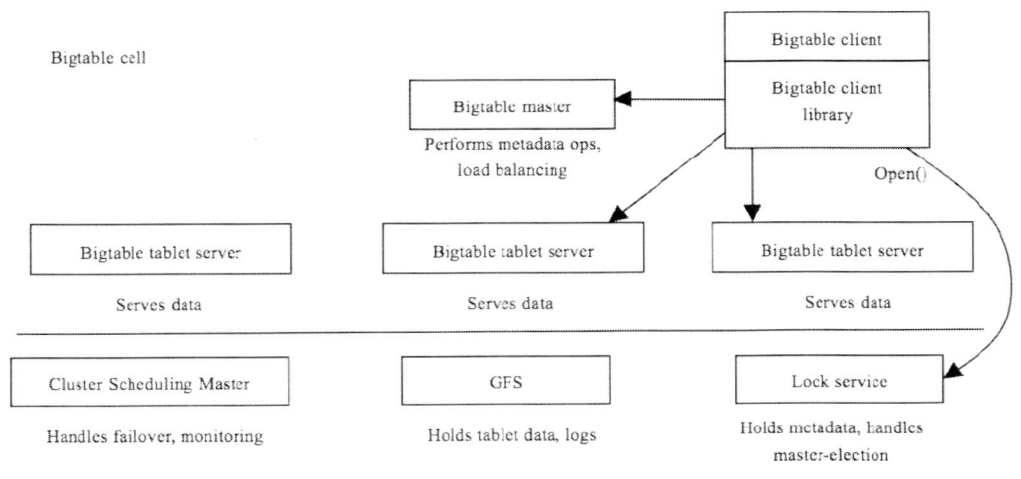

圖 7-4 Big Table 系統的體系結構

○ MapReduce 編程模式

Google 構造了 MapReduce 編程規範來簡化分散式系統的編程。Google MapReduce 架構設計師 Jeffery Dean 提出「設計一個新的抽象模型，使我們只要執行簡單運算，而將平行化、容錯、數據分布、負載均衡等雜亂細節放在一個庫裡，使平行編程時不必關心它們。」

透過 MapReduce，應用程式編寫人員只需將精力放在應用程式本身，而關於集群的處理問題，包括可靠性和可擴展性，則交由平台來處理。MapReduce 透過「Map」和「Reduce」這樣兩個簡單的概念來構成運算基本單元，使用者只需提供自己的 Map 函數以及 Reduce 函數即可平行處理大量數據。首先，Map 會先對由很多獨立元素組成的邏輯列表中的每個元素進行指定的操作，而原始列表不會被更改，並且會創建多個新的列表來保存 Map 的處理結果。也就意味著，Map 操作是高度平行的。當 Map 工作完成之後，系統會接著對新生成的多個列表進行清理（Shuffle）和排序。之後會對這些新創建的列表進行 Reduce 操作，也就是根據 Key 值對一個列表中的元素進行適當合併。

2. Amazon

在大多數人的印象中 Amazon（亞馬遜）是一個著名的電子商務公司，採用的是 B2C（Business to Consumer）的商業模式，從最初的賣書，到 DVD、軟體、電子產品等，Amazon 的業務範圍不斷擴張。尤其是近些年，Amazon 更是成為目前公認的雲端運算應用推廣成功的廠商之一。Amazon Web Service（AWS）是 Amazon 構建的雲端運算平台的統稱，為使用者提供各種雲端服務，是 IaaS 領域的領導者。目前 Amazon 的雲端運算服務有十多種，這裡主要介紹最著名的幾個：EC2（Elastic Computer Cloud）、S3（Simple Storage Service）、SQS（Amazon Simple Queue Service）和 Amazon SimpleDB。

① EC2

Amazon EC2 的全稱是 Amazon Elastic Compute Cloud，也就是彈性雲端運算，是 Amazon 於 2006 年推出的新一代 Hosting 服務，屬於 IaaS 層的雲端服務，主要提供彈性的雲端運算資源。通俗地講，就是提供虛擬機。EC2 主要面向程式開發者，使用者可以選擇不同的伺服器配置，按照使用情況進行付費。由於 EC2 中系統是虛擬的，因而 Amazon 還提供了一個廣泛的硬體支持能力（如彈性均衡負載技術、彈性 IP 位址分配技術、彈性塊技術和自動調整技術等），以便使用者能夠自由地選擇低端和高端的虛擬設備。

EC2 主要具有以下特性：

A. 靈活性，即允許使用者對實例類型、數量自行配置，還可以選擇實例運行的地理位置，可以根據使用者的需求隨時改變實例的使用數量；

B. 低成本，EC2 是按小時計費；

C. 安全性，EC2 有一整套的安全措施，包括基於金鑰對機制的 SSH 方式訪問、可配置的防火牆機制等，同時允許使用者對它的應用程式進行監控；

D. 易用性，使用者可以自由構建應用程式，同時 EC2 還會對使用者的服務請求自動進行負載均衡；

E. 容錯性，利用系統提供的諸如彈性 IP 位址之類的機制，在故障發生時 EC2 能最大限度地保證使用者服務仍能維持在穩定的水平。

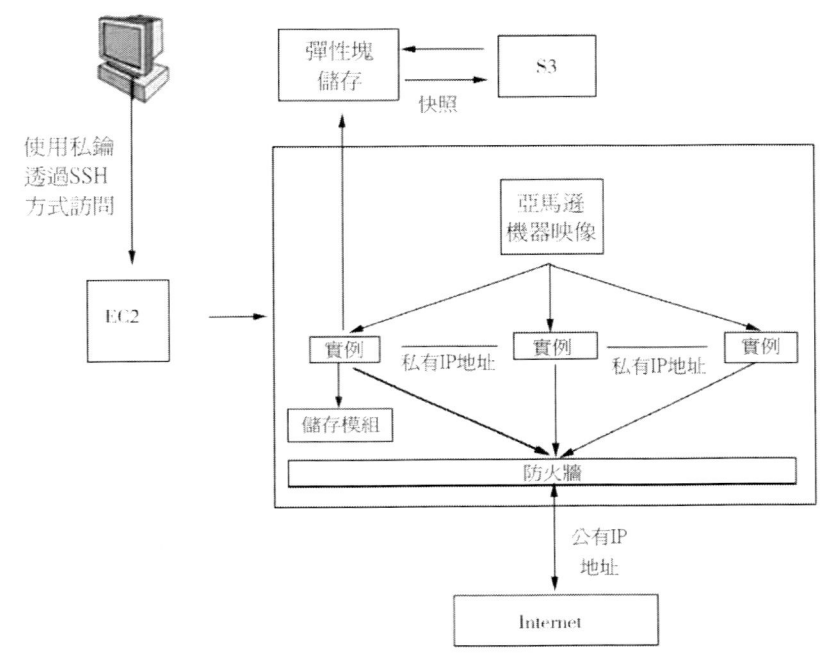

圖 7-5 Amazon EC2 的基本架構

② S3

2006 年 3 月，Amazon 發布了簡單儲存服務，即 S3（圖 7-6），使用者使用 SOAP 協定存放和獲取自己的數據對象。S3 是一種可擴展、高速、低成本、基於 Web 的服務，主要用於數據和應用程式的線上備份和存檔。S3 可以視作一個乙太網路上的大磁碟，它沒有目錄和文件名，只是一個大空間，可以儲存和提取大小從 1Byte 到 5GB 的非結構化數據。透過 S3 雲儲存服務，使用者可以透過多種工具和連接埠輕鬆地將大量數據持久儲存在雲端，很方便地進行讀取和管理。

S3 的儲存機制主要由對象（Object）和儲存貯體（Bucket）組成。對象是最基本的儲存單位，比如我們上傳的一個文件就可以被認為是一個對象，

並且對象會自帶很多詮釋資料，包括對象數據（比如上傳那個文件的內容）、鍵值、訪問控制資訊和其他的詮釋資料等。儲存貯體則是儲存多個對象的容器，理論上，一個儲存貯體的容量是無限的。

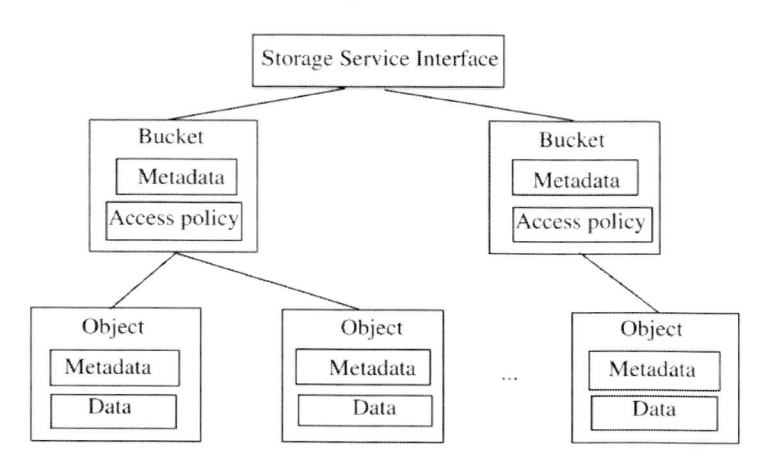

圖 7-6 Amazon S3 儲存形式

③ SQS

2007 年 7 月，Amazon 提出了 SQS（簡單隊列服務）。SQS 是一項快速可靠、可擴展且完全託管的消息隊列服務。整個服務主要由消息和隊列兩部分組成，消息是應用發送到隊列的文本數據，而隊列則是使用者儲存消息的容器，而且有一定的安全設置，並支持並發訪問。同時由於放置在 SQS 中的消息對應用而言大都是至關重要的，所以 SQS 採用分散式架構來確保其系統的高可用性。但有一點值得注意，即 SQS 無法保證消息的順序，也就是先到隊列的消息並不一定是最早的。

Amazon SimpleDB 服務是一個用於儲存、處理和查詢結構化數據集的 Web 服務。AmazonS3 是專為大型、非結構化的數據塊設計，而 SimpleDB 則是為複雜的、結構化的數據建立的。SimpleDB 提供關係資料庫的大多數功能，但它的維護比典型的資料庫簡單得多，使用者不需要設置或配置任何

東西。Amazon 負責管理所有的任務，自動為數據編制索引，可以在任何時間任何地點訪問索引。

五、雲端運算發展中的誤區與問題

雲端運算的概念自誕生以來就伴隨著困惑、誤解和炒作，這麼多年過去，Google、Amazon、Salesforce.com、微軟以及中國的阿里、百度、騰訊等公司不斷爭奪雲端運算市場，進一步提高了雲端運算的受關注程度。雖然雲端運算的面紗逐漸被揭開，企業和個人對雲端運算的瞭解也逐漸增多，但是在雲端運算的發展中依然存在著眾多認識上的誤區和問題。

1. 雲端運算的誤區

誤區1：雲端運算是免費或者廉價的。

在很多人腦海中對雲端運算有一個先入為主的想法：雲端運算就是免費的，只要去註冊，一切就都搞定了。這個想法從本質上就是錯誤的，最初建立雲端運算的想法就是資源可以像普通的水、電和煤氣一樣作為一種公共產品流通，隨用隨取，按需付費。雖然目前普通人接觸到的各種雲儲存服務大多是免費的，但這只是雲端運算的冰山一角。此外，關於雲端運算的費用，很多人認為雲端運算是廉價的，使用雲端運算的主要目的是降低成本。其實，雖然雲端運算價格在不斷下降，尤其是 Amazon、微軟、Google 等雲端運算巨頭的價格大戰導致 IaaS 等雲端運算服務價格不斷降低，但是並非所有雲端運算價格都必然下降，將雲端運算與免費或廉價畫等號是狹隘而短視的。

誤區2：雲端運算就是數據中心。

我們經常聽到「向雲端遷移」這樣的說法，有人認為就像搬家一樣，將系統搬到另一個地方去。實際上，雲端可以是任何地方，它可以是在機房，也可以是在數據中心等等。不論是企業還是個人，在使用雲端運算之前，需要弄清楚的一個概念就是，雲端運算是一種服務策略，而「向雲端遷移」實際上是接受一種新的服務模式。雖然雲端運算需要數據中心的支持，但不意味著雲端運算就是數據中心。雲端運算本質上是一種模式，使用者只是按需購買了數據中心的一部分硬體、功能或者服務，這並不意味著建立了數據中

心就能建立雲端運算平台。雲端運算和數據中心二者並不相互排斥，此外，「採用了雲端運算，數據中心便可有可無」這樣的認識也是不對的。

誤區3：採用雲端運算要捨棄原有的IT基礎設施資源。

雲端運算的本質就是透過整合、共享和動態的供應來實現IT投資的利用率最大化，包括了新的投資和已有的資源。因此，實施雲端運算不需要捨棄原有的IT基礎設施資源，而且雲端運算系統可以高效地監控管理現有的和新增的IT基礎設施資源。

誤區4：雲端運算就是虛擬化。

雲端運算的關鍵技術之一是虛擬化，可以說虛擬化打開了雲端運算的大門，然而，雲端運算並不等同於虛擬化，虛擬化只是雲端運算的一部分。雲端比虛擬化更先進的地方在於，雲端可以為最終使用者在虛擬機直接部署使用者所客製的IT環境。雲端運算整合了現有的虛擬化、網格運算和效用運算的技術，並基於此建立了雲端。雲端運算是虛擬化的最高境界，虛擬化是雲端運算的底層結構。

誤區5：雲端運算是一種技術或一種產品

實際上，雲端運算應該是一個由多個產品和技術組合而成的端到端的解決方案。雲端運算的實現藉助於多種技術，雲端運算平台需要透過不同的技術實現技術架構IaaS、PaaS或者SaaS。

誤區6：雲端運算就是公有雲

說到雲端運算，很多企業都將其等同於公有雲。企業為了實現更大的成本節約和資源利用率，會很自然地選擇公有雲。但實際上，企業除了採用公有雲之外，還可以選擇私有雲、混合雲等，並可以根據自身的預算、資訊隱私、分支機構以及商業需求來進行優化。

此外，關於雲端運算還有諸多誤區，例如雲端運算就是網格運算、任何應用都適合雲端運算等等，相信隨著雲端運算技術的發展以及大家對雲端運算瞭解的增多，這些誤區都會逐一避免。

2. 雲端運算存在的問題

雲端運算是當前在電腦技術領域被反覆提到的一個熱詞。雲端運算能夠給我們帶來諸多好處，但雲端運算在其標準的建立、能耗和數據安全等方面的問題也讓很多科技人士存在擔憂。

①標準尚未統一

任何一種技術的成熟商用都離不開標準化，網際網路之所以能普及也是由於制定了統一的標準，雲端運算也是如此。目前，國際主流雲端運算標準組織包括 ISO/IEC、IEEE（電氣和電子工程師協會）、ITU（國際電信聯盟）、Open Grid Forum（開放網路論壇）、SNIA（全球網路儲存工業協會）、DMTF（分散式管理任務組）、OASIS（結構化資訊標準促進組織）、The Open Group 等知名國際標準化組織，也有 NIST（美國國家標準暨技術研究院）、ETSI（歐洲電信標準化協會）等國家或區域性組織，以及 CSA（雲端安全聯盟）、Open Cloud Initiative（OCI）、Open Cloud Manifesto（開放雲端宣言）、ODCA（開放數據中心聯盟）、Global Inter-Cloud Technology Forum（全球互聯雲端技術論壇）等新成立的雲端運算標準制定機構。

而業界對於雲端運算的標準化尚未達成一致，各主流廠家對雲端運算標準化都有自己的思路與行動。Google 一直敦促建立雲端運算行業標準，以解決雲之間的互操作性和安全問題；IBM 支持雲端運算堅持開放標準的觀點，並牽頭發起了「開放雲端宣言」；微軟的觀點則是雲端運算仍在發展，目前討論技術標準還為時過早。縱觀 Google、Amazon、IBM、微軟等雲端運算平台，也是互不相容。標準的不統一，是雲端運算發展中的問題之一。

②能耗問題

如今有成千上萬的雲端數據中心遍布全球，使人們可以即時地下載他們的 Google 電子郵件、在百度上搜尋、從 iTunes 上購買音樂和電影、從亞馬遜上購買各種各樣的產品。但是所有的這一切都耗費越來越多的能量，並且給環境帶來越來越大的壓力。雲端數據中心有成千上萬個伺服器，這些伺服

新媒體技術
第七章 應用中的新媒體傳播新技術

器可以說是每週 7 天、每天 24 小時不停運轉，維持這些巨大的伺服器的運轉以及為其降溫都將耗費大量的能源。同時，每一個伺服器都由普通的和稀有的材料組成，其中電子垃圾的處置帶來了土壤、水、大氣等環境汙染問題。高能耗、高汙染一直制約著雲端數據中心的發展，據統計，如果將全球的數據中心整體看成一個「國家」的話，那麼它的總耗電量將在世界國家中排名第 15 位。

根據綠色和平的一份報告觀測，Apple、Google、亞馬遜、Facebook 等公司對不斷增加的「雲端」的運用，導致了充滿伺服器的空調數據中心的大量建設。Facebook 在俄勒岡州興建的設施，將依靠主要燃料為煤炭的電廠維持運作，Apple 正在大多靠燃煤取得能源的北卡羅來納建造數據存放系統。數據中心到 2020 年將消耗掉 19630 億千瓦時的電力資源，這比法國、德國、加拿大和巴西目前消耗的電力總量還要多。

在雲端運算的發展中，如何緩解能耗問題，使雲端運算朝「綠色雲」的方向發展，是急需解決的一個問題。

③數據安全

自雲端運算產生以來，安全問題一直是雲端運算發展中的最大挑戰，雲端服務供應商頻頻出現安全隱患。2008 年 2 月 15 日，Amazon 出現了網路服務宕機事件，使得幾千個依賴亞馬遜的 EC2 雲端運算和 S3 雲端儲存的網站受到影響。2009 年 2 月 24 日，由於 Google 位於歐洲的數據中心例行性維護，使得另一個數據中心過載，連鎖效應擴及其他數據中心，最終全球性斷線，導致 Gmail 郵箱爆發全球性故障，服務中斷時間長達 4 小時。2011 年 4 月 22 日，Amazon 雲數據中心伺服器大面積宕機，這一事件被認為是 Amazon 史上最為嚴重的安全事件。2012 年 2 月 28 日，由於「閏年 bug」導致微軟 Azure 在全球範圍內大面積服務中斷超過 24 小時。2014 年 1 月 10 日，雲端儲存軟體 Dropbox 在升級作業系統時出現故障，導致系統宕機。雲端運算雖然極大地方便了使用者，讓企業廉價使用儲存資源、軟體資源和運算資源，與此同時卻存在著數據的安全問題，安全事故可以說是年年有，哪怕是 Google、Amazon 等雲端運算巨頭也難以避免。

第一節　雲端運算

　　除了雲端運算服務供應商自身的安全事故，來自駭客的攻擊也時刻威脅著數據的安全。雲端運算的好處之一是它允許使用者（無論個人或團體）有需要的時候，只購買那些他們需要的 IT 資源。這種即用即付系統提供了出色的靈活性，它允許使用者在較小的時間週期內，獲得幾乎無限的運算能力。但是該模型卻可以被駭客利用，成為其強大攻擊的基礎。2014 年 9 月 1 號，爆發了轟動全球的好萊塢女星裸照風波，多位好萊塢女星的私密照線上瘋傳，其中包括奧斯卡影后珍妮佛○勞倫斯，「蜘蛛女」克斯汀○鄧斯特等，這些私密照的最初發布者聲稱是駭客攻擊了 Apple 的 iCloud 帳號之後獲取的。這一事件也引發了對公有雲安全性的恐慌。從雲端運算的模型分析，可以總結出未來雲端運算安全可能存在的「幾大戰場」：

　　A. 使用者接入門戶，容易遭到的攻擊有：密碼攻擊、偽造「證件」、釣魚網站、資訊竊聽、DDOS 攻擊等；

　　B. 業務應用軟體，攻擊方式有：病毒與蠕蟲、SQL Injection、應用軟體攻擊、主機攻擊等；

　　C. 虛擬機，對駭客來說，虛擬機就是一個大「資源」，可以突破它入侵到服務商的後台管理；

　　D. 雲端運算管理平台，雲端運算管理平台是雲端運算服務的核心，駭客入侵到這裡，就成為整個雲端運算服務的「主人」。

六、雲端運算與新聞傳播行業

　　2014 年 3 月 20 日，由阿里雲、華通雲數據、新奧特聯手打造的中國最大的全雲端媒體平台——ONAIR 全雲端媒體平台召開了發布會。根據 ONAIR 雲端平台的介紹，其推出了以影片為核心的雲端服務模式，利用音樂影片處理技術和雲端運算平台以及遍布全國的 CDN 網路的結合，力圖實現電視台內業務的內容製作、內容播控到網路新媒體等全功能、全業務、全流程、全螢幕的影片雲端服務。

　　可見，在全球都在進行轟轟烈烈的「雲端運算」革命的時候，新聞傳播——這個與資訊、電腦、網際網路有著密切關係的行業，也邁進了雲端運

409

算的浪潮中，媒體生產方式領域的變革已經呼之欲出。目前國外已經有不少媒體機構開始採用雲端運算，Amazon 和 Google 都推出了自己的雲端媒體，提供雲端服務；傳統媒體方面，紐約時報、路透社等為了滿足新聞生產過程中日益擴大的數據和數據處理要求，紛紛推出了基於雲端運算的雲端服務支持體系，提高了新聞生產的效率，降低了媒體運營成本。

1. 雲端運算與傳統媒體

①雲報紙

自網際網路誕生以來，關於紙媒必死、報業寒冬之類的預言不絕於耳，與此同時，紙媒不斷擁抱網際網路，力圖尋求自身與新媒體的融合。雲端運算誕生之後，在傳統報業數位化轉型的道路上，雲報紙也逐漸成為一種新的嘗試。

2012 年 5 月 17 日，《京華時報》推出雲週刊，報紙讀者可透過手機使用者端拍攝報紙圖片，經過「雲端運算」可查看圖片所連結的影片等內容。可以說，雲週刊實現了兩大終端的有效對接，前端仍然是傳統形式的報紙，而後端則架構在雲端，將傳統紙媒與網路媒體融為一體，從而滿足使用者對新聞資訊的延伸閱讀和立體感知。簡單來說，雲報紙就是利用圖片識別的技術，讓讀者可以透過智慧行動裝置對報紙感興趣的圖片進行拍攝，而打開整個雲端對應的更多的多媒體的互動資訊（圖 7-7）。

《京華時報》雲報紙的經營模式是，透過「雲端 + 管道 + 終端」的基礎性框架，構建起「終端在下游、平台在中游、內容在上游」的全新產業鏈。在這種模式中，《京華時報》雲報紙集內容供應商、管道電信業者和平台電信業者於一身，初步形成一體化媒介經營平台。與傳統報業商業模式不同，雲報紙是內容盈利模式 + 平台盈利模式的混合。在雲週刊推出之後，《京華時報》雲報紙進一步發展，2012 年 7 月和 9 月先後上線「京華雲拍」Android 版和 iPhone 版。在《京華時報》首發雲報紙一年之後，2013 年 5 月，29 家中國具有影響力的報紙聯合成立了全國雲報紙技術應用平台，「在雲端，看報紙」的浪潮開始席捲全國。

第一節　雲端運算

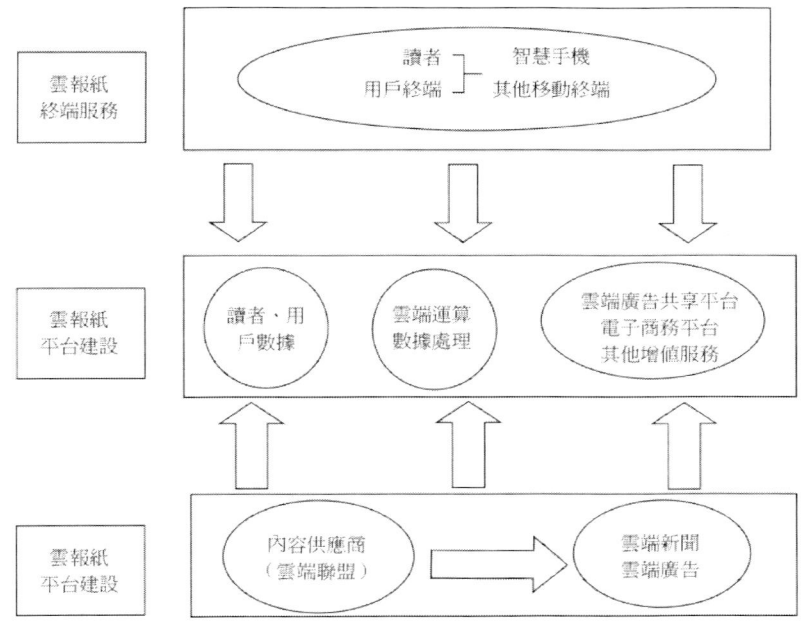

圖 7-7　《京華時報》雲報紙產業鏈

　　雲報紙，引發傳統報紙的生產方式革命性的轉變，這一切看起來很美。但是，透過現象看本質，就會發現雲報紙與 2005 年《北京晚報》應用 QR Code 技術做新聞報導並沒有本質上的區別。QR Code 報紙是拍 QR Code，然後在讀者手機上轉到相應網站上去，而雲報紙是拍報紙上的圖片，然後從手機轉到相應內容，一個拍碼、一個拍圖，其實都是為了豐富報紙的內容以及表現手段。雲報紙借用了當下流行的「雲端運算」的概念，看似是紙媒與雲端運算結合帶來的革命，給讀者提供了便利，然而在資訊爆炸的時代，稀缺的不是資訊而是注意力，報紙原本的特點就在於為讀者精選內容，如今的雲報紙卻是在給報紙做加法。換個角度想，原本來看報紙的人肯定是對報紙有某方面的需求，如果還要拍圖片轉到線上，那麼何必不直接去線上搜尋呢？雲報紙不能只鮮活在概念上，如何利用雲端運算真正在讀者的需要的立場上增強自身的底蘊、豐富自身的內涵，還需要更多的摸索。

②廣電雲

雲端運算的儲存、運算模式對各行各業都產生了深遠的影響，對於廣電媒體來說，藉助雲端運算不僅能夠大幅降低硬體成本，還能夠實現擴展傳播管道、豐富閱聽人體驗等多重目標。廣電媒體應用雲端運算，可以在台內建立「私有雲」，對現有的 IT 系統進行整合，也可以租用「公有雲」作為 IT 資源的補充。鑒於廣電媒體需要大量處理音樂影片文件的特殊性，並不是所有業務都適合被虛擬化，可以選擇將高密度的數據運算應用（如轉碼、串流媒體服務等）、高頻率資訊處理應用（如資料庫、應用伺服器等）、大量數據儲存應用、普通工作站應用（如辦公、新聞稿件、編目檢索等）等部署在「雲」中，進行部分雲化。

2011 年，借鑑雲端運算的理念，山東齊魯頻道打造了「新聞雲系統」，將新聞製作原有的採集、編輯與播出三個階段統一結合為一個整體新聞播出系統，實現「採編播」一體化。原本相互分離的單元被打通，形成統一的資訊平台系統，其所擁有的「新聞雲」中的所有資源均可在「中央資源庫」平台上共享。利用「新聞雲系統」，實現了隨時隨地的新聞生產，並可以利用各種終端協同工作。

2012 年倫敦奧運會，CNTV（中國網路電視台）在對奧運會的轉播中，憑藉自有的「一雲端儲存、多終端報導」（即「一雲多螢幕」）的傳播體系全面涵蓋網路終端、手機電視終端、IP 電視終端、行動電視終端等五大媒體平台，形成了網際網路、手機、iPad、IPTV、行動電視終端全面發力的傳播格局。在倫敦奧運會中，CNTV 全程直播賽事近 3000 場、節目時長近 5600 小時，製作點播影片近 1.5 萬條，發布圖文資訊近 15 萬條。CNTV 的賽事資源是採用「雲」方式進行儲存，多種終端儲存在同一內容源，同樣的內容在多種平台、多種終端上實現和消費者需求的連結。採用雲端儲存的方式負載，使得多種播送終端盡顯其傳播優勢。

2. 雲端運算與新媒體

在新媒體領域，最簡單的雲端運算應用如今已經隨處可見，例如搜尋引擎、網路信箱、網路硬碟等，使用者只要輸入簡單指令即能得到大量資訊，

這一趨勢逐步向手機、GPS等行動新媒體蔓延，且很多新的功能如影片點播、資訊搜尋、線上地圖，都是透過線上服務、隨需租用或附帶廣告的免費版本等多種多樣的形式所獲取的軟體，依靠「雲層」之上的、規模龐大的運算和數據資源，實現新的資訊處理形態。有人把提供雲端運算服務的公司比喻成電力公司，那麼在未來，運算資源將像電那樣可以隨時獲取。未來的網際網路世界將會是「雲+端」的組合。「雲」就是雲端運算，是規模龐大的數據與應用中心；「端」指的是使用者可以便捷地使用各種終端設備訪問「雲」中的數據和應用，這些設備可以是電腦、平板電腦和手機，甚至是電視等大家熟悉的各種電子產品。

麥克盧漢一個著名的觀點是媒介即人的延伸，不同的傳播媒介也就是人的不同感官和器官向外部世界的「延伸」，這個過程不斷擴大了人類征服自然的改造世界的能力。雲端運算作為新媒體時代的革命性技術手段，正是上述理論的形象演繹。毫無疑問，雲端運算是人類大腦資訊儲存能力的極致「延伸」，不僅能深刻改變人類的行為模式、溝通模式和社會形態，而且還能解決如今新媒體面臨的挑戰。如今新媒體在技術構建方面面臨三個方面的挑戰，而「雲端運算」技術特別是IaaS發展出來的技術恰恰是應對挑戰最好的工具。

第一個挑戰是新媒體行業業務多樣性。新媒體的業務為適應不同的終端要求，形成了業務多樣及多變的特點。為實現平台針對業務的多樣及多變性特點進行融合支撐，技術平台構建面臨挑戰。由於「雲端運算」本身最大特點就是虛擬硬體及系統資源，使用者可在虛擬資源上快速、靈活地部署多種不同業務，因此使用「雲端運算」技術，可輕易達成一個平台對多種業務提供支撐的要求。

第二個挑戰是內容資訊量大。新媒體的內容資訊除涵蓋傳統媒體資訊外，還涉獵互聯網龐大的資訊，大量的資訊必然要求構建大容量共享儲存空間及提供迅速快捷的運算能力，「雲端運算」的出發點就是為瞭解決大規模運算，多系統平行運算及大量內容技術處理正是「雲端運算」的優勢，因此「雲端技術」是現今解決新媒體大量資訊處理的最有力工具。

新媒體技術
第七章 應用中的新媒體傳播新技術

　　第三個挑戰是內容資訊的碎片化及時效性。傳統的說法是「新聞是易碎品」，但雲端運算將很快改變這一說法。碎片化、雞毛蒜皮的報導形態將逐步被新媒體淘汰，而調查性報導、解釋性報導、科學背景報導等深度報導形態將組成優質的大量媒介資源，納入雲端運算平台，供閱聽人訂閱、查詢、下載。此外，人們已越來越希望以即時的方式呈現資訊，無處不在的網路接入特性帶給「雲端運算」隨時隨地可用的靈活性。利用網際網路，「雲端運算」可將處理服務能力都擺在網際網路遠端的「雲端」裡，也即意味著可讓記者和編輯人員及時地進行遠端儲存和資訊編輯，提升新媒體行業資訊的時效性問題。

　　其實，雲端運算並不是一種新的技術類型，而是既有的技術形態在新的理念下的綜合應用，在媒體應用中的核心價值也不在於技術水平的提升，而在於技術應用理念的轉變，是基於技術的服務。微軟中國研發集團主席張亞勤認為「雲端運算」有三個層次，首先是提供物理的資源、運算、儲存、數據，還有網路。其次，是要提供平台，這個平台上可以開發新的應用，提供新的服務、新的解決方案。其三是提供軟體，包括數據、安全都作為一種服務。他提出一個充滿想像力的公式：雲端運算＝（數據＋軟體＋平台＋基礎設施）×服務。這個公式表明，「雲端運算」的終極價值取決於「服務」值的大小。因而，在媒體應用中的「雲端運算」最終也會體現為「雲端服務」，媒體應用也從「使用產品」向「享用服務」轉變。在新聞傳播行業擁抱雲端運算的道路上，不論是傳統媒體還是新媒體，都需要明確一點：轉變自身的服務理念，只有這樣才能真正藉助雲端運算獲益。

第二節　IoT

　　IoT 是新一代資訊科技的重要組成部分，也是「資訊化」時代的重要發展階段。IoT 透過智慧感知、識別技術與普適運算等通訊感知技術，廣泛應用於網路的融合中，也因此被稱為繼電腦、網際網路之後世界資訊產業發展的第三次浪潮。

一、IoT 的產生與起源

IoT 的產生

IoT（Internet of Things，IoT）的基本思想出現於 1990 年代末。早在 1995 年，比爾‧蓋茲在其著作《未來之路》中已有這樣的描述：「憑藉你佩戴的電子飾品，房子可以識別你的身分，判斷你所處的位置，並為你提供合適的服務；在同一房間裡的不同人會聽到不同的音樂；當有人打來電話時，整個房子裡只有距離人最近的電話機才會響起……」。

上面這些在科幻小說裡面出現的場景和功能，被視為人們對 IoT 所具備的神奇功能的期待和預言。至於 IoT 的起源，當前普遍認同的觀點是：IoT 起源於傳感器網路、傳感器、無線射頻辨識（RFID）以及標識編址技術的融合發展。

IoT 的實踐最早可以追溯到 1990 年施樂公司的網路可樂販售機——Networked Coke Machine。

1991 年美國麻省理工學院（MIT）的 Kevin Ashton 教授首次提出 IoT 的概念。

1999 年美國麻省理工學院建立了「自動識別中心（Auto-ID）」，提出「萬物皆可透過網路互聯」，闡明了 IoT 的基本含義，提出將書籍、鞋、汽車部件等物體裝上微小的識別裝置，就可以時刻知道物體的位置、狀態等資訊，實現智慧管理。早期的 IoT 是依託無線射頻辨識（RFID）技術的物流網路。

2004 年日本提出 u-Japan 計劃，該策略力求實現人與人、物與物、人與物之間的連接，希望將日本建設成一個隨時、隨地、任何物體、任何人均可連接的泛在網路社會。

2005 年，在突尼斯舉行的資訊社會世界高峰會（WSIS）上，國際電信聯盟（ITU）發布《ITU 網際網路報告 2005：IoT》，正式提出了「IoT」的概念，介紹了 IoT 的特徵、相關的技術、面臨的挑戰和未來的市場機遇。報告指出：無所不在的「IoT」通訊時代即將來臨，世界上所有的物體都可以透

過網際網路主動進行資訊交換。IoT 的定義和範圍已經發生了變化，涵蓋範圍有了較大的拓展，不再只是指基於 RFID 技術的 IoT。

2006 年韓國確立了 u-Korea 計劃，該計劃旨在建立無所不在的社會（ubiquitous society），在民眾的生活環境裡建設智慧型網路（如 IPv6、BcN、USN）和各種新型應用（如 DMB、Telematics、RFID）。

2006 年 3 月，歐盟召開會議「From RFID to the Internet of Things」，對 IoT 做了進一步的描述，並於 2009 年制定了 IoT 研究策略的路線圖。

2008 年，世界範圍內多個研究機構組成的 Auto-ID 聯合實驗室組織了「Interact of Things」國際年會。

2009 年，IBM 執行長彭明盛提出了「智慧地球」（Smart Planet）的概念，把傳感器嵌入和裝備到電網、鐵路、橋樑、隧道、公路、建築、供水系統、水壩、油氣管道等各種應用中，並且透過智慧處理，達到智慧狀態。

二、IoT 的概念與特徵

1.IoT 的基本概念和內涵

隨著資訊領域及相關學科的發展，相關領域的科學研究工作者分別從不同的方面對 IoT 進行了較為深入的研究，IoT 的概念也隨之有了深刻的改變，但是至今仍沒有提出一個權威、完整和精確的 IoT 定義。

IoT 的概念最初是由美國麻省理工學院在 1999 年提出的：即透過無線射頻辨識（RFID）、紅外感應器、全球定位系統、雷射掃描器、氣體感應器等資訊傳感設備，按約定的協定，把任何物品與網際網路連接起來，進行資訊交換和通訊，以實現智慧化識別、定位、追蹤、監控和管理的一種網路。

國際電信聯盟（ITU）發布的 ITU 網際網路報告，對 IoT 做了如下定義：透過 QR Code 識讀設備、無線射頻辨識（RFID）裝置、紅外感應器、全球定位系統和雷射掃描器等資訊傳感設備，按約定的協定，把任何物品與網際

網路相連接，進行資訊交換和通訊，以實現智慧化識別、定位、追蹤、監控和管理的一種網路。

簡單地說，IoT 就是物物相連的網際網路。包含三層意思：

其一，IoT 的核心和基礎仍然是網際網路，是在網際網路基礎上擴展的網；

其二，其使用者端擴展到了任何物品與物品之間，進行資訊交換和通訊，也就是物物相息；

其三，該網路具有智慧屬性，可進行智慧控制、自動監測與自動操作。

2. 從 T2T、H2T、H2H 到 M2M

根據國際電信聯盟（ITU）的定義，IoT 主要解決物品與物品（Thing to Thing，T2T）、人與物品（Human to Thing，H2T）、人與人（Human to Human，H2H）之間的連接。但是與傳統網際網路不同的是，H2T 是指人利用通用裝置與物品之間的連接，從而使得物品連接更加的簡化，而 H2H 是指人之間不依賴於 PC 而進行的連接。因為網際網路並沒有考慮到對於任何物品連接的問題，故使用 IoT 來解決這個傳統意義上的問題。

IoT 顧名思義就是連接物品的網路，許多學者討論 IoT 中，經常會引入一個 M2M 的概念，可以解釋成為人到人（Man to Man）、人到機器（Man to Machine）、機器到機器（Machine to Machine）。從本質上而言，人與機器、機器與機器的交互，大部分是為了實現人與人之間的資訊交互。

M2M 技術是 IoT 實現的關鍵。M2M 技術是無線通訊和資訊科技的整合，用於雙向通訊，適用範圍較廣，可以結合 GSM/GPRS/UMTS 等遠距離傳輸技術，同樣也可以結合 Wi-Fi、BlueTooth、ZigBee、RFID 和 UWB 等近距離連接技術，應用在各種領域。

隨著通訊技術和行動網路技術的不斷發展，使得 M2M 技術理念得以進一步實現，透過在機器內部嵌入無線通訊模組，以無線通訊等為接入手段，為使用者提供綜合的資訊化解決方案，以滿足使用者在數據採集、即時監控

和遠端調度等方面的資訊化需求。到 2014 年底，全球 M2M 的連接數將從 2013 年的 1.95 億增加至 2.5 億。中國是這一市場的排頭兵，是目前世界上最大的 M2M 市場，連接數量達到 5000 萬，超過了美國和日本的總和。

3.IoT 的基本特徵

從通訊對象和過程來看，IoT 的核心是物與物以及人與物之間的資訊交互。IoT 的基本特徵可概括為全面感知、可靠傳送和智慧處理。

（1）全面感知：利用無線射頻辨識、QR Code、傳感器等感知、擷取、測量技術隨時隨地對物體進行資訊採集和獲取。

（2）可靠傳送：透過將物體接入資訊網路，依託各種通訊網路，隨時隨地進行可靠的資訊交互和共享。

（3）智慧處理：利用各種智慧運算技術，對大量的感知數據和資訊進行分析並處理，實現智慧化的決策和控制。

三、IoT 的技術架構

1.IoT 的技術體系

IoT 技術涉及多個領域，這些技術在不同的行業往往具有不同的應用需求和技術形態。在這個技術體系中，IoT 的技術構成主要包括感知與標識技術、網路與通訊技術、運算與服務技術及管理與支撐技術四大體系。

（1）感知與標識技術

感知和標識技術是 IoT 的基礎，負責採集物理世界中發生的物理事件和數據，實現外部世界資訊的感知和識別，包括多種發展成熟度差異性很大的技術，如傳感器、RFID、QR Code 等。

①傳感技術

傳感技術利用傳感器和多跳自組織傳感器網路，協作感知、採集網路涵蓋區域中被感知對象的資訊。傳感器技術依附於敏感機理、敏感材料、工藝設備和計測技術，對基礎技術和綜合技術要求非常高。目前，傳感器在被檢

測量、類型和精確度、穩定性、可靠性、低成本、低功耗方面還沒有達到規模應用水平，是 IoT 產業化發展的重大瓶頸之一。

②識別技術

識別技術涵蓋物體識別、位置識別和地理識別，對物理世界的識別是實現全面感知的基礎。IoT 標識技術是以 QR Code、RFID 標識為基礎的，對象標識體系是 IoT 的一個重要技術點。從應用需求的角度，識別技術首先要解決的是對象的全局標識問題，需要研究 IoT 的標準化物體標識體系，進一步融合及適當相容現有各種傳感器和標識方法，並支持現有的和未來的識別方案。

(2) 網路與通訊技術

網路是 IoT 資訊傳遞和服務支撐的基礎設施，透過泛在的互聯功能，實現感知資訊高可靠性、高安全性傳送。

①接入與組網

IoT 的網路技術涵蓋泛在接入和骨幹傳輸等多個層面的內容。以網際網路協定版本 6（IPv6）為核心的下一代網路，為 IoT 的發展創造了良好的基礎網條件。以傳感器網路為代表的末梢網路在規模化應用後，面臨與骨幹網路的接入問題，並且其網路技術與需要與骨幹網路進行充分協同，這些都將面臨新的挑戰，需要研究固定、無線和行動網及 Ad.hoc 網技術，自治運算與聯網技術等。

②通訊與頻管

IoT 需要綜合各種有線及無線通訊技術，其中近距離無線通訊技術將是 IoT 的研究重點。由於 IoT 終端一般使用工業科學醫療（ISM）波段進行通訊（免許可證的 2.4GHzISM 波段全世界都可通用），波段內包括大量的 IoT 設備以及現有的無線保真（Wi-Fi）、超寬頻（UWB）、ZigBee、藍牙等設備，頻譜空間將極其擁擠，制約 IoT 的實際大規模應用。為提升頻譜資源的利用率，讓更多 IoT 業務能實現空間並存，需切實提高 IoT 規模化應用的頻譜保障能力，保證異種 IoT 的共存，並實現其互聯互通互操作。

(3) 運算與服務技術

大量感知資訊的運算與處理是 IoT 的核心支撐，服務和應用則是 IoT 的最終價值體現。

①資訊運算

大量感知資訊運算與處理技術是 IoT 應用大規模發展後，面臨的重大挑戰之一。需要研究大量感知資訊的數據融合、高效儲存、語義整合、平行處理、知識發現和資料探勘等關鍵技術，攻克 IoT「雲端運算」中的虛擬化、網格運算、服務化和智慧化技術。核心是採用雲端運算技術實現資訊儲存資源和運算能力的分散式共享，為大量資訊的高效利用提供支撐。

②服務運算

IoT 的發展應以應用為導向，在「IoT」的語境下，服務的內涵將得到革命性擴展，不斷湧現的新型應用將使 IoT 的服務模式與應用開發受到巨大挑戰，如果繼續沿用傳統的技術路線必定束縛 IoT 應用的創新。從適應未來應用環境變化和服務模式變化的角度出發，需要面向 IoT 在典型行業中的應用需求，提煉行業普遍存在或要求的核心共性支撐技術，研究針對不同應用需求的規範化、通用化服務體系結構以及應用支撐環境、面向服務的運算技術等。

(4) 管理與支撐技術

隨著 IoT 網路規模的擴大、承載業務的多元化和服務品質要求的提高以及影響網路正常運行因素的增多，管理與支撐技術是保證 IoT 實現「可運行、可管理、可控制」的關鍵，包括測量分析、網路管理和安全保障等方面。

①測量分析

測量是解決網路可知性問題的基本方法，可測性是網路研究中的基本問題。隨著網路複雜性的提高與新型業務的不斷湧現，需研究高效的 IoT 測量分析關鍵技術，建立面向服務感知的 IoT 測量機制與方法。

②網路管理

IoT 具有「自治、開放、多樣」的自然特性，這些自然特性與網路運行管理的基本需求存在著突出矛盾，需研究新的 IoT 管理模型與關鍵技術，保證網路系統正常高效地運行。

③安全保障

安全是基於網路的各種系統運行的重要基礎之一，IoT 的開放性、包容性和匿名性也決定了不可避免地存在資訊安全隱患。需要研究 IoT 安全關鍵技術，滿足機密性、真實性、完整性、不可否認性的四大要求，同時還需解決好 IoT 中的使用者隱私保護與信任管理問題。

2.IoT 的三項關鍵技術

在 IoT 應用中有三項關鍵技術：傳感器技術、RFID 標籤、嵌入式系統技術。

（1）傳感器技術：這是電腦應用中的關鍵技術。到目前為止絕大部分電腦處理的都是數位訊號。自從有電腦以來就需要傳感器把類比訊號轉換成數位訊號，電腦才能處理。

最廣義地來說，傳感器是一種能把物理量或化學量轉變成便於利用的電信號的器件。國際電工委員會（IEC：International Electrotechnical Committe）的定義為：「傳感器是測量系統中的一種前置部件，它將輸入變量轉換成可供測量的訊號」。按照 Gopel 等的說法是：「傳感器是包括承載體和電路連接的敏感元件」，而「傳感器系統則是組合有某種資訊處理（類比或數位）能力的傳感器」。傳感器是傳感器系統的一個組成部分，它是被測量訊號輸入的第一道關口。

資訊處理技術取得的進展以及微處理器和電腦技術的高速發展，都需要在傳感器的開發方面有相應的進展。微處理器現在已經在測量和控制系統中得到了廣泛的應用。隨著這些系統能力的增強，作為資訊採集系統的前端單元，傳感器的作用越來越重要。傳感器已成為自動化系統和機器人技術中的關鍵部件，作為系統中的一個結構組成，其重要性變得越來越明顯。

（2）RFID 標籤：是一種傳感器技術，RFID 技術是融合了無線電頻技術和嵌入式技術為一體的綜合技術，在自動識別、物品物流管理有著廣闊的應用前景。

無線射頻辨識（RFID）是一種無線通訊技術，可以透過無線電信號識別特定目標並讀寫相關數據，而無須識別系統與特定目標之間建立機械或者光學接觸。

無線電的訊號是透過調成無線電頻率的電磁場，把數據從附著在物品上的標籤上傳送出去，以自動辨識與追蹤該物品。某些標籤在識別時從識別器發出的電磁場中就可以得到能量，並不需要電池；也有標籤本身擁有電源，並可以主動發出無線電波（調成無線電頻率的電磁場）。標籤包含了電子儲存的資訊，數公尺之內都可以識別。與條碼不同的是，無線電頻標籤不需要處在識別器視線之內，也可以嵌入被追蹤物體之內。

從概念上來講，RFID 類似於條碼掃描，對於條碼技術而言，它是將已編碼的條碼附著於目標物並使用專用的掃描讀寫器利用光訊號將資訊由條形磁傳送到掃描讀寫器；而 RFID 則使用專用的 RFID 讀寫器及專門的可附著於目標物的 RFID 標籤，利用頻率訊號將資訊由 RFID 標籤傳送至 RFID 讀寫器。從結構上講 RFID 是一種簡單的無線系統，只有兩個基本器件，該系統用於控制、檢測和追蹤物體。系統由一個詢問器和很多應答器組成。

RFID 是一項易於操控，簡單實用且特別適合用於自動化控制的靈活性應用技術，可自由工作在各種惡劣環境下，短距離無線電頻產品不怕油漬、灰塵汙染等惡劣的環境，可以替代條碼，例如用在工廠的流水線上追蹤物體；長距無線電頻產品多用於交通上，識別距離可達幾十公尺，如自動收費或識別車輛身分等。無線射頻辨識系統主要有以下幾個方面系統優勢：

①讀取方便快捷：數據的讀取無須光源，甚至可以透過外包裝。有效識別距離更大，採用自帶電池的主動標籤時，有效識別距離可達 30 公尺以上；

②識別速度快：標籤一進入磁場，解讀器就可以即時讀取其中的資訊，而且能夠同時處理多個標籤，實現批量識別；

③數據容量大：數據容量最大的 2D 條碼（PDF417），最多也只能儲存 2725 個數位；若包含字母，儲存量則會更少；RFID 標籤則可以根據使用者的需要擴充到數十 K；

④使用壽命長，應用範圍廣：其無線電通訊方式，使其可以應用於粉塵、油汙等高汙染環境和放射性環境，而且其封閉式包裝使得其壽命大大超過印刷的條碼；

⑤標籤數據可動態更改：利用編程器可以向標籤寫入數據，從而賦予 RFID 標籤交互式便攜數據文件的功能，而且寫入時間相比影印條碼更少；

⑥更好的安全性：不僅可以嵌入或附著在不同形狀、類型的產品上，而且可以為標籤數據的讀寫設置密碼保護，從而具有更高的安全性

⑦動態即時通訊：標籤以每秒 50～100 次的頻率與解讀器進行通訊，所以只要 RFID 標籤所附著的物體出現在解讀器的有效識別範圍內，就可以對其位置進行動態的追蹤和監控。

（3）嵌入式系統技術：是綜合了電腦軟硬體、傳感器技術、積體電路技術、電子應用技術為一體的複雜技術。

嵌入式系統（Embedded system），是一種「完全嵌入受控器件內部，為特定應用而設計的專用電腦系統」，根據英國電氣工程師協會的定義，嵌入式系統為控制、監視或輔助設備、機器或用於工廠運作的設備。與個人電腦這樣的通用電腦系統不同，嵌入式系統通常執行的是帶有特定要求的預先定義的任務。由於嵌入式系統只針對一項特殊的任務，設計人員能夠對它進行優化，減小尺寸降低成本。嵌入式系統通常進行大量生產，所以單個的成本節約，能夠隨著產量進行成百上千的放大。

嵌入式系統是用來控制或者監視機器、裝置、工廠等大規模設備的系統。普遍認同的嵌入式系統定義為：以應用為中心，以電腦技術為基礎，軟硬體可裁剪，適應應用系統對功能、可靠性、成本、體積、功耗等嚴格要求的專用電腦系統。通常，嵌入式系統是一個控制程式儲存在 ROM 中的嵌入式處理器控制板。事實上，所有帶有數位介面的設備，如手錶、微波爐、錄影機、

新媒體技術
第七章 應用中的新媒體傳播新技術

汽車等，都使用嵌入式系統，有些嵌入式系統還包含作業系統，但大多數嵌入式系統都是由單個程式實現整個可程式化邏輯控制器。

IoT 不僅僅提供了傳感器的連接，其本身也具有智慧處理的能力，能夠對物體實施智慧控制，這就是嵌入式系統所能做到的。誠然，IoT 將傳感器和智慧處理相結合，利用雲端運算、模式識別等各種智慧技術，擴充其應用領域。從傳感器獲得的大量資訊中分析、加工和處理出有意義的數據，以適應不同使用者的不同需求，發現新的應用領域和應用模式。

如果把 IoT 用人體做一個簡單比喻，傳感器相當於人的眼睛、鼻子、皮膚等感官，網路就是神經系統用來傳遞資訊，嵌入式系統則是人的大腦，在接收到資訊後要進行分類處理。這個例子很形象地描述了傳感器、嵌入式系統在 IoT 中的位置與作用。

3.IoT 的體系架構

IoT 的體系架構可分為三層：感知層、網路層和應用層。

感知層由各種傳感器構成，包括溫濕度傳感器、QR Code 標籤、RFID 標籤和讀寫器、攝像頭、紅外線、GPS 等感知終端。感知層是 IoT 識別物體、採集資訊的來源，即利用 RFID、傳感器、QR Code 等隨時隨地獲取物體的資訊。

網路層由各種網路，包括網際網路、廣電網、網路管理系統和雲端運算平台等組成，是整個 IoT 的中樞，負責傳遞和處理感知層獲取的資訊。主要功能是進行感知數據和控制資訊的雙向傳輸。

應用層是 IoT 和使用者的介面，它與行業需求結合，實現 IoT 的智慧應用。主要是利用經過分析處理的感知數據，為使用者提供豐富的特定服務。雲端運算平台作為大量感知數據的儲存、分析平台，既是 IoT 網路層的重要組成部分，也是應用層眾多應用的基礎，IoT 的應用可分為監控型（物流監控、汙染監控）、查詢型（智慧檢索、遠端抄表）、控制型（智慧交通、智慧家居、路燈控制）、掃描型（手機錢包、高速公路不停車收費）等，應用層是 IoT 發展的目的。

感知層是 IoT 發展和應用的基礎，網路層是 IoT 發展和應用的可靠保證，沒有感知層和傳輸層提供的基礎，應用層也就成了無源之水、無本之木。但未來的 IoT 發展將更加關注應用層。

四、IoT 的應用

1. 基本應用模式

IoT 根據其實質用途可以歸結為兩種基本應用模式：

（1）對象的智慧標籤

透過 NFC、QR Code、RFID 等技術標識特定的對象，用於區分對象個體，例如在生活中我們使用的各種 IC 卡，條碼標籤的基本用途就是用來獲得對象的識別資訊；此外透過智慧標籤還可以用於獲得對象物品所包含的擴展資訊，例如 IC 卡上的金額餘額，QR Code 中所包含的網址和名稱等。

（2）對象的智慧控制

IoT 基於雲端運算平台和智慧網路，可以依據傳感器網路用獲取的數據進行決策，改變對象的行為進行控制和反饋。例如根據光線的強弱調整路燈的亮度，根據車輛的流量自動調整紅綠燈時間間隔等。

2. 應用原理和領域

IoT 把新一代 IT 技術充分運用在各行各業之中，具體地說，就是把感應器嵌入和裝備到電網、鐵路、橋樑、隧道、公路、建築、供水系統、水壩、油氣管道等各種物體中，然後將「IoT」與現有的網際網路整合起來，實現人類社會與物理系統的整合，在這個整合的網路當中，存在能力超級強大的中心電腦群，能夠對整合網路內的人員、機器、設備和基礎設施實施即時的管理和控制，在此基礎上，人類可以以更加精細和動態的方式管理生產和生活，達到「智慧」狀態，提高資源利用率和生產力水平，改善人與自然間的關係。

IoT 用途廣泛，遍及智慧交通、環境保護、政府工作、公共安全、平安家居、智慧消防、工業監測、環境監測、路燈照明管控、景觀照明管控、樓

宇照明管控、廣場照明管控、老人護理、個人健康、花卉栽培、水系監測、食品溯源、敵情偵察和情報蒐集等多個領域。

3. 典型應用

IoT的典型應用領域有智慧家居、智慧交通、智慧物流、智慧醫療和智慧電網等方面。

（1）智慧家居

智慧家居產品融合自動化控制系統、電腦網路通訊技術於一體，將各種家庭設備（如音樂影片設備、照明系統、窗簾控制、空調控制、安防系統、數位影院系統、網路家電等）透過智慧家庭網路聯網實現自動化，可以實現對家庭設備的遠端操控。與普通家居相比，智慧家居不僅提供舒適宜人且高品位的家庭生活空間，實現更智慧的家庭安防系統，還將家居環境由原來的被動靜止結構轉變為具有能動智慧的工具，提供全方位的資訊交互功能。

①節點監控

客廳：電路安全情況監控。

臥室：電路安全。

廚房：火情／水情監控；煤氣／煙塵監控。

洗手間：電路安全；水情監控。

陽台：玻璃門窗防盜監控。

②訊號監測

火情監測：每個房間應該都需要溫度探測裝置。

煤氣洩露監測：設置於煤氣管道、閥門附近。探測空氣中化學成分濃度。

電線短路監測：發生短路時，瞬時電壓生高。監測裝置內建於電流表等處。

煙塵監測：探測空氣成分濃度。

空氣濕度監控：當室內空氣濕度超過閾值，可認為家中有漏水情況發生。

(2) 智慧交通

所謂智慧交通，就是利用先進通訊、電腦、自動控制技術、傳感器技術，實現對交通的即時控制與指揮管理。交通智慧化是解決交通擁堵、提高行車安全、提高運行效率的重要途徑。中國交通問題的重點和難點是城市道路擁堵，在道路建設跟不上汽車增長的情況下，對車輛進行智慧化管理和調配成為解決擁堵問題的主要技術手段。

(3) 智慧物流

物流領域是 IoT 相關技術有現實意義的應用領域之一。透過在物流商品中引入傳感節點，可以從採購、生產製造、包裝、運輸、銷售到服務的供應鏈上的每一個環節做到精確地瞭解和掌握，對物流全程傳遞和服務實現資訊化的管理，最終減少貨物裝卸、倉儲等物流成本，提高物流效率和效益。

(4) 智慧醫療

在醫療領域，IoT 在條碼化病人身分管理、行動醫囑、診療體徵錄入、藥物管理、檢驗標本管理、病案管理數據保存及調用、嬰兒防盜、護理流程、臨床路徑等管理中，均能發揮重要作用。例如，透過 IoT 技術，可以將藥品名稱、品種、產地、批次及生產、加工、運輸、儲存、銷售等環節的資訊，都存於電子標籤中，當出現問題時，可以追溯全過程。同時還可以把資訊傳送到公共資料庫中，患者或醫院可以將標籤的內容和資料庫中的記錄進行對比，從而有效地識別假冒藥品。

(5) 智慧電網

智慧電網，就是利用傳感器、嵌入式處理器、數位化通訊和 IT 技術，構建具備智慧判斷與自適應調節能力的多種能源統一入網和分散式管理的智慧化網路系統。可對電網與客戶用電資訊進行即時監控和採集，且採用最經濟與最安全的輸配電方式將電能輸送給終端使用者，實現對電能的最優配置與利用，提高電網運行的可靠性和能源利用效率。智慧電網是 IoT 第一重要的運用，很多電信企業開展的「無線抄表」應用，其實也是 IoT 應用的一種。

對於 IoT 產業甚至整個資訊通訊產業的發展而言，電網智慧化將產生強大的驅動力，並將深刻影響和有力推動其他行業的 IoT 應用。

五、IoT 與傳媒

1. IoT 的傳媒化特徵

IoT 具有溝通性、模式化、系統性的傳播特性，被認為是世界下一次資訊科技浪潮和新經濟的引擎，蘊含著傳媒發展的巨大空間。IoT 將助推傳統媒體智慧升級、引發人們對於媒介性質的再認識，IoT 將會提供多方位的資訊選擇服務。IoT 的傳媒應用可以從三個方面展開：全新的傳媒服務體系、全新的傳媒內容開發和全新的傳媒生活挑戰。

（1）溝通性

即 IoT 的本質是人與物體間的溝通和對話，這與傳媒的資訊傳播溝通特徵在本質上是一致的。而且 IoT 可以透過裝置在各類物體上的電子標籤（RFID）、傳感器、QR Code 等經過介面與無線網路相連，賦予物體智慧，從而實現人與物體的溝通和對話，並延伸到物體與物體間的溝通和對話。

（2）模式化

模式是再現現實的一種理論性的、簡化的形式。IoT 的運行過程也是一個資訊系統的傳遞過程，它首先在物品上嵌入電子標籤、條碼等能夠儲存物體資訊的標識，作為資訊來源，然後透過無線網路的方式將其即時資訊發送到後台資訊處理系統，各大資訊系統可互聯形成一個龐大的網路，從而達到對物品進行即時追蹤、監控等智慧化管理的目的。這完全類似於資訊由發射器透過網路通道抵達物品資料終端的智慧化模式。

（3）系統性

從 IoT 的技術要素角度看，網際網路作為新媒體是實現 IoT 的網路基礎，而無線傳感器網則是實現 IoT 的技術基礎，電腦應用是實現 IoT 的內部條件，標準化是實現 IoT 的關鍵。此外，實現 IoT 傳播還要有地理資訊系統（GIS）、全球定位系統（GPS）等關鍵技術。這符合傳媒發展的基本規律，即每一次

傳媒技術的重大發明都會導致新興傳媒的崛起，並涉及各個傳媒系統及其之間的關係。

2.IoT 對傳媒領域的影響

IoT 技術增強了媒體與閱聽人間的互動，形成新的傳媒中心化，促進了媒介的融合，並將引發人們對於媒介性質的再認識。

（1）IoT 技術增強了媒體與閱聽人間的互動

IoT 改變了傳統媒介單向傳播的特點，真正實現了雙向互動的功能，使閱聽人真正有了越來越多的主動權。在 IoT 時代，閱聽人不僅可以在任何時間、任何地點，透過任何設備，選擇任何服務，如點播電視節目和瀏覽雜誌期刊等，而且還可以透過影片線上同節目主持人及其他觀眾相互交流，甚至在節目製作過程中，觀眾也可以參與進去，對節目的構思與創作提出自己的觀點和看法。在 IoT 時代，已經沒有傳統意義上的閱聽人和資訊源管理者了，因為每個閱聽人亦可作為傳播源發布資訊，而資訊源管理者也可作為閱聽人接收其他資訊源的資訊反饋等。

（2）IoT 形成新的傳媒中心化

傳媒中心化還得從去中心化說起。去中心化的概念源於傳播層面傳統媒介主要是電視、廣播、報紙和雜誌等，它們在資訊傳播過程中處於主導和決定作用，它們的中心地位決定了閱聽人只能無條件接受媒體的單向資訊傳播和廣告轟炸，很少能進行資訊反饋。但是隨著資訊科技與網路科技的發展，個人發言權不再集中在主流媒體手中，而能夠回歸到個人手上。這樣的現象就是去中心化。去中心化現象源於網際網路的應用，現代傳媒手段日益豐富和多元，新媒體勢力不斷增長，資訊傳遞的管道不再稀缺，從而導致媒體不得不放棄以自我為中心的傳播策略。

而在 IoT 時代，這些新的或傳統的傳媒手段又重新融合在一起，形成了以 IoT 傳播為中心的後中心化傳播。這種後中心化傳播比去中心化傳播更加以人為本，一切從閱聽人的需求出發，同時根據使用者個人資訊和後台資訊處理系統所儲存的使用者資訊，自動對使用者的需求進行分析，主動為使用

新媒體技術
第七章 應用中的新媒體傳播新技術

者提供使用者想要的服務。比如閱聽人想看新聞，IoT 後台資訊處理系統就會根據閱聽人儲存的讀者資料及以往閱讀資訊，自動將閱聽人喜歡的報紙和新聞排在最前面以避免閱聽人翻閱無關資訊。

（3）IoT 促進了媒介的融合

對於媒介而言，IoT 消除了媒介之間的邊界，推動了以無所不能和無所不在為特徵的媒介融合的深化。以電視為例，在 IoT 時代的數位電視已經不再是傳統意義上的電視，而是一個多功能、多用途的 IoT 技術接收終端。透過這個終端，使用者可以閱讀期刊，可以下載資料，可以收聽廣播，可以線上購物，可以和遠在國外的親人影片聊天。與此同時 IoT 時代的手機或者其他行動載體，又使得廣大閱聽人獲得空間上的自由。概括而言，IoT 時代，媒介融合的生命力就在於消弭了時空之間的界限，讓消費者能夠在任何時候、任何地點得到任何自己想要的服務，這就解決了傳統媒介最大的桎梏即線性傳播與時間的衝突、靜態接收與空間的衝突。此外，IoT 還消除了媒介與閱聽人之間的界限，促進了二者的融合。IoT 時代，任何使用者都能透過個人終端發布資訊，點對面的單向傳播讓位於點對點的互動的網狀傳播。

（4）IoT 將引發人們對於媒介性質的再認識

傳媒的內容生產一直是傳統媒體的優勢所在，也是傳統媒體生存與發展的重要基礎。當新媒體的變革到來之時，如果能使傳統媒體內容與新興傳播方式相融合、相適應，將會使傳媒取得更大的發展。這從網際網路的發展對傳媒的引申與拓展方面，可以找到許多現實的成功案例，如網路廣播、網路電視、網路報紙、手機報紙、手機電視等。

當 IoT 這種新型傳播形態出現時，在傳播意義上有了更大的突破，我們是否可以說物體即資訊呢？如此而言，不論是對傳統媒體還是對 IoT 新型傳播形態，我們都將重新定義認識。在 IoT 的傳播中，資訊是固有的、瀰散的、非集中化的，但透過裝置在各類物體上的電子標籤、傳感器、QR Code 等經過介面與無線網路相連，物體將循環地進行資訊的生產與再生產，這在更大程度上消除了對於媒介性質的錯誤認識，甚至可以認為物體即媒介。

3.IoT 對傳播學研究的挑戰和促進

IoT 的傳播學研究，一方面可以啟動傳播學一些領域的研究，例如組織傳播、危機傳播、科學傳播等；另一方面可能衍生一些新的研究領域或分支學科，這些新的學科領域有可能是自然科學和社會科學的結合體。

（1）開拓組織傳播研究新領域

在傳統媒體時代，傳播學注重大眾傳播研究；網際網路時代，傳播學研究把目光投向人際傳播；而 IoT 的產生，將啟動組織傳播研究。在傳統的組織傳播研究中，一切對資訊傳播研究的最終目的都是盡可能優化組織管理和最終決策。因此人們不論是研究組織結構，還是關注資訊管理與控制，抑或組織環境，都在尋找減少組織管理和決策風險的辦法。在 IoT 的無線射頻辨識系統、全球定位系統和雷射掃描器的運用下，組織管理水平出現了質的提升，有效減少了組織管理和決策風險。

然而，接踵而至的新問題穿越了人文社會科學和自然科學的「疆界」。IoT 雖然以「物」的形式出現，但歸根結底還是由人來掌控的，而最終還是為人類服務的，它所獲得的各種資訊都有可能被組織中的「人」知曉，包括組織決策者，這就使組織的權力達到了空前的強度。但人們是否願意生活中的所有物品甚至包括這些物品擁有者的自己都時刻處於一種被監控的狀態？是否應該賦予組織如此大的資訊使用權力？「由於任意一個標籤的標識（ID）或識別碼都能在遠端被任意掃描，且標籤自動地、不加區別地回應閱讀器的指令並將其所儲存的資訊傳輸給閱讀器，要保證國家及企業的機密不被洩露還要確保標籤物的擁有者個人隱私不受侵犯將成為 IoT 識別技術的關鍵問題。」事實上，這一問題正在引起更大範圍更深層次的討論。

（2）促進學科交叉與綜合研究

IoT 的應用，還使整個危機傳播和應急管理前移，基於物質世界的即時感應使得危機訊號傳播迅速提前到災害發生之前，使人類應對災害時在預警、防範和應變等一系列環節上更具主動性和科學性。2007 年 10 月，日本的傳感型地震預警系統正式投入使用。2011 年 3 月 11 日 13 時 46 分，日本發生 9.0

新媒體技術
第七章 應用中的新媒體傳播新技術

級地震並引發海嘯時，傳感型地震預警系統迅速發揮作用。但由於地震預測系統與應急管理系統尚未完全對接好。由此引發的核電危機等次生災害也讓人們始料不及。突發的自然災害引發的複雜社會問題擺在傳播學者面前。

因此，政府如何把握資訊公開（大眾傳播）與應急管理（組織傳播）兩個系統之間的結合成為迫切需要研究的課題。要做到防災救災和資訊管理的有效性，還需要物質世界與人類社會科學多介面、多系統的良好對接和協作，自然災害預警系統（IoT資訊傳播）──政府應急管理系統（組織傳播）──媒介與公眾社會系統（大眾傳播），都需要建立資訊轉換的理論模型和作業系統，這就需要包括傳播學在內的各學科之間的通力合作，聯合攻關。

總之，IoT的出現以及形成的新一代網際網路為傳播學跨學科學研究構建了一個更加廣闊的平台，既可以營造一個仿真度很高的媒介擬態環境，讓研究者展開種種傳播學模擬實驗，還可以建造一個整合多學科多專業跨領域跨區域的虛擬實驗室，節約研究成本，提高研究效益，更重要的是它還可以打破高校行政壁壘和學科門戶隔閡，營造充滿生機活力的跨學科學研究究氛圍和學術環境。

4.IoT下的媒體傳播倫理與社會責任

IoT是物物相連的網路，是網際網路的擴展與延伸。IoT是一種全新的傳播形態，其傳播圖景是「物體即媒介，物體即資訊」。IoT旨在追求「智慧地球」的目標，在給人類生活帶來極大便利的同時，也進一步改變著人們的生活方式與思維習慣。

（1）IoT下的媒體傳播倫理

從傳播角度看，只要資訊對他人產生影響，倫理問題就會出現。IoT時代是「物」的時代，那麼，IoT時代的「人」又在哪裡？IoT突出的泛在性、商業性與開放性將使人類社會的傳播倫理遭遇困境。

①首先，IoT的泛在性可能引發人際傳播的障礙。

IoT將網際網路的人際傳播，拓展到了物與物、人與物、人與人之間的傳播，最大限度地拓展了傳播的對象和範圍。這種泛在性加強了人與物的資

訊交流，實現了更高的工作效率，節省了操作成本。閱聽人在享受 IoT 帶來的便捷時也將產生依賴與惰性。IoT 的泛在性將會減少人際傳播的途徑，現實生活中人與人之間面對面的資訊溝通頻率降低，人與人之間很可能會產生一定的交流障礙，人們之間的感情可能逐漸淡薄。

②同時，IoT 的泛在性也可能造成人的異化。

在最一般的意義上，人的異化指人被自己的創造物所奴役和控制，使創造物由工具上升為目的的一種狀態。IoT 時代人的異化可能表現為以下兩種情況：一是「資訊焦慮」。人被大量的資訊所淹沒，人們只需使用標準化的操作程式而逐漸喪失了自己判斷分析問題的能力。二是「脫離肉體效應」。人們對 IoT 技術的依賴程度越來越高，導致某些器官和能力的退化。也許未來的人類只剩下大腦工作，其他器官將失去作用。

③再者，IoT 的商業性可能會衝擊傳播的人文精神。

國際眾多權威機構預測 IoT 將是改變人類生活方式的十大技術之首，其產業規模遠遠超出現有的網際網路市場。IoT 的商業性極其顯著，可廣泛應用到各個行業和生活的各個方面，具有潛在的巨大的市場價值。商業性會誘導人們利用 IoT 的技術謀取商業利益，漠視人文精神崇尚的人的生命、尊嚴、情感、價值、自由等意識。這種商業性與人文性之間的衝突將會在 IoT 傳播發展中不斷加劇。

④此外，IoT 的開放性還可能導致傳播倫理失衡。

IoT 在革命性地推動人類社會資訊化進步的同時，也帶來了一系列傳播倫理問題。由於 IoT 的技術與涵蓋特性，其所帶來的社會倫理問題比網際網路更廣泛更嚴重。IoT 具有網際網路的開放性，在網路中任何人都可以透過一個終端連接進入，網路中的惡意攻擊可能導致資訊的洩露，電腦病毒的侵入可能導致網路系統的癱瘓。IoT 目前最主要實現的是一個全球性的商品互動網路，經濟安全更為人們所關注。因此電信業者、各行業在應用時都應慎重，項目應用前期做大量的測試來驗證系統的安全性，確保 IoT 中商品資訊傳播過程中的安全保密將是亟待解決的問題。

(2) IoT下的媒體社會責任

麥克盧漢曾經說過：媒介即資訊。換句話說，新的媒介形態改變著我們對於自身和社會的經驗，這種影響最終比它所傳達的特定資訊的內容更為重要。每當某種新興媒介技術得到發展，基於這種新技術的媒介產業得以成長，並能夠穩定地吸引人的眼球時，這種技術與相應的媒介產業必然取代先前的媒介產業與傳播形式。當人們調整適應新媒介和新內容的時候，社會角色與社會關係會發生很大的改變，如果應對不當的話，這種改變就會引起社會的不穩定。

在IoT這個資訊革命的大趨勢下，從源頭控制媒介產業的秩序可能更容易管理，新媒介產業主動承擔社會責任便尤為重要，這些媒介如果更多地關注於營利的話，那麼必然給社會造成很多消極的影響。因此，IoT體制下新媒介應該更重視社會責任感，更願意放棄不道德的策略，更關注公眾長遠的需要而不是迎合短期內的流行熱情。

對於廣告運作來說，IoT能給予廣告主和廣告公司的資訊涉及每個領域，是個前所未有的龐大資訊資源庫，每個安裝了晶片的物體都在IoT的體系之下，時時刻刻都有大量的資訊傳輸回來，在超級電腦上進行後期的資訊整合，使廣告主與廣告公司更容易知道他們的目標閱聽人如何更易於被打動。

對於複雜的IoT，首先必須要有政府的政策支持，政府必須要有專人和專門的機構來研究和協調，才能使IoT有真正意義的發展。廣告才可以切實地得到管理。如果IoT媒體業沒有社會責任感的話，那麼每個人都將生活在沒有隱私的世界裡，透過不同的數據便可以顯示你的喜好，你的品位，你的一切一切。無論你在哪裡都可以被你不認識的一雙雙眼睛盯著。你今天的某些舉動明天就會幫助某個商品賣個好價錢。只有建立一個相對穩定的媒介市場秩序才能使廣告管理得以實施。人們的隱私得到保障。其次，IoT發展過程中，傳感、傳輸、應用各個層面會有大量的技術出現，可能會採用不同的技術方案。如果各行其是，那結果是災難的，大量的小而破的專用網，相互無法連通，不能進行聯網，不能形成規模經濟，不能形成整合的商業模式，也不能降低研發成本。這樣不但不會幫助廣告業的發展，更容易把廣告公司

帶入死胡同，以偏概全的資訊會迷惑人們，做出錯誤的廣告策略。最後，沒有一個相對成熟的 IoT 媒體體制，那麼資訊安全得不到保障會造成無序競爭。新媒體的成長期會伴隨著激烈的競爭，也同樣試探著跨越道德與倫理的界限，所以新媒體的社會責任感在廣告行業更加重要。

5. IoT 推動 Web3.0 趨勢

以網際網路資訊科技的發展為基本特徵，觀察網際網路資訊科技的社會應用，我們會發現這樣的技術革命與社會革命交疊發生的演進線路圖：

Web1.0 時代：內容傳播—資訊搜尋。機構為主體的公共傳播。人與資訊的連接。

Web1.0 時代，是資訊總量劇增，全球資訊互聯，資訊綜合提供，網路數據檢索為其主要特徵的網路泛傳播時代。這一時代其主要的資訊提供模式仍然是機構為主體的公共傳播。我們感受的是資訊總量的急遽增長，資訊獲取的及時、全面、精準和便利，大型入口網站和網際搜尋引擎在滿足我們綜合性資訊需求的同時，幫助我們在整個網際網路的資訊海洋中實施導航、檢索、詮釋和分析。每個人與世界範圍的資訊聯繫起來，人類極大地擴張了自己的觀察視野。

Web2.0 時代：個體創造—群體協作。個人為主體的社會關聯。人與人的連接。

Web2.0 時代，是媒介形態多元，個體傳播強化，網際協作普及為其主要特徵的網路社會形成的時代。這一時代資訊的提供模式從形態上看是以影片資訊為主的多元媒體形態的融合，從資訊傳播的管道上看是以行動網路為主的寬頻網路的應用，從資訊傳播目標上看是以滿足人的多元社會需求而進行的個體之間、個體與群體間、群體與群體之間的資訊交流，從網路資訊的結構的演進功能上看是網路社會結構的形成。Web2.0 時代，我們感受的是人與人之間資訊交流時空界限的突破，個人資訊傳播能量的擴張，個人與群體之間透過網路建立起各式關聯，網路社會的屬性清晰顯現，網路世界與人類社會之間的能量交互變得更為順暢，更為直接，更為強大。

Web3.0 時代：萬物感知—智慧控制。物質世界與人類社會的全方位資訊交互。人與物質世界的連接。

Web3.0 時代正在到來，我們或許還不能準確描繪出它的景觀。但是從目前已經呈現的前端徵兆和發展趨勢看，它將是物體全面互聯、客體準確表達、人類精確感知、資訊智慧解讀的時代。這個時代將生成一個物質世界與人類社會全方位連接起來的資訊交互網路，我們感受的是由此生成的超大尺度、無限擴張、層級豐富、和諧運行的複雜網路系統，呈現在我們面前的將是現實世界與數位世界聚融的全新的文明景觀。在這個或許可以被稱之為 Web3.0 的時代，人類將賦予物質世界自我表述、自我展現的機能，在與客觀世界的直接資訊交互的基礎上，獲得更高級別的與物質世界和諧共生的智慧。

IoT 的呈現，推動資訊傳播的結構和功能發生著深刻的改變。它將全面感知資訊、準確傳輸資訊、智慧分析資訊、科學利用資訊結合為一個資訊傳播及應用的整體過程。

IoT 必然進一步推動全球化的趨勢。人類的共同利益將得到最大程度的共識，世界範圍的資訊共享和資訊協作將成為人類的主流意願和行為趨勢。但是，由於利益結構的複雜性，文化形態的多元性，歷史與現實造成有形和無形的各種障礙，在現實世界中，人類達及共識境界的道路也會變得更加艱難和坎坷。此外，IoT 中的資訊已經不僅是人類製作的資訊，而是人類社會和物質世界的本體資訊，包括人的自然生命的資訊，這樣一個資訊世界的能量是巨大的，而感應技術、傳播技術、分析技術的普遍應用無疑加大著 IoT 世界的不穩定性和危險性。

十五年前，尼葛洛龐帝提出了數位化生存的概念，他的核心思想是：bit，作為資訊時代新世界的 DNA 正迅速取代原子成為人類社會的基本要素。今天，網際網路的發展，IoT 的呈現，越來越深刻地證實著尼葛洛龐帝預言的洞察力。

第三節　LBS

「媒介即資訊」，媒介本身才是真正有意義的資訊。在人類歷史發展的長河中，真正有意義、有價值的「資訊」不是各個時代的媒體所傳播的內容，而是這個時代所使用的傳播工具的性質、它所開創的可能性以及帶來的社會變革。技術方面的創新往往造成人們思想觀念、生產生活方式的變化。新技術在傳播領域的運用，常常會給傳播理念與實踐帶來革新。2010 年以來，LBS（Location Based Service，基於位置的服務）在全球發展迅猛，以美國 Foursquare 為代表的基於位置的服務受到廣泛關注，也給新聞傳播的理念與實踐帶來了巨大的變化。

一、LBS 概述

1.LBS 的起源、定義

LBS 概念的提出，最早源於美國在 1970 年代頒布的「911」服務規範。基本的 911 業務（Basic911）是要求 FCC（聯邦通信委員會）定義的行動和固定電信業者在緊急情況下，可以追蹤到呼叫 911 號碼的電話的所在地。1996 年，美國的 FCC 推出了一個行政性命令 E911，要求強制性構建一個公眾安全網路，即無論在任何時間和地點，都能透過無線訊號追蹤到使用者的位置。E911 促使行動電信業者投入大量的資金和力量來研究位置服務，同時基於位置服務的業務也逐漸開展起來，從而催生了 LBS 市場。

關於 LBS 的定義，雖眾說紛紜，但都大同小異：全球手機電信業者商業協會組織（GSM Association）將 LBS 定義為一種基於行動位置的增強資訊服務，可以為個人或通訊系統提供定位服務，甚至定位自己的位置，該定義強調單獨的位置資訊不再是最終的服務，它需要結合有效內容的服務。開放地理空間協會（OGC）對 LBS 的定義為一種和手機設備相結合，透過手機網路充分利用地理位置提供的一種資訊娛樂服務。瑞典一項名為 CartouCHe 的學術研究項目針對 LBS 提出的定義為：一種利用地理資訊來服務手機使用者的無線 IP 和終端服務。

結合以上分析，本文嘗試對 LBS 的定義作如下表達：LBS 是在 GIS（Geographic Information System，地理資訊系統）平台的支持下，採用 GPS（Global Positioning System，全球定位系統）或其他相關定位技術，獲取行動裝置使用者的位置資訊，並透過行動智慧終端向使用者提供相應服務的一種增值業務。以上關於 LBS 的定義包括兩層含義：「確定地理位置」和「提供服務資訊」。「確定地理位置」就是確定使用者所在的地理位置，並獲取所在位置的周邊資訊「提供服務資訊」，就是提供與地理位置相關的資訊服務。

2.LBS 的技術構成

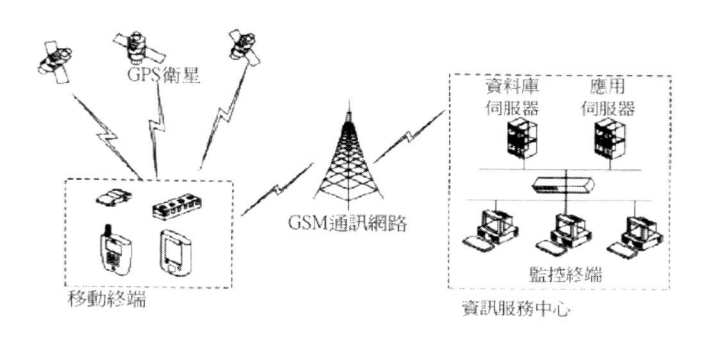

圖 7-8　LBS 系統的組成

總體上看，LBS 由行動通訊網路和電腦網路結合而成，行動裝置透過行動通訊網路發出請求，經過閘道器傳遞給 LBS 服務平台；服務平台根據使用者請求和使用者當前位置進行處理，並將結果透過閘道器返回給使用者（圖 7-8）。

地理位置服務的實現離不開 Web-GIS、「數位地球」技術以及 GPS 或其他定位技術的支持。

（1）Web-GIS

GIS 泛指用於獲取、儲存、查詢、綜合、處理、分析和顯示地理空間數據及其與之相關資訊的電腦系統，是隨著電腦技術和地理科學的發展而發展起來的一個學科。它是由電腦、地理資訊系統軟體、空間資料庫、分析應用

模型和圖形使用者介面及系統管理人員所組成，具有兩方面的特徵：一方面，它是一個電腦系統另一方面，它處理的數據是地理空間位置數據及其與之相關的資訊。

　　Web-GIS 是在網路環境下的一種儲存、處理和分析地理資訊的電腦系統，是 Internet 技術應用於 GIS 開發的產物，透過 Internet 和 WWW、GIS，功能得以擴展和完善。Internet 使用者可以從 Web 的任意一個節點，瀏覽 Web-GIS 站點中的空間數據、製作專題圖，以及進行各種空間檢索和空間分析，從而使 GIS 成為一種大眾使用的工具。

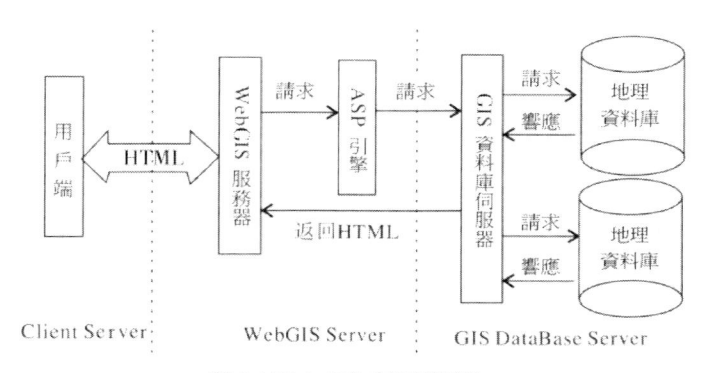

圖 7-9 Web-GIS 系統總體構造

Web-GIS 的功能主要有以下 4 點：

①地理資訊的空間分散式獲取

　　Web-GIS 可以在全球範圍內透過各種手段獲取各種地理資訊。將已存在的圖形數據語言透過數位化轉化為 Web-GIS 的基礎數據，使數據的共享和傳輸更加方便。

②地理資訊的空間查詢、檢索和線上處理

　　利用瀏覽器的交互能力，Web-GIS 可以實現圖形及屬性數據的查詢檢索，並透過與瀏覽器的交互使不同地區的使用者端來操作這些數據。

③空間模型的分析服務

在高性能的伺服器端提供各種應用模型的分析與方法，透過接收使用者提供的模型參數，進行快速的運算與分析，即時將運算結果以圖形或文字等方式返回至瀏覽器端。

④網際網路上資源的共享

網際網路上大量的資訊資源多數都具有空間分布的特徵，利用 Web-GIS 對這些資訊進行組織管理，為使用者提供基於空間分布的多種資訊服務，提高資源的利用率和共享程度。

(2) 數位地球

「數位地球」（Digital Earth）是美國前副總統戈爾於 1998 年 1 月 31 日在洛杉磯加利福尼亞科學中心提出的。「數位地球」是指地球上任何一點的包括資源、環境、經濟和社會等在內的多分辨率的全部資訊，用經緯網座標進行組織，並能進行虛擬實驗和多維表達的，具有空間化、數位化、網路化、智慧化和視覺化特徵的技術系統，即「一個可嵌入大量地理參考數據的行星的多分辨率、3D 描述系統」。簡單地說，「數位地球」就是資訊化的地球，也可以說是數位化的虛擬地球。它為人類提供了一個網路化的介面體系和超媒體的虛擬實境環境。

數位地球需要多學科的支撐，其中主要包括：國家資訊基礎建設和電腦寬頻高速網路技術、高分辨率衛星影像、空間資訊科技、大容量數據處理與儲存技術、科學運算以及視覺化和虛擬實境技術。

「數位地球」可用於智慧交通、精細農業，可以對環境與自然資源即時管理，可以提高城市資訊服務水平，甚至將改變人類的生產、生活方式。

數位地球是 GIS 發展到一定階段的產物，GIS 是數位地球的數據支撐與實現平台，也是實現數位地球重要的支撐技術。GIS，Web-GIS 的發展與完善也必將推動數位地球策略的實施。

(3) GPS

GPS 即全球定位系統，是由美國國防部研製建立的一種具有全方位、全天候、全時段、高精確度的衛星導航系統，能為全球使用者提供低成本、高精確度的 3D 位置、速度和精確定時等導航資訊（如圖 7-10 所示）。該系統由空間衛星星座、地面控制系統和使用者設備三部分組成。

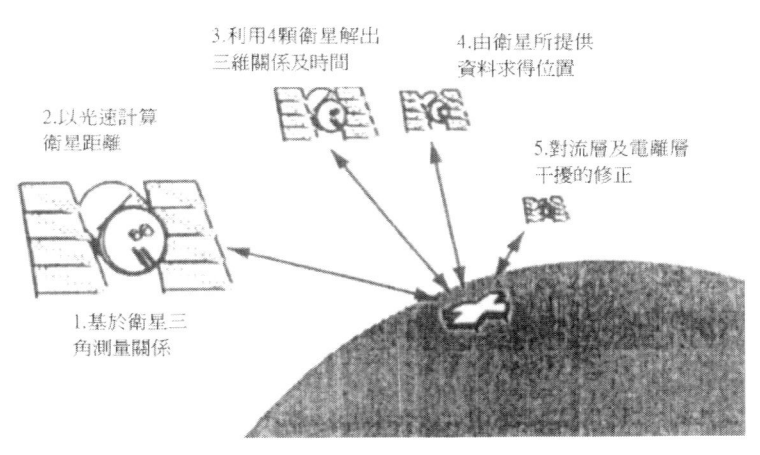

圖 7-10 GPS導航系統工作原理

GPS 可進行靜態、動態等不同方式的精密定位測量，能準確提供速度、時間、方向、距離的資訊可實現精確導航，用於飛機、船舶、星際導航，車輛的調度、監控與導航；可面向全球需要提供標準時間的使用者進行準確授時。

3. 國外 LBS 的發展概況

國外最早出現的類似 LBS 的應用大多數是基於行動通訊的業務，且起初發展緩慢。2001 年，日本電信業者 NITDoCoMo 提供定位資訊服務「i_area」。「i_area」早期提供的六項服務包括：WIN 氣象資訊、iMapFan 電子地圖、美食家、ATIS 交通資訊、Zenrin 攜帶式地圖以及住宿資訊。2002 年 3 月，沃達豐（Vodafone）集團和 SIEMENS 聯手推出了 LBS 業務

「Find&Go」，主要提供地圖定位、導航、列車時刻表、天氣服務、Google地圖等服務。

網際網路應用方面，LBS最早應用於網際網路的標誌應該是2000年Dodgeball的創立，Dodgeball初期的運作是基於使用者提供的內容提供城市導航服務。然而LBS在國外發展的里程碑式的第一步當屬美國Foursquare的火爆。Foursquare於2009年3月在美國上線，到2010年4月，使用者數量突破百萬大關，2011年，其手機使用者更是超過500萬，成長速度令人驚嘆，Foursquare的LBS運作模式可以概括為：社交網路＋城市指南＋遊戲。

二、LBS的應用模式

單純的LBS由於其簽到應用的單一性，對於使用者的吸引力正在逐漸降低。初期使用者對於單純的簽到業務的新鮮感正在逐漸喪失。網際網路產品如果失去黏著度，就很難再留住使用者，更難提高使用者的活躍度。所以，對於正在高速成長的LBS行業來說，如何激起使用者的新鮮感，增加自身的黏著度是一個關乎產品生存的重點。

融合性LBS應用的出現正好給LBS行業的發展帶來了新的希望。它在原有單一簽到服務的基礎上結合了時下流行的網際網路應用元素如SNS、團購、遊戲等，讓產品不再單一並且更能吸引使用者。

現有融合性LBS應用模式包括以下幾種：

1. 簽到模式

簽到模式是LBS應用的鼻祖，也是眾多融合性LBS應用的核心支撐。如今該類別的網站有Foursquare、街旁、嘀咕等幾十家。

該模式的基本特點包括：使用者主動簽到（Check-in），記錄自己所在的位置；應用平台根據使用者對某個地點的簽到次數給予積分、勳章及地主等虛擬獎勵，激勵使用者主動簽到；透過與商家合作對獲得特定積分或者勳

章的使用者提供優惠或折扣獎勵，同時對商家品牌進行行銷；透過綁定其他網站或者社會化工具如微博、SNS 等同步分享使用者的地理位置資訊。

該種模式的主要代表網站有街旁網、嘀咕網、Foursquare 等。

三者都是基於地理位置的行動社交服務網站，使用者可以透過它們來「簽到」自己所處的地點，用創新有趣的數位化方式記錄足跡，和朋友分享心情。

但是雖然都是簽到模式的 LBS，但是三者側重點卻不盡相同。街旁網側重於社交工具方向，嘀咕網與 Foursquare 偏向於商業方向。Foursquare 偏重於橫向探索，不斷探索、研究新的商業模式，例如從廣告投放、遊戲元素擴展到商家平台而嘀咕網更偏重縱向深入，緊抓「為廣告商務提供精準行銷」一個點，不斷在商務合作、管道拓展上狠下功夫和進行本地化創新。

2. 生活服務 +LBS

生活服務型 LBS 可以是基於地理位置的生活資訊共享，如某區域的美食資訊、娛樂資訊；也可以是透過 LBS 將一些生活資訊傳送給特定位置的人群，比如說周圍在打折的商舖，依舊有富餘車位的停車場，正在播放最新演出的劇院，等等。

①周邊生活服務搜尋

基於 LBS 的周邊生活服務搜尋主要提供與生活相關的基於地理位置的搜尋評價服務，使用者透過眾包上傳分享資訊，建立起了娛樂飲食服務的最佳評價體系，逐漸形成獨立成熟的社區。

此類融合性 LBS 的代表有大眾點評網、百度身邊等。

兩者都是基於地理位置的城市生活消費、資訊搜尋、分享指南，致力於透過使用者主動對本地餐飲、休閒、娛樂等生活服務發表評論、分享攻略的方式彙集本地商家資訊及點評資訊，為消費者提供客觀、準確的決策支持。

②與旅遊相結合的 LBS 應用

旅遊具有明顯的行動特性和地理屬性。LBS 應用與旅遊的結合應該十分切合。除了提供一個資訊交流與分享的平台外，產品也會提供在單純的基於地理的資訊分享外與旅遊密切結合的功能應用。

此類融合性 LBS 的代表有遊玩網（後改名切客網）等。

遊玩網是盛大旗下一款線上互動旅遊產品，是以簽到為基礎分享各種旅遊資訊的體驗性旅遊社區。它添加了許多與旅遊相關的特定功能，如其手機使用者端具有增強實境功能和精準的定位能力，會自動識別使用者所在地，在攝像頭捕捉到的真實影像旁顯示所在地附近的位置資訊標籤，也可進行查找附近資訊、簽到、發記錄、拍照片、搶地主、得遊玩票等一系列操作。

3. 遊戲 +LBS

遊戲不僅能成為 LBS 應用的重要內容，更將是此類應用的主要盈利來源之一。遊戲與 LBS 的結合不僅吸引了使用者的注意力，提升了使用者的參與度，更在一定程度上解決了 LBS 的盈利問題。

商家或使用者可以透過平台發布「挑戰（Challenge）任務」到指定的位置，使用者參與這些互動遊戲，過關（Treks）後即可以獲得商家的獎勵（Rewards）。比如引入挖寶、開箱子、抽獎、競猜、秒殺等遊戲元素。遊戲與 LBS 的融合在虛擬世界中構建出了社交 - 遊戲層。

此類融合性 LBS 應用代表：16Fun。

16Fun 是一款基於地理位置的社交遊戲。它更類似於基於 LBS 的大富翁。遊戲中使用者可以透過虛擬報到、消費、買賣房產等遊戲方式與在現實生活中的商家、熱門地點、好友互動等。

4. 社交網站 +LBS

目前，大多數簽到類 LBS 網站都向第三方應用開放。例如透過 LBS 簽到系統如街旁網進行自己的地理位置資訊更新，與之合作的第三方網站如 SNS 和微博的資訊也會隨之更換。本來使用者就可以透過 LBS 平台線上分享

資訊，並同時與他人交流、共享周圍的新聞、事件及娛樂，具有一定的社交屬性，社交網站與 LBS 的深度整合則更加拓展了人際交往的維度，也使資訊的傳播更為深入和廣泛。

人人網推出 LBS「人人報到」。「人人報到」提供一種全新的溝通途徑，使用者更願意向真實身分的好友分享自己的空間位置。

「微領地」是新浪推出的基於位置服務及社區互動的 LBS 產品，透過與其旗下「新浪微博」深度融合，實現多方式簽到、位置交友、完成主題任務、收集奇趣徽章、瞭解明星動態、發掘身邊玩樂資訊等新功能。

5. 商業 +LBS

團購給使用者帶來實惠，保留使用者興趣，LBS 又補充了單純團購的地域性，兩者的結合不僅彌補了雙方的不足，更是為商家和使用者帶來直接的利益。

6. 資訊服務 +LBS

事實上，LBS 的所有模式都基於資訊共享。這裡指的資訊服務側重於和好友、熟人之間的地理位置資訊和相關服務的分享，更類似於社區模式。

①使用者主動提供資訊共享

區區小事是 2010 年 8 月上線的側重於人際關係及互動的融合性 LBS 網站，該網站預先將全國部分大中城市按照城市的熱門地區、小區、商業區、行政區等進行了區域劃分，使用者在相對固定的地理環境中，比如住所和工作區，與周邊人互動。它主張的不是「簽到」、不是基於地理位置的資訊查找和與商家的互動，而是強調鄰里之間資訊的發布，促進人與人的互動。它是三五公里內的「鄰里溝通平台」。

②以問答的方式共享資訊

Askalo 是一個將問答與 LBS 融合的很好的例子，它定位於問答社區網路。它可以讓使用者在當地找到不同的、任何的、具體的資訊，滿足他們的需要，並且在合適的時候可以與志趣相投的人見面並互相交流。比如使用者

新媒體技術
第七章 應用中的新媒體傳播新技術

註冊並建立一個帳戶,並登記一些與他們家鄉(市)相關或者自己感興趣的資訊。然後,他們可以發布與當前位置相關的問題。例如,「誰是這個鎮上最好的牙齒矯正醫生?」同時本地的使用者也可以跟進這些問題。其創新點還在於使用者定位不是僅僅靠城市或城鎮的名字,而是可以街道、社區、郵政編碼甚至地理座標來精確定位。

7. 線下活動 +LBS

除了與各種網路應用融合外,LBS 還可以與線下的現場活動相結合。

最經典的案例來自目前切客網與榕樹下的合作。巨大的切客牆被樹立在「民謠在路上西安站」的現場,參加音樂節的切客網使用者除了在「切客牆」上籤到外,還可以把聽演唱會的意見和看法透過手機發表在切客牆上與現場的切客們分享。歌手在演唱會間隙更會時不時地透過這面牆上的內容與現場觀眾進行互動。演唱會融入 LBS 服務結束了演唱會缺乏互動的歷史。它將時間和空間定格,既強調了地理位置,又強調了內容的即時互動性。

切客牆將 LBS 服務的商家點名簽到、留言點評以及同一地點即時互動的特點與線下活動行程有機聯繫,並透過微博、SNS 等社區網路的傳播,形成蝴蝶效應,使侷限於地點、空間的線下活動瞬間全網路覆蓋,使 LBS 服務商、廣告主、活動場地電信業者都可以從中獲益。而且這一表現形式吸引使用者關注,對於培養消費者忠誠度以及消費習慣都表現出強有力的促進作用。

三、LBS 發展中的問題

從誕生之初的歡呼與掌聲,到目前歸於平靜,那麼,為何會出現此種景象,LBS 應用中到底存在何種問題呢?

(1)產品內容和形式單一,使用者嘗鮮後被冷落。

LBS 的應用大都基於簽到的發展模式,多是「簽到」、「拿徽章」,產品內容和形式單一,同質化嚴重,這些模式只能吸引使用者的短時間使用,保鮮期很短。使用者對 LBS 本身的認知度不高,沒了新鮮感後沒有後續的具

有吸引力的服務,可得到的資訊少,服務更新慢,自身好友使用率低,使用不習慣等因素往往致使使用者放棄使用。

(2) 軟硬體支持條件不完善,降低了使用者體驗。

手機終端定位服務的精準度,將直接影響到相關資訊與服務對使用者的有用度。目前,LBS 簽到一是來自手機 GPS 晶片,但這一方式常常會發生座標偏移的問題;二是來自基地台的資訊,但這需要電信業者的支持;三則是透過 QR Code、簡訊互動結合的方式,不過這需要 LBS 集聚大量的商家活動為前提。

LBS 應用在地圖、發送數據等方面都需要高速的行動網路支持,與之相隨的則是較高的費用;而且,地圖應用需要較好的終端支持,這也意味著費用較高的智慧終端。這在一定程度上制約著使用者基數、制約著 LBS 服務的發展。

(3) 使用者基於資訊安全的考慮降低了參與的頻率與深度。

LBS 的使用往往需要使用者主動提供位置資訊,在使用的過程中又會暴露一些工作生活資訊、社會關係資訊等。隱私洩露問題成為許多使用者的普遍擔憂,而在這種心理認知的作用下,使用者使用 LBS 的頻率以及參與的深度都會受到很大的影響。所以如何在使用者參與 LBS 資訊分享的同時保證隱私安全成了 LBS 電信業者應該深思的問題。

例如微博上曾一度盛傳「微信查詢附近的人可以透過三點定位法確定使用者的位置」,讓公眾對這一基於地理定位的服務功能望而生畏,敬而遠之。「親,別再讓你的位置裸奔啦」這樣一條網路語傳遍大江南北,其背後折射的正是使用者對基於位置的服務所引發的資訊安全的擔憂。

儘管 LBS 在應用中存在著以上種種問題,但這並不意味著應該對其發展前景持悲觀態度,相反,不管是從外界政策、經濟環境還是技術支撐等方面,LBS 的發展都面臨著重大機遇。AGENDA 諮詢顧問公司資深策劃 Rebekar 的觀點或許會對我們有所啟發:「LBS 的應用發展應解決好以下幾個關鍵點:

新媒體技術
第七章 應用中的新媒體傳播新技術

讓 LBS 更加日常生活化，例如社交，根據使用者愛好，讓 LBS 與 SNS 發生關聯，讓 LBS 設計更為人性化，使用者需要的是社交、分享、資訊、娛樂」。

四、LBS 在新聞傳播中的應用

1.LBS 在新聞傳播中的應用類型

LBS 技術在新聞傳播領域的融合應用主要體現在兩個方面：一是 LBS 技術在新聞資訊的生產、流通環節的應用，另一個就是 LBS 技術與社交網路服務的結合。

① LBS 技術在新聞資訊的生產、流通環節的應用由於 LBS 技術的兩項基本職能就是「確定地理位置」和「提供服務資訊」，因此一些媒介機構根據自身的特點，將 LBS 技術應用在新聞資訊的生產、流通環節，開發出相應的 LBS 服務類別，以便強化工作團隊的管理，提高新聞資訊生產效率：將 LBS 地理定位引入記者的日常新聞報導工作中，可以有效地追蹤、掌握網站記者的採訪位置和路線，並根據實際需要進行統籌調度；統計分析記者和事件的地區分布情況，掌握當前的資源分布和最近一段時間的焦點分布，以便合理計劃、分配採訪資源；根據 LBS 地理定位，向閱聽人推送具有地理接近性的新聞資訊，以提升資訊的有效性，拉近與閱聽人的心理距離。

② LBS 技術與社交網路服務的融合網路媒體尤其是社交網路媒體越來越注重提供基於位置的社交網路服務，可以幫助使用者及時瞭解朋友的位置資訊和其他一些相關性資訊，密切了使用者的社會關係。同時也可以不斷激勵使用者分享他們的位置資訊等內容，這些資訊成了社交媒體傳播內容的重要組成部分，增強了社交媒體對使用者的吸引力。更重要的是，LBS 技術與社交媒體的融合，不僅能夠為使用者提供更加個性化、精準化的資訊和服務，同時也為社交網路的未來運營模式提供了新的思路。

例如微信平台上的「附近的人」，QQ 中的「附近」，都是將 LBS 技術與社交網路服務相融合，基於地理定位，查找附近的人，為陌生人之間提供了一個認識、交流的平台，以此來豐富自身的功能，增強對使用者的吸引力。

2.LBS 在新聞傳播中的應用特點

LBS 在新聞傳播中的應用呈現出如下幾個方面的特點：

①資訊載體的行動性，資訊傳播個體的顯現性

LBS 使用者進行地點錄入、分享資訊等資訊發布行為一般都基於行動裝置，使用者在資訊發布的過程中不斷更新自己的地理位置，資訊載體的行動性可以清晰地描繪出資訊流動的規律和特點，這就在資訊傳播過程中增加了一個「行動地理緯度」指數，將整個資訊行動的動態過程顯現出來，可以從大量數據中分析、預測個體行為的可能或不可能。LBS 技術應用於新聞傳播領域，使得資訊的發布往往基於資訊源的地理定向性，資訊發布者的行為地、行為偏好、消費習慣、個體意見表達等資訊更加容易被發掘，資訊傳播者的個體行為日益顯現。

大眾點評網讓使用者能夠隨時隨地線上分享資訊，還能支持第三方帳號登錄，比如用新浪微博登錄，既能在大眾點評網上簽到、評價等，又能將自己最新的體驗在微博中分享，這樣一來，使用者分享的不僅僅是位置資訊，還會與第三方平台上所展現的生活資訊、個體意見表達等結合起來立體呈現，傳播者的個體特徵日益明晰。

②分眾化傳播傾向明顯，資訊及服務的精準性提升

閱聽人需求的差異化對個性化「窄播」的呼喚日益強烈，資訊傳播的目標從「獲取絕大多數人的注意力」轉向「獲取特定人群的注意力」，技術的進步則使得個性化、精準化傳播成為可能，並逐漸演變為一種趨勢。將 LBS 技術應用於資訊傳播的過程中，資訊傳播者的個體行為日益顯現，其資訊偏好、消費習慣、社會關係等資訊更加容易被發掘，在此基礎上進行有針對性的個性化的資訊傳遞，可以提升資訊傳播的精準度與有效性。

基於 LBS 技術，「大眾點評網」僅「美食」點評這一版塊，就提供多達 6 種的搜尋範圍和方法，使用者可透過排行榜、熱門商區地點、菜系分類、地標地鐵、氛圍特色以及快速搜尋等迅速定位到自身所需要的資訊，精準化程度非常高。

再如，街旁網上面基於地理位置的分享，為使用者提供了不同於以往的社交體驗，從街旁中獲取的各地的資訊，更真切、更精準，也更實用。

③使用者在資訊傳播中的自主性增強，強化互動和深度參與

LBS技術的相關應用，其資訊發布往往基於使用者的自願，資訊內容較少地受到外界環境的干擾，使用者在資訊傳播中的自主性顯著提升。而LBS技術與社交網路服務的融合，則將二者的特長與優勢相結合，使用者與使用者，使用者與社交媒體之間的互動更加頻繁，社交媒體對使用者的吸引力增強，使用者在資訊傳播中的參與度加深。

讓使用者充分互動，而不是被動地瀏覽網頁接受推薦，鼓勵使用者分享對餐館的體驗，由此產生的資訊作為網站持續運營的資訊動力，可謂大眾點評網成功的一個關鍵所在。在大眾點評網上，每個餐廳都有對應的「點評」版塊，使用者除了「點評」還可以留言。對於網站沒有收錄的餐廳，使用者更可以自行添加餐館，創建新的「點評」版塊，以此來推動使用者的深度參與。

五、LBS的應用對新聞傳播帶來的影響

1.LBS的應用對新聞傳播帶來的有利影響

LBS在新聞傳播中的應用將有利於提升新聞生產和傳播的效率，推動新聞報導模式的創新，並且促進數據新聞的發展。

① LBS的應用提升了新聞生產與傳播的效率

正如之前所言，將LBS技術應用於新聞的生產過程中，可以強化對新聞生產團隊的管理，可根據人力、物力的具體分布做出科學的調配，提升新聞傳播資源的利用率，提高新聞資訊的生產效率。將LBS技術應用於資訊傳播的過程中，根據使用者顯現的資訊偏好、生活習性進行有針對性的個性化的資訊傳遞，可以提升資訊傳播的精準度與有效性。

Twitter推出的「附近推文」功能，列出了距離使用者較近的其他網友發布的推文，鼓勵使用者分享自己的所在位置。使用者也增加了按照地理位

置組織資訊的方式，可以更快地瞭解附近社區的新活動，可以更高效地檢索到所需的資訊，提升了資訊傳播的效率。

②LBS的應用推動了新聞報導模式的創新

LBS的應用帶來的新聞報導模式的創新主要體現在新聞呈現方式的全景化。隨著LBS技術在新聞報導中應用的深化，新聞從業者擁有了一個相對全景化的視角，在呈現新聞時可以把新聞事件置於原有空間中，利用3D技術實現還原，綜合新聞事件發生地的地理位置、社會人文因素等進行綜合解讀，對於新聞報導具有革命性意義。

③LBS的應用促進了數據新聞的發展

數據新聞是基於大數據收集、整理、分析，進而探勘數據背後的關聯和意義而形成的一種新的新聞報導。這種基於網際網路技術而呈現的巨量數據，將對傳統的新聞報導產生巨大影響。將LBS技術應用於新聞傳播當中，在使用者主動分享資訊的同時，會產生各種「副產品」：使用者的地理位置、生活習慣、社會關係等，這些正是所謂的「數據」，在充分享掘、分析這些數據的基礎上，對數據背後的意義進行呈現與解讀，就形成了所謂的「數據新聞」。因此說，LBS在新聞傳播領域的應用，為數據發掘與分析提供了便利，推動著數據新聞的發展。

大眾點評網上使用者對商家的評論、使用者的消費心得、使用者的簽到位置等都是一個個「數據」，發掘這些數據『並進行相應的分析』有助於其他消費者進行理性的消費選擇，有利於商家做出正確的經營管理決策，而這些數據分析與解讀，構成了一條條有價值的數據新聞。

2.LBS的應用對新聞傳播帶來的不利影響

雖然LBS的應用對新聞傳播帶來了一些有利的方面，但可能會呈現以下兩個方面的不利影響：

① LBS 的應用在一定程度上加劇了「新聞碎片化」

簡單來講，「新聞碎片化」就是指新聞報導更新得越來越快，新的資訊越來越多，但大多是不完整的，傳播的內容越來越缺乏整體性、連貫性、條理性。雖然新聞碎片化是由多方面原因造成的，但其對閱聽人、對社會帶來的危害是顯而易見的。

行動裝置的攜帶性、網路技術以及通訊技術的發展，使得資訊的即時發布成為可能。而 LBS 應用的發展，則吸引著使用者根據地理位置的變化即時更新資訊發布，這些資訊之間除了地理位置的相關性以外，往往缺乏內在的聯繫，多以「碎片」的形式呈現在其他閱聽人面前，降低了其他閱聽人資訊獲取的效率，對整個新聞傳播業的發展也是十分有害的。

② LBS 的應用使得「新聞無意義化」現象趨於嚴重

傳播技術的進步，為公民參與新聞生產提供了極大的便利，越來越多的民眾透過自媒體提供與分享他們自身的事實、新聞。這一現象的進步意義不言而喻，其帶來的負面影響也不容忽視，「新聞無意義化」便是其中之一。

普通民眾往往對新聞價值沒有較好的判斷，或者有時新聞價值會讓位於個人的價值偏好，這就很容易造成新聞價值低或者無新聞價值的資訊泛濫。LBS 的技術應用鼓勵使用者主動分享資訊，而這類內容多是使用者的生活行為、習慣偏好等個人資訊，相對於其他閱聽人來說，缺乏普遍層面的價值，「新聞無意義化」現象趨於嚴重。

大眾點評網作為一個使用者自由發表消費評論、分享消費資訊、為使用者提供消費指南的綜合資訊平台，在廣大使用者的積極參與以及經營者的成功運作下，成為越來越多消費者的「自媒體」。消費者之間渴望透過彼此的「自媒體」瞭解更多實用的消費資訊、生活指南，然而在這一平台上，大量充斥著「我的同事是奇葩」、「地鐵出口忘了怎麼走」這樣一些對使用者缺乏普遍價值的資訊。

LBS 技術是隨著社會的發展，在相關技術的支援下發展起來的滿足使用者基於地理位置的服務需求的一種應用技術，給使用者帶來了極大的便利。

其在新聞傳播領域的應用，更是對新聞傳播的實踐帶來了諸多益處及改變。但是 LBS 的發展還存在著產品內容和形式單一、盈利模式不明晰等問題，這些問題的解決還需要在實踐中不斷探索。

第四節　虛擬實境技術

虛擬實境技術正逐漸從科幻走入現實，並引發一場人機交互的革命。隨著技術的愈發成熟，其重要性已經不僅僅侷限於遊戲娛樂的領域，它將從方方面面改變世界，同時對新聞傳播的內容生產帶來重大變革。

一、虛擬實境技術概述

1. 虛擬實境技術的概念

虛擬實境（Virtual Reality，VR，也被譯作靈境技術）就是採用以電腦技術為核心的現代高新技術，生成逼真的視、聽、觸覺一體化的一定範圍的虛擬環境，使用者可以藉助必要的裝備以自然的方式與虛擬環境中的物體進行交互作用、相互影響，從而獲得親臨等同真實環境的感受和體驗。虛擬環境是由電腦生成的即時動態的 3D 立體逼真圖片，它可以是某一現實世界的再現，也可以是虛擬構想的世界。虛擬實境的概念主要涉及現實世界、虛擬環境和人及交互設備三個要素，也可直觀地表達成如圖 7-11 所示。

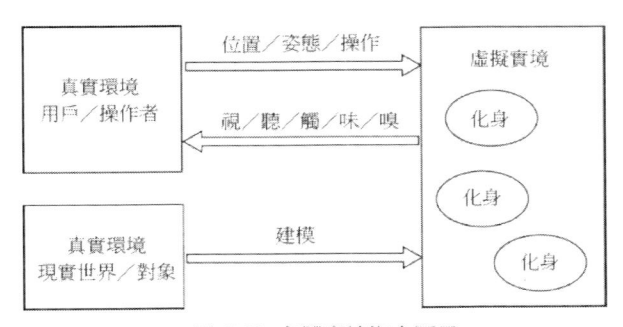

圖 7-11 虛擬實境概念圖示

新媒體技術
第七章 應用中的新媒體傳播新技術

在方法論層面，虛擬實境是人類在探索自然、認識自然過程中創造產生，逐步形成的一種用於認識自然、模擬自然，進而更好地適應和利用自然的科學方法和科學技術。

虛擬實境技術中存在兩個基礎性問題，分別是虛物實化和實物虛化。實物虛化主要包括基本模型構建、空間追蹤、聲音定位、視覺追蹤和視點感應等關鍵技術，這些技術使得真實感虛擬世界的生成、虛擬環境對使用者操作的檢測和操作數據的獲取成為可能。虛物實化則主要研究確保使用者在虛擬環境中獲取視覺、聽覺、嗅覺和觸覺等感官認知的關鍵技術。

2. 擴增實境技術

擴增實境（Augmented Reality，簡稱 AR）是在虛擬實境技術的基礎上發展起來的新興研究領域，綜合了電腦圖形、光電成像、融合顯示、多傳感器、圖片處理、電腦視覺等多門學科，是一種利用電腦產生的附加資訊對真實世界的景象增強或擴張的技術。擴增實境系統也是虛擬實境系統的一種，亦被稱作增強式虛擬實境系統，其使用者可以在看到周圍真實環境的同時看到電腦產生的增強資訊，這種增強資訊可以是在真實環境中與真實物體共存的虛擬物體，也可以是關於存在的真實物體的非幾何資訊。

虛擬實境致力於完全打造沉浸式虛擬環境，而擴增實境則是將虛擬資訊融入真實世界。擴增實境把原本在現實世界的一定時間空間範圍內很難體驗到的實體資訊，如視覺資訊、聲音、味道、觸覺等，透過科學技術模擬仿真後再疊加到現實世界被人類感官所感知，從而達到超越現實的感官體驗。

3. 虛擬實境技術發展歷程

虛擬實境技術的發展，經歷了軍事、企業界以及學術實驗室長時間的研製開發後才進入了公眾領域。早在 1950 年代中期就有人提出了虛擬實境這一構想，但是受到當時技術條件的限制，直到 1980 年代末，虛擬實境技術隨著電腦技術的高速發展和網際網路技術的普及才得以廣泛應用。

第四節 虛擬實境技術

虛擬實境技術的發展可以大致分成 3 個階段：1970 年代前，是虛擬實境技術的探索階段；1980 年代是虛擬實境技術的系統化實現階段；1990 年代至今則是虛擬實境技術的全面發展階段。

①虛擬實境技術的探索階段（1970 年代前）

1929 年，EdwinA.Link 發明了一種飛行模擬器，使乘坐者實現了對飛行的一種感覺體驗。可以說這是人類模擬仿真物理現實的初次嘗試。其後隨著控制技術的不斷發展，各種仿真模擬器陸續問世。

1956 年，Morton Heileg 開發了一個摩托車仿真器 Sensorama，具有 3D 顯示及立體聲效果，並能產生振動感覺。1960 年，MortonHeileg 獲得了單人使用立體電視設備的美國專利，該專利蘊含了虛擬實境技術的思想。

1965 年，電腦圖學的重要奠基人 Ivan Sutherland 博士發表了一篇短文「Theulti mate display」（終極顯示），設想在這種顯示技術支持下，觀察者可以直接沉浸在電腦控制的虛擬環境之中，就如同日常生活在真實世界一樣。同時，觀察者還能以自然的方式與虛擬環境中的對象進行交互，如觸摸感知和控制虛擬對象等。Sutherland 的文章從電腦顯示和人機交互的角度提出了模擬現實世界的思想，推動了電腦圖形圖片技術的發展，並啟發了頭戴式顯示器、有線手套等新型人機交互設備的研究。

1966 年，Ivan Sutherland 等開始研製頭戴式顯示器（Head mounted display，HMD），隨後又將模擬力和觸覺的反饋裝置加入系統中。

1973 年，Myron Krueger 提出了「Artificial Reality」一詞，這是早期出現的 VR 詞語。由於受電腦技術本身發展的限制，總體上說 1960 與 1970 年代這一方向的技術發展不是很快，處於思想、概念和技術的醞釀形成階段。

②虛擬實境技術的系統化實現階段（1980 年代）

進入 1980 年代，隨著電腦技術，特別是個人電腦和電腦網路的發展，VR 技術發展加快，這一時期出現了幾個典型的虛擬實境系統。

1983 年美國陸軍和美國國防高等研究計劃署（Defense Advanced Research Project Agency，DARPA）為坦克編隊作戰訓練開發了一個實用的虛擬戰場系統 SIMNET，以減少訓練費用，提高安全性，另外也可以減輕對環境的影響。SIMNET 開創了分布交互仿真技術的研究和應用。

1984 年，NASAAmes 研究中心虛擬行星探索實驗室 M.McGreevy 和 J.Humphries 開發了用於火星探測的虛擬環境視覺顯示器，將火星探測器發回地面的數據輸入電腦，構造了 3D 虛擬火星表面環境。

1986 年，Furness 提出了一個「虛擬工作台」（Virtual Crew Station）的革命性概念；Robinett 與多位合作者發表了早期的虛擬實境系統方面的論文「The Virtual Environment Display System」。

1987 年，James.D.Foley 在具有影響力的《科學人》（Scientific American Magazine）上發表了「Interfaces for advanced computing」（先進的運算介面）。該雜誌還發表了有線手套的文章，引起人們的關注。

1989 年，美國 VPL 公司的創立者 Jaron Lanier 正式提出「Virtual Reality」一詞。

③虛擬實境技術的全面發展階段（1990 年代至今）

1990 年代以後，隨著電腦技術與高性能運算、人機交互技術與設備、電腦網路與通訊等科學技術領域的突破和高速發展，以及軍事演練、航空、複雜設備研製等重要應用領域的巨大需求，虛擬實境技術進入了快速發展時期。

1990 年在美國 Dallas 召開的 SIGGRAPH（Special Interest Group for Computer GRAPHICS，美國運算機協會運算機圖形專業組）會議上，對虛擬實境技術進行了討論，提出虛擬實境技術研究的主要內容是即時 3D 圖形生成技術、多傳感器交互技術，以及高分辨率顯示技術等。

1992 年，Sense8 公司開發了「WTK」開發包，為虛擬實境技術提供更高層次上的應用，極大縮短了虛擬實境系統的開發週期。

第四節　虛擬實境技術

1994 年 3 月，在日內瓦召開的第一屆「WWW」大會上，首次正式提出了「VRML」（Virtual Reality Modeling Language，虛擬實境建模語言）的概念。

1994 年，G.Burdea 和 P.Coiffet 出版了《虛擬實境技術》（Virtual RealityTechnology）一書，在書中他們用 3I（immersion，interaction，imagination）概括了虛擬實境的基本特徵。

1996 年 12 月，世界上第一個虛擬實境環球網在英國投入運行。使用者可以在一個由虛擬實境世界組成的網路中遨遊，身臨其境地欣賞各地風光、參觀博覽會等。

4. 虛擬實境系統的類型

①典型的虛擬實境系統

虛擬實境技術的目的在於達到真實的體驗和自然的交互，就目前的技術水平而言，只要能夠部分達到上述目的就能被稱為虛擬實境系統，一個典型的虛擬實境系統應包括電腦（應用軟體、資料庫）、輸入 / 輸出設備以及使用者三個重要部分，如圖 7-12 所示。

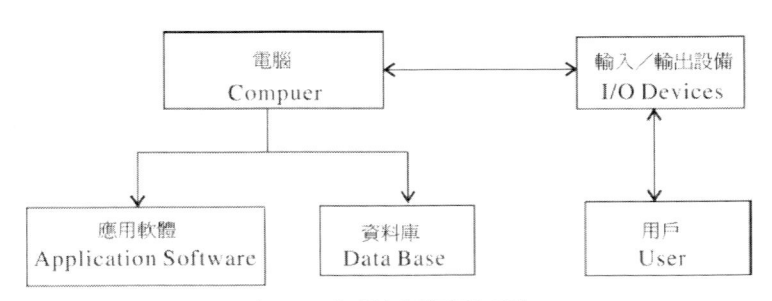

圖 7-12 典型的虛擬實境系統

②虛擬實境系統分類（從使用者和交互的角度）

在實際運用中，從使用者和交互的角度，除了有上述擴增實境，還可以將虛擬實境系統分為桌面式虛擬實境系統、沉浸式虛擬實境系統以及分散式虛擬實境系統。

新媒體技術
第七章 應用中的新媒體傳播新技術

○ 桌面式虛擬實境系統

　　桌面式虛擬實境系統也稱為窗口虛擬實境系統，是利用個人電腦或初級圖形工作站等設備，以電腦螢幕作為使用者觀察虛擬世界的一個窗口，採用立體圖形技術，產生 3D 立體空間的交互場景；使用者透過包括鍵盤、滑鼠和軌跡球等各種輸入設備操縱虛擬世界，實現與虛擬世界的交互。如圖 7-13 所示。

圖 7-13 桌面式虛擬實境系統

○ 沉浸式虛擬實境系統

　　沉浸式虛擬實境系統提供完全沉浸的體驗，使使用者有一種彷彿置身於真實世界之中的感覺。它通常採用頭戴式顯示器、洞穴式立體顯示等設備，把參與者的視覺、聽覺和其他感覺封閉起來，並提供一個新的、虛擬的感覺空間，同時利用各種自然的交互設備使得參與者產生一種完全投入並沉浸於其中的感覺。如圖 7-14 所示。

第四節　虛擬實境技術

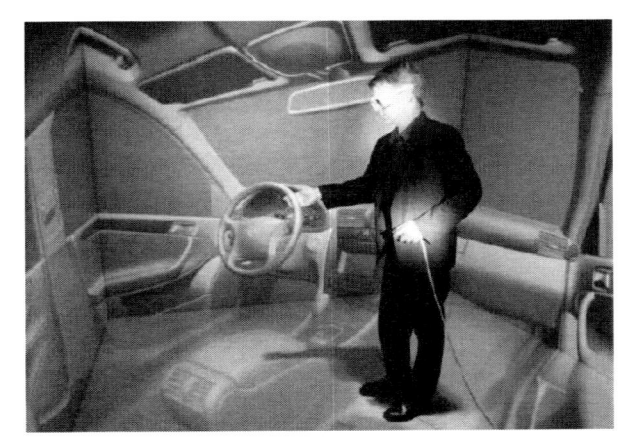

圖 7-14 沉浸式虛擬實境系統

○ 分散式虛擬實境系統

分散式虛擬實境系統的目標是將地理分布不同的多個使用者透過網路連接在一起，使這些使用者同時加入一個虛擬空間裡；每個使用者都可以與其他使用者進行交互，共同體驗虛擬效果，從而達到協同工作的目的。分散式虛擬實境系統的優點在於，既可以充分利用分散式電腦系統提供的強大運算能力，也可以滿足多使用者在協調工作上的需求。如圖 7-15 所示。

圖 7-15 分布式虛擬實境系統

5. 虛擬實境技術特徵美國科學家 G.Burdea 在 1993 年世界電子年會上發表了一篇題為「Virtual Reality Systems and Applications」（虛擬實境系統與應用）的文章，首次提出了虛擬實境技術的三個特性：沉浸性、交互性和構想性。這三個特徵不是孤立的，它們之間是相互影響的，每個特性的實現都依賴於另兩個特徵。虛擬實境的這三個特徵可以被表示為如圖 7-16 所示的三角形，它們也被稱為「虛擬實境技術的三角形」。

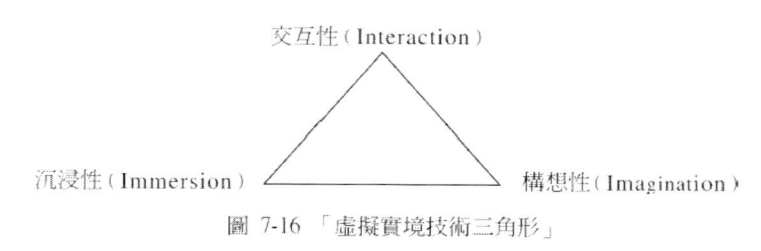

圖 7-16 「虛擬實境技術三角形」

交互性主要是指交互的自然性和即時性，用來表示參與者透過使用專門的輸入和輸出設備（如有線手套、力反饋裝置等），用人類的自然技能實現對模擬環境的考察與操作的程度。

沉浸性是指使用者感受到被虛擬世界包圍，好像完全置身於虛擬世界之中一樣，是虛擬實境技術最主要的特徵。沉浸性來源於對虛擬世界的多感知性（Multi perceives），除了常見的視覺感知外，還有聽覺感知、力覺感知、觸覺感知、運動感知、味覺感知、嗅覺感知等。目前相對成熟的主要是視覺沉浸技術、聽覺沉浸技術、觸覺沉浸技術，而有關味覺與嗅覺的感知技術正在研究之中，目前還很不成熟。

構想性指使用者在虛擬世界中根據所獲取的多種資訊和自身在系統中的行為，透過邏輯判斷、推理和聯想等思維過程，對系統的狀態和進展進行想像的能力。也就是說，使用者可以根據在虛擬世界中的一系列交互行為和反饋結果，認識系統深層次的運動機理和規律性。

二、虛擬實境技術基礎及硬體設備

1. 虛擬實境技術基礎

①立體顯示技術

人類是透過左右眼所看到的物體的細微差異來感知物體的深度，從而識別出立體圖片的。這種差異被稱為視差效應（Parallax）。人類的大腦能很巧妙地將兩眼細微的圖片差別融合，在大腦中產生出有空間感的立體景物。由於視差效應的存在，為了實現立體顯示效果，首先需要對同一場景分別產生相應於左右眼的不同圖片，讓它們之間具有一定的視差；然後，藉助相關技術使左右雙眼只能看到與之相應的圖片。基於這些，使用者就能感受到立體效果了。目前，立體顯示技術有彩色眼鏡法、偏光眼鏡法、液晶光閥眼鏡法、頭戴式立體顯示法、裸眼立體顯示法等。

②多媒體技術

多媒體技術是利用電腦對文本、圖形、圖片、聲音、動畫、影片等多種資訊綜合處理、建立邏輯關係和人機交互作用的技術，包括音頻技術、影片技術、圖片處理技術、傳輸通訊技術等。使用相關的多媒體技術可以實現虛擬場景的建模、現實畫面與虛擬模型的合成，例如在創作者進行構思、草圖設計後，可以透過應用軟體對設計對象進行虛擬建模。3D實體建模技術可以清楚地表達設計對象的幾何形狀和內部結構。

③傳感技術

傳感技術同電腦技術與通訊技術一起被稱為資訊科技的三大支柱。傳感技術是關於從自然資訊源獲取資訊，並對之進行處理（變換）和識別的一門多學科交叉的現代科學與工程技術，它涉及傳感器（又稱換能器）、資訊處理和識別的規劃設計、開發、制／建造、測試、應用及評價改進等活動。傳感技術主要應用在工業、物理、生物等科學研究領域，但正是因為傳感技術的發展，人的力／觸覺感覺器官才能夠得以延伸，真正實現人在虛擬實境中的身體感知。

④電腦圖學

電腦圖學的主要研究內容就是如何在電腦中表示圖形，以及利用電腦進行圖形的運算、處理和現實的相關原理與演算法，其主要目的之一就是要利用電腦產生令人賞心悅目的真實感圖形。虛擬實境的基礎是對環境的虛擬，而對環境的虛擬又主要基於電腦圖學的運用。虛擬實境系統要求隨著人的活動（位置、方向的變化）即時生成相應的圖形畫面，圖形畫面的動態特性和交互時延特性會影響使用者所沉浸於虛擬環境的效果和程度。自然的動態特性要求每秒生成和顯示 30 影格圖形畫面，至少不能少於 10 訊影格；交互時間時延則不應大於 0.1s 秒，最多不能大於 1/4s。但是目前圖形生成速度遠達不到自然，是虛擬實境技術發展的一個瓶頸。

⑤電腦資訊處理技術

虛擬實境系統中存在各種傳感器輸出的數位和類比資訊，同時還存在虛擬實境的體驗者，需要靠高性能電腦設備來將各方面的多維資訊整合。同時，資訊數據的深度探勘、有序化，實現資訊的轉換、存取、處理、壓縮等，主要是靠電腦的儲存晶片和微處理器等設備的硬體以及應用程式的軟體實現。

另外虛擬實境技術還有利用電腦輸入、輸出設備實現人與電腦交互的技術。人機交互技術是電腦使用者介面設計中的重要內容之一，微軟總裁比爾・蓋茲提出「自然使用者介面」（Natural User Interface）的概念，並預言人機互動模式在未來幾年內將會有很大的改觀，電腦的鍵盤和滑鼠將會逐步被更為自然、更具直覺性的觸控式、視覺型以及聲控介面所代替。

2. 虛擬實境技術硬體設備

虛擬實境技術中交互是不可或缺的，其硬體主要用於把使用者的各種資訊輸入電腦，並向使用者提供反饋，從而使使用者能夠以自然的方式與虛擬環境進行交互。根據功能特點的不同，可以將虛擬實境技術硬體設備分為輸入設備、輸出設備和其他輔助設備。

①虛擬實境技術輸入設備

○ 3D 追蹤定位設備

3D 追蹤定位設備的主要任務是檢測使用者身體某個關鍵部位（例如頭部、手部）的位置和朝向。追蹤定位設備通常使用 6 個自由度來表徵目標點在 3D 空間中的位置和朝向。這 6 種不同的運動參數包括沿 x、y、z 軸的平移和繞 x、y、z 軸的旋轉。目前，常見的追蹤定位設備所使用的技術手段包括：電磁追蹤、超聲追蹤、光學追蹤、機械追蹤、慣性追蹤。

圖 7-17 三維跟蹤設備

○ 人體運動捕捉設備

人體運動捕捉的目的是，把真實的人體動作完全附加到虛擬場景中的一個虛擬角色上，讓虛擬角色表現出真實人物的動作效果。從應用角度來看，運動捕捉設備主要有表情捕捉和肢體捕捉兩類；從即時性來看，運動捕捉設備可以分為即時捕捉和非即時捕捉。

人體運動捕捉設備一般由傳感器、訊號捕捉設備、資料傳輸設備和數據處理設備 4 部分組成。根據傳感器訊號類型的不同，可以將運動捕捉設備分為機械式、聲學式、電磁式和光學式四種類型。

圖 7-18 人體運動捕捉設備

○ 手部姿態輸入設備

是人類與外界進行物理接觸和意識表達的最主要媒介。在人機交互中，基於手的自然交互形式最為常見，最為常見的就是有線手套。有線手套是一種穿戴在使用者手上，可以即時獲取使用者手掌和手指伸屈時的各種姿態轉換成數位訊號傳送給電腦，使得使用者可以在虛擬世界中完成物體的抓取、行動、裝配、操縱等控制。

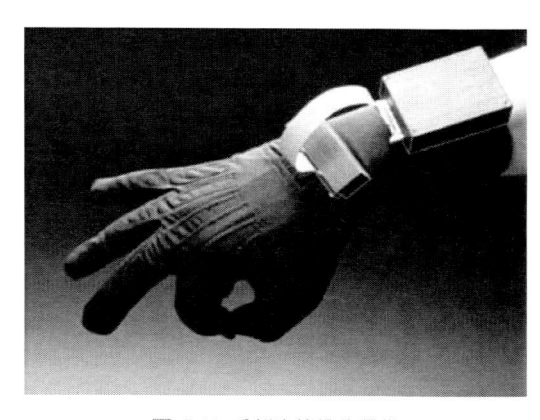

圖 7-19 手部姿態輸入設備

○ 其他手控輸入設備

第四節　虛擬實境技術

　　對傳統的滑鼠、鍵盤等交互設備進行改進，人們還設計出了一些其他手控輸入設備，如 3D 滑鼠和軌跡球。3D 滑鼠不同於只能感受在 2D 水平平面上的運動的傳統滑鼠，可以完成在虛擬空間中 6 個自由度的操作。而軌跡球則是一種可以提供 6 個自由度的桌面設備，它被安裝在一個小型的固定平台上，可以進行扭轉、擠壓、按下、拉出和來回搖擺。

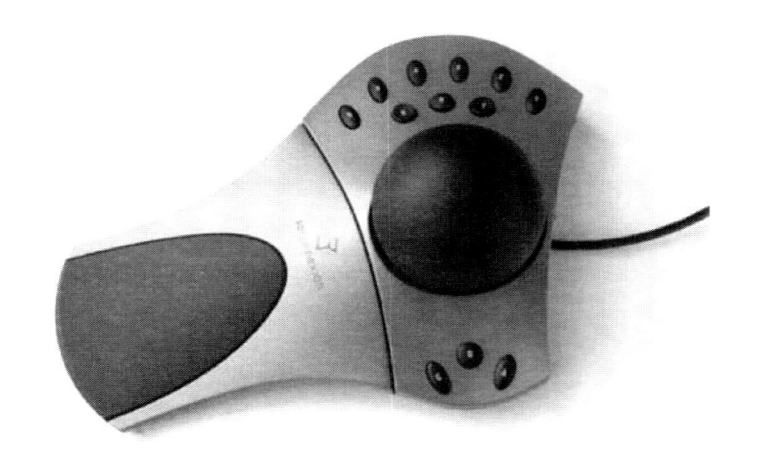

圖 7-20　3D 游標

②虛擬實境技術輸出設備

○ 立體顯示設備

　　研究表明，人獲取的資訊 70% ～ 80% 來自視覺，虛擬實境技術的沉浸性也主要來源於人類的視覺感知。所以，3D 立體視覺是虛擬實境系統的第一反饋通道，專業的立體顯示設備可以提高使用者視覺沉浸的逼真程度。基於立體成像原理，為了讓使用者觀察到立體的虛擬世界，就需要為使用者的左右眼分別繪製出具有視差效果的場景畫面，並且將畫面單獨傳送給相應的眼睛。

　　目前，立體顯示設備主要有台式立體顯示系統（由立體顯示器和立體眼鏡組成、頭戴式顯示器（圖 7-21）、吊桿式顯示器、洞穴式立體顯示裝置（CAVE）（圖 7-22）、響應工作台立體顯示裝置、牆式立體顯示裝置。

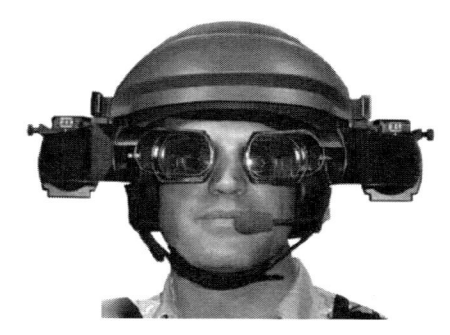

新媒體技術
第七章 應用中的新媒體傳播新技術

圖 7-12 頭戴式顯示器

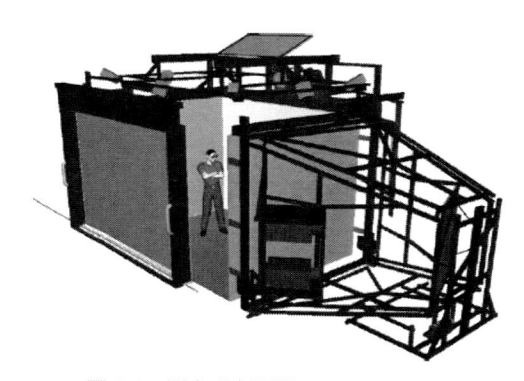

圖 7-22 洞穴式立體顯示裝置（CAVE）

○ 聲音輸出設備

虛擬實境技術中使用的聲音輸出設備主要還是耳機和喇叭這兩類。喇叭允許多個使用者同時聽到聲音，一般用於投影式虛擬實境系統中。而耳機比喇叭具有更好的聲音控制能力，在虛擬實境領域的應用也更為普遍，目前針對聽覺感知的研究多數集中在基於耳機的聲音感知方面。

○ 觸覺力覺反饋設備

在虛擬實境中，接觸感的作用一般包括兩個方面：一方面，使用者在探索虛擬環境時，利用接觸感來識別所探索的對象及其位置和方向；另一方面，使用者需要利用接觸感去操縱和行動虛擬物體以完成某種任務。按照資訊的

不同來源，接觸感可以分為觸覺反饋和力覺反饋兩類，而觸覺反饋是力覺反饋的基礎和前提。

目前，常見的觸覺反饋設備主要有充氣式、震動式、溫度式，常見的力覺反饋設備包括力反饋滑鼠、力反饋手柄、力反饋手臂、力反饋手套等。

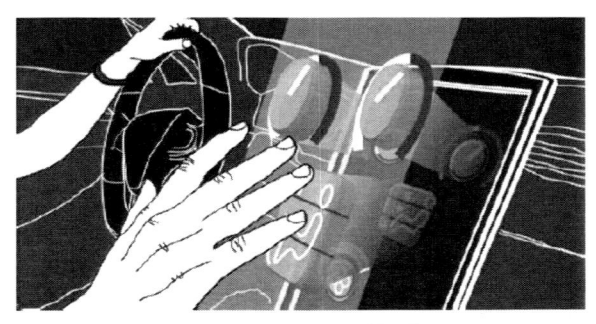

圖 7-23 觸覺力覺反饋設備

③其他輔助設備

在虛擬實境技術的硬體設備中，常見的還有 3D 掃描儀和 3D 列印機。3D 掃描儀是一種快速獲取真實物體的立體資訊，並將其轉化為虛擬模型的儀器。它一般透過點掃描方式獲取真實物體表面上的一系列點集，透過對這些點集的插補便可形成物體的表面外形。3D 列印機則是根據 3D 虛擬模型自動製作真實物體的儀器。其基本原理就是讓軟體程式將 3D 模型分解成若干個橫斷面，硬體設備使用樹脂或石膏粉等材料將這些橫斷面一層一層地沉澱、堆積，最終形成真實物體。

三、虛擬實境技術的應用

虛擬實境技術領域具有兩個方面的結合性特點：一是由多學科交叉結合形成，在多學科交叉結合中創新、發展；二是具有很強的應用性，與應用領域的特點、需求密切結合。虛擬實境技術的本質作用就是「以虛代實」、「以科學運算代實際實驗」。

1. 虛擬實境技術的典型應用領域

　　虛擬實境技術透過沉浸、交互和構想的 3I 特性能夠高精確度地對現實世界或假想世界的對象進行模擬與表現，輔助使用者進行各種分析，從而為解決面臨的複雜問題提供了一種新的有效手段。因此，虛擬實境技術從產生之初就受到許多行業，特別是一些需要大量人、財、物，以及具有危險性的應用領域的高度關注。一般來說，虛擬實境技術在不同領域的應用主要集中在培訓與演練、規劃與設計、展示與娛樂 3 個方面。

　　① 培訓與演練

　　培訓與演練類系統的特點是對現實世界進行建模，形成虛擬環境以代替真實的訓練環境，操作人員可以參與到這一虛擬環境中進行反覆的操作訓練和協同工作，達到與真實環境中訓練相近的效果。比如軍事仿真訓練與演練是虛擬實境技術重要的應用領域之一，也是虛擬實境技術應用較早、較多的一個領域。從 1994 年開始，美國 DARPA 與美國大西洋司令部 USACOM 合作建立了一個包括海陸空所有兵種，有 3700 多個仿真實體參與的，地域範圍覆蓋 500km×750km 的軍事訓練環境，即 STOW（Synthetic theater of war）。STOW 的目的是研究武器仿真平台或實體級分散式虛擬戰場環境在達到一定規模後，支持戰術演練、訓練指揮與參謀人員的效果，以及用演練結果評價作戰計劃的可能性。

　　此外，虛擬實境技術也已經初步應用於醫學領域的虛擬手術訓練、遠端會診、遠端協作手術等方面。在虛擬手術訓練方面，典型的系統有瑞典 Mentice 公司研製的 Procedicus MIST 系統、Surgical Science 開發的 LapSim 系統、德國卡爾斯魯厄研究中心開發的 SelectIT VEST System 系統等；在遠端會診方面，美國北卡羅來納大學開發了一套 3D 遠端醫療會診系統，利用為數不多的攝影機重建了一個即時、線上的真實環境，並結合頭部位置和方向追蹤，為醫生提供連續動態的遠端畫面和符合視覺效果的立體視角，克服了傳統 2D 影片系統無法得到所需攝影機角度和層次感差的缺點；西班牙 UPC 大學開發了一套名為 ALICE 的遠端協同醫用虛擬環境平台，使

第四節　虛擬實境技術

用了基於 P2P 拓撲的多執行緒技術，使用者利用該平台可以相互交流，能在自己的使用者端打開一個窗口觀察另一個遠端使用者的即時畫面。

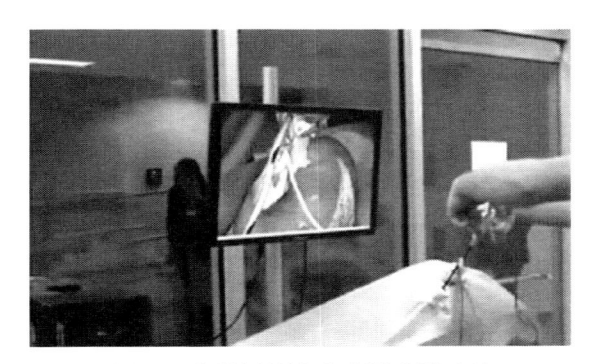

圖 7-24 虛擬實境技術在醫學領域的應用

②規劃與設計

規劃與設計類系統的特點是對現實中尚不存在的對象和尚未發生的現象進行逼真模擬、預測和評價，從而使計劃、設計更加科學合理。例如在工業領域，虛擬實境技術多用於產品論證、設計、裝配、人機工效和性能評價等。1990 年代美國林登〇 詹森太空中心使用虛擬實境技術對哈伯望遠鏡進行維護訓練，波音公司利用虛擬實境技術輔助 777 的管線設計就是該類應用的成功範例。

美國空軍阿姆斯壯實驗室（Armstrong Lab.）開發完成的 DEPTH 系統，採用視覺化和虛擬實境技術進行維修性和保障性分析，使設計人員在進行設計的同時就能夠瞭解維修任務是否可行，在飛機設計定型之前，就可以發現潛在的保障性問題。洛克希德〇 馬丁的航空部門將虛擬樣機用於聯合殲擊機 JSF 項目，全面支持新機型的設計構思、方案選擇、性能測試、加工裝配、維修培訓和新產品演示，系統採用網路化技術進行協同設計，透過 Intranet 仿真演示設計、製造、運行、培訓、維護全過程，並為使用者提供各層次的交互與分析工具，用以發現並解決概念設計和製造中的缺陷。

③展示與娛樂

展示與娛樂類系統的特點是將真實或虛擬的事物進行模擬，透過傳播媒介和人們的參與達到觀賞和娛樂的目的。現在虛擬實境技術已經成為數位博物館／科學館、大型活動開閉幕式彩排仿真、沉浸式互動遊戲等應用系統的核心支撐技術。如紐約大都會博物館、大英博物館、法國羅浮宮等都建立了自己的數位博物館，中國也開發並建立了虛擬敦煌、虛擬故宮等。在大型文藝演出中應用的典型範例有 2004 年雅典奧運會開閉幕式使用虛擬實境技術進行煙火創意設計和視覺效果模擬展示。沉浸式互動遊戲最具代表性的是由美國林登實驗室開發的虛擬社會——第二人生。

初音未來（圖 7-25）則是虛擬實境技術在娛樂領域的又一新創造。初音未來（初音ミク，華人世界通常簡稱為「初音」）原是 CRYPTON FUTURE MEDIA 以 Yamaha 的 VOCALOID2 語音合成引擎為基礎，開發販售的虛擬女性歌手軟體。發售後大受歡迎，並出現大量使用者製作的翻唱歌曲、原創曲等，軟體形象「初音未來」也大受追捧。2010 年 3 月，在日本東京舉行了「未來的日初音 39's 感謝祭」演唱會，這場演唱會使得初音未來成為人類文明史上第一個使用半全像投影（2.5D）投影技術舉辦演唱會的虛擬偶像，更有人直呼「科幻終成現實」。此後，2011 年 11 月 11 日，初音未來新加坡演唱會真正意義上實現了虛擬人物 3D 演唱會。而各種技術宅也藉助一定的虛擬實境設備（如頭戴立體顯示器 Oculus Rift）來實現在三次元中與二次元的初音未來握手，一定程度上推動了虛擬實境技術的平民化應用。

圖 7-25 初音未來

2. 作為一種傳播媒介的虛擬實境技術

第四節　虛擬實境技術

　　虛擬實境技術在新聞傳播中的應用屬於 3 類典型應用中的展示與娛樂領域，在該類應用中，虛擬實境技術實際上已經擔任了向使用者傳遞各類資訊的媒介作用。致力於「還原現實」：新聞業使用虛擬實境技術還是為了追求更準確、更生動地還原新聞現場，將讀者帶入具體的情境，理解新聞事實。

　　基於還原新聞現場的目的，蘋果日報在影片平台推出了動新聞，是虛擬實境技術的粗淺應用。動新聞以寫實動畫為主，內容多直接採自蘋果日報。2010 年，蘋果動新聞曾經逼真模擬了菲律賓劫持人質實況，突破了該類事件的常規報導模式。但是蘋果動新聞中一些內容過於真實，常在暴力、性侵類社會新聞報導中造成身臨其境的感覺，也導致了社會人士的諸多批評。可以說，對蘋果動新聞的批評為虛擬實境技術在新聞傳播應用中的倫理道德問題造成了警示的作用。

　　2014 年 9 月，美國愛荷華州的《德梅因紀事報》（Des Moines Register）推出了以愛荷華的農場為主題的虛擬實境作品，表現了美國人口結構的變化和經濟發展的起落如何影響這個中西部農業州的普通家庭。戴上虛擬實境頭盔之後，使用者可以在農場上自由探索，3D 圖片完全根據真實場景製作，使用者身邊是正在修拖拉機的農場主、散步的牲畜和嬉戲的孩童。在一些建築和特定的地點上，會出現不同的提示圖標，走近點擊之後會有相應的資訊彈出，使用者可以閱讀相關文字、瀏覽歷史照片、傾聽人物講述等，如圖 7-26。

新媒體技術
第七章 應用中的新媒體傳播新技術

圖 7-26 愛荷華農場虛擬實境作品畫面

　　而基於虛擬實境技術和雲端運算，也有人提出了虛擬實境新聞系統（Virtual Reality News System，VRNS）的概念，指以雲端運算為平台、應用虛擬實境技術的新聞報導系統，將整個宇宙現有的已知區域全部虛擬到系統中，在宇宙中已知區域發生的任何新聞事件都將在 VRNS 系統中發布，在 VRNS 系統中新聞將與即時、實地和實際人物緊密地有機聯繫起來，將宇宙中的時間、地點、人物和事件形成一個整體。而 VRNS 系統中的虛擬實境新聞則可以讓使用者全身心地沉浸到虛擬環境之中，真正地身臨其境。

　　但是受制於技術水平及應用成本，虛擬實境技術並沒有作為一種傳播媒介而被廣泛使用，嚴格來說，現在僅僅處於技術生成的階段，反倒是將虛擬對象「放入」真實環境的擴增實境技術在新聞傳播領域有了更多的應用雛形。

3. 擴增實境技術在新聞傳播領域的應用

①印刷品

第四節　虛擬實境技術

圖 7-27　Magic Book 使用示例

　　將擴增實境技術植入到印刷品中，在印刷品上疊加由電腦生成的虛擬場景，與使用者形成交互，運用數位化手段來展示更加豐富多樣的資訊群。Billing hurst 就利用這一方法，設計了一套兒童閱讀書 Magic Book，它將書本內容製作成動畫並且以擴增實境的形式疊加在書本上的不同單元裡。隱藏圖片擷取等設備時，魔法書與普通書本看起來並無差異，但是在使用擴增實境設備觀看魔法書的內容時，就能看到魔法書上的 3D 動畫，使用者只需要透過行動書籍或轉換視角等操作就能夠從不同角度觀看，如圖 7-27。

　　而日本《東京新聞》則是將擴增實境技術和手機 APP 結合起來，透過手機 APP 掃描特定的新聞，可以看到融入 3D、音效、動態、即時等元素的內容，實現趣味化的閱讀，以此吸引兒童閱讀報紙。相同的原理，出版商 Tigger Global 也是將書籍和擴增實境結合起來，讀者可以下載應用，用 iPad 對準正在閱讀的書籍，螢幕上就會呈現出書中所描述的場景，以及對應的章節，用虛擬場景給枯燥的閱讀帶來一些調劑。

　　②電視節目

　　簡單的擴增實境技術很早就已經被運用到體育比賽的直播中，比如足球比賽直播中虛擬越位線在場地上的即時展示。將擴增實境技術運用到虛擬演播室系統中也越來越流行。傳統的虛擬演播室透過運用色彩嵌空技術，在藍

473

新媒體技術
第七章 應用中的新媒體傳播新技術

箱中抽離顏色實現將主持人放在製作好的虛擬場景中，用於拍攝一些在現場無法拍攝完成的畫面。虛擬演播室系統（Virtual Studio System，簡稱VSS）則是近些年來隨著電腦技術飛速發展和色彩嵌空技術不斷改進而出現的一種新的電視節目製作系統。它實際上是把演播室中已有的影片技術與現代電腦技術相結合，使真實電視演播視覺空間與3D虛擬場景空間在透視關係上完全一致，運用影片色彩嵌空混合器處理，將演播主體合成到3D虛擬場景中，實現電視節目的虛擬場景演播。

虛擬演播室系統的核心技術是攝影機追蹤和虛擬背景的即時生成。傳統的電腦圖學方法可以構造出十分逼真的、複雜的虛擬環境，而為了方便演播主體在虛擬演播室中自由行動，現在也常使用基於圖片的繪製（Image-Based Rendering，簡稱IBR）技術構造虛擬空間，使用擴增實境技術將引入的3D虛擬物體與虛擬場景無縫地「融合」在一起，演播主體也可以自在地和3D虛擬物體進行交互。

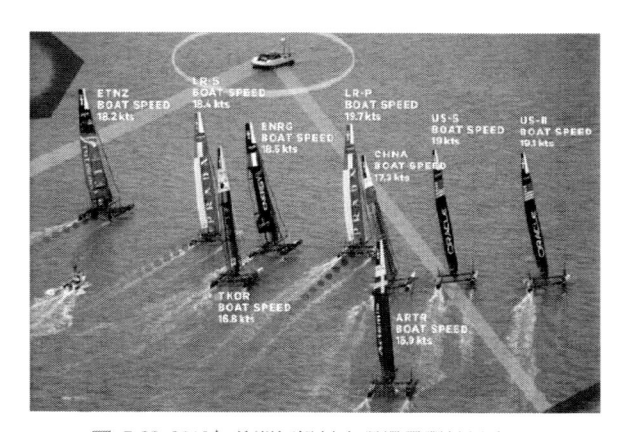

圖 7-28 2012年美洲杯帆船賽現場電視轉播畫面

2012年美洲盃帆船賽現場電視轉播就使用了美國SPORTVISION開發的LiveLine系統，這個系統運用擴增實境技術從一架裝有遠端控制高清攝錄機的直升機傳輸的電視直播訊號中嵌入賽道邊界、起點線和終點線、風向資料解析等資訊（如圖7-28所示）。這次成功的實踐也使LiveLine系統獲得了2012年艾美電視工程技術創新獎。在CCTV的世界盃報導中，也有運用

第四節　虛擬實境技術

擴增實境技術，2010 年南非世界盃時就在豪門盛宴直播展示了 3D 虛擬球場，在虛擬足球裡播放幻燈片影像、球員跑位等。2014 年的巴西世界盃中，CCTV 則利用擴增實境技術把球星直接「請到」了演播室，向觀眾揮手致意，也可以和主持人進行互動。

基於行動裝置，擴增實境技術實現了觀眾與電視節目進行即時線上互動，這也被認為是擴增實境技術與電視技術結合的一個全新方向。德國著名的伽利略（Galileo）系列科普電視節目就採用了這種技術，當電視觀眾在手機上啟動由德國 Metaio 公司開發的擴增實境互動應用，並將攝像頭對準正在直播的伽利略節目直播畫面時，透過圖片即時識別追蹤，應用會將與直播內容同步的問答以擴增實境效果疊加在電視畫面上，供觀眾選擇並可以透過點擊手機螢幕進行回答，其他觀眾回答問題的統計數據也會即時地顯示在螢幕上供對比（如圖 7-29 所示）。透過這種創新的觀看與互動方式，整個節目的收視率提高了至少 14%。

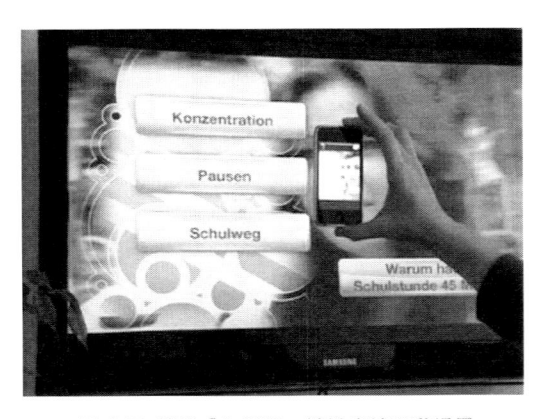

圖 7-29 節目「伽利略」擴增實境互動場景

③廣告行銷

新媒體技術
第七章 應用中的新媒體傳播新技術

圖 7-30 機場與天使邂逅現場畫面

　　擴增實境技術創新了廣告表現手法，視覺效果和藝術上的提升能夠吸引客戶，從而獲得更高的廣告效益。2011 年，AXE 香水曾在倫敦維多利亞機場大廳投放了被稱為「機場與天使邂逅」的擴增實境互動廣告。在機場的大廳地面上，有一塊特殊的感應裝置，當旅客走進圓圈裡向上看的時候，就會從機場的大螢幕裡看到一個貌美如花的天使突然降臨在身邊，上演了一場旅客與天使真正「邂逅相逢」的場面。這則廣告引起了極大的關注，用擴增實境技術虛擬了代表香水品牌內涵及形象的「真人」，實際地和參與者互動，吸引每一位過往的人成為參與者，用幽默、性感的肢體語言與參與者進行情感交流，也被奉為廣告界的經典案例，如圖 7-30。

　　擴增實境廣告的創意應用還表現在其 3D 動態感受與戶外平面廣告的結合。這種結合後的視覺體驗極大地豐富了戶外平面廣告的內涵和外延，帶來人機即時互動的創意體驗。比如 2012 新款金龜車（Beetle）在加拿大的一組戶外廣告。廣告的大致內容就是應用擴增實境技術讓戶外平面廣告中靜止的金龜車動起來。但是這個過程需要藉助大眾金龜車推出的相關 APP 應用。將應用下載到手機、行動 PC 等設備中，直接把設備上的攝像頭對準金龜車戶外平面廣告，就會顯示各種極具創意的像影片一樣的廣告場景和圖片（如圖 7-31 所示）。

第四節　虛擬實境技術

圖 7-31　金龜車擴增實境
戶外廣告顯示效果

　　在電子商務方面，已經有多種類型的應用結合擴增實境技術，讓使用者可以將想要選購的商品先疊加在真實環境中進行試看，再決定是否購買。其中較具有代表性的有宜家推出的 APP「家居指南」，如果使用者有紙質版的家居指南，可以直接掃描對應的家具，沒有的也可以先進入選擇某款家具，選中後攝像頭會自動打開呈現出現實畫面，而被選擇的家具也會被疊加到現實畫面中，以供使用者購買時進行參考（如圖 7-32 所示）。

圖 7-32　「家居指南」擴增實境效果圖示

④資訊檢索

477

新媒體技術
第七章 應用中的新媒體傳播新技術

　　行動裝置上利用擴增實境技術進行資訊檢索的應用也非常多。資訊檢索主要是指導航、社交、搜尋等，傳統的資訊檢索是透過使用者輸入目標對象名稱，再由電腦反饋出相應的結果。而透過擴增實境技術，當攝影機對準使用者周圍環境的某一處時，會自動顯示出這附近的餐館、商店等資訊，或者獲取攝影機中某個人的個人資訊。這樣的應用相對於傳統方式更加自然，並且體現了行動性。這類應用具有代表性的是 Mobility 公司推出的 Wikitude（如圖 7-33），SPRXmobile 公司推出的 Layar。

圖 7-33　Wikitude 使用示意圖

　　與此類似，APP「星空」將目光投向星空，結合擴增實境技術，讓使用者不用藉助昂貴的天文望遠鏡就可以夜觀天象。每當使用者打開「星空」時，就會看到手機所在方位的星空，擺動手機的方位可以看到不同天空位置的星空。手機水平向下，可以看到「天底」，就是你的腳底下的星空，手機水平向上時，會看到你頭上的天空，即「天頂」（如圖 7-34 所示）。

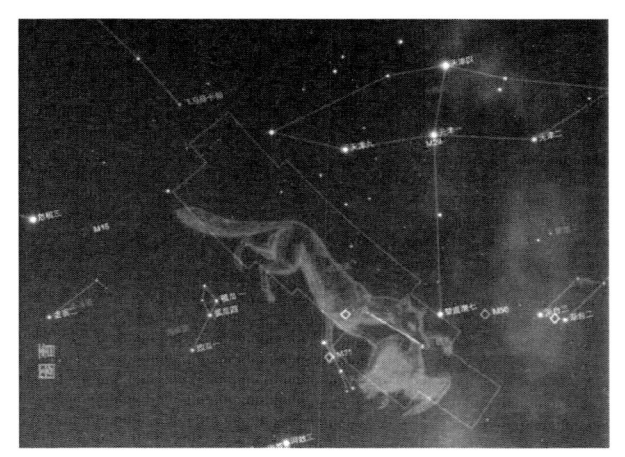

圖 7-34 APP星空使用效果圖示

四、當前虛擬實境技術的不足及發展趨勢

　　虛擬實境技術的實質是要構建一種人能夠與之進行自由交互的虛擬世界。但是，目前的技術手段還不能使使用者完全沉浸在虛擬世界中，主要問題包括：交互設備普遍存在價格昂貴、使用不便的問題；軟體開發成本一般較高；虛擬環境的視覺真實感和物理真實感有限。

　　虛擬實境技術要有更大的發展，首先當然是要解決技術問題，在技術層面目前的研究重點包括：

　　（1）人體感知研究：人們對視覺和聽覺器官的研究已經很深入，但是對其他感覺器官的研究還很少，只有深入發掘這些感知器官所具有的生理參數，才能設計出人性化的交互設備。

　　（2）高精確度、即時性的廉價交互硬體：交互硬體在很大程度上決定了使用者在虛擬環境中的感受。交互硬體的設計應該盡量避免影響人體的自由活動。虛擬實境技術的硬體系統價格相對比較昂貴，已經成為影響虛擬實境技術應用的一個瓶頸。只有降低價格，虛擬實境才能走進尋常百姓家，也才能在新聞傳播方面有更大的作為。

（3）高效的虛擬實境軟體和演算法：虛擬場景是透過電腦的複雜運算生成的。目前，虛擬場景的生成在很多方面還有待改善，例如：視覺真實感、物理真實感、渲染的即時性等。這些都需要對演算法的進一步研究。

而一旦技術層面得到突破，虛擬實境技術將會成為人們把握世界的一種全新的方式、途徑。在一方面，成熟的虛擬實境技術會改變人的認知方式，提高人類的認識能力，拓展人類的認識範圍，透過虛擬實境技術去認識我們周圍的世界，人們就會有與現在全然不同的虛擬化的理解、認識和實踐；另一方面，虛擬實境技術所營造的沉浸式環境會產生一種新的虛擬生存的生存方式，從而衝擊人類現在的生存方式。

第五節　大數據

2012年11月，美國總統選舉異常激烈，歐巴馬在整個競選過程中花了不到3億美元，而羅姆尼卻花了近4億美元，但最終還是歐巴馬贏得選舉，打破了沒有一名美國總統能夠在全國失業率高於7.4%的情況下連任成功的慣例。在歐巴馬獲勝幾小時後，《時代》雜誌就刊發報導，認為歐巴馬的成功，競選團隊的大數據策略功不可沒。大規模與深入的資料探勘，幫助歐巴馬在獲取有效選民、投放廣告、募集資金方面造成重要作用。歐巴馬競選團隊表示，大數據是能夠擊敗羅姆尼的一個大優勢！

美國在大數據的研究和應用方面走在世界前列。2012年3月，歐巴馬政府發布了「大數據研究與開發倡議」。該倡議的目標是改進現有從大量和複雜數據中獲取知識的能力，從而加速美國在科學與工程領域創新的步伐，增強國家安全，並轉變現有的教學方式。首批共有5個聯邦部門，宣布投資兩億多美元，共同提高收集、儲存、保留、管理、分析和共享大量數據所需的核心技術，並培養一批大數據技術開發和應用的人才。在這些計劃中，美國國防部的項目最為突出。數據是未來影響戰爭勝負的關鍵因素之一。數據的積累量、分析和處理能力以及由數據主導決策等，將是獲得戰場優勢的關鍵。當前美軍運行的數據中心超過772個，伺服器超過7萬台，還有約700萬個

電腦終端。因此，美軍正在加緊推進大數據研發計劃，目標是實現由數據優勢向決策優勢的轉化。

一、大數據的概念與特點

1. 什麼是大數據

大數據（Big data）是指無法在可承受的時間範圍內用常規軟體工具進行捕捉、管理和處理的數據集合。從人類文明開始到 2003 年，人類總共產生 5EB（Exabyte）左右的數據。而在 2012 年一年全球數據量將上升至 2.7ZB（Zettabyte），相當於 2003 年之前產生的所有數據的 500 倍之多。而 2015 年，數據量增長了 3 倍。同時，很多數據，如：照片、影片、音頻、社交媒體評論、網站評述等都是非結構化數據，這意味著數據無法儲存在預定義的結構化表格中，相反，它往往由形式自由的文本、日期、數位和事實組成，某些數據來源生成數據極快，甚至來不及進行分析後儲存，這也是 IT 部門無法單純依靠傳統數據處理方式或工具來儲存、管理、處理和分析大數據的原因。

最早提出大數據時代到來的是全球知名諮詢公司麥肯錫，麥肯錫稱：「數據，已經滲透到當今每一個行業和業務職能領域，成為重要的生產因素。人們對於大量數據的探勘和運用，預示著新一波生產率增長和消費者盈餘浪潮的到來。」、「大數據」在物理學、生物學、環境生態學等領域以及軍事、金融、通訊等行業存在已有時日，卻因為近年來網際網路和資訊行業的發展而引起人們關注。今天的時代，已經被稱為大數據時代。麥肯錫提出：「大數據是指其大小超出了典型資料庫軟體的採集、儲存、管理和分析等能力的數據集。」「大數據」這一概念，首先是指資訊或數據量的巨大。此外，「大數據」時代意味著數據的處理、分享、探勘、分析等能力將得到前所未有的提升。不同行業、不同領域的數據之間的交換和相互利用也變得十分頻繁。

維克托○邁爾○舍恩伯格作為最早洞見大數據時代發展趨勢的數據科學家，他在《大數據時代》一書中指出大數據時代最大的轉變就是，放棄對因果關係的渴求，而取而代之關注相關關係。也就是說只需要知道「是什

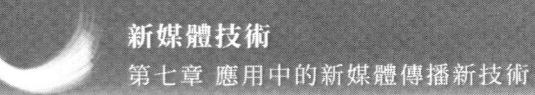

麼」，而不需要知道「為什麼」。大數據時代的思維變革對數據要求「更多：即不是隨機樣本，而是所有數據；更雜：即不是精確性，而是混雜性」。

大數據時代的出現，與很多因素相關，除了政府機構、媒體、企業等提供了更多的數據外，使用者數據、社交媒體平台上的UGC、行動裝置的地理資訊、IoT技術的發展等，也使資訊的數量急遽增長。

2. 大數據的特點

具體來說，大數據具有4個基本特徵，或者說大數據的4個「V」：

（1）數據體量巨大（Volume）

大數據的數據量大，運算量大，已經從TB級別躍升到PB級別。如：相關數據顯示，QQ空間1分鐘上傳照片約13.9萬張，支付寶在2012年雙十一每分鐘交易數達7.3萬筆，新浪微博每分鐘約9.5萬條。每天北京市的影片採集數據量在3PB左右，一個中等城市每年影片監控產生的數據在300PB左右。其他像搜尋、地圖、社交、影視娛樂類等網際網路公司也擁有PB量級的數據儲備。全球的總儲存數據量的量級已經突破艾位元（EB），甚至澤位元（ZB），而數位數據的儲存量還在維持每三年增長一倍的速度。

（2）數據類型多樣（Variety）

現在的數據類型不僅是文本形式，更多的是圖片、影片、音頻、地理位置資訊等多類型的數據，個性化數據占絕對多數。大數據的數據來源多、數據類型多，傳統方式無法輕易擷取和管理。常見的數據來源有：

①人與人產生的數據，如即時通訊、電子郵件、社交網站等；

②人與機器產生的數據，如瀏覽網站記錄、線上購物記錄、刷卡消費記錄等；

③機器與機器產生的數據，如GPS、監控錄影、感應器數據等。

大數據通常為非結構化數據，並包含彼此可能無關聯的數據集，例如來自各種獨立資料流（如Twitter、社交網站、傳統CRM、調查結果、人口數據、缺陷數據等）的數據，這不同於通常彼此相關的傳統數據集。於是，大

數據分析通常會突破傳統資料庫以及分析流程和系統的界限。首先，數據集規模可能過大；其次，數據集彼此無關聯；最後，大數據需要極為快速地分析。

(3) 處理速度快（Velocity）

大數據處理速度快，數據處理的速度必須滿足即時性要求。這也正是它區別於傳統資料探勘技術的關鍵。

網際網路領域的即時運算一般都是針對大量數據進行的，即時運算最重要的一個需求是能夠即時響應運算結果，一般要求為秒級。主要有以下兩種應用場景：

A. 數據來源是即時的不間斷的，要求對使用者的響應時間也是即時的。

這種場景主要用於網際網路串流式數據處理。所謂串流式數據是指將數據看作資料流的形式來處理。資料流則是在時間分布和數量上無限的一系列數據記錄的集合體；數據記錄是資料流的最小組成單元。舉個例子，對於大型網站，活躍的串流式數據非常常見，這些封包括網站的訪問 PV/UV、使用者訪問了什麼內容，搜尋了什麼內容等。即時的數據運算和分析可以動態即時地刷新使用者訪問數據，展示網站即時流量的變化情況，分析每天各小時的流量和使用者分布情況，這對於大型網站來說具有重要的實際意義。

B. 數據量大且無法或沒必要預算，但要求對使用者的響應時間是即時的。

這種場景主要用於特定場合下的數據分析處理。當數據量很大，同時發現無法窮舉所有可能條件的查詢組合或者大量窮舉出來的條件組合無用的時候，即時運算就可以發揮作用，將運算過程推遲到查詢階段進行，但需要為使用者提供即時響應。

(4) 價值（Value）

大數據的商業價值高，但價值密度低，沙裡淘金卻又彌足珍貴。以影片為例，一小時的影片，在不間斷的監控過程中，可能有用的數據僅僅只有一兩秒。如何透過強大的機器演算法更迅速地完成數據的價值「提純」成為目

前大數據背景下亟待解決的難題。隨著社交數據、企業內容、交易與應用數據等新數據源的興起，傳統數據源的侷限性被打破，企業愈發需要有效的資訊治理以確保其真實性及安全性。

二、大數據關鍵技術

1. 大數據對傳統數據處理技術體系提出挑戰

大數據來源於網際網路、企業系統和 IoT 等資訊系統，經過大數據處理系統的分析探勘，產生新的知識用以支撐決策或業務的自動智慧化運轉。從數據在資訊系統中的生命週期看，大數據從數據源經過分析探勘到最終獲得價值一般需要經過 5 個主要環節，包括數據準備、數據儲存與管理、運算處理、數據分析和知識展現，技術體系如圖 7-35 所示。每個環節都面臨不同程度的技術上的挑戰。

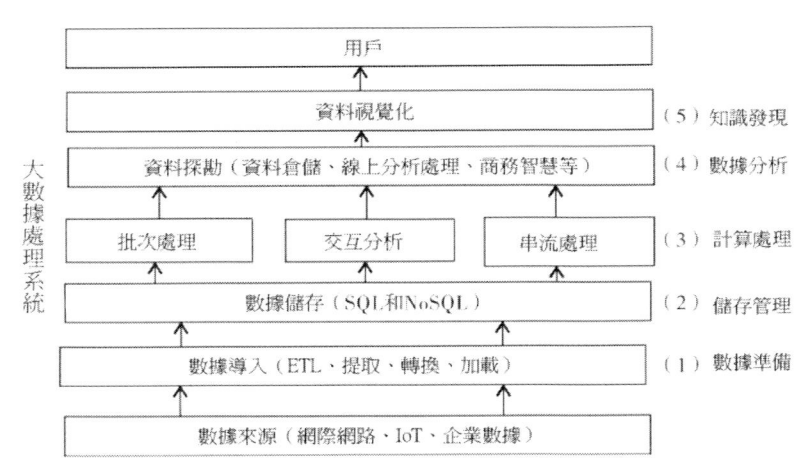

圖 7-35 大數據技術框架（來源：工業和信息化部電信研究院）

①數據準備環節

在進行儲存和處理之前，需要對數據進行清洗、整理，與以往數據分析相比，大數據的來源多種多樣，包括企業內部資料庫、網際網路數據和 IoT 數據，不僅數量龐大、格式不一，品質也良莠不齊。這就要求數據準備環節

一方面要規範格式，便於後續儲存管理，另一方面要在盡可能保留原有語義的情況下去蕪存菁、消除噪聲。

②數據儲存與管理環節

當前全球數據量正以每年超過 50% 的速度增長，儲存技術的成本和性能面臨非常大的壓力。大數據儲存系統不僅需要以極低的成本儲存大量數據，還要適應多樣化的非結構化數據管理需求，具備數據格式上的可擴展性。

③運算處理環節

需要根據處理的數據類型和分析目標，採用適當的演算法模型，快速處理數據。大量數據處理要消耗大量的運算資源，對於傳統單機或平行運算技術來說，速度、可擴展性和成本都難以適應大數據運算分析的新需求。分而治之的分散式運算成為大數據的主流運算架構，但在一些特定場景下的即時性還需要大幅提升。

④數據分析環節

數據分析環節是大數據價值探勘的關鍵。傳統資料探勘對象多是結構化、單一對象的小數據集，更側重預先根據先驗知識人工建立模型，然後依據既定模型進行分析。對於非結構化、多源異構的大數據集的分析，需要發展更加智慧的資料探勘技術。

⑤知識展現環節

在大數據服務於決策支撐場景下，以直觀的方式將分析結果呈現給使用者，是大數據分析的重要環節。如何讓複雜的分析結果易於理解是主要挑戰。在嵌入多業務中的閉環大數據應用中，一般是由機器根據演算法直接應用分析結果，而無須人工干預，這種場景下知識展現環節則不是必需的。

2. 大數據相關的關鍵技術

①大數據儲存管理技術

數據的大量化和快增長特徵是大數據對儲存技術提出的首要挑戰。這要求底層硬體架構和文件系統在性價比上要大大高於傳統技術，並能夠彈性擴

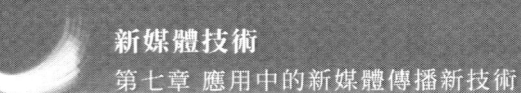

展儲存容量。但以往網路附加儲存（NAS）和儲存區域網路（SAN）等體系，儲存和運算的物理設備分離，它們之間要透過網路介面連接，這導致在進行數據密集型運算（Data Intensive Computing）時I/O容易成為瓶頸。同時，傳統的單機文件系統（如NTFS）和網路文件系統（如NFS）要求一個文件系統的數據必須儲存在一台物理機器上，且不提供數據冗餘性，可擴展性、容錯能力和並發讀寫能力難以滿足大數據需求。

Google文件系統（GFS）和Hadoop的分散式文件系統HDFS（Hadoop Distributed File System）奠定了大數據儲存技術的基礎。與傳統系統相比，GFS/HDFS將運算和儲存節點在物理上結合在一起，從而避免在數據密集運算中易形成的I/O吞吐量的制約，同時這類分散式儲存系統的文件系統也採用了分散式架構，能達到較高的並發訪問能力。

當前隨著應用範圍不斷擴展，GFS和HDFS也面臨瓶頸。雖然GFS和HDFS在大文件的追加（Append）寫入和讀取時能夠獲得很高的性能，但隨機存取（Random access）、大量小文件的頻繁寫入性能較低，因此其適用範圍受限。業界當前和下一步的研究重點主要是在硬體上基於SSD等新型儲存介質的儲存體系架構，同時對現有分散式儲存的文件系統進行改進，以提高隨機存取、大量小文件存取等性能。

大數據對儲存技術提出的另一個挑戰是多種數據格式的適應能力。格式多樣化是大數據的主要特徵之一，這就要求大數據儲存管理系統能夠適應對各種非結構化數據進行高效管理的需求。資料庫的一致性（Consistency）、可用性（Availability）和分區容錯性（Partition-Tolerance）不可能都達到最佳，在設計儲存系統時，需要在一致性、可用性和分區容錯性三者之間做出權衡。傳統關係型資料庫管理系統（RDBMS）以支持事務處理為主，採用了結構化數據表的管理方式，為滿足強一致性要求而犧牲了可用性。

為大數據設計的新型數據管理技術，如Google BigTable和Hadoop HBase等非關係型資料庫（NoSQL，Not only SQL），透過使用「鍵值（Key-Value）」對、文件等非2D表的結構，具有很好的包容性，適應了非結構化數據多樣化的特點。同時，這類NoSQL資料庫主要面向分析型業務，

一致性要求可以降低，只要保證最終一致性即可，給並發性能的提升讓出了空間。Google 公司在 2012 年披露的 Spanner 資料庫，透過原子鐘實現全局精確時鐘同步，可在全球任意位置部署，系統規模可達到 100 萬～1000 萬台機器。Spanner 能夠提供較強的一致性，還支持 SQL 連接埠，代表了數據管理技術的新方向。整體來看，未來大數據的儲存管理技術將進一步把關係型資料庫的操作便捷性特點和非關係型資料庫靈活性的特點結合起來，研發新的融合型儲存管理技術。

②大數據平行運算技術

大數據的分析探勘是數據密集型運算，需要巨大的運算能力。與傳統「數據簡單、演算法複雜」的高性能運算不同，大數據的運算是數據密集型運算，對運算單元和儲存單元間的數據吞吐率要求極高，對性價比和擴展性的要求也非常高。傳統依賴大型機和小型機的平行運算系統不僅成本高，數據吞吐量也難以滿足大數據要求，同時靠提升單機 CPU 性能、增加記憶體、擴展磁碟等實現性能提升的縱向擴展（Scale Up）的方式也難以支撐平滑擴容。

Google 在 2004 年公開的 Map Reduce 分散式平行運算技術，是新型分散式運算技術的代表。一個 MapReduce 系統由廉價的通用伺服器構成，透過添加伺服器節點可線性擴展系統的總處理能力（Scale Out），在成本和可擴展性上都有巨大的優勢。Google 的 MapReduce 是其內部網頁索引、廣告等核心系統的基礎。之後出現的開源實現 Apache Hadoop MapReduce 是 Google MapReduce 的開源實現，目前已經成為應用最廣泛的大數據運算軟體平台。

MapReduce 架構能夠滿足「先儲存後處理」的批次處理任務（Batch processing）需求，但也存在侷限性，最大的問題是時延過大，難以適用於機器學習疊代、串流處理等即時運算任務，也不適合針對大規模圖數據等特定數據結構的快速運算。

為此，業界在 MapReduce 基礎上，提出了多種不同的平行運算技術路線。如 Yahoo 提出的 S4 系統、Twitter 的 Storm 系統是針對「邊到達邊運算」的即時串流運算（Real time streaming process）框架，可在一個時

間窗口上對資料流進行線上即時分析，已經在即時廣告、微博等系統中得到應用。Google2010年公布的 Dremel 系統，是一種交互分析（Interactive Analysis）引擎，幾秒鐘就可完成 PB 級數據查詢操作。此外，還出現了將 MapReduce 記憶體化以提高即時性的 Spark 框架、針對大規模圖數據進行了優化的 Pregel 系統等。

　　針對不同運算場景建立和維護不同運算平台的做法，硬體資源難以複用，管理運維也很不方便，研發適合多種運算模型的通用架構成為業界的普遍訴求。為此，Apache Hadoop 社區在 2013 年 10 月發布的 Hadoop2.0 中推出了新一代的 MapReduce 架構。新架構的主要變化是將舊版本 MapReduce 中的任務調度和資源管理功能分離，形成一層與任務無關的資源管理層（YARN）。YARN 對下負責物理資源的統一管理，對上可支持批次處理、串流處理、圖計算等不同模型，為統一大數據平台的建立提供了新平台。基於新的統一資源管理層開發適應特定應用的運算模型，仍將是未來大數據運算技術發展的重點。

　　③大數據分析技術

　　在人類全部數位化數據中，僅有非常小的一部分（約占總數據量的 1%）值型數據得到了深入分析和探勘（如回歸、分類、群集），大型網際網路企業對網頁索引、社交數據等半結構化數據進行了淺層分析（如排序）。占總量近 60% 的語音、圖片、影片等非結構化數據還難以進行有效的分析。

　　大數據分析技術的發展需要在兩個方面取得突破，一是對體量龐大的結構化和半結構化數據進行高效率的深度分析，探勘隱性知識，如從自然語言構成的文本網頁中理解和識別語義、情感、意圖等；是對非結構化數據進行分析，將大量複雜多源的語音、圖片和影片數據轉化為機器可識別的、具有明確語義的資訊，進而從中提取有用的知識。

　　目前的大數據分析主要有兩條技術路線，一是憑藉先驗知識人工建立數學模型來分析數據，二是透過建立人工智慧系統，使用大量樣本數據進行訓練，讓機器代替人工獲得從數據中提取知識的能力。由於占大數據主要部分

的非結構化數據，往往模式不明且多變，因此難以靠人工建立數學模型去探勘深藏其中的知識。

透過人工智慧和機器學習技術分析大數據，被業界認為具有很好的前景。2006年Google等公司的科學家根據人腦認知過程的分層特性，提出增加人工神經網路層數和神經元節點數量，加大機器學習的規模，構建深度神經網路，可提高訓練效果，並在後續試驗中得到證實。這一事件引起工業界和學術界高度關注，使得神經網路技術重新成為數據分析技術的焦點。目前，基於深度神經網路的機器學習技術已經在語音識別和圖片識別方面取得了很好的效果。但未來深度學習要在大數據分析上廣泛應用，還有大量理論和工程問題需要解決，主要包括模型的遷移適應能力，以及超大規模神經網路的工程實現等。

三、大數據在新聞傳播中的主要應用方向

1. 個性化推薦

個性化推薦是指媒體可以利用大數據更為精確地辨識到閱聽人群的構成及其特定階段的具體需求，並據此階段性地調整新聞生產中各類資訊的權重，針對性地提供新聞資訊服務，增加使用者黏著度。

推薦系統可認為是一種特殊形式的資訊過濾（Information Filtering）系統，主要有「協同過濾推薦」、「基於內容的推薦」、「基於關聯規則的推薦」、「基於知識推理的推薦」、「組合推薦」這幾種智慧演算法。「協同過濾推薦」（Collaborative Filtering Recommendation）演算法是基於這樣的原理：首先找到與此使用者有相似興趣的其他使用者，然後將他們感興趣的內容推薦給此使用者。實際上是透過人與人之間的合作來過濾掉不良資訊，因此協同過濾也叫群體過濾（Social collaborative filtering）。如果利用商品的內容描述，運算使用者的興趣和商品描述之間的相似度，來給使用者做推薦，則稱為「基於內容的推薦」（Content-based Recommendation）演算法。基於關聯規則的推薦則以關聯規則為基礎，分析使用者已經選擇的項目與未選擇項目之間的關聯性得出最後的推薦結果。

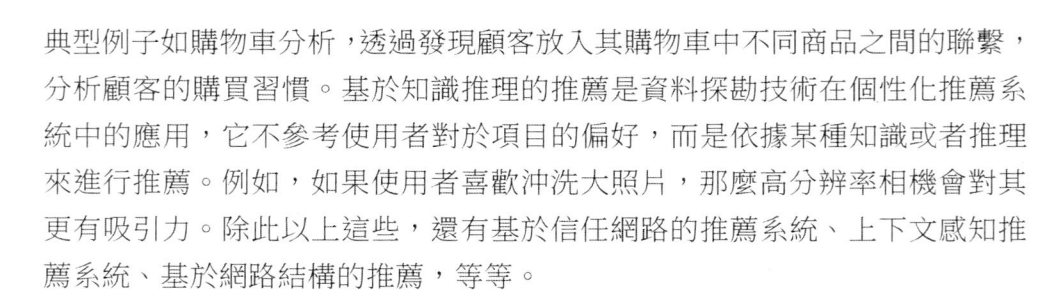

典型例子如購物車分析，透過發現顧客放入其購物車中不同商品之間的聯繫，分析顧客的購買習慣。基於知識推理的推薦是資料探勘技術在個性化推薦系統中的應用，它不參考使用者對於項目的偏好，而是依據某種知識或者推理來進行推薦。例如，如果使用者喜歡沖洗大照片，那麼高分辨率相機會對其更有吸引力。除此以上這些，還有基於信任網路的推薦系統、上下文感知推薦系統、基於網路結構的推薦，等等。

2. 內容生產模式的轉變

傳統媒體時代，新聞的核心資源，是記者透過採訪、調查獲得的第一手情況，在大數據時代，除了政府、機構、企業等公開發布的數據外，媒體、網站所擁有的使用者數據、使用者生產的內容，也是重要的數據資源。與記者在某一個視野有限的觀察點上對事物進行的觀察與分析不同的是，數據可以揭示更大範圍內的情況與規律。

例如，英國《衛報》解讀 2011 年騷亂的事件，除了採用常規的社會科學研究方法，如採訪調查外，還邀請了曼徹斯特大學的專業人士對 250 多萬條與騷亂有關的 Twitter 資訊進行大數據的分析，在此基礎上做成了《暴徒的告白》。這個資訊量非常大，包括抓取微博的資訊、網路上的資訊，如果沒有大數據的分析方法，是不可能實現的。透過大數據生產的新聞往往給使用者提供耳目一新的世界圖景。

當數據成為新聞生產的核心資源時，與數據有關的統計、分析與探勘技術，也就成為新聞生產新思維的支持工具。

美國 IT 雜誌《連線》記者史蒂芬列維發表文章，稱電腦有可能代替人生產 90% 左右的新聞。文章引用了一家名為 Narrative 的公司的例子。這是一家擁有大約 30 名員工的美國公司，它們運用 Narrative Science 演算法，大約每 30 秒就能夠撰寫出一篇新聞報導。這種電腦撰寫的新聞稿可以是關於美國籃球比賽的消息，可以是一家公司的盈利聲明，或者是根據微博資訊綜合寫出的賽馬消息。這樣的文章曾經在《富比士》等著名出版機構的網站上獲得發表。這些文章讀起來也不像人們想像中的那般生澀僵硬，雖然也沒有專業評論員寫的生動，但它們卻能夠將最新的比賽結果快速傳遞給讀

者。Narrative Science 能夠透過收集 iPhone 手機使用者在應用程式 Game Changer 中輸入的比賽數據寫出一篇新聞報導。2011 年該軟體透過收集相關資訊寫出了大約 40 萬則關於少年棒球聯盟的新聞報導。

2004 年開始，Google、百度的新聞（或資訊）頻道，就已經依賴搜尋技術和電腦演算法來進行新聞的整合以及在網頁上的呈現。儘管電腦演算法對新聞內容的編排原則相對簡單，未必能像編輯那樣傳達複雜的「版面語言」，但對於那些更願意自己來進行新聞價值判斷的閱聽人來說，這樣的新聞呈現也有它獨特的魅力。

與此同時，大數據時代的數據處理，需要「雲端運算」等技術支持，也需要大型的數據處理的伺服器集群，數據處理的權力將日益集中於相應的硬體與軟體服務的提供者那裡，這也使得技術對於媒體的制約能力進一步增強。

3. 資訊視覺化，增強趣味性與易讀性

資訊爆炸時代需要的是對資訊更明晰的呈現、更準確的分析和更深層的解讀。這種背景下，在全球媒體中，資訊圖表（Infographic）開始扮演越來越重要的角色。資訊圖表是將資訊、數據形象化，視覺化的一種方式。根據道格○紐瑟姆（Doug Newsom）的概括，作為視覺化工具的資訊圖表包括：圖表（Chart）、圖解（Diagram）圖形（Graph）、表格（Table）、地圖（Map）和列表（List）等。

資訊圖表的作用主要表現為以下幾方面：

①數據視覺化：把抽象、枯燥的數位形象化，以加深人們對數位的認識。

②提示新聞要點：將一條新聞中的重點內容用資訊圖的方式提示出來，使人們更好地關注、理解和記憶這些要點。

③圖解過程、梳理進程：將一個事件的發展、變化過程用圖表方式進行梳理、整合。

④揭示關係：將新聞事件中諸如人物關係、利益關係、結構關係等各種關係用資訊圖表方式梳理與揭示出來。

⑤展現情狀：利用資訊圖表展現事物的形勢、狀態等。

⑥整合內容：運用 Flash 等技術製作的圖表，也可以作為資訊素材的組織手段，它能將不同時間、不同來源的內容或稿件進行有機的結合。

資訊圖表不但是對文字新聞的擴充與延伸，還被當作獨立的新聞形式，成為提升新聞原創性、應對新聞競爭的一種方式。部分新聞網站已經開設了專門的圖表新聞欄目，例如新浪的「圖解新聞」、搜狐的「數位之道」、網易的「數讀」等。

4. 社群聆聽與趨勢分析

社群聆聽主要專注於透過大量資訊採集、智慧語義分析、自然語言處理、資料探勘，以及機器學習等技術，不間斷地聆聽網站、論壇、部落格、微博、平面媒體、微信等資訊，及時、全面、準確地掌握各種資訊和網路動向，從浩瀚的大數據宇宙中發掘事件苗頭、歸納輿論觀點傾向、掌握公眾態度情緒，並結合歷史相似和類似事件進行趨勢預測和應對建議。大數據時代的到來為網路社群聆聽帶來了技術優勢。比如百度、Google、新浪微博正在變成超級資訊工廠，也成了社群聆聽的重要陣地。現在的社群聆聽技術（圖 7-36）能夠對數據進行自動抓取，並對數據進行鑑別、萃取、分析和解讀，透過「加工」實現數據的「增值」，從而為輿情管理服務提供數據支撐。就拿微博、微信為代表的社交媒體來說，人們熱衷於在社交媒體上發布自己的照片、心情、行蹤等各類資訊，一切都會留下痕跡，一切行為皆為數據，我們的伺服器就可以透過記錄下這些使用者的登錄時間、資訊消費習慣、地理位置等大量後台數據，然後進行分析，為更快捷、更準確、更全面地聆聽和應對社群提供可能。

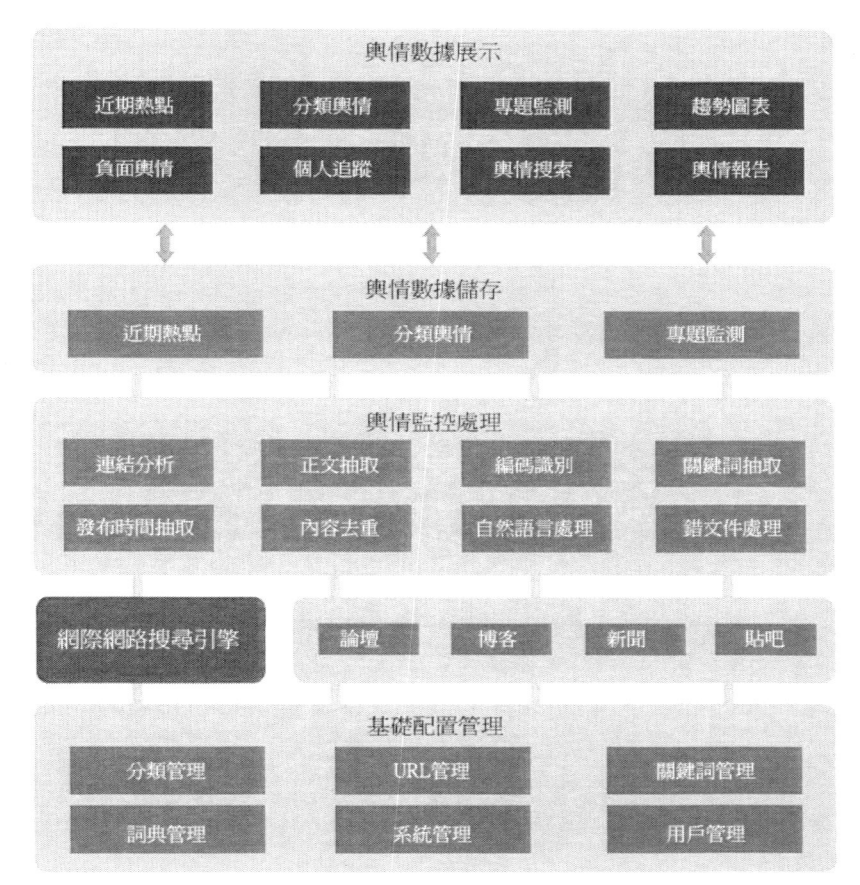

圖 7-36 大數據專家輿情監控原理圖

5. 精準化行銷,提升數據的商業價

　　精準行銷(Precision Marketing)是在精準定位的基礎上,依託現代資訊手段建立個性化的顧客溝通服務體系,實現企業可度量的低成本擴張之路。精準行銷可透過對每位顧客的收入、消費、廣告瀏覽等大量資訊的數據進行處理,對顧客認知過程、興趣愛好、購買行為做出科學分析和預測,從而有針對性地向顧客推銷符合其興趣愛好的產品。

新媒體技術
第七章 應用中的新媒體傳播新技術

大數據時代的行銷已經進入了顛覆傳統的模式，大數據行銷並非是一個停留在概念上的名詞，而是一個透過大量運算的技術實現過程。大數據精準行銷的核心可以概括為幾大關鍵詞：使用者、需求、識別、體驗。

首先，使用者的「畫像」不再像從前。以前做 B2C 我們不知道使用者在哪裡，使用者的性別、喜好、職業、消費習慣我們一無所知，或者僅僅從老使用者那裡得到一些少得可憐的資訊，至於使用者在什麼時間需要什麼，使用者對同類型產品的看法我們始終都無法給出肯定的回答，然而大數據的出現徹底改變了這一現象的發生，我們可以把一些使用者數據細微到每分鐘幾次，瀏覽過什麼，多久瀏覽一次，這進一步讓商家知道如何合理地完成行銷過程。

其次，需求是大數據可以預測到的。未來的數據時代必然是個開源、數據爆炸的時代，誰懂得運用數據，誰就能把握未來的消費市場，在很多場合我們已經看到了 Google、ZARA 等把大數據運用到實處的例子，相信未來大數據也必然不會壟斷在少數行業而是普及到平常人的生活中，更精準地服務於中小型企業。

第三，識別數據真正透露給人們的資訊。雖然大數據技術正在飛速發展，我們可以明白的是多數企業有的只是處理數據、統計數據的能力，而數據真正的價值並沒有得到萬分之一的探勘，數據科學家可以說少之又少，大數據的發展還要經過一番磨礪。

第四，大數據帶來的是更好的使用者體驗。這並不是單純指產品方面帶來的使用者體驗，而是包括使用者在獲取產品資訊到完成購買整個流程的使用者體驗，讓使用者覺得更放心、更貼心、更可靠才是大數據在精準行銷中發揮的人性化的一面。

【知識回顧】

歷史上，媒體傳播方式的每一次變革，都與技術進步密不可分，而在數位新媒體時代，技術對媒介的影響更甚，從雲端運算、IoT、LBS、虛擬實境到大數據的發展，給媒體傳播方式帶來了深刻的變化。瞭解雲端運算、IoT、

第五節　大數據

LBS、虛擬實境和大數據的技術構成及其在新媒體中的應用有助於我們在新媒體時代掌握媒體發展的先機。

【思考題】

1．假設你是一個未來學家，你認為哪些技術將主導新媒體發展的走向？

2．說出幾種較有新意的新媒體技術應用，並說出你認為它們有新意的理由。

3．不同的新媒體傳播新技術對未來的媒體應用會產生什麼樣的影響？

補充閱讀2：

新技術深化媒體轉型智慧技術發展出「智慧新聞」

歷史上，媒體傳播方式的每一次變革，都與技術進步密不可分。網際網路時代，從大數據、雲端運算到行動通訊技術的發展，也帶來媒體傳播方式的深刻變化。傳統媒體與網際網路媒體的融合發展就反映了這種變化。把握媒體融合趨勢，是網際網路時代媒體生存發展的必修課。

由串流媒體影片網站Netflix推出的《紙牌屋》，受到包括美國總統歐巴馬在內的全球粉絲的熱情追捧，也為方興未艾的「網際網路電視」提供了範例。

這部「大數據客製劇」根據Netflix網站儲存的3000萬使用者收視行為的大數據，分析網友的「搜尋」、「收藏」習慣後製作，確定最具輿論影響力和市場價值的主力閱聽人群為「中年男性專業人士」，根據其收視行為偏好，「量身客製」著名導演大衛○芬奇、奧斯卡影帝凱文○史派西和「政治驚悚劇」等元素組合。同時，藉助大數據技術對使用者的收視行為進行即時監測和分析，在播出過程中對劇集進行調整和修改。《紙牌屋》的成功使Netflix網站2013年第一季度盈利6.38億美元，創下歷史新高，2013年第三季度，Netflix的訂戶超越了在電視劇領域獨領風騷的有線影影片道美國家庭電影台（HBO）。

Netflix對大數據的巧妙運用，引領電視業擁抱「融媒時代」。這種方式同樣適用於傳統紙質媒體與新媒體的融合與發展。

技術最終是為人服務的，談新技術推動媒體融合，不能就技術談技術，而需要結合媒體服務方式的轉變來認識這個問題。新技術代表的是先進生產力，生產力決定生產方式，有什麼樣的生產方式就有什麼樣的思維方式，包括媒體傳播方式。新技術推動媒體融合，本質上是資訊生產力及與之適應的網際網路生產方式、網際網路思維方式共同決定傳播方式變革的過程。媒體融合是媒體服務方式變化的具體表現。

1. 智慧技術發展出「智慧新聞」

大數據、雲端運算等技術潛藏的新聞價值，主要在於透過數據的智慧化處理，提高新聞洞察力，幫助閱聽人穿透資訊迷霧。

網際網路時代是資訊爆炸的時代。與廣播、電視年代不同，人們接觸資訊的管道變多，資訊量呈等比級數增長。這時，媒體面對的新挑戰和機遇，首先與資訊數據量的增長有關。資訊量多了，人對外界的認知可能變得更清楚，也可能變得更糊塗。這取決於資訊對於人到底是訊號還是噪聲。

在大數據時代，這個問題變得更加複雜。訊號與噪聲開始相對化，它不完全取決於資訊本身，而是取決於人。對買鞋的人來說，鞋的廣告是訊號，對不買鞋的人來說，就是噪聲；個性化的資訊，對大批量生產是噪聲，但對客製卻是訊號。光憑資訊本身，人們難以判斷它的有效性。

智慧的主語是人，而不是資訊，它讓人穿透複雜的資訊迷霧，使頭腦輕輕鬆鬆地變得清澈明晰。人們把這樣的能力叫洞察力，德國著名軍事理論家克勞塞維茨形容拿破崙的智慧——「穿透戰爭迷霧」，別人看不透，拿破崙看得透。用比較文藝的語言描述，就是那首老歌裡唱的：「借我借我一雙慧眼吧，讓我把這世界看得清清楚楚明明白白真真切切」。這就是媒體融合要實現的第一件比較實質性的事情。而「智慧新聞」在於讓本國人民能穿透資訊迷霧，更具自知之明和知人之明。

第五節　大數據

　　在大數據的幫助下，「智慧新聞」表現在「數據＋新聞」的融合，它能在以下方面提高新聞的價值：

　　一是提高新聞事件報導的真實性水平。新聞在事件層面的真實性，最低限度的，也是職業道德上的要求是事件本身真實。但僅僅是事件的真實，與看清世界這個水平的真實還不是一回事。在大數據出現之前，記者往往根據經驗或一些已得出的結論來判斷事件的代表性：是否是孤立事件？是否普遍出現？大數據是全樣本採集，在大數據成熟的條件下，新聞與數據融合，可以準確判斷個案新聞在全樣本中的代表性。在資訊戰中，這會成為一種利器，因為每當對手抓住個例做文章，以偏概全誘導公眾時，大數據新聞能在瞬間做出反應，用全局數據說話，揭示事實真相。為了服務於這樣的目的，在技術上就應該優化媒體內容的製作、儲存和分享流程，提升媒體的數據處理能力，為媒體的內容生產和傳播提供強大支撐。

　　二是提高新聞分析的廣度和預見性。全球主流媒體在面對即時事件播報的挑戰時，都把加強專業分析作為一項重要應對之策。大數據對新聞分析具有極大的加強作用，但與以往新聞評論注重透過事件看本質的因果分析有所不同，大數據在相關分析和預測分析上有所加強。以往的經驗分析往往在 AB 兩點之間建立相關和聯想，但大數據相關分析可以在 ABCDE 多點之間進行相關分析，發現點與點之間通常不為人注意的關聯。社會事件跟流行病一樣，總有一個焦點形成、爆發到變異的過程，以往的新聞只能做「事後諸葛亮式」的被動跟進，而有了大數據的幫助，報導可變成事前預見與事後追蹤結合的報導或分析，大大加強公眾對事件的動態認知。為了服務於這樣的目的，就需要加強媒體數據新聞生產能力，充分探勘大數據背後潛藏的新聞價值，拓寬新聞來源，豐富新聞內容，為使用者提供高品質的新聞資訊產品。當過記者的人都有體會，即使在熟悉領域，記者也經常會遇到新的知識點，因相關知識儲備不足而臨時抓瞎是常有的事。有了雲端運算，大量的歷史數據、相關領域的知識和資訊儲存於雲端，記者作為終端，可以透過共享雲端的資訊，隨時隨地充電，補充知識的不足。年輕記者利用外腦加強自己，可以彌補經驗和知識的不足，面對新題目、新領域，也可以像老記者那樣迅速上路，駕輕就熟。

這就要求媒體首先要加強大量數據的內容資料庫建設。新聞媒體要對積累的數據資源，包括文字、音像資源，進行充分的資源整合，建設和完善專業化、規模化、現代化的內容資料庫。當前，特別要推動傳統資料庫建設向非結構化資料庫建設方向升級，向網路（WEB）架構的大數據結構轉型。這種「非結構化資料庫」不再是過去2D表結構的資料庫，可以儲存文檔、圖片、網頁、音頻、影片等等資訊。其次，要形成專業化的、定性與定量分析結合的數據加工能力。應該特別重視開放應用程式應用程式介面（API）的數據平台建設，重視軟體定義的數據分析服務能力的建設。讓管理員透過運行軟體就可以進行數據分析。再次，在行動網路條件下，還要創造條件積累讀者世紀應用語言的數據，形成能「理解」實際情景並做出判斷的本地資料庫，提高「客製新聞」的提供能力。

三是提高新聞作品的認同水平，洞察人心，掌握實際話語權。好的新聞不光傳播事實，傳播道理，而且可以達到意義認同，也就是把握時代脈絡，在讀者心中產生強烈共鳴。當記者的都想寫出有影響力的新聞作品，但能做到的只是少數人，以至於這件事在記者心中顯得很神祕，彷彿可遇不可求。大數據所要達到的「智慧新聞」的更高境界，不是透過現象看本質，而是透過本質回歸「本源」，也就是以人為本，洞察人心，掌握實際話語權。

大數據要實現的，是一般素質的新聞工作者都能妙筆生花，都可以把新聞稿件變成吸引讀者的藝術。因為從某種意義上說，大數據是一種「讀心術」。與理性的結構化數據不同，非結構化數據更多涉及的是感性的、情感的、形象的數據，不光可以用於對社會理性的把握，更長於對社會非理性的把握。儘管現在還只有很少的人意識到大數據技術具有這樣的特點，但隨著媒體融合的深化，這一點將逐步顯露出來。大數據技術應用於媒體傳播，最終會促使傳播轉型。這種轉型將使媒體成為話語權的核心，透過洞察社會心理，把握社會情緒，捕捉人們的夢想，進行有效的話語議題設置，使主流價值觀與日常話語產生共振，從而提高話語正當性，促進社會認同與自我實現。

大數據和雲端運算技術本質上都是分散式運算技術，資源共享、均衡負載，它們最終都會走向對等化的本地運算和情境運算。在媒體融合中，這種

特徵會加強新舊媒體之間、媒體與讀者之間的對話和互動，催生出新聞的闡釋性功能。以讀者為中心的「再閱讀」，將成為增進心理認同的有效途徑。一方面，大數據有助於媒體從人們日常生活和情感脈動中捕捉更有意義的話題，使主流媒體的議題設置更「接地氣」，更接近群眾；另一方面，也使大眾更能喜聞樂見地接受主流媒體所傳播的價值。在發展過程中要解決好紙質媒體與網際網路媒體融合中的認同問題，解決好各說各話的問題，從話語融合中提高媒體的軟實力。

2. 行動技術推動傳播方式融合

桌面網際網路正向行動網路轉變，行動網路的核心與社交網路的核心，將統一於「智慧化」的趨勢上。

智慧化的網路，從技術上就是分散式的語義網（一種能理解人類語言的智慧網路，好比一個巨型的大腦，使每一台連接著的電腦不僅能理解詞語和概念，還能理解它們之間的邏輯關係——編者注），即「社交化」。社交化的網路是一種複雜網路。而所謂「社交化」、「行動化」，實質都是指傳播方式從簡單性網路（靠外部指令形成的他組織網路）向複雜性網路（自組織網路）的轉型。

媒體融合不能簡單地理解為只是「媒體登陸手機」或「媒體登陸社交網路」這麼簡單，因為融合不僅是技術形式上的變化，還有傳播方式的變化。媒體融合正一步步地從技術應用向媒體轉型深化，所面臨的問題變成：傳統媒體這種自上而下的中心化網路傳播方式，如何與網路媒體這種自下而上的去中心化網路傳播方式相互融合。

3. 傳播載體更新換代

行動技術需要怎樣的載體——瀏覽器，使用者端，還是其他未知的載體？最初階段是網路以第五代超文字標記語言（HTML5）為程式語言的網路瀏覽器替代傳統瀏覽器，近來使用者端又有取代瀏覽器的勢頭，而從更長遠來看，使用者端受到未知載體的衝擊也是有可能的，也許來自開放性、相容性更強的網路應用（WebAPP）。

新媒體技術
第七章 應用中的新媒體傳播新技術

在媒體融合背景下思考這一問題，無非是要解決新聞的入口問題。媒體需要判斷未來入口的標準，這個標準應該與設備無關，甚至與平台也無關。相對於瀏覽器，使用者端無疑在這方面做得更好。就近期發展來看，在智慧型手機、平板電腦等行動設備上安裝使用者端是相對成熟的技術應用。除此之外，將社交平台與新聞傳播平台進行對接整合，藉助商業網站的微博、微信等技術平台擴大讀者群，也是值得探索的融合應用形式。

4. 個性化服務不斷創新

網際網路媒體的融入，導致許多新的媒體形式湧現，傳統媒體的內容生產和傳播方式因此也有變化。出現了三類新媒體：其中第一類新媒體，基於個人詮釋資料標記，形成個性化的自助服務；第二類新媒體，以圍繞內容的社交服務為主，提供自組織服務或提供專門圍繞內容的社會化服務，例如透過聊天插件，允許人們圍繞感興趣的內容即時聊天；第三類新媒體，提供的是自下而上湧現生成內容的自媒體服務。

例如，有的網站提供社會化個性新聞服務，支持使用者客製閱讀，相當於客製個人新聞主頁，還可以推薦新聞給好友分享。有的網站提供資訊萃取服務，根據資訊被訂閱、收藏、評價或轉載的情況，制定出資訊重要性指數，供使用者根據排名閱讀……類似的服務還有很多，都是把讀者對新聞的再闡釋，如評價、註釋等，當作推薦的依據，建立交友式的閱讀關係。傳統媒體與這類網路媒體的融合，不光是在技術上的融合，更主要的是改變了以前媒體內容生產和傳播方式的單向性。

5. 精準廣告取代傳統廣告

隨著媒體的行動化和社交化發展，作為媒體經濟支柱之一的媒體廣告，也正在發生變革。以行動廣告為代表的精準廣告，正日益取代傳統廣告，對媒體融合之後的經營方式，產生深遠影響。未來的行動廣告實際已不再是廣告，而成為一對一的「窄」告。首先一個明顯變化是，以往的廣告內容對所有人都是一樣的，但未來的行動廣告針對不同使用者在內容上會有所不同。其次，大廠商的品牌廣告日益被小廠商的行銷廣告取代，透過 QR Code 等發送優惠券，也可能成為廣告的替代形式。第三，廣告的付費方式將發生變

化，可能從以往的按發布收費轉為按效果付費。而廣告方式的改變，終將倒過來影響媒體的內容生產與傳播方式。

6. 媒介技術要求媒體圍著人

轉網際網路技術日新月異，媒體融合適應了這些技術，路就會越走越寬；網際網路不是傳統媒體歷史的終結，而是新生的開始。

推動媒體融合的另一個大的類別和方向的技術，是硬體媒介技術。這些技術包括多媒體技術、串流媒體技術，也包括可穿戴設備、電子紙，包括基於位置的服務等技術。單純從技術角度看，它們彼此獨立，各不相關，但聚焦到主體時就可以發現，它們有一個共同特點，那就是都集中於人的體驗。不是人圍著媒體轉，而是媒體圍著人轉。由此導致的媒體融合，要求媒體的內容生產和傳播方式都應向以人為本的方向轉變。

一是媒體越來越注重「當下的力量」。基於位置的服務使媒體可以根據使用者的空間變化調整內容。串流媒體技術可以根據使用者時間變化調整內容。這些技術變化都使使用者閱讀的時空尺度發生變化，比如從週報、日報變為隨時，比如 5 分鐘一變或者 50 公尺一變。可穿戴設備將使媒體滿足人們隨時隨地改變的需求成為可能。日本電信業者「電信溝通無界限」（DoCoMo）的應對之策是，提供內容平台和開發工具，開放應用程式應用程式介面，讓行動使用者自助上傳照片、影片和文字。在實際的媒體融合中，傳統媒體的內容平台如果能與使用者自媒體功能結合起來，就可能產生超越常規的服務，即媒體為人民服務與群眾「人人為我，我為人人」的自服務的結合。舉例來說，駕車人一邊在道路上行駛，一邊收聽廣播中的交通台播放路況，有時車都快到目的地了，還沒聽到希望聽到的路況播報。這時如果交通廣播節目開關一個手機自助平台，由路上司機彼此分享道路資訊，節目能達到的服務效果就會倍增。

二是媒體越來越「感性化」。多媒體技術的發展使新聞變得更加感性化，人們不再滿足於閱讀抽象的文字，更樂於觀看形象的圖片和影片。日本政府發布政策文件白皮書要求配發動漫，讓人們更直接地把握白皮書內容要旨。讀圖時代的到來，不意味著讀者變得更膚淺，也不意味著對內容生產的要求

新媒體技術

第七章 應用中的新媒體傳播新技術

變低。因為感性化不等於經驗化，新媒體追求的是本質直觀，而非只是直觀。把深刻的道理寓於形象生動的圖片和影片，其實是對媒體更高的要求。它要求媒體以人為本，讓人在閱讀時不再絞盡腦汁，不再像閱讀令人費解的電器說明書那樣閱讀新聞，而是把讀者想像成上帝，但凡能直截了當說明白的內容，就不要長篇大論繞圈子浪費時間。將音樂影片等多媒體技術融入媒體，對新聞內容製作提出了更高要求，因為圖片和影片在同樣版面下，會傳播比同等面積的文字更多的資訊量，據統計，其資訊量至少要大9倍以上。多媒體往往可以表達許多語言之外的意思，如潛台詞、情感內容等。媒體要提供的，不僅僅是真實的產品，不僅僅是高價值的服務，還必須包含良好的體驗，讓人可以「悅」讀，從而使要傳達的內容更好地入心入腦。

後記

　　新媒體是在新的技術支撐體系下出現的新的媒體形態，其發展與技術的發展緊密相連。只有充分地認識技術帶來的變化，瞭解技術運行的基本原理，把握技術運用的關鍵，才能掌握新媒體的技術特性，才能運用並駕馭新媒體的傳播功能，進而才能在新媒體時代掌握媒體發展的先機。

　　由於新媒體技術涉及的內容非常龐大，技術的更新換代非常迅速，因此本書主要針對新媒體中的技術基礎以及最新的技術表現來展開，力圖梳理出與新媒體相關的技術脈絡，促進使用者更好地理解新媒體特性。

　　本書由洪杰文、歸偉夏和陳娜等共同編寫，具體各章節編寫作者為：第一章由洪杰文、李欣完成，第二章由歸偉夏完成，第三章由洪杰文完成，第四章由洪杰文、王曉武和王凱完成，第五章由楊菲、李欣、陳娜完成，第六章由陳娜完成，第七章由洪杰文、楊菲、聶夢迪、丁世杰、成升和李程完成。

　　感謝周茂君教授的信任和幫助，感謝各位合作者們的積極參與和辛苦工作，感謝多方的通力合作，才使得本書得以完稿。感謝出版社的杜珍輝老師認真細緻的工作。在編寫本書的過程中，參閱了大量的文獻資料，同時參閱了一些網站的網頁，在此向各位作者一併表示感謝！

　　由於技術的發展日新月異，新技術和新知識不斷湧現，而我們的學識有限，所以本書的錯漏之處恐在所難免，在此，懇請讀者諸君批評指正。

洪杰文

國家圖書館出版品預行編目（CIP）資料

新媒體技術 / 洪杰文 , 歸偉夏 編著 . -- 第一版 .
-- 臺北市：崧燁文化 , 2019.09
　　面；　 公分
POD 版

ISBN 978-957-681-946-9(平裝)

1. 傳播產業 2. 數位媒體 3. 網路媒體

541.83　　　　　　　　　　　　　　　　　108015129

書　　名：新媒體技術
作　　者：洪杰文 , 歸偉夏 編著
發 行 人：黃振庭
出 版 者：崧燁文化事業有限公司
發 行 者：崧燁文化事業有限公司
E - m a i l：sonbookservice@gmail.com
粉 絲 頁：　　　　　　網　址：
地　　址：台北市中正區重慶南路一段六十一號八樓 815 室
8F.-815, No.61, Sec. 1, Chongqing S. Rd., Zhongzheng
Dist., Taipei City 100, Taiwan (R.O.C.)
電　　話：(02)2370-3310　傳　真：(02) 2370-3210
總 經 銷：紅螞蟻圖書有限公司
地　　址：台北市內湖區舊宗路二段 121 巷 19 號
電　　話：02-2795-3656　傳真 :02-2795-4100　　網址：
印　　刷：京峯彩色印刷有限公司（京峰數位）

　　本書版權為西南師範大學出版社所有授權崧博出版事業股份有限公司獨家發行
　電子書及繁體書繁體字版。若有其他相關權利及授權需求請與本公司聯繫。

定　　價：750 元
發行日期：2019 年 09 月第一版

◎ 本書以 POD 印製發行